KB187404

朝鮮總督府 編纂

日帝强占期 曆書

明治・大正期 編

[卷二]

박경수 엮음

目次

日帝强占期 曆書의 복원」 출판에 즈음하여

본서의 출간은 국운이 풍전등화와도 같았던 大韓帝國期로부터 한국역사상 가장 어렵고 힘들었던 日帝强占期까지 한국인의 파란만장한 실생활 역사가 고스란히 담겨 있는 近代曆書를 통해 제국의 식민지 경영 시스템을 재조명함에 있다。

필자가 처음 近代曆書를 접하게 된 것은 개화기 신교육을 위한 관공립 초등학교 교과서 연구에 몰두하기 시작한 2008년 즈음이었다。 이때 수집된 자료를 찬찬히 살펴보던 중 일본의 제국을 향한 정치적 목적이 초등교과서는 물론 일상생활에 너무도 밀착되어 있는 曆書에까지 반영되어 있음을 포착하고 近代曆書에 대한 총체적인 정리와 재조명의 시급함을 느꼈다。

이 방대한 작업을 위해 가장 먼저 해야 할 일은 당시의 여기저기 흩어져 존재의 유무조차 잃어가고 있는 曆書를 일일이 발굴하여 집대성하는 일이었다。 근대 한국인의 일상생활 지침에 대한 가장 실증적인 사료(史料)로서의 가치를 고려하지 않을 수 없었기 때문이다。

단단히 각오하고 시도한 일이었지만 처음부터 난항을 거듭했다。그동안 부분적인 연구를 하면서 나름대로 원문을 확보하여 정리해 오긴 했지만 상태불량、파본、더욱이 결장에 결권도 적지 않아 영인본으로 출간하기에는 역부족이었다。

무엇보다 시급한 것은 조금이라도 상태가 괜찮은 曆書 전권의 확보였다。그러나 이미 찾아볼 만큼 찾아봤던 터라 새로이 曆書를 찾아내는 것도 상태가 괜찮은 曆書를 확보하는 것도 쉬운 일은 아니었다。또 다시 국내 어느 도서관을 검색하고 수소문해 보아도、어느 고서점을 찾아가도、또 소장자를 수소문해 찾아가 보아도 일부만 소장하고 있을 뿐 近代曆書 전권의 확보는 요원했다。그나마 어렵사리 찾아낸 것도 내용을 살펴보면 결장 또는 낙서 등으로 얼룩져 있거나 좀이 슬어 부스러지는 등 보존상태가 엉망인 것도 상당했다。이에 필자는 당시의 曆書를 복원 출판하는 일이 무엇보다도 시급함을 깨닫고 원문의 확보에 더욱 박차를 가했다。지체하면 지체할수록 원문의 분실 및 훼손에 대한 우려에 더하여 그동안 나름대로 소명의식을 갖고 열정적으로 수행해왔던 이 일이 행여 뒷전으로 밀려나지 않을까 하는 조바심 또한 본 작업을 더욱 재촉하게 하였다。혹여 일본에는 있으려나 하는 마음에 방학 중에 일본에 산재해 있는 고서점을 일일이 탐방하고자 계획했지만 근래 경색된 한일관계와 코로나19의 장기화로 인해 그것마저도 여의치 않았다。특히 1940년대의 曆書는 좀처럼 찾아내기 힘들었다。

불과 100여 년 남짓 세월에 희귀본이 되어버린 안타까움에 만감이 교차했다。

돌이켜보니 우리는 한동안 일본의 식민지였다는 불운한 역사를 지우기 위해 무던히 애썼던 때가 있었다。광복 직후에는 일제의 잔재로 여겨지는 모든 것들을 파괴하거나 샅샅이 찾아내어 소각했고、그 이후로도 주권 없는 설움과 치욕으로 얼룩진 시대를 애써 외면하거나 피차 거론하기를 삼갔던 일은 주지의 사실일 것이다。

최근 들어 역사 바로 알기 차원에서 부분적으로나마 이를 복기하는 작업이 이루어지고 있지만 대개 3월과 8월을 전후하여 일시적으로 거론되다가 잠잠해지는 실정이다。그러나 이 또한 한국 근대사에서 빼놓을 수 없는 반드시 기억해야 할 역사적 사실이기에 누구나 그 실상에 접근할 수 있도록 실증적인 사료(史料)로서 近代曆書를 복원하는 일이야말로 오늘날 우리 세대에서 반드시 이루어야 할 필수적인 작업이 아닐까 싶다。그 일념으로 이 작업을 꾸준히 진행하였고 수많은 난관 끝에 드디어 그 첫 번째 결실로 **日帝强占期 曆書 全35冊(「朝鮮民曆」26冊、「略曆」9冊)**에 대한 영인본을 출간하기에 이른 것이다。

본서의 출간은 정부의 도움을 얻어 진행되었다。뒤늦게나마 본 작업의 중차대함을 인지하고 近代曆書의 연구에 몰두할 수 있도록 학술적 지원을 아끼지 않은 대한민국 정부(교육부와 한국연구재단)에 감사드린다。

끝으로 출판업계의 어려움을 무릅쓰고 본서의 출판에 흔쾌히 출판에 응해주신 제이앤씨 윤석현 사장과 이의 편집에 수고해주신 최인노님께 깊이 감사드린다。

2021년 12월

박경수

일러두기

一 본서는 일제강점기 조선총독부에서 발행한 일반용 曆書 전권 35冊을 영인한 영인본이다。

二 본서는 국내 대학도서관、 고서점 외에도 개인 소장자를 수소문하여 확보한 원문을 저본으로 하였다。

三 낙서、 낙장、 파본 등 훼손된 부분은 최대한 원문에 가깝게 복원하였다。

四 일제강점기 曆書의 규격은 『明治四十四年朝鮮民曆』(1911)부터 『昭和十六年略曆』(1941)까지는 30。3×19。1의 크기를 유지하였고 『昭和十七年略曆』(1942)에 약간 작아졌다가 『昭和十八年略曆』(1943)부터는 17。5×12。5 규격으로 축소 발행되는 등 시기에 따라 약간의 변화가 있었으나、 편의상 같은 규격으로 영인하였다。

제1장

明治期의 曆書

1　明治四十四年朝鮮民暦（1911）

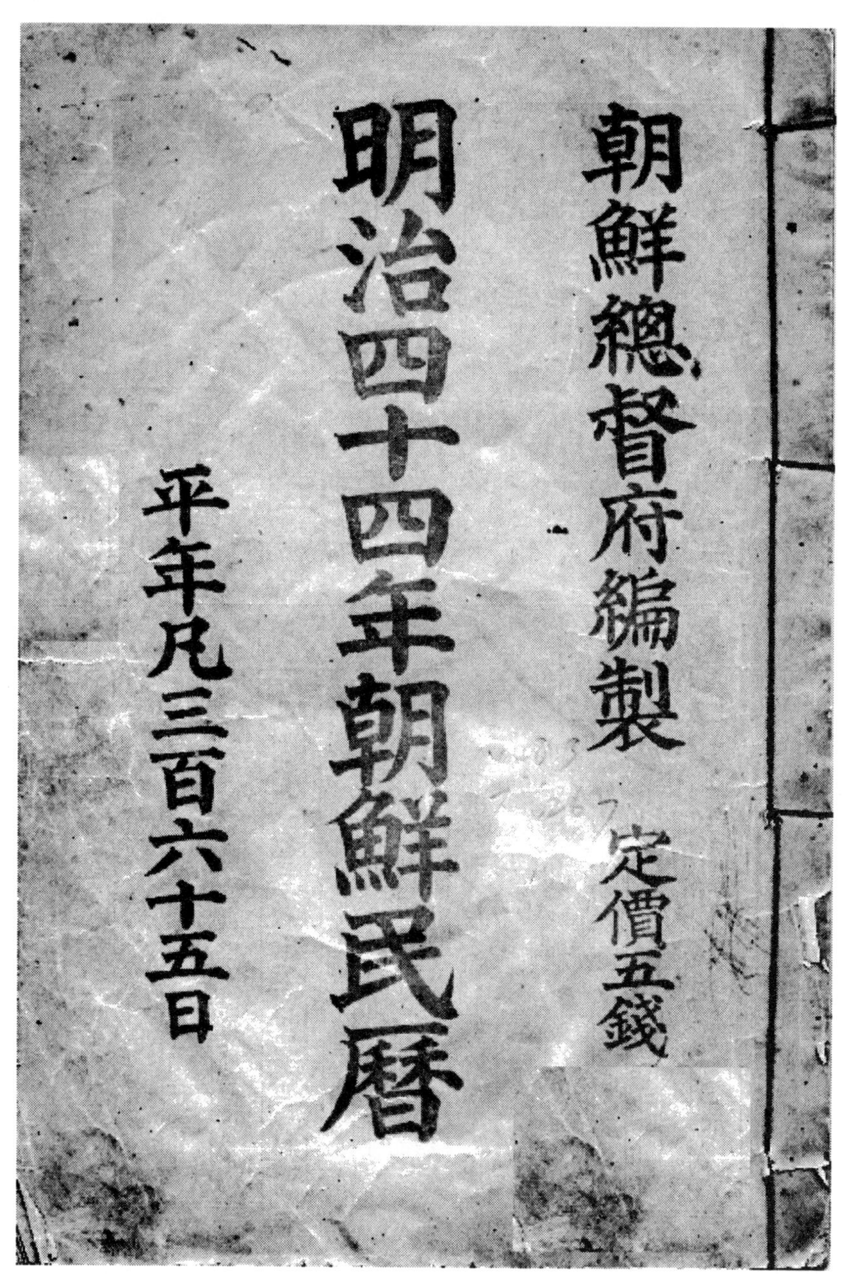

朝鮮總督府編製

定價五錢

明治四十四年朝鮮民曆

平年凡三百六十五日

 1. 明治四十四年朝鮮民曆(1911)

月表

一月大	二月平	三月大	四月小
五月大	六月小	七月大	八月大
九月小	十月大	十一月小	十二月大

四方拜	一月一日
元始祭	一月三日
孝明天皇祭	一月三十日
紀元節	二月十一日
春季皇靈祭	三月廿一日
神武天皇祭	四月三日
秋季皇靈祭	九月廿四日
神嘗祭	十月十七日
天長節	十一月三日
新嘗祭	十一月廿三日

日食

十一月二十二日食分二分四十九秒
初虧午前十一時〇九分　初虧西北
食甚午後〇時十六分　食甚正北
復圓午後一時二十四分　復圓東[illegible]

日曜表

一月一日八日十五日廿二日廿九日	七月二日九日十六日廿三日卅日
二月五日十二日十九日廿六日	八月六日十三日廿日廿七日
三月五日十二日十九日廿六日	九月三日十日十七日廿四日
四月二日九日十六日廿三日卅日	十月一日八日十五日廿二日廿九日
五月七日十四日廿一日廿八日	十一月五日十二日十九日廿六日
六月四日十一日十八日廿五日	十二月三日十日十七日廿四日卅一日

閏表

陽暦閏每在陰暦申子辰年
年一次閏爲平年四百年[illegible]
閏爲閏年不足之數至八千[illegible]
爲一日二時四十分

明治四十四年中陰曆歲次辛亥年月表及節候表

月	朔	節候		節候	
正月大	庚辰	[illegible] 立春	正月節	[illegible] 雨水	正月中
二月小	庚戌	[illegible] 驚蟄	二月節	[illegible] 春分	二月中
三月大	己卯	[illegible] 清明	三月節	[illegible] 穀雨	三月中
四月小	己酉	[illegible] 立夏	四月節	[illegible] 小滿	四月中
五月小	戊寅	[illegible] 芒種	五月節	[illegible] 夏至	五月中
六月大	丁未	[illegible] 小暑	六月節	[illegible] 大暑	六月中
閏六月小	丁丑	[illegible] 立秋	七月節		
七月小	丙午	[illegible] 處暑	七月中	[illegible] 白露	八月節
八月大	乙亥	[illegible] 秋分	八月中	[illegible] 寒露	九月節
九月大	乙巳	[illegible] 霜降	九月中	[illegible] 立冬	十月節
十月小	乙亥	[illegible] 小雪	十月中	[illegible] 大雪	十一月節
十一月大	甲辰	[illegible] 冬至	十一月中	[illegible] 小寒	十二月節
十二月大	甲戌	[illegible] 大寒	十二月中	[illegible] 立春	正月節

17 **1**. 明治四十四年朝鮮民曆(1911)

四方拜

元始祭

新年宴會

一月大三十一日　舊曆

一日	日	●合朔午前○時[illegible]分　庚戌十二月小	初一日辛未土昴危宜伐木畋獵
二日	月		初二日壬申金畢成宜上官入學嫁娶移徙裁衣上樑宜用[illegible]時開市納財伐木栽植
三日	火		初三日癸酉金觜收宜畋獵
四日	水		初四日甲戌火參開宜入學裁衣動土上樑宜用巳時栽種
五日	木		初五日乙亥火井開
六日	金		初六日丙子水鬼閉小寒十二月節

小寒午後七時十七分　**舊十二月節**　日出七時十五分　日入四時四十五分　晝九時三十分　夜十四時[illegible]

七日	土		初七日丁丑水柳建
八日	日	◐上弦午後二時○六分	初八日戊寅土星除
九日	月		初九日己卯土張滿
十日	火		初十日庚辰金翼平
十一日	水		十一日辛巳金軫定
十二日	木		十二日壬午木角執宜伐木畋獵
十三日	金		十三日癸未木亢破宜破屋
十四日	土		十四日甲申水氐危

日	曜	記事	舊曆
十五日	日	○望午前六時十二分	十五日乙酉水房成宜上官入學移徙裁衣豎柱上樑寅時開市納財安葬
十六日	月		十六日丙戌土心收宜畋獵
十七日	火		十七日丁亥土尾開
十八日	水		十八日戊子火箕閉土王用事
十九日	木		十九日己丑火斗建
二十日	金		二十日庚寅木牛除宜上官嫁娶移徙裁衣上樑宜用寅時納財安葬啓攢
二十一日	土		廿一日辛卯木女滿大寒十二月中
		大寒午後○時三十一分	舊十二月中 日出七時○六分 日入四時五十四分 晝九時四十八分 夜十四時十二分
二十二日	日	◐下弦午後二時○九分	廿二日壬辰水虛平
二十三日	月		廿三日癸巳水危定
二十四日	火		廿四日甲午金室執宜裁衣伐木畋獵
二十五日	水	臘	廿五日乙未金壁破
二十六日	木		廿六日丙申火奎危宜伐木
二十七日	金		廿七日丁酉火婁成宜上官入學嫁娶移徙裁衣上樑宜用午時開市納財安葬
二十八日	土		廿八日戊戌木胃收
二十九日	日		廿九日己亥木昴開
三十日	月	●合朔午後一時二十一分 辛亥十二月大	初一日庚子土畢閉宜裁衣
三十一日	火		初二日辛丑土觜建宜裁衣上樑宜用卯時納財

孝明天皇祭

二月平二十八日

日	曜	記事	舊曆
一日	水		初三日壬寅金[illegible]除
二日	木		初四日癸卯金[illegible]
三日	金		初五日甲辰火[illegible]
四日	土		初六日乙巳火[illegible]定
五日	日		初七日丙午水[illegible]正月節
		立春午前五時四十五分	舊正月節 日出六時[illegible]分 日入五時○八分 晝十時十六分 夜十三時四十四分
六日	月	◐上弦午後十一時十二分	初八日丁未水[illegible]
七日	火		初九日戊申土[illegible]
八日	水		初十日己酉土[illegible]
九日	木		十一日庚戌金[illegible]
十日	金		十二日辛亥金[illegible]
十一日	土		十三日壬子木[illegible]
十二日	日		十四日癸丑木[illegible]
十三日	月	○望午後六時十九分	十五日甲寅水[illegible]
十四日	火		十六日乙卯水[illegible]

紀元節

十五日水　十七日丙辰土箕滿宜上官移徙裁衣動土上樑宜用巳時開市納財安葬

十六日木　十八日丁巳土斗平

十七日金　十九日戊午火牛定宜上官冠笄宜用卯時結婚宜用辰時嫁娶移徙裁衣動土上樑宜用卯時開市納財

十八日土　二十日己未火女執

十九日日　廿一日庚申木虛破

二十日月　廿二日辛酉木危危雨水正月中

雨水午前二時四十分　舊正月中　日出六時三十六分　晝十一時四十八分　日入五時二十四分　夜十二時十二分

二十一日火　◐下弦午前十一時二十七分　廿三日壬戌水室成

二十二日水　廿四日癸亥水壁收

二十三日木　廿五日甲子金奎開宜入學

二十四日金　廿六日乙丑金婁閉

二十五日土　廿七日丙寅火胃建宜裁衣上樑宜用未時納財安葬啓攢

二十六日日　廿八日丁卯火昴除宜上官嫁娶移徙裁衣動土上樑宜用[illegible]納財破土安葬啓攢

二十七日月　廿九日戊辰木畢滿宜裁衣

二十八日火　三十日己巳木觜平

三月大三十一日

一日	水	●合朔午前八時二十五分	二月小 初一日庚午土參定宜上官冠帶結婚姻會親移徙裁衣上樑(卯時)開市納財安葬
二日	木		初二日辛未土井執宜上官嫁娶移徙裁衣動土上樑(卯時)栽種安葬
三日	金		初三日壬申金鬼破宜破屋
四日	土		初四日癸酉金柳危宜安葬
五日	日		初五日甲戌火星成
六日	月		初六日乙亥火張收宜上官移徙裁衣動土上樑(巳時)開市納財
七日	火		初七日丙子水翼收驚蟄二月節
		驚蟄午前一時○五分	舊二月節 日出六時十八分 晝十一時二十四分 日入五時四十二分 夜十二時三十六分
八日	水	◐上弦午前八時五十一分	初八日丁丑水軫開宜上官入學嫁娶移徙裁衣動土上樑(巳時)
九日	木		初九日戊寅土角閉宜裁衣納財栽種安葬
十日	金		初十日己卯土亢建
十一日	土		十一日庚辰金氐除
十二日	日		十二日辛巳金房滿宜裁衣開市納財
十三日	月		十三日壬午木心平
十四日	火		十四日癸未木尾定

春季皇靈祭

十五日 水 ○望午前七時四十八分 十五日甲申水箕執
十六日 木 十六日乙酉水斗破
十七日 金 十七日丙戌土牛危
十八日 土 十八日丁亥土女成
十九日 日 社 十九日戊子火虛收
二十日 月 二十日己丑火危開
二十一日 火 廿一日庚寅木室閉
二十二日 水 廿二日辛卯木壁建春分二月中

春分午前二時十二分 舊二月中 日出六時○分 晝十二時○分 日入六時○分 夜十二時○分

二十三日 木 ◑下弦午前八時十五分 廿三日壬辰水奎除
二十四日 金 廿四日癸巳水婁滿宜裁衣開市納財
二十五日 土 廿五日甲午金胃平
二十六日 日 廿六日乙未金昴定宜裁衣納財
二十七日 月 廿七日丙申火畢執
二十八日 火 廿八日丁酉火觜破
二十九日 水 廿九日戊戌木參危
三十日 木 ●合朔午後八時三十六分 三月大 初一日己亥木井成宜上官入學移徙動土上樑補垣牆栽種
三十一日 金 初二日庚子土鬼收

四月小三十日

神武天皇祭

一日	土		初三日辛丑土柳開宜上官入學移徙裁衣動土上棟(宜用卯時)
二日	日		初四日壬寅金星閉宜裁衣納財栽種啓攢
三日	月		初五日癸卯金張建
四日	火		初六日甲辰火翼除宜上官嫁娶移徙裁衣動土上棟(宜用辰時)栽種安葬
五日	水		初七日乙巳火軫滿
六日	木	◑上弦午後一時五十三分	初八日丙午水角滿清明三月節
清明午前六時三十六分			舊三月節　日出五時四十分　日入六時十八分　晝十二時三十六分　夜十一時二十四分
七日	金	寒食	初九日丁未水亢平
八日	土		初十日戊申土氐定
九日	日		十一日己酉土房執宜嫁娶安葬
十日	月		十二日庚戌金心破宜破屋
十一日	火		十三日辛亥金尾危宜納財栽種
十二日	水		十四日壬子木箕成
十三日	木	○望午後十時三十五分	十五日癸丑木斗收宜納財
十四日	金		十六日甲寅水牛開宜上官入學移徙動土上棟(宜用辰時)栽種

日	曜	節候·月相	陰曆
十五日	土		十七日乙卯水女開
十六日	日		十八日丙辰土虛建
十七日	月		十九日丁巳土危除 宜上官嫁娶移徙裁衣動土上樑宜豎柱辰時開市納財栽種
十八日	火		二十日戊午火室滿
十九日	水		廿一日己未火壁平 土王用事
二十日	木		廿二日庚申木奎定
二十一日	金		廿三日辛酉木婁執 穀雨三月中
		穀雨午後三時〇八分	舊三月中 日出五時二十四分 晝十三時十二分 日入六時三十六分 夜十時四十八分
二十二日	土	◐下弦午前三時三十五分	廿四日壬戌水胃破
二十三日	日		廿五日癸亥水昴危
二十四日	月		廿六日甲子金畢成 宜上官入學裁衣上樑宜豎柱卯時開市納財
二十五日	火		廿七日乙丑金觜收 宜納財
二十六日	水		廿八日丙寅火參開 宜入學裁衣上樑宜豎柱寅時開市納財
二十七日	木		廿九日丁卯火井閉 宜裁衣
二十八日	金		三十日戊辰木鬼建
二十九日	土	●合朔午前四時三十三分 四月小	初一日己巳木柳除
三十日	日		初二日庚午土星滿

五月大三十一日

日	曜	記事	舊曆
一日	月		初三日辛未土張平
二日	火		初四日壬申金翼定
三日	水		初五日癸酉金軫執
四日	木		初六日甲戌火角破
五日	金	◐上弦午後九時十三分	初七日乙亥火亢危
六日	土		初八日丙子水氐成
七日	日		初九日丁丑水房成立夏四月節宜上官入學動土上樑 宜巳時
		立夏午前〇時四十四分	舊四月節 日出五時〇八分 日入六時五十二分 晝十三時四十四分 夜十時十六分
八日	月		初十日戊寅土心收
九日	火		十一日己卯土尾開宜入學
十日	水		十二日庚辰金箕閉
十一日	木		十三日辛巳金斗建宜上官嫁娶移徙裁衣上樑 宜午時
十二日	金		十四日壬午木牛除
十三日	土	○望午後一時十五分	十五日癸未木女滿
十四日	日		十六日甲申水虛平

日		
十五日月		十七日乙酉水危定宜祭[illegible]移徙裁衣動土上樑[illegible]開市納財安葬
十六日火		十八日丙戌土室執宜裁衣
十七日水		十九日丁亥土壁破宜破屋
十八日木		二十日戊子火奎危宜裁衣
十九日金		廿一日己丑火婁成
二十日土		廿二日庚寅木胃收宜上官嫁娶移徙裁衣上樑[illegible]納財安葬啓攢
二十一日日	下弦午後五時二十四分	廿三日辛卯木昴開
二十二日月		廿四日壬辰水畢閉小滿四月中
小滿午後二時○三分		舊四月中 日出四時五十四分 晝十四時十二分 日入七時○六分 夜九時四十八分
二十三日火		廿五日癸巳水觜建宜上官
二十四日水		廿六日甲午金參除宜上官嫁娶移徙裁衣動土上樑[illegible]栽種安葬
二十五日木		廿七日乙未金井滿
二十六日金		廿八日丙申火鬼平宜上官嫁娶[illegible]裁衣動土上樑[illegible]開市納財栽種
二十七日土		廿九日丁酉火柳定
二十八日日	合朔午後二時二十分 五月小	初一日戊戌木星執宜上官移徙裁衣動土上樑[illegible]栽種
二十九日月		初二日己亥木張破宜破屋
三十日火		初三日庚子土翼危宜上官[illegible]裁衣動土上樑[illegible]栽種安葬啓攢
三十一日水		初四日辛丑土軫成宜上官[illegible]裁衣動土上樑[illegible]開市納財栽種安葬

六月小三十日

一日	木		初五日壬寅金角收
二日	金		初六日癸卯金亢開 宜入學
三日	土		初七日甲辰火氐閉
四日	日	◐上弦午前六時〇二分	初八日乙巳火房建
五日	月		初九日丙午水心除
六日	火		初十日丁未水尾滿
七日	水		十一日戊申土箕滿 芒種五月節

芒種午前五時三十一分 舊五月節

日出四時四十五分 晝十四時三十分

日入七時十五分 夜九時三十分

八日	木		十二日己酉土斗平
九日	金		十三日庚戌金牛定 宜上官冠帶(宜用巳時)嫁娶裁衣動土上樑(宜用巳時)納財
十日	土		十四日辛亥金女執
十一日	日		十五日壬子木虛破
十二日	月	○望午前五時四十九分	十六日癸丑木危危
十三日	火		十七日甲寅水室成 宜上官入學裁衣動土上樑(宜用…)開市納財栽種啓攢
十四日	水		十八日乙卯水壁收

十五日木		十九日丙辰土翼開宜祭祀上表章會親友入學嫁娶移徙裁衣動土上樑宜用寅時開市納財栽種
十六日金		二十日丁巳土軫閉宜裁衣
十七日土		廿一日戊午火角建
十八日日		廿二日己未火亢除宜上表章移徙裁衣動土上樑宜用寅時納財栽種安葬
十九日月		廿三日庚申木氐滿
二十日火	◐下弦午前四時四十七分	廿四日辛酉木房平
二十一日水		廿五日壬戌水心定
二十二日木		廿六日癸亥水尾執夏至五月中
	夏至午後十一時三十九分	舊五月中 日出四時四十二分 晝十四時三十六分 日入七時十八分 夜九時二十四分
二十三日金		廿七日甲子金箕破
二十四日土		廿八日乙丑金斗危
二十五日日		廿九日丙寅火牛成
二十六日月	●合朔午後九時十四分 六月大	初一日丁卯火女收
二十七日火		初二日戊辰木虛開宜上表章會親友入學移徙裁衣動土上樑宜用寅時栽種
二十八日水		初三日己巳木危閉宜裁衣納財栽種
二十九日木		初四日庚午土室建
三十日金		初五日辛未土壁除

七月大三十一日

日	曜	記事	舊曆
一日	土		初六日壬申金氐滿宜移徙裁衣開市納財安葬
二日	日		初七日癸酉金房平
三日	月	◐上弦午後五時十二分	初八日甲戌火心定宜上官冠帶出行(宜用巳時北)嫁娶裁衣動土上樑(宜用巳時)納財
四日	火		初九日乙亥火尾執
五日	水		初十日丙子水箕破
六日	木		十一日丁丑水斗危
七日	金		十二日戊寅土牛成宜上官會親嫁娶裁衣動土上樑(宜用辰時)開市納財栽種
八日	土		十三日己卯土女成小暑六月節
		小暑午後四時○六分	舊六月節 日出四時四十五分 晝十四時三十分 日入七時十五分 夜九時三十分
九日	日		十四日庚辰金虛收
十日	月		十五日辛巳金危開
十一日	火	○望午後八時四十二分	十六日壬午木室閉宜安葬
十二日	水		十七日癸未木壁建宜上官
十三日	木		十八日甲申水奎除宜上官嫁娶移徙裁衣動土上樑(宜用辰時)栽種安葬
十四日	金		十九日乙酉水婁滿

日		舊曆
十五日土		二十日丙戌土胃平
十六日日		廿一日丁亥土昴定
十七日月		廿二日戊子火畢執宜裁衣
十八日火		廿三日己丑火觜破
十九日水	◐下弦午後一時三十一分 初伏	廿四日庚寅木參危宜開市納財栽種啓攢
二十日木		廿五日辛卯木井成宜上官入學移徙裁衣動土立柱上樑開市納財栽種啓攢
二十一日金		廿六日壬辰水鬼收宜納財栽種
二十二日土		廿七日癸巳水柳開土王用事宜入學
二十三日日		廿八日甲午金星閉宜裁衣安葬
二十四日月		廿九日乙未金張建大暑六月中宜上官嫁娶

大暑午前九時三十三分　舊六月中

日出四時五十四分　晝十四時十二分
日入七時○六分　夜九時四十八分

日		舊曆
二十五日火		三十日丙申火翼除
二十六日水	●合朔午前四時○五分 閏月小	初一日丁酉火軫滿
二十七日木		初二日戊戌木角平
二十八日金		初三日己亥木亢定宜上官冠帶宜用午時坐向東北移徙裁衣上樑宜用午時納財
二十九日土	中伏	初四日庚子土氐執
三十日日		初五日辛丑土房破
三十一日月		初六日壬寅金心危宜開市納財啓攢

八月大三十一日

一日 火　初七日癸卯金尾成宜上官入學移徙裁衣上棟卯時宜用開市納財修橫

二日 水　◐上弦午前七時十六分　初八日甲辰火箕收宜上官嫁娶移徙裁衣上棟辰時宜用納財安葬

三日 木　初九日乙巳火斗開

四日 金　初十日丙午水牛閉

五日 土　十一日丁未水女建宜上官

六日 日　十二日戊申土虛除

七日 月　十三日己酉土危滿宜上官嫁娶移徙裁衣上棟午時宜用開市納財

八日 火　十四日庚戌金室平

九日 水　十五日辛亥金壁平立秋七月節

立秋午前一時五十七分　舊七月節　日出五時〇八分　晝十三時四十四分　日入六時五十二分　夜十時十六分

十日 木　○望午前十時三十九分　十六日壬子木奎定宜上官[illegible]嫁娶移徙裁衣動土上棟[illegible]開市納財[illegible]修橫

十一日 金　十七日癸丑木婁執宜上官嫁娶動土上棟巳時宜用納財栽種安葬

十二日 土　十八日甲寅水胃破

十三日 日　十九日乙卯水昴危

十四日 月　二十日丙辰土畢成宜入學

日	曜	記事	陰曆
十五日	火		廿一日丁巳土觜收宜上官嫁娶移徙裁衣上樑（宜用辰時）開市納財
十六日	水		廿二日戊午火參開宜上官入學嫁娶移徙裁衣動土上樑（宜用卯時）開市栽種
十七日	木	◐下弦午後八時〇五分	廿三日己未火井閉
十八日	金	末伏	廿四日庚申木鬼建宜上官裁衣納財
十九日	土		廿五日辛酉木柳除宜安葬
二十日	日		廿六日壬戌水星滿宜上官嫁娶移徙裁衣動土上樑（宜用巳時）開市納財栽種安葬
二十一日	月		廿七日癸亥水張平
二十二日	火		廿八日甲子金翼定宜上官冠帶（宜用巳時生甲向東北）嫁娶移徙裁衣動土上樑（宜用卯時）開市納財
二十三日	水		廿九日乙丑金軫執
二十四日	木	●合朔午後〇時十二分	七月小 初一日丙寅火角破處暑七月中

處暑午後四時三十六分 舊七月中 日出五時二十四分 日入六時三十六分 晝十三時十二分 夜十時四十八分

日	曜	記事	陰曆
二十五日	金		初二日丁卯火亢危宜上官嫁娶移徙裁衣上樑（宜用卯時）安葬啓攢
二十六日	土		初三日戊辰木氐成宜入學裁衣動土上樑（宜用辰時）開市納財安葬
二十七日	日		初四日己巳木房收宜上官嫁娶移徙裁衣動土上樑（宜用辰時）開市納財栽種
二十八日	月		初五日庚午土心開
二十九日	火		初六日辛未土尾閉
三十日	水		初七日壬申金箕建宜上官移徙裁衣上樑（宜用辰時）納財安葬
三十一日	木		初八日癸酉金斗除宜動土上樑（宜用午時）安葬

九月小三十日

一日	金	◐上弦午前○時十分	初九日甲戌火牛滿 宜裁衣栽種
二日	土		初十日乙亥火女平
三日	日		十一日丙子水虚定 宜上官冠帶嫁娶移徙裁衣動土上樑 宜用卯時 開市納財營積
四日	月		十二日丁丑水危執 宜上官嫁娶裁衣動土上樑 宜用巳時 納財栽種安葬
五日	火		十三日戊寅土室破
六日	水		十四日己卯土壁危
七日	木		十五日庚辰金奎成
八日	金	○望午後十一時五十分	十六日辛巳金婁收
九日	土		十七日壬午木胃收 白露八月節
		白露午前四時四十分	舊八月節 日出五時四十二分 日入六時十八分 晝十二時三十六分 夜十一時二十四分
十日	日		十八日癸未木昴開 宜上官入學嫁娶移徙裁衣上樑 宜用卯時
十一日	月		十九日甲申水畢閉 宜裁衣納財栽種安葬
十二日	火		二十日乙酉水觜建
十三日	水		廿一日丙戌土參除 宜上官栽種
十四日	木		廿二日丁亥土井滿

日	曜		陰曆
十五日	金		廿三日戊子火鬼平
十六日	土	◑下弦午前四時五十三分	廿四日己丑火柳定
十七日	日		廿五日庚寅木星執
十八日	月		廿六日辛卯木張破
十九日	火		廿七日壬辰水翼危
二十日	水		廿八日癸巳水軫成宜上官入學嫁娶移徙裁衣動土上樑安碓磑開市納財栽種
二十一日	木		廿九日甲午金角收
二十二日	金	●合朔午後一時三十六分 八月大	初一日乙未金亢開宜上官入學移徙裁衣上樑安碓磑開市納財
二十三日	土		初二日丙申火氐閉
二十四日	日		初三日丁酉火房建秋分八月中

秋分午後一時五十三分 舊八月中

日出六時○分 晝十二時○分
日入六時○分 夜十二時○分

日	曜		陰曆
二十五日	月	社	初四日戊戌木心除
二十六日	火		初五日己亥木尾滿
二十七日	水		初六日庚子土箕平
二十八日	木		初七日辛丑土斗定宜裁衣納財
二十九日	金		初八日壬寅金牛執
三十日	土	◐上弦午後七時○五分	初九日癸卯金女破

十月大三十一日

日	曜		曆注
一日	日		初十日甲辰火虛危
二日	月		十一日乙巳火危成
三日	火		十二日丙午水室收
四日	水		十三日丁未水壁開宜上官入學移徙裁衣上樑宜用巳時
五日	木		十四日戊申土奎閉
六日	金		十五日己酉土婁建
七日	土		十六日庚戌金胃除宜上官嫁娶移徙裁衣動土上樑宜用巳時納財栽種安葬
八日	日	○望午後○時十五分	十七日辛亥金昴滿宜移徙裁衣
九日	月		十八日壬子木畢滿寒露九月節
寒露午後七時五十五分			舊曆九月節 日出六時十八分 日入五時四十二分 晝十一時二十四分 夜十二時三十六分
十日	火		十九日癸丑木觜平
十一日	水		二十日甲寅水參定
十二日	木		廿一日乙卯水井執
十三日	金		廿二日丙辰土鬼破宜破屋
十四日	土		廿三日丁巳土柳危

日	曜	記事	陰曆
十五日	日	◐下弦午前七時五十六分	廿四日戊午火星成宜會親友入學移徙裁衣動土上樑安碓磑開市納財
十六日	月		廿五日己未火張收
十七日	火	神嘗祭	廿六日庚申木翼開宜上官入學移徙裁衣動土上樑安碓磑開市栽種
十八日	水		廿七日辛酉木軫閉宜裁衣
十九日	木		廿八日壬戌水角建宜上官移徙裁衣上樑巳時安碓磑納財
二十日	金		廿九日癸亥水亢除
二十一日	土		三十日甲子金氐滿土王用事
二十二日	日	●合朔午後〇時六分 日食 九月大	初一日乙丑金房平
二十三日	月		初二日丙寅火心定
二十四日	火		初三日丁卯火尾執霜降九月中宜嫁娶納采裁衣安葬

霜降午後十時四十二分　舊九月中　日出六時三十六分　日入五時二十四分　晝十時四十八分　夜十三時十二分

日	曜	記事	陰曆
二十五日	水		初四日戊辰木箕破
二十六日	木		初五日己巳木斗危
二十七日	金		初六日庚午土牛成宜上官入學移徙裁衣上樑卯時安碓磑開市納財安葬
二十八日	土		初七日辛未土女收
二十九日	日		初八日壬申金虛開宜上官入學移徙裁衣上樑巳時安碓磑開市納財
三十日	月	◑上弦午後二時四十一分	初九日癸酉金危閉宜裁衣
三十一日	火		初十日甲戌火室建

天長節

十一月小三十日

日	曜	記事	舊曆
一日	水		十一日乙亥火壁除
二日	木		十二日丙子水奎滿宜上官嫁娶裁衣上樑宜用卯時開市納財安葬啓攢
三日	金		十三日丁丑水婁平
四日	土		十四日戊寅土胃定
五日	日		十五日己卯土昴執宜畋獵安葬
六日	月		十六日庚辰金畢破
七日	火	○望午前○時○一分	十七日辛巳金觜危
八日	水		十八日壬午木參危立冬十月節宜裁衣
		立冬午後十時二十六分	舊十月節 日出六時五十二分 晝十時十六分 日入五時○八分 夜十三時四十四分
九日	木		十九日癸未木井成宜入學裁衣動土上樑宜用卯時開市納財
十日	金		二十日甲申水鬼收宜上官嫁娶移徙裁衣動土上樑宜用辰時納財牧養栽種安葬
十一日	土		廿一日乙酉水柳開宜上官入學嫁娶移徙裁衣動土上樑宜用寅時開市納財
十二日	日		廿二日丙戌土星閉
十三日	月	◑下弦午後三時三十七分	廿三日丁亥土張建
十四日	火		廿四日戊子火翼除

日	曜	記事	舊曆
十五日	水		廿五日己丑火軫滿
十六日	木		廿六日庚寅木角平 宜祭祀嫁娶移徙裁衣動土上樑[illegible]開市納財栽種安葬啓攢
十七日	金		廿七日辛卯木亢定 宜冠帶[illegible]裁衣動土上樑[illegible]開市納財啓攢
十八日	土		廿八日壬辰水氐執 宜裁衣畋獵
十九日	日		廿九日癸巳水房破 宜壞屋
二十日	月		三十日甲午金心危 宜伐木
二十一日	火	●合朔午前四時五十五分 京	初一日乙未金尾成 宜入學動土上樑[illegible]安葬
二十二日	水		初二日丙申火箕收 宜伐木
二十三日	木		初三日丁酉火斗開 小雪十月中 宜入學
小雪午後七時三十二分			舊十月中 日出七時〇六分 日入四時五十四分 晝九時四十八分 夜十四時十二分
二十四日	金		初四日戊戌木牛閉
二十五日	土		初五日己亥木女建
二十六日	日		初六日庚子土虛除 宜祭祀嫁娶移徙裁衣動土上樑[illegible]栽種安葬啓攢
二十七日	月		初七日辛丑土危滿
二十八日	火		初八日壬寅金室平 宜祭祀嫁娶移徙裁衣動土上樑[illegible]開市納財栽種
二十九日	水	◐上弦午前九時三十三分	初九日癸卯金壁定 宜祭祀[illegible]移徙裁衣動土上樑[illegible]開市納財啓攢
三十日	木		初十日甲辰火奎執 宜祭祀嫁娶移徙裁衣上樑[illegible]納財安葬

十二月大三十一日

陽曆		陰曆
一日金		十一日乙巳火婁破屋
二日土		十二日丙午水胃危宜伐木畋獵
三日日		十三日丁未水昴成宜會友移徙裁衣動土上樑安碓磑開市納財
四日月		十四日戊申土畢收
五日火		十五日己酉土觜開宜上官冠帶嫁娶移徙裁衣動土上樑安碓磑開市納財栽種
六日水	○望午前十時五十六分	十六日庚戌金參閉
七日木		十七日辛亥金井建
八日金		十八日壬子木鬼建大雪十一月節
大雪午後二時三十二分		舊十一月節 日出七時十五分 晝九時三十分 日入四時四十五分 夜十四時三十分
九日土		十九日癸丑木柳除宜上官冠帶嫁娶移徙裁衣動土上樑安碓磑開市納財栽種
十日日		二十日甲寅水星滿宜上官冠帶嫁娶裁衣動土上樑安碓磑開市納財栽種
十一日月		廿一日乙卯水張平
十二日火		廿二日丙辰土翼定宜上官冠帶嫁娶移徙裁衣動土上樑安碓磑開市納財
十三日水	◑下弦午前時五十五分	廿三日丁巳土軫執
十四日木		廿四日戊午火角破

十五日金　廿五日己未火亢危宜伐木畋獵
十六日土　廿六日庚申木氐成宜上官入學移徙裁衣上樑 宜用巳時 開市納財伐木安葬
十七日日　廿七日辛酉木房收宜畋獵
十八日月　廿八日壬戌水心開宜入學裁衣動土上樑 宜用巳時 開市栽種
十九日火　廿九日癸亥水尾閉
二十日水　●合朔午後十一時三十四分　十一月大　初一日甲子金箕建
二十一日木　初二日乙丑金斗除宜上官冠帶移徙裁衣動土上樑 宜用巳時 納財安葬
二十二日金　初三日丙寅火牛滿
二十三日土　初四日丁卯火女平 冬至十一月中

冬至午前八時〇八分　舊十一月中
日出七時十八分　晝九時二十四分
日入四時四十二分　夜十四時三十六分

二十四日日　初五日戊辰木虛定
二十五日月　初六日己巳木危執宜畋獵
二十六日火　初七日庚午土室破
二十七日水　初八日辛未土壁危宜伐木
二十八日木　初九日壬申金奎成宜上官入學移徙裁衣上樑 宜用巳時 開市納財伐木安葬
二十九日金　◐上弦午前一時二十七分　初十日癸酉金婁收宜畋獵
三十日土　十一日甲戌火胃開宜入學裁衣動土上樑 宜用巳時 栽種
三十一日日　十二日乙亥火昴閉

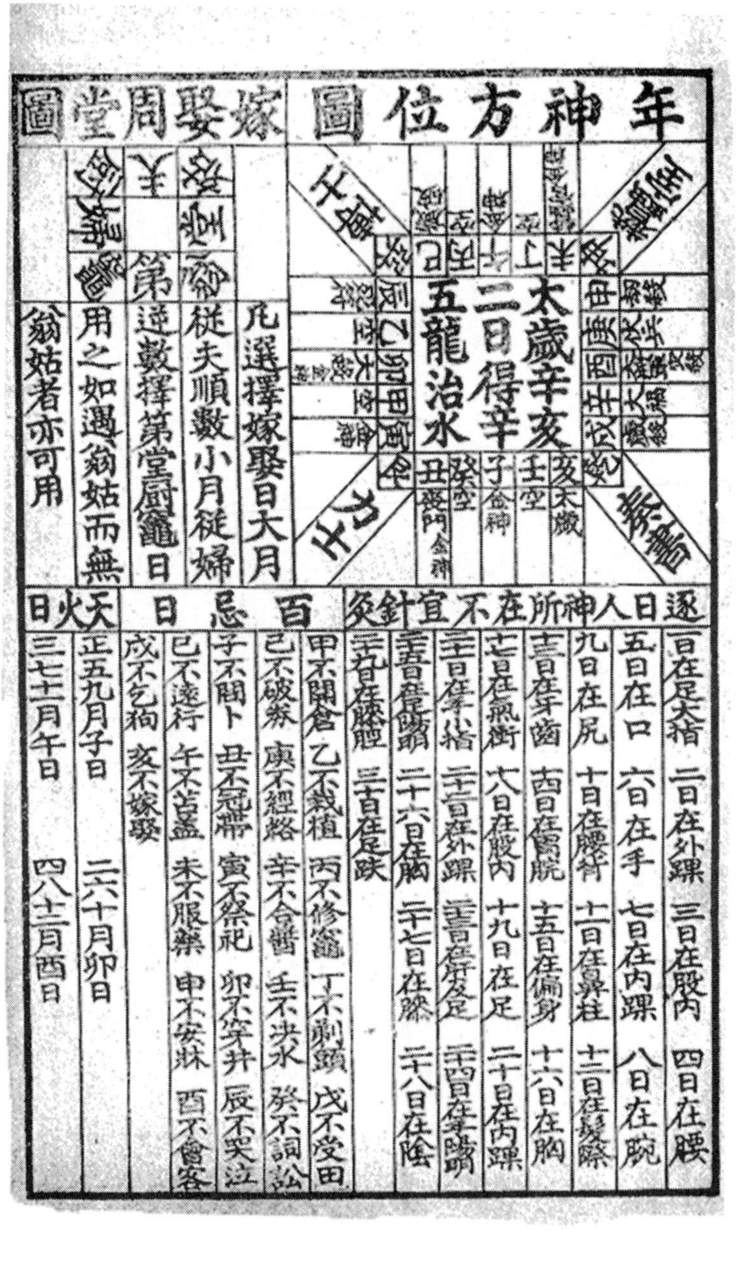

年神方位圖

太歲辛亥
二日得辛
五龍治水

奏書　力士　博士

嫁娶周堂圖

凡選擇嫁娶日大月從夫順數小月從婦逆數擇第堂廚竈日用之如遇翁姑而無翁姑者亦可用

逐日人神所在不宜針灸

一日在足大指　二日在外踝　三日在股內　四日在腰
五日在口　六日在手　七日在內踝　八日在腕
九日在尻　十日在腰背　十一日在鼻柱　十二日在髮際
十三日在牙齒　十四日在胃脘　十五日在遍身　十六日在胸
十七日在氣衝　十八日在股內　十九日在足　二十日在內踝
二十一日在手小指　二十二日在外踝　二十三日在肝及足　二十四日在手陽明
二十五日在足陽明　二十六日在胸　二十七日在膝　二十八日在陰
二十九日在膝脛　三十日在足趺

百忌日

甲不開倉　乙不栽植　丙不修竈　丁不剃頭　戊不受田
己不破券　庚不經絡　辛不合醬　壬不決水　癸不詞訟
子不問卜　丑不冠帶　寅不祭祀　卯不穿井　辰不哭泣
巳不遠行　午不苫蓋　未不服藥　申不安牀　酉不會客
戌不乞狗　亥不嫁娶

天火日

正五九月子日　二六十月卯日
三七十一月午日　四八十二月酉日

明治四十三年十月十日發行

朝鮮總督府

印刷局印刷

2 明治四十五年朝鮮民曆（１９１２）

朝鮮總督府編製 定價五錢

明治四十五年朝鮮民曆

閏年凡三百六十六日

47 **2.** 明治四十五年朝鮮民曆(1912)

月表

一月大　二月閏　三月大　四月小
五月大　六月小　七月大　八月大
九月小　十月大　十一月小　十二月大

四方拜　一月一日
元始祭　一月三日
孝明天皇祭　一月三十日
紀元節　二月十一日
春季皇靈祭　三月廿一日
神武天皇祭　四月三日
秋季皇靈祭　九月廿三日
神嘗祭　十月十七日
天長節　十一月三日
新嘗祭　十一月廿三日

閏表

陽曆閏年在陰曆申子辰年百年一
次閏爲平年四百年一次閏爲閏年不足
之數至八千年爲一日二時四十分

日食

四月十七日食分七分五十四秒
初虧午後八時四十分
食甚午後九時三十六分
復圓午後十時二十五分

月食

四月二日食分二分
初虧午前六時〇分
食甚午前六時五十分
復圓午前七時四十分

月食

九月二十六日食分一分
初虧午後七時四十二分
食甚午後八時二十三分
復圓午後九時〇四分

日曜表

一月七日十四日廿一日廿八日
二月四日十一日十八日廿五日
三月三日十日十七日廿四日卅一日
四月七日十四日廿一日廿八日
五月五日十二日十九日廿六日
六月二日九日十六日廿三日卅日
九月一日八日十五日廿二日廿九日
十月六日十三日廿日廿七日
十一月三日十日十七日廿四日
十二月一日八日十五日廿二日廿九日

明治四十五年中陰曆歲次壬子年月表及節候表

正月大 甲子 初三日 二月二十日 丙寅辰正三刻三分 雨水 正月中 十八日 三月六日 辛巳卯正三刻八分 驚蟄 二月節

二月小 甲午 初三日 三月二十一日 丙申辰正初刻十三分 春分 二月中 十八日 四月五日 辛亥子正一刻十分 清明 三月節

三月大 癸亥 初四日 四月二十日 丙寅戌初三刻十一分 穀雨 三月中 二十日 五月六日 壬午卯正二刻一分 立夏 四月節

四月小 癸巳 初五日 五月二十一日 丁酉戌初三刻六分 小滿 四月中 二十一日 六月六日 癸丑午初一刻十三分 芒種 五月節

五月小 壬戌 初八日 六月二十二日 己巳寅正一刻一分 夏至 五月中 二十三日 七月七日 甲申亥初三刻八分 小暑 六月節

六月大 辛卯 初十日 七月二十三日 庚子申初一刻六分 大暑 六月中 二十六日 八月八日 丙辰辰初三刻 立秋 七月節

七月小 辛酉 十一日 八月二十三日 辛未亥正一刻十三分 處暑 七月中 二十七日 九月八日 丁亥巳正三刻十四分 白露 八月節

八月小 庚寅 十三日 九月二十三日 壬寅戌初三刻十一分 秋分 八月中 二十九日 十月九日 戊午丑初三刻十三分 寒露 九月節

九月大 己未 十五日 十月二十四日 癸酉寅正二刻 霜降 九月中 三十日 十一月八日 戊子寅正一刻 立冬 十月節

十月大 己丑 十五日 十一月二十三日 癸卯丑初一刻六分 小雪 十月中 二十九日 十二月七日 丁巳戌正一刻六分 大雪 十一月節

十一月小 己未 十四日 十二月二十二日 壬申未初三刻十三分 冬至 十一月中 二十九日 一月六日 丁亥卯正三刻十三分 小寒 十二月節

十二月大 戊子 十五日 一月二十一日 壬寅子正初刻十分 大寒 十二月中 二十九日 二月四日 丙辰酉正一刻九分 立春 正月節

四方拜
元始祭
新年宴會

一月大三十一日

舊曆

辛亥十二月大

一日	月		十三日丙子水畢建
二日	火		十四日丁丑水觜除
三日	水		十五日戊寅土參滿宜裁衣動土移徙開市納財栽種
四日	木	○望午後九時四十一分	十六日己卯土井平
五日	金		十七日庚辰金鬼定
六日	土		十八日辛巳金柳執
七日	日		十九日壬午木星執小寒十二月節宜伐木畋獵

小寒午前一時〇六分 舊十二月節 日出七時十五分 晝九時三十分 日入四時四十五分 夜十四時三十分

八日	月		二十日癸未木張破宜破屋
九日	火		廿一日甲申水翼危宜上表襲爵受封會親友入學移徙動土上樑開市納財伐木畋獵栽種安葬
十日	水		廿二日乙酉水軫成宜上官入學嫁娶移徙動土上樑開市安葬
十一日	木	◐下弦午後三時四十分	廿三日丙戌土角收
十二日	金		廿四日丁亥土亢開
十三日	土		廿五日戊子火氐閉
十四日	日		廿六日己丑火房建

孝明天皇祭

日	曜	記事	舊曆
十五日	月		廿七日庚寅木心除宜嫁娶移徙裁衣動土祭祀[illegible]納財栽種安葬啓攅
十六日	火		廿八日辛卯木尾滿
十七日	水		廿九日壬辰水箕平
十八日	木		三十日癸巳水斗定土王用事
十九日	金	● 合朔午後[illegible]時[illegible]分　十二月大	初一日甲午金牛執宜裁衣伐木畋獵
二十日	土	臘	初二日乙未金女破
二十一日	日		初三日丙申火虛危大寒十二月中宜伐木
大寒午後六時二十分			舊十二月中　日出七時〇六分　晝九時四十八分　日入四時五十四分　夜十四時十二分
二十二日	月		初四日丁酉火危成宜上表章入學嫁娶移徙裁衣祭祀[illegible]開市納財安葬
二十三日	火		初五日戊戌木室收
二十四日	水		初六日己亥木壁開宜入學
二十五日	木		初七日庚子土奎閉宜裁衣安葬啓攅
二十六日	金		初八日辛丑土婁建宜裁衣上梁[illegible]納財
二十七日	土	◐ 上弦午後四時二十四分	初九日壬寅金胃除
二十八日	日		初十日癸卯金昴滿
二十九日	月		十一日甲辰火畢平
三十日	火		十二日乙巳火觜定
三十一日	水		十三日丙午水參執宜伐木畋獵

二月閏二十九日

日	曜	記事	舊暦
一日	木		十四日丁未水井破
二日	金		十五日戊申土鬼危宜開市納財伐木畋獵
三日	土	○望午前七時四十二分	十六日己酉土柳成宜上官入學嫁娶移徙裁衣上樑宜用午時開市納財
四日	日		十七日庚戌金星收
五日	月		十八日辛亥金張收立春正月節
		立春後○時三十四分	舊正月節 日出六時五十二分 晝十時十六分 日入五時○八分 夜十三時四十四分
六日	火		十九日壬子木翼開宜上官入學嫁娶移徙裁衣動土上樑宜用巳時開市納財栽植
七日	水		二十日癸丑木軫閉
八日	木		廿一日甲寅水角建宜裁衣納財
九日	金		廿二日乙卯水亢除宜上官修橋
十日	土	◑下弦午前八時四十四分	廿三日丙辰土氐滿
十一日	日	紀元節	廿四日丁巳土房平
十二日	月		廿五日戊午火心定宜上官冠帶宜用卯時出行安床移徙動土上樑宜用卯時
十三日	火		廿六日己未火尾執
十四日	水		廿七日庚申木箕破

양력 (Solar date)	절기·월령 (Solar term / moon phase)	음력·일진 (Lunar date)
十五日木		廿八日辛酉木斗危
十六日金		廿九日壬戌水牛成宜入學裁衣動土上樑(宜用巳時)開市納財安葬
十七日土		三十日癸亥水女收
十八日日	●合朔午後四時二十五分 壬子正月大	初一日甲子金虛開宜入學
十九日月		初二日乙丑金危閉
二十日火		初三日丙寅火室建雨水正月中宜裁衣上樑(宜用未時)納財安葬啓攢
雨水午前八時三十三分	舊正月中	日出六時五十分 日入五時三十八分 晝十一時四十八分 夜十二時十二分
二十一日水		初四日丁卯火壁除宜上官嫁娶移徙裁衣動土上樑(宜用午時)納財栽種安葬啓攢
二十二日木		初五日戊辰木奎滿
二十三日金		初六日己巳木婁平
二十四日土		初七日庚午土胃定宜上官冠帶(宜用卯時坐向西北方)移徙上樑(宜用卯時)安葬
二十五日日		初八日辛未土昴執宜上官嫁娶移徙裁衣動土上樑(宜用卯時)栽種安葬
二十六日月	◐上弦午前三時○八分	初九日壬申金畢破宜破屋
二十七日火		初十日癸酉金觜危宜安葬
二十八日水		十一日甲戌火參成
二十九日木		十二日乙亥火井收宜上官移徙裁衣動土上樑(宜用辰時)開市納財

三月大三十一日

一日金 十三日丙子水鬼開 宜上官入學嫁娶移徙裁衣動土上樑(宜用卯時)開市納財栽種

二日土 十四日丁丑水柳閉

三日日 ○望午後六時二十六分 十五日戊寅土星建 宜裁衣上樑(宜用辰時)納財安葬

四日月 十六日己卯土張除 宜上官嫁娶

五日火 十七日庚辰金翼滿

六日水 十八日辛巳金軫滿 驚蟄二月節

驚蟄午前六時五十三分 舊二月節 日出六時十八分 日入五時四十二分 晝十一時二十四分 夜十二時三十六分

七日木 十九日壬午木角平

八日金 二十日癸未木亢定 宜冠帶(宜用卯時)出行(宜向東南)嫁娶裁衣動土上樑(宜用卯時)納財

九日土 廿一日甲申水氐執

十日日 廿二日乙酉水房破

十一日月 ◑下弦午前三時四十六分 廿三日丙戌土心危

十二日火 廿四日丁亥土尾成

十三日水 廿五日戊子火箕收

十四日木 廿六日己丑火斗開

春季
皇靈祭

日	曜	記事	舊曆
十五日	金		廿七日庚寅木牛閉宜裁衣納財栽種啓攢
十六日	土		廿八日辛卯木女建宜[illegible]
十七日	日		廿九日壬辰水虛除宜[illegible]
十八日	月	・	三十日癸巳水危滿
十九日	火	●合朔午前五時三十分 二月小	初一日甲午金室平
二十日	水		初二日乙未金壁定
二十一日	木		初三日丙申火奎執 春分二月中
		春分午前八時○五分	舊二月中 日出六時○分 日入六時○分 晝十二時○分 夜十二時○分
二十二日	金		初四日丁酉火婁破
二十三日	土	社	初五日戊戌木胃危
二十四日	日		初六日己亥木昴成宜嫁娶移徙裁衣動土栽種開市納財安葬
二十五日	月		初七日庚子土畢收
二十六日	火	◐上弦午前六時二十四分	初八日辛丑土觜開宜嫁娶移徙裁衣動土栽種開市
二十七日	水		初九日壬寅金參閉宜裁衣納財栽種啓攢
二十八日	木		初十日癸卯金井建宜[illegible]
二十九日	金		十一日甲辰火鬼除宜[illegible]嫁娶移徙裁衣動土栽種開市納財安葬
三十日	土		十二日乙巳火柳滿宜裁衣開市納財
三十一日	日		十三日丙午水星平

神武天皇祭

四月小三十日

一日 月 十四日丁未水張定
二日 火 ○望午前六時○一分 月食 十五日戊申土翼執
三日 水 十六日己酉土軫破
四日 木 十七日庚戌金角危
五日 金 十八日辛亥金亢危 清明三月節

清明午後○時十二分 舊三月節 日出五時四十三分 晝十二時三十六分 日入六時十八分 夜十一時二十四分

六日 土 寒食 十九日壬子木氐成 宜上官入學嫁娶動土裁衣 宜甲時開市栽種安葬醫療
七日 日 二十日癸丑木房收 宜納財
八日 月 廿一日甲寅水心開 宜上官入學移徙裁衣動土 宜甲時開市栽種
九日 火 ◐下弦午後十一時十七分 廿二日乙卯水尾閉
十日 水 廿三日丙辰土箕建
十一日 木 廿四日丁巳土斗除 宜上官嫁娶移徙裁衣動土栽種 宜甲時開市納財栽種
十二日 金 廿五日戊午火牛滿
十三日 土 廿六日己未火女平
十四日 日 廿七日庚申木虛定

十五日	月		廿八日辛酉木危執
十六日	火		廿九日壬戌水室破宜破屋
十七日	水	● 合朔午後七時十三分日食晝見	初一日癸亥水壁危
十八日	木		初二日甲子金奎成宜用事宜上官會親友裁衣移徙宜開市納財
十九日	金		初三日乙丑金婁收宜納財
二十日	土		初四日丙寅火胃開穀雨三月中宜上官會親友移徙裁衣栽種開市納財

穀雨午後七時五十六分 舊三月中

日出五時三十四分 晝十三時十二分
日入六時二十六分 夜十時四十八分

二十一日	日		初五日丁卯火昴閉
二十二日	月		初六日戊辰木畢建
二十三日	火		初七日己巳木觜除
二十四日	水	◐ 上弦午後四時五十分	初八日庚午土參滿
二十五日	木		初九日辛未土井平
二十六日	金		初十日壬申金鬼定
二十七日	土		十一日癸酉金柳執宜嫁娶安葬
二十八日	日		十二日甲戌火星破
二十九日	月		十三日乙亥火張危
三十日	火		十四日丙子水翼成

五月大三十一日

一日水 ○望午後六時二十三分 十五日丁丑水軫收宜上官移徙裁衣上樑宜用巳時納財安葬

二日木 十六日戊寅土角開宜上官入學嫁娶移徙上樑宜用[illegible]時

三日金 十七日己卯土亢閉

四日土 十八日庚辰金氐建

五日日 十九日辛巳金房除

六日月 二十日壬午木心除立夏四月節宜上官安葬

立夏午前六時三十二分　舊四月節　日出五時〇分　晝十三時四十四分　日入六時五十二分　夜十時十六分

七日火 廿一日癸未木尾滿

八日水 廿二日甲申水箕平

九日木 ◑下弦午後五時五十二分 廿三日乙酉水斗定

十日金 廿四日丙戌土牛執宜裁衣

十一日土 廿五日丁亥土女破宜破屋

十二日日 廿六日戊子火虛危宜裁衣

十三日月 廿七日己丑火危成

十四日火 廿八日庚寅木室收宜上官嫁娶移徙裁衣上樑宜用[illegible]納財安葬啓攢

十五日水　二十九日辛卯木壁開宜上官入學冠帶嫁娶移徙裁衣動土上樑竪柱開市納財栽種
十六日木　三十日壬辰水奎閉
十七日金　●合朔午前六時〇九分　四月小　初一日癸巳水婁建宜上官裁衣
十八日土　初二日甲午金胃除宜上官嫁娶移徙裁衣動土上樑竪柱栽種安葬
十九日日　初三日乙未金昴滿
二十日月　初四日丙申火畢平宜上官嫁娶移徙裁衣動土上樑竪柱開市納財栽種
二十一日火　初五日丁酉火觜定小滿四月中

小滿午後七時五十三分　舊四月中

日出四時五十四分　晝十四時十二分
日入七時〇六分　夜九時四十八分

二十二日水　初六日戊戌木參執宜上官嫁娶移徙裁衣動土上樑竪柱開市栽種
二十三日木　◐上弦午後十一時十四分　初七日己亥木井破宜破屋
二十四日金　初八日庚子土鬼危宜上官嫁娶移徙裁衣動土上樑竪柱開市栽種安葬啓攢
二十五日土　初九日辛丑土柳成宜上官入學動土上樑竪柱開市栽種安葬
二十六日日　初十日壬寅金星收
二十七日月　十一日癸卯金張開宜入學
二十八日火　十二日甲辰火翼閉
二十九日水　十三日乙巳火軫建
三十日木　十四日丙午水角除
三十一日金　○望午前七時三十分　十五日丁未水亢滿

六月小三十日

日	曜		舊暦
一日	土		十六日戊申土氐平
二日	日		十七日己酉土房定宜[illegible]冠[illegible]安葬
三日	月		十八日庚戌金心執宜上官[illegible]移徙[illegible]安葬
四日	火		十九日辛亥金尾破宜破屋
五日	水		二十日壬子木箕危
六日	木		廿一日癸丑木斗危芒種五月節
		芒種午前十一時二十分	舊五月節　日出四時四十五分　晝十四時三十分　日入七時十五分　夜九時三十分
七日	金		廿二日甲寅水牛成宜[illegible]納財栽植[illegible]
八日	土	◐下弦午前十一時二十六分	廿三日乙卯水女收
九日	日		廿四日丙辰土虛開宜[illegible]移徙[illegible]
十日	月		廿五日丁巳土危閉
十一日	火		廿六日戊午火室建
十二日	水		廿七日己未火壁除宜上官移徙裁衣動土[illegible]納財栽植安葬
十三日	木		廿八日庚申木奎滿宜移徙裁衣開市納財安葬
十四日	金		廿九日辛酉木婁平

十五日	土	●合朔午後一時十六分	五月小 初一日壬戌水胃定宜上官冠帶(宜用巳時)結婚姻(宜用巳時)裁衣上樑(宜用巳時)納財
十六日	日		初二日癸亥水昴執
十七日	月		初三日甲子金畢破
十八日	火		初四日乙丑金觜危
十九日	水		初五日丙寅火參成
二十日	木		初六日丁卯火井收
二十一日	金		初七日戊辰木鬼開
二十二日	土	◐上弦午前四時二十五分	初八日己巳木柳閉夏至五月中宜裁衣納財栽種
		夏至午前四時十六分	舊五月中 日出四時四十三分 晝十四時三十六分 日入七時十八分 夜九時二十四分
二十三日	日		初九日庚午土星建
二十四日	月		初十日辛未土張除宜上官嫁娶移徙裁衣動土上樑(宜用卯時)納財開市安葬
二十五日	火		十一日壬申金翼滿
二十六日	水		十二日癸酉金軫平
二十七日	木		十三日甲戌火角定宜上官冠帶(宜用巳時)結婚姻(宜用巳時)嫁娶裁衣動土上樑(宜用巳時)納財
二十八日	金		十四日乙亥火亢執
二十九日	土	○望午後九時三十四分	十五日丙子水氐破
三十日	日		十六日丁丑水房危

七月大三十一日

日	曜		舊曆
一日	月		十七日戊寅土心成宜上官入學裁衣動土移徙開市納財栽種
二日	火		十八日己卯土尾收
三日	水		十九日庚辰金箕開
四日	木		二十日辛巳金斗閉
五日	金		廿一日壬午木牛建
六日	土		廿二日癸未木女除宜上官嫁娶納財安葬
七日	日		廿三日甲申水虛除小暑六月節
		小暑午後九時五十三分	舊六月節 日出四時四十五分 晝十四時三十分 日入七時十五分 夜九時三十分
八日	月	◑下弦午前○時五十六分	廿四日乙酉水危滿
九日	火		廿五日丙戌土室平
十日	水		廿六日丁亥土壁定
十一日	木		廿七日戊子火奎執宜裁衣
十二日	金		廿八日己丑火婁破
十三日	土	初伏	廿九日庚寅木胃危
十四日	日	●合朔後九時○五分	六月大 初一日辛卯木昴成宜上官[illegible]移徙裁衣動土上樑開市納財[illegible]

日	曜	記事	舊曆
十五日	月		初二日壬辰水畢收宜納財栽植
十六日	火		初三日癸巳水觜閉宜入學
十七日	水		初四日甲午金參閉宜裁衣安葬
十八日	木		初五日乙未金井建
十九日	金		初六日丙申火鬼除
二十日	土		初七日丁酉火柳滿
二十一日	日	◐上弦午後一時十六分	初八日戊戌木星平土王用事
二十二日	月		初九日己亥木張定宜上官冠帶結婚納采移徙裁衣上樑宜用午時納財
二十三日	火	中伏	初十日庚子土翼執大暑六月中

大暑午後三時二十一分 舊六月中 日出四時五十四分 晝十四時十二分 日入七時〇六分 夜九時四十八分

日	曜	記事	舊曆
二十四日	水		十一日辛丑土軫破
二十五日	木		十二日壬寅金角危宜開市納財除穢
二十六日	金		十三日癸卯金亢成宜冠帶嫁娶移徙裁衣上樑宜用時開市納財除穢
二十七日	土		十四日甲辰火氐收
二十八日	日		十五日乙巳火房開
二十九日	月	○望午後〇時十分	十六日丙午水心閉
三十日	火		十七日丁未水尾建
三十一日	水		十八日戊申土箕除

八月大三十一日

一日木　十九日己酉土斗滿宜上官嫁娶移徙裁衣上樑[illegible]開市納財

二日金　二十日庚戌金牛平

三日土　廿一日辛亥金女定

四日日　廿二日壬子木虛執

五日月　廿三日癸丑木危破

六日火　◐下弦午後〇時〇三分　廿四日甲寅水室危宜上官嫁娶移徙裁衣上樑[illegible]開市納財安葬修橫

七日水　廿五日乙卯水壁成

八日木　廿六日丙辰土奎成交秋七月節

立秋午前七時四十五分　舊七月節　日出五時〇八分　日入六時五十二分　晝十三時四十四分　夜十時十六分

九日金　廿七日丁巳土婁收宜上官嫁娶移徙裁衣上樑[illegible]開市納財

十日土　廿八日戊午火胃開宜上官冠帶嫁娶移徙裁衣動土上樑[illegible]開市栽種

十一日日　廿九日己未火昴閉

十二日月　末伏　三十日庚申木畢建

十三日火　●合朔午前三時五十五分　七月小　初一日辛酉木觜除宜[illegible]

十四日水　初二日壬戌水參滿宜上官嫁娶移徙裁衣動土上樑[illegible]開市納財栽種安葬

日	曜	月相	舊曆·日辰·宜忌
十五日	木		初三日癸亥水井平
十六日	金		初四日甲子金鬼定 宜冠帶[illegible]裁衣動土[illegible]
十七日	土		初五日乙丑金柳執
十八日	日		初六日丙寅火星破
十九日	月		初七日丁卯火張危 宜上官移徙裁衣上樑[illegible]安葬啓攢
二十日	火	◐上弦午前〇時四十四分	初八日戊辰木翼成 宜入學動土上樑[illegible]安葬
二十一日	水		初九日己巳木軫收 宜上官移徙裁衣動土上樑[illegible]開市納財栽種
二十二日	木		初十日庚午土角開 宜入學
二十三日	金		十一日辛未土亢閉 處暑七月中
處暑午後十時二十分			舊七月中 日出五時二十四分 晝十三時十二分 日入六時三十六分 夜十時四十八分
二十四日	土		十二日壬申金氐建 宜上官嫁娶移徙裁衣上樑[illegible]納財安葬
二十五日	日		十三日癸酉金房除 宜裁衣動土上樑[illegible]納財安葬
二十六日	月		十四日甲戌火心滿
二十七日	火		十五日乙亥火尾平
二十八日	水	○望午前三時四十一分	十六日丙子水箕定 宜上官[illegible]移徙裁衣動土[illegible]
二十九日	木		十七日丁丑水斗執 宜上官裁衣動土上樑[illegible]納財栽種安葬
三十日	金		十八日戊寅土牛破
三十一日	土		十九日己卯土女危

九月小三十日

一日	日		二十日庚辰金虛成
二日	月		廿一日辛巳金危收
三日	火		廿二日壬午木室開宜上官入學嫁娶移徙動土醞釀栽種
四日	水	◐下弦午後六時二十分	廿三日癸未木壁閉
五日	木		廿四日甲申水奎建宜上官嫁娶裁衣納財
六日	金		廿五日乙酉水婁除宜安葬
七日	土		廿六日丙戌土胃滿宜裁衣栽種
八日	日		廿七日丁亥土昴滿白露八月節
		白露午前十一時五十九分	舊八月節　日出五時四十二分　晝十二時三十六分　日入六時十八分　夜十一時二十四分
九日	月		廿八日戊子火畢平
十日	火		廿九日己丑火觜定
十一日	水	●合朔午前十一時五十六分　八月小	初一日庚寅木參執
十二日	木		初二日辛卯木井破
十三日	金		初三日壬辰水鬼危
十四日	土		初四日癸巳水柳成宜上官入學嫁娶移徙裁衣動土醞釀開市納財栽種

秋季皇靈祭

秋分後七時四十三分　舊八月中

日出六時○分　晝十二時○分
日入六時○分　夜十二時○分

日	曜	記事	陰曆
十五日	日		初五日甲午金星收
十六日	月		初六日乙未金張開宜官會親嫁娶移徙裁衣[illegible]
十七日	火		初七日丙申火翼閉宜裁衣納畜安葬
十八日	水	◐上弦後三時五十六分	初八日丁酉火軫建
十九日	木	社	初九日戊戌木角除宜官裁[illegible]
二十日	金		初十日己亥木亢滿宜嫁娶移徙裁衣開市納財
二十一日	土		十一日庚子土氐平
二十二日	日		十二日辛丑土房定
二十三日	月		十三日壬寅金心執秋分八月中
二十四日	火		十四日癸卯金尾破
二十五日	水		十五日甲辰火箕危
二十六日	木	○望午後七時二十六分　月食	十六日乙巳火斗成
二十七日	金		十七日丙午水牛收
二十八日	土		十八日丁未水女開宜會親嫁娶移徙裁衣[illegible]巳時
二十九日	日		十九日戊申土虛閉[illegible]
三十日	月		二十日己酉土危建

十月大三十一日

日	曜	月相・節氣	舊曆
一日	火		廿一日庚戌金室除 宜上官嫁娶移徙裁衣動土上梁巳時開市納財栽種安葬
二日	水		廿二日辛亥金壁滿
三日	木		廿三日壬子木奎平
四日	金	◐下弦午前四時五十六分	廿四日癸丑木婁定 宜上官移徙裁衣動土上梁巳時開市納財
五日	土		廿五日甲寅水胃執
六日	日		廿六日乙卯水昴破
七日	月		廿七日丙辰土畢危
八日	火		廿八日丁巳土觜成 宜上官入學嫁娶移徙裁衣動土上梁巳時開市納財栽種
九日	水		廿九日戊午火參成 寒露九月節

寒露午前四時四十三分　舊九月節　日出六時十八分　晝十一時二十四分　日入五時四十二分　夜十二時三十六分

日	曜	月相・節氣	舊曆
十日	木	●合朔午後九時五十二分　九月大	初一日己未火井收
十一日	金		初二日庚申木鬼開 宜上官入學移徙裁衣動土上梁巳時開市栽種
十二日	土		初三日辛酉木柳閉
十三日	日		初四日壬戌水星建 宜上官移徙上梁巳時
十四日	月		初五日癸亥水張除

神嘗祭

十五日火		初六日甲子金翼滿
十六日水		初七日乙丑金軫平
十七日木		初八日丙寅火角定
十八日金	◐上弦午前十時○九分	初九日丁卯火亢執宜安葬啓攢
十九日土		初十日戊辰木氐破宜破屋
二十日日		十一日己巳木房危
二十一日月		十二日庚午土心成土王用事宜上官赴任嫁娶移徙裁衣上樑(宜用[illegible]時)開市納財安葬
二十二日火		十三日辛未土尾收
二十三日水		十四日壬申金箕開
二十四日木		十五日癸酉金斗閉霜降九月中宜裁衣
霜降午前四時三十分 舊九月中		日出六時三十六分 晝十一時四十八分 日入五時二十四分 夜十三時十二分
二十五日金		十六日甲戌火牛建
二十六日土	○望午前十時三十五分	十七日乙亥火女除
二十七日日		十八日丙子水虛滿宜上官嫁娶裁衣上樑(宜用卯時)開市納財安葬啓攢
二十八日月		十九日丁丑水危平
二十九日火		二十日戊寅土室定
三十日水		廿一日己卯土壁執宜[illegible]獵安葬
三十一日木		廿二日庚辰金奎破

十一月小三十日

一日金 廿三日辛巳金室危
二日土 ◑下弦午前十一時五十三分 廿四日壬午木壁成宜[illegible]
三日日 天長節 廿五日癸未木奎收宜[illegible]
四日月 廿六日甲申水婁開宜入學[illegible]
五日火 廿七日乙酉水胃閉
六日水 廿八日丙戌土昴建宜[illegible]
七日木 廿九日丁亥土畢除
八日金 三十日戊子火觜除立冬十月節

立冬午前四時二十五分 舊十月節 日出六時五十二分 日入五時〇八分 晝十時十六分 夜十三時四十四分

九日土 ●朔午前四時分 十月大 初一日己丑火參滿
十日日 初二日庚寅木井平宜[illegible]
十一日月 初三日辛卯木鬼定宜[illegible]
十二日火 初四日壬辰水柳執宜[illegible]
十三日水 初五日癸巳水星破
十四日木 初六日甲午金張危宜[illegible]

日	曜	月相·節氣	舊曆
十五日	金		初七日[illegible]
十六日	土		初八日丙申火氐收宜伐木
十七日	日	◐上弦午前六時四十二分	初九日丁酉火房開宜學
十八日	月		初十日戊戌木心閉
十九日	火		十一日己亥木尾建
二十日	水		十二日庚子土箕除宜上官嫁娶移徙裁衣動土上樑開市納財栽植[illegible]
二十一日	木		十三日辛丑土斗滿
二十二日	金		十四日壬寅金牛平
二十三日	土		十五日癸卯金女定宜上官[illegible]嫁娶移徙裁衣動土上樑開市[illegible]

小雪午前一時二十二分　**舊十月中**　日出七時○六分　日入四時五十四分　晝九時四十八分　夜十四時十二分

日	曜	月相·節氣	舊曆
二十四日	日		十六日甲辰火虛執宜上官嫁娶移徙裁衣上樑[illegible]納財安葬
二十五日	月	○望午前○時二十二分	十七日乙巳火危破宜破屋
二十六日	火		十八日丙午水室危宜伐木畋獵
二十七日	水		十九日丁未水壁成宜入學裁衣動土上樑[illegible]開市納財
二十八日	木		二十日戊申土奎收宜伐木畋獵
二十九日	金		廿一日己酉土婁開宜上官嫁娶移徙裁衣動土上樑[illegible]開市納財栽植
三十日	土		廿二日庚戌金胃閉

十二月大三十一日

日	曜		
一日	日	◐下弦午後七時十九分	廿三日辛亥金昴建
二日	月		廿四日壬子木畢除
三日	火		廿五日癸丑木觜滿
四日	水		廿六日甲寅水參平宜[illegible]
五日	木		廿七日乙卯水井定宜[illegible]
六日	金		廿八日丙辰土鬼執宜畋獵
七日	土		廿九日丁巳土柳執大雪十一月節
		大雪午後六時二十一分	舊十一月節 日出七時十五分 晝九時三十分 日入四時四十五分 夜十四時三十分
八日	日		三十日戊午火星破
九日	月	●朔午前一時〇五分 十一月小	初一日己未火張危宜伐木畋獵
十日	火		初二日庚申木翼成宜[illegible]入學移徙[illegible]開市納財[illegible]
十一日	水		初三日辛酉木軫收宜畋獵
十二日	木		初四日壬戌水角開宜入學[illegible]
十三日	金		初五日癸亥水亢閉
十四日	土		初六日甲子金氐建

日	月相	舊曆
十五日日		初七日乙丑金房除宜上官移徙裁衣動土上樑開倉納財安葬
十六日月		初八日丙寅火心滿宜裁衣動土上樑開市納財栽種破土
十七日火	◐上弦午前三時五十二分	初九日丁卯火尾平
十八日水		初十日戊辰木箕定宜上官冠帶結婚姻納采嫁娶裁衣動土上樑開市納財
十九日木		十一日己巳木斗執宜畋獵
二十日金		十二日庚午土牛破
二十一日土		十三日辛未土女危宜伐木
二十二日日		十四日壬申金虛成冬至十一月中
冬至午後一時五十八分		舊十一月中 日出七時十八分 晝九時二十四分 日入四時四十二分 夜十四時三十六分
二十三日月		十五日癸酉金危收宜畋獵
二十四日火	○望午後0時二十八分	十六日甲戌火室開宜入學裁衣動土上樑開市納財栽種
二十五日水		十七日乙亥火壁閉宜裁衣納財
二十六日木		十八日丙子水奎建
二十七日金		十九日丁丑水婁除宜上官嫁娶移徙裁衣動土上樑開市納財栽種安葬
二十八日土		二十日戊寅土胃滿宜裁衣動土上樑開市納財栽種
二十九日日		廿一日己卯土昴平
三十日月		廿二日庚辰金畢定
三十一日火	◑下弦午前四時十五分	廿三日辛巳金觜執

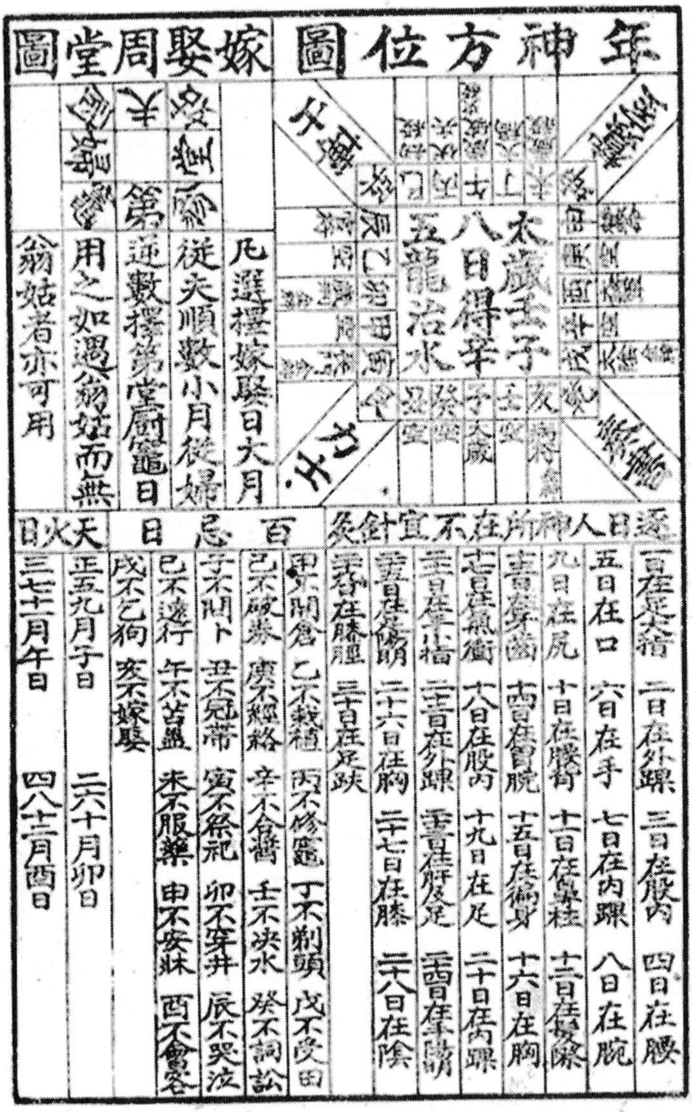

年神方位圖

太歲壬子
八日得辛
五龍治水

嫁娶周堂圖

凡選擇嫁娶日大月從夫順數小月從婦逆數擇第堂廚竈日用之如遇翁姑而無翁姑者亦可用

逐日人神所在不宜針灸

一日在足大指 二日在外踝 三日在股內 四日在腰
五日在口 六日在手 七日在內踝 八日在腕
九日在尻 十日在腰背 十一日在鼻柱 十二日在髮際
十三日在牙齒 十四日在胃脘 十五日在遍身 十六日在胸
十七日在氣衝 十八日在股內 十九日在足 二十日在內踝
二十一日在手小指 二十二日在外踝 二十三日在肝及足 二十四日在手陽明
二十五日在足陽明 二十六日在胸 二十七日在膝 二十八日在陰
二十九日在膝脛 三十日在足趺

百忌日

甲不開倉 乙不栽植 丙不修竈 丁不剃頭 戊不受田
己不破券 庚不經絡 辛不合醬 壬不泱水 癸不詞訟
子不問卜 丑不冠帶 寅不祭祀 卯不穿井 辰不哭泣
巳不遠行 午不苫蓋 未不服藥 申不安牀 酉不會客
戌不乞狗 亥不嫁娶

天火日

正五九月子日 二六十月卯日
三七十一月午日 四八十二月酉日

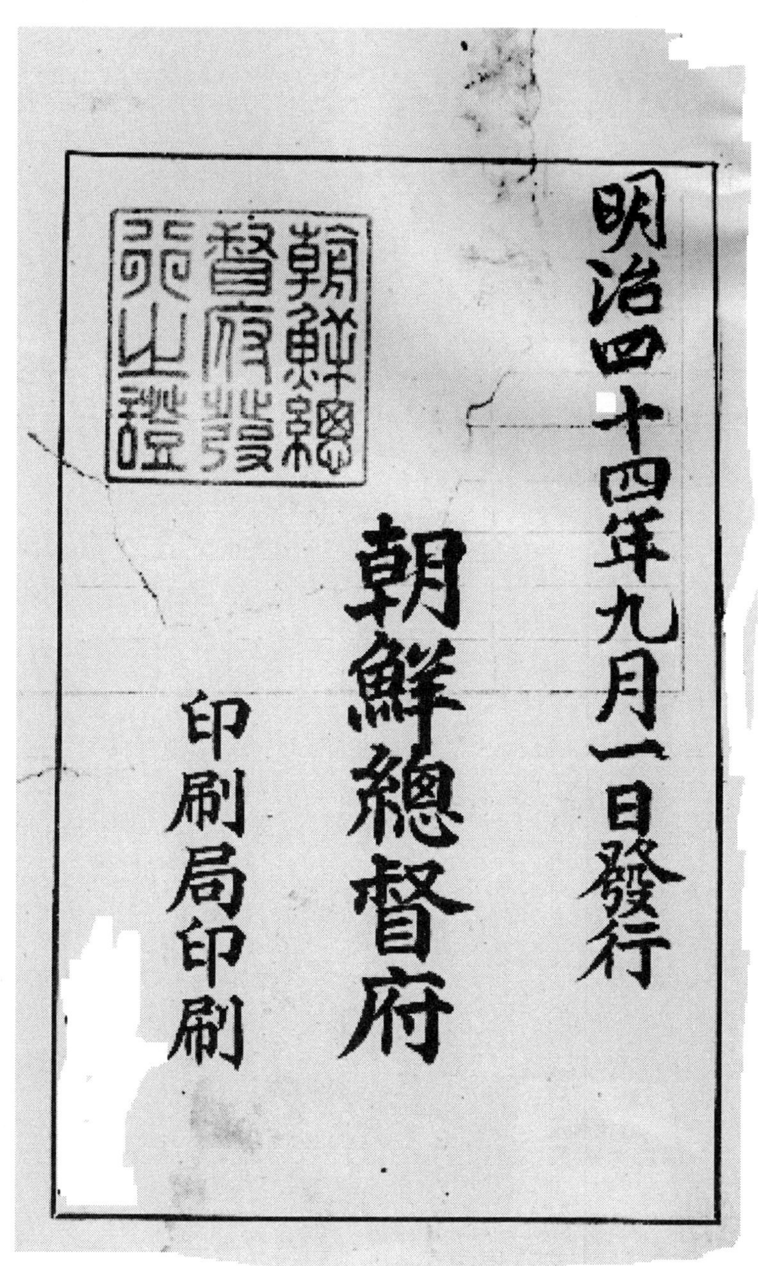

明治四十四年九月一日發行

朝鮮總督府

印刷局印刷

朝鮮總督府發兌之證

 2. 明治四十五年朝鮮民曆(1912)

제2장

大正期의 曆書

1 大正二年朝鮮民曆（1913）

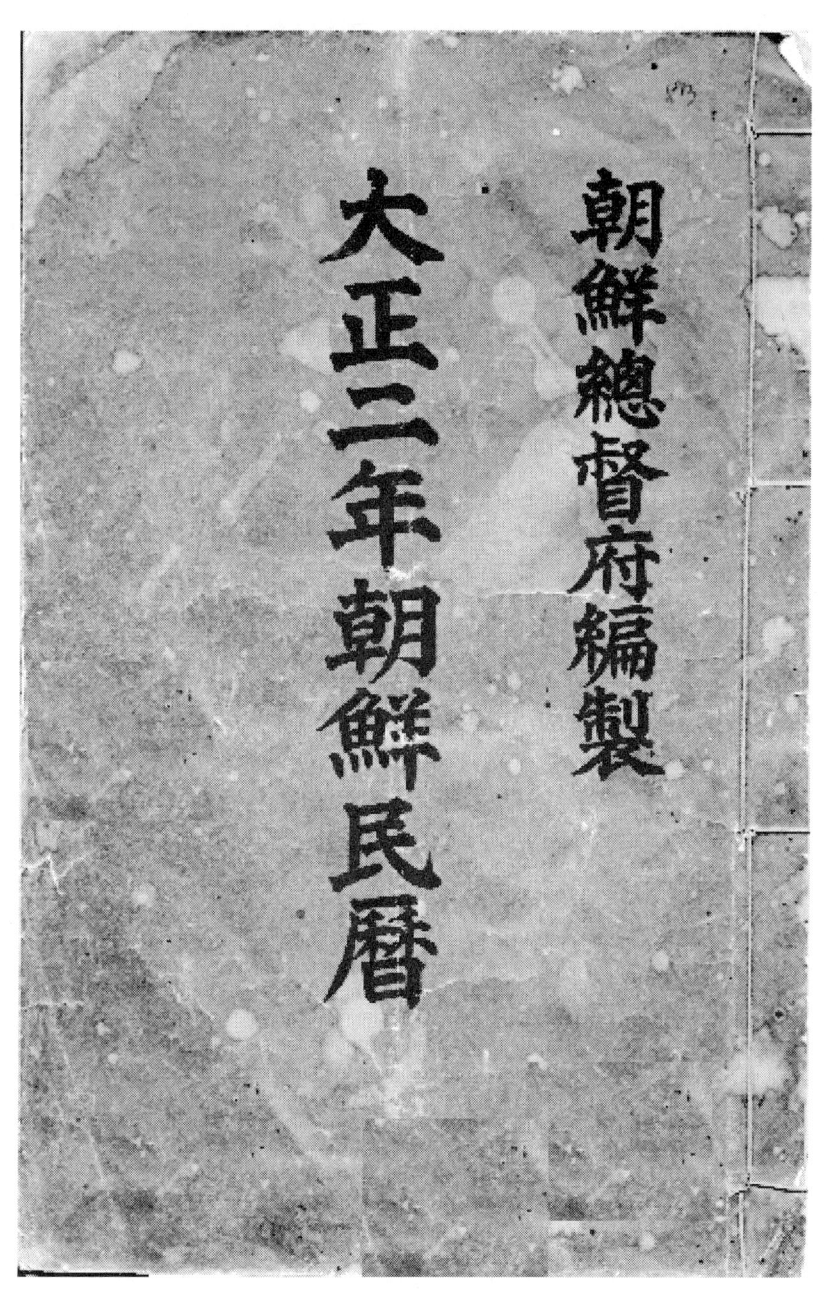

81 1. 大正二年朝鮮民曆(1913)

神武天皇御卽位紀元二千五百七十三年 大正二年朝鮮民曆 癸丑年 三百五十五日 朝鮮總督府觀測所推算

月表

一月大	二月平	三月大	四月小
五月大	六月小	七月大	八月大
九月小	十月大	十一月小	十二月大

四方拜	一月一日
元始祭	一月三日
紀元節	二月十一日
春季皇靈祭	三月廿一日
神武天皇祭	四月三日
明治天皇祭	七月三十日
天長節	八月三十一日
秋季皇靈祭	九月廿四日
神嘗祭	十月十七日
新嘗祭	十一月廿三日

說明

本民曆에揭載한時刻은本邦中央標準時를用하고日出沒及日月食은朝鮮總督府觀測所에서보이는時刻을揭홈

月食三月二十二日

食分	皆旣	
初虧	午後七時十三分	下
食旣	午後八時十一分	
食甚	午後八時五十八分	
生光	午後九時四十五分	
復圓	午後十時四十三分	上[illegible]之間

月食九月十五日

食分	皆旣	
初虧	午後七時五十三分	左
食旣	午後九時○一分	
食甚	午後九時四十八分	
生光	午後十時三十六分	
復圓	午後十一時四十四分	右

日曜表

一月	五日	十二日	十九日	廿六日	
二月	二日	九日	十六日	廿三日	
三月	二日	九日	十六日	廿三日	三十日
四月	六日	十三日	二十日	廿七日	
五月	四日	十一日	十八日	廿五日	
六月	一日	八日	十五日	廿二日	廿九日
七月	六日	十三日	二十日	廿七日	
八月	三日	十日	十七日	廿四日	三十一日
九月	七日	十四日	廿一日	廿八日	
十月	五日	十二日	十九日	廿六日	
十一月	二日	九日	十六日	廿三日	三十日
十二月	七日	十四日	廿一日	廿八日	

大正二年中陰曆歲次癸丑年月表及節候表

月	朔	節候		日	陽曆	日辰	時刻	節候		日	陽曆	日辰	時刻
正月大	戊午	雨水	正月中	十四日	二月十九日	辛未	未正三刻[illegible]分	驚蟄	二月節	二十九日	三月六日	丙戌	未初初刻[illegible]分
二月大	戊子	春分	二月中	十四日	三月二十一日	辛丑	未正三刻[illegible]分	清明	三月節	二十九日	四月五日	丙辰	酉正[illegible]刻[illegible]分
三月小	戊午	穀雨	三月中	十五日	四月二十一日	壬申	丑正初刻[illegible]分						
四月大	丁亥	立夏	四月節	初一日	五月六日	丁亥	午正三刻[illegible]分	小滿	四月中	十七日	五月二十二日	癸卯	亥初[illegible]刻[illegible]分
五月小	丁巳	芒種	五月節	初三日	六月六日	戊午	酉初初刻[illegible]分	夏至	五月中	十八日	六月二十二日	甲戌	巳正初刻[illegible]分
六月小	丙戌	小暑	六月節	初五日	七月八日	庚寅	寅初三刻九分	大暑	六月中	二十日	七月二十四日	乙巳	亥初初刻[illegible]分
七月大	乙卯	立秋	七月節	初七日	八月八日	辛酉	未初三刻一分	處暑	七月中	二十三日	八月二十四日	丁丑	寅初[illegible]刻[illegible]分
八月小	乙酉	白露	八月節	初八日	九月八日	壬辰	申初三刻[illegible]分	秋分	八月中	二十四日	九月二十四日	戊申	子正三刻[illegible]分
九月小	甲寅	寒露	九月節	初十日	十月九日	癸亥	卯正三刻[illegible]分	霜降	九月中	二十五日	十月二十四日	戊寅	巳初初刻[illegible]分
十月大	癸未	立冬	十月節	十一日	十一月八日	癸巳	巳初三刻[illegible]分	小雪	十月中	二十六日	十一月二十三日	戊申	卯正三刻[illegible]分
十一月小	癸丑	大雪	十一月節	十一日	十二月八日	癸亥	丑初[illegible]刻[illegible]分	冬至	十一月中	二十五日	十二月二十二日	丁丑	子初二刻[illegible]分
十二月大	壬午	小寒	十二月節	十一日	一月六日	壬辰	午正三刻[illegible]分	大寒	十二月中	二十六日	一月二十一日	丁未	卯正初刻[illegible]分

一月大三十一日

舊暦

日	曜		舊暦	干支		宿	直	
一日	水	四方拜　壬子十二月小	廿四日	壬午	木	參	破	
二日	木		廿五日	癸未	木	井	危	
三日	金	元始祭	廿六日	甲申	水	鬼	成	宜嫁娶移徙裁衣種蒔宜用辰時開市納財安葬
四日	土		廿七日	乙酉	水	柳	收	
五日	日	新年宴會	廿八日	丙戌	土	星	開	宜裁衣動土種蒔宜用酉時
六日	月		廿九日	丁亥	土	張	閉	小寒十二月節

小寒午前六時五十六分　舊十二月節　日出午前七時五九　日入午後五時二六

日	曜		舊暦	干支		宿	直	
七日	火	●合朔午後七時十六分　十二月大	初一日	戊子	火	翼	閉	
八日	水		初二日	己丑	火	軫	建	
九日	木		初三日	庚寅	木	角	除	宜嫁娶移徙裁衣動土
十日	金		初四日	辛卯	木	亢	滿	
十一日	土		初五日	壬辰	水	氐	平	
十二日	日		初六日	癸巳	水	房	定	宜冠帶宜用辰時宜向東納裁衣動土上棟宜用辰時納財
十三日	月		初七日	甲午	金	心	執	宜裁衣
十四日	火		初八日	乙未	金	尾	破	宜破屋

日	曜	月相	陰曆	干支	納音	宿	建除	宜
十五日	水		初九日	丙申	火	氐	危	
十六日	木	◐上弦午前一時○二分	初十日	丁酉	火	斗	成	宜嫁娶移徙裁衣動土上樑宜用午時開市納財安葬
十七日	金		十一日	戊戌	木	牛	收	
十八日	土		十二日	己亥	木	女	開	土王用事
十九日	日		十三日	庚子	土	虛	閉	宜裁衣安葬啓欑
二十日	月		十四日	辛丑	土	危	建	
二十一日	火		十五日	壬寅	金	室	除	大寒十二月中
大寒午前○時十九分			舊十二月中					日出午前七時四十三分 日入午後五時四十二分 晝九時五十九分 夜十四時○一分
二十二日	水		十六日	癸卯	金	壁	滿	
二十三日	木	○望午前○時四十分	十七日	甲辰	火	奎	平	
二十四日	金		十八日	乙巳	火	婁	定	
二十五日	土		十九日	丙午	水	胃	執	
二十六日	日	臘	二十日	丁未	水	昴	破	
二十七日	月		廿一日	戊申	土	畢	危	宜開市納財
二十八日	火		廿二日	己酉	土	觜	成	宜嫁娶移徙裁衣上樑宜用午時開市納財
二十九日	水	◑下弦午後四時三十四分	廿三日	庚戌	金	參	收	
三十日	木		廿四日	辛亥	金	井	開	
三十一日	金		廿五日	壬子	木	鬼	閉	

紀元節

二月平二十八日

日	曜	記事	舊曆	干支	納音	宿	直	宜
一日	土		廿六日	癸丑	木	柳	建	
二日	日		廿七日	甲寅	水	星	除	
三日	月		廿八日	乙卯	水	張	滿	
四日	火		廿九日	丙辰	土	翼	滿	立春正月節
立春午後六時四十三分			舊正月節					日出午前六時二十六分　晝十時四十四分 日入午後五時十分　夜十三時十六分
五日	水		三十日	丁巳	土	軫	平	
六日	木	合朔午後三時二十分　癸丑正月大	初一日	戊午	火	角	定	宜冠帶上官出行結婚姻納采移徙裁衣動土上樑安門開市納財
七日	金		初二日	己未	火	亢	執	
八日	土		初三日	庚申	木	氐	破	
九日	日		初四日	辛酉	木	房	危	
十日	月		初五日	壬戌	水	心	成	
十一日	火		初六日	癸亥	水	尾	收	
十二日	水		初七日	甲子	金	箕	開	
十三日	木		初八日	乙丑	金	斗	閉	
十四日	金	上弦午後五時三十二分	初九日	丙寅	火	牛	建	宜裁衣上樑竪柱納財安葬啓攢

日	曜		舊曆	干支	納音	宿	建除	宜忌
十五日	土		初十日	丁卯	火	女	除	宜祭祀移徙裁衣動土上樑經絡開市納財安葬啓攢
十六日	日		十一日	戊辰	木	虛	滿	宜裁衣
十七日	月		十二日	己巳	木	危	平	
十八日	火		十三日	庚午	土	室	定	宜祭祀嫁娶移徙裁衣動土上樑經絡開市納財安葬
十九日	水		十四日	辛未	土	壁	執	雨水正月中
二十日	木		十五日	壬申	金	奎	破	宜破屋
二十一日	金	○望午前十一時〇三分	十六日	癸酉	金	婁	危	宜安葬
二十二日	土		十七日	甲戌	火	胃	成	
二十三日	日		十八日	乙亥	火	昴	收	宜移徙裁衣動土上樑經絡開市納財
二十四日	月		十九日	丙子	水	畢	開	宜嫁娶移徙裁衣動土上樑經絡開市納財
二十五日	火		二十日	丁丑	水	觜	閉	
二十六日	水		廿一日	戊寅	土	參	建	宜上樑經絡安葬
二十七日	木		廿二日	己卯	土	井	除	宜嫁娶
二十八日	金	◑下弦午前六時十五分	廿三日	庚辰	金	鬼	滿	

雨水午後二時四十五分　舊正月中

日出午前七時二十分　晝十時五十七分

日入午後六時十七分　夜十三時〇三分

三月大三十一日

日	曜		陰曆	干支	納音	宿	建除	宜
一日	土		廿四日	辛巳	金	柳	平	
二日	日		廿五日	壬午	木	星	定	宜冠帶見貴用午時會親友嫁娶移徙裁衣動土[illegible]開市納財安葬
三日	月		廿六日	癸未	木	張	執	
四日	火		廿七日	甲申	水	翼	破	宜破屋
五日	水		廿八日	乙酉	水	軫	危	宜安葬
六日	木		廿九日	丙戌	土	角	危	驚蟄二月節

驚蟄午後一時○九分　舊二月節

日出午前七時○分　日入午後六時三十二分

晝十一時三十二分　夜十二時二十八分

日	曜		陰曆	干支	納音	宿	建除	宜
七日	金		三十日	丁亥	土	亢	成	
八日	土	● 合朔午前九時三十分　二月大	初一日	戊子	火	氐	收	
九日	日		初二日	己丑	火	房	開	
十日	月		初三日	庚寅	木	心	閉	宜裁衣納財修橫
十一日	火		初四日	辛卯	木	尾	建	
十二日	水		初五日	壬辰	水	箕	除	
十三日	木		初六日	癸巳	水	斗	滿	宜裁衣開市納財
十四日	金		初七日	甲午	金	牛	平	

日	曜	記事	陰曆	干支	納音	宿	建除	宜
十五日	土		初八日	乙未	金	女	定	宜裁衣納財
十六日	日	◐上弦午前五時五十七分	初九日	丙申	火	虛	執	
十七日	月		初十日	丁酉	火	危	破	
十八日	火	社	十一日	戊戌	木	室	危	
十九日	水		十二日	己亥	木	壁	成	宜裁衣動土上樑宜用午時開市納財
二十日	木		十三日	庚子	土	奎	收	
二十一日	金		十四日	辛丑	土	婁	開	春分二月中

春分午後二時十八分

舊二月中

日出午前六時三十六分　晝十二時〇八分
日入午後六時四十四分　夜十一時五十二分

日	曜	記事	陰曆	干支	納音	宿	建除	宜
二十二日	土	○望午後八時五十六分　月食	十五日	壬寅	金	胃	閉	宜裁衣納財啓攢
二十三日	日		十六日	癸卯	金	昴	建	
二十四日	月		十七日	甲辰	火	畢	除	宜移徙裁衣動土上樑宜用巳時安葬
二十五日	火		十八日	乙巳	火	觜	滿	宜裁衣開市納財
二十六日	水		十九日	丙午	水	參	平	
二十七日	木		二十日	丁未	水	井	定	宜祭祀冠帶嫁娶宜用巳時移徙裁衣動土上樑宜用巳時納財
二十八日	金		廿一日	戊申	土	鬼	執	
二十九日	土	◑下弦午後九時五十六分	廿二日	己酉	土	柳	破	
三十日	日		廿三日	庚戌	金	星	危	
三十一日	月		廿四日	辛亥	金	張	成	宜移徙裁衣動土上樑宜用午時開市納財

神武天皇祭

四月小三十日

清明午後六時三十分

舊三月節 日出午前五時三十七分 日入午後六時二十一分 晝十二時四十四分 夜十一時十六分

一日	火		廿五日	壬子	木	翼	收	
二日	水		廿六日	癸丑	木	軫	開	宜移徙裁衣上樑臨官期
三日	木		廿七日	甲寅	水	角	閉	宜裁衣納財上樑啓攢
四日	金		廿八日	乙卯	水	亢	建	宜裁衣
五日	土		廿九日	丙辰	土	氐	建	清明三月節
六日	日	寒食	三十日	丁巳	土	房	除	
七日	月	●合朔午前三時四十六分 三月小	初一日	戊午	火	心	滿	
八日	火		初二日	己未	火	尾	平	
九日	水		初三日	庚申	木	箕	定	
十日	木		初四日	辛酉	木	斗	執	
十一日	金		初五日	壬戌	水	牛	破	
十二日	土		初六日	癸亥	水	女	危	
十三日	日		初七日	甲子	金	虛	成	宜裁衣上樑赴任開市納財
十四日	月	◐上弦午後三時三十九分	初八日	乙丑	金	危	收	宜納財

양력	요일	월상·절기	음력	일진	납음	28수	12직	의기
十五日	火		初九日	丙寅	火	室	開	宜移徙裁衣動土栽植開市納財
十六日	水		初十日	丁卯	火	壁	閉	宜裁衣
十七日	木		十一日	戊辰	木	奎	建	
十八日	金		十二日	己巳	木	婁	除	土王用事
十九日	土		十三日	庚午	土	胃	滿	
二十日	日		十四日	辛未	土	昴	平	
二十一日	月	○望午前六時[illegible]分	十五日	壬申	金	畢	定	穀雨三月中
		穀雨午前二時〇三分	舊三月中					日出午前五時[illegible]分 日入午後六時[illegible]分 晝十三時二十二分 夜十時三十八分
二十二日	火		十六日	癸酉	金	觜	執	宜嫁娶安葬
二十三日	水		十七日	甲戌	火	參	破	
二十四日	木		十八日	乙亥	火	井	危	
二十五日	金		十九日	丙子	水	鬼	成	宜裁衣嫁娶納采開市立券納財修倉
二十六日	土		二十日	丁丑	水	柳	收	宜嫁娶移徙裁衣納采開市納財安葬
二十七日	日		廿一日	戊寅	土	星	開	宜嫁娶移徙裁衣納采開市
二十八日	月	◐下弦午後三時〇八分	廿二日	己卯	土	張	閉	
二十九日	火		廿三日	庚辰	金	翼	建	
三十日	水		廿四日	辛巳	金	軫	除	

五月大三十一日

日	曜		陰曆	干支	納音	宿	建除	宜
一日	木		廿五日	壬午	木	角	滿	宜移徙裁衣上樑宜用午時開市納財安葬
二日	金		廿六日	癸未	木	亢	平	
三日	土		廿七日	甲申	水	氐	定	
四日	日		廿八日	乙酉	水	房	執	宜嫁娶移徙裁衣上樑宜用[illegible]時開市納財安葬
五日	月		廿九日	丙戌	土	心	破	
六日	火	●合朔午後五時二十四分　四月大	初一日	丁亥	土	尾	破	立夏四月節
立夏午後○時三十五分　舊四月節　日出午前五時二十四分　日入午後七時十七分　晝十三時五十三分　夜十時○七分								
七日	水		初二日	戊子	火	箕	危	宜裁衣
八日	木		初三日	己丑	火	斗	成	
九日	金		初四日	庚寅	木	牛	收	宜嫁娶移徙裁衣上樑宜用辰時納財安葬啓欑
十日	土		初五日	辛卯	木	女	開	
十一日	日		初六日	壬辰	水	虛	閉	
十二日	月		初七日	癸巳	水	危	建	宜裁衣
十三日	火	◐上弦午後八時四十五分	初八日	甲午	金	室	除	宜裁衣動土上樑宜用卯時安葬
十四日	水		初九日	乙未	金	壁	滿	

十五日	木		初十日	丙申	火	奎	平	宜嫁娶移徙裁衣[illegible]
十六日	金		十一日	丁酉	火	婁	定	宜冠帶(宜用[illegible])上官[illegible]嫁娶移徙裁衣動土[illegible]
十七日	土		十二日	戊戌	木	胃	執	宜嫁娶移徙裁衣動土上樑(宜用寅時)
十八日	日		十三日	己亥	木	昴	破	宜破屋
十九日	月		十四日	庚子	土	畢	危	
二十日	火	○望午後四時十八分	十五日	辛丑	土	觜	成	宜裁衣動土上樑(宜用卯時)開市納財安葬
二十一日	水		十六日	壬寅	金	參	收	
二十二日	木		十七日	癸卯	金	井	開	小滿四月中

小滿午前一時五十分

舊四月中

日出午前五時二十分 日入午後七時四十一分

晝十四時二十一分 夜九時三十九分

二十三日	金		十八日	甲辰	火	鬼	閉	
二十四日	土		十九日	乙巳	火	柳	建	
二十五日	日		二十日	丙午	水	星	除	
二十六日	月		廿一日	丁未	水	張	滿	
二十七日	火		廿二日	戊申	土	翼	平	
二十八日	水	◐下弦午前九時〇四分	廿三日	己酉	土	軫	定	
二十九日	木		廿四日	庚戌	金	角	執	宜嫁娶移徙裁衣動土上樑(宜用巳時)安葬
三十日	金		廿五日	辛亥	金	亢	破	宜破屋
三十一日	土		廿六日	壬子	木	氐	危	

六月小三十日

日	曜	記事	陰曆	干支	納音	宿	建除	宜忌
一日	日		廿七日	癸丑	木	房	成	宜裁衣動土上樑(宜用巳時)開市納財
二日	月		廿八日	甲寅	水	心	收	
三日	火		廿九日	乙卯	水	尾	開	宜嫁娶移徙裁衣動土上樑(宜用卯時)開市納財
四日	水		三十日	丙辰	土	箕	閉	
五日	木	● 合朔午前四時五十七分 五月小	初一日	丁巳	土	斗	建	
六日	金		初二日	戊午	火	牛	建	芒種五月節

芒種午後五時十四分　舊五月節

日出午前五時十三分　晝十四時二十九分
日入午後七時五十二分　夜九時三十一分

日	曜	記事	陰曆	干支	納音	宿	建除	宜忌
七日	土		初三日	己未	火	女	除	宜移徙裁衣動土上樑(宜用巳時)納財安葬
八日	日		初四日	庚申	木	虛	滿	宜移徙裁衣開市納財安葬
九日	月		初五日	辛酉	木	危	平	
十日	火		初六日	壬戌	水	室	定	宜冠帶(宜用巳時)嫁娶裁衣上樑(宜用巳時)納財
十一日	水		初七日	癸亥	水	壁	執	
十二日	木	◐ 上弦午前一時二十七分	初八日	甲子	金	奎	破	
十三日	金		初九日	乙丑	金	婁	危	
十四日	土		初十日	丙寅	火	胃	成	宜嫁娶裁衣動土上樑(宜用巳時)開市納財安葬啓攢

日	曜	月相	舊曆	干支	五行	宿	十二直	宜
十五日	日		十一日	丁卯	火	昴	收	
十六日	月		十二日	戊辰	木	畢	開	宜移徙裁衣動土上樑宜用辰時
十七日	火		十三日	己巳	木	觜	閉	宜裁衣納財
十八日	水		十四日	庚午	土	參	建	
十九日	木	○望午前三時五十四分	十五日	辛未	土	井	除	宜移徙動土上樑宜用卯時安葬
二十日	金		十六日	壬申	金	鬼	滿	
二十一日	土		十七日	癸酉	金	柳	平	
二十二日	日		十八日	甲戌	火	星	定	夏至五月中宜祭祀[illegible]裁衣動土上樑宜用巳時納財

夏至午前十時十分

舊五月中

日出午前五時十五分　晝十四時四十五分

日入午後七時四十分　夜九時十五分

日	曜	月相	舊曆	干支	五行	宿	十二直	宜
二十三日	月		十九日	乙亥	火	張	執	
二十四日	火		二十日	丙子	水	翼	破	
二十五日	水		廿一日	丁丑	水	軫	危	
二十六日	木		廿二日	戊寅	土	角	成	宜祭祀裁衣動土上樑宜用辰時開市納財
二十七日	金	◑下弦午前三時四十一分	廿三日	己卯	土	亢	收	
二十八日	土		廿四日	庚辰	金	氐	開	
二十九日	日		廿五日	辛巳	金	房	閉	
三十日	月		廿六日	壬午	木	心	建	

七月大三十一日

日	曜	月相	陰暦	干支	納音	宿	直	宜
一日	火		廿七日	癸未	木	尾	除	宜嫁娶納財安葬
二日	水		廿八日	甲申	水	箕	滿	宜嫁娶移徙裁衣開市納財安葬
三日	木		廿九日	乙酉	水	斗	平	
四日	金	●合朔後三時〇分　六月小	初一日	丙戌	土	牛	定	宜冠帶[illegible]移徙裁衣動土[illegible]納財安葬
五日	土		初二日	丁亥	土	女	執	
六日	日		初三日	戊子	火	虛	破	
七日	月		初四日	己丑	火	危	危	
八日	火		初五日	庚寅	木	室	危	小暑六月節

小暑午前三時三十九分　舊六月節

日出午前五時十九分　晝十四時三十九分
日入午後七時五十八分　夜九時二十一分

日	曜	月相	陰暦	干支	納音	宿	直	宜
九日	水		初六日	辛卯	木	壁	成	宜嫁娶移徙裁衣動土[illegible]開市納財啓攢
十日	木		初七日	壬辰	水	奎	收	宜納財
十一日	金	◐上弦午前六時三十七分	初八日	癸巳	水	婁	開	
十二日	土		初九日	甲午	金	胃	閉	宜裁衣安葬
十三日	日		初十日	乙未	金	昴	建	宜嫁娶
十四日	月		十一日	丙申	火	畢	除	

明治天皇祭

日	曜	記事	陰曆	干支	納音	宿	建除	宜
十五日	火		十二日	丁酉	火	觜	滿	
十六日	水		十三日	戊戌	木	參	平	
十七日	木		十四日	己亥	木	井	定	
十八日	金	○望午後三時○六分　初伏	十五日	庚子	土	鬼	執	
十九日	土		十六日	辛丑	土	柳	破	
二十日	日		十七日	壬寅	金	星	危	土王用事　宜開市納財啓攢
二十一日	月		十八日	癸卯	金	張	成	宜嫁娶移徙裁衣上樑(宜用卯時)開市納財啓攢
二十二日	火		十九日	甲辰	火	翼	收	宜嫁娶移徙裁衣上樑(宜用卯時)納財安葬
二十三日	水		二十日	乙巳	火	軫	開	大暑六月中
大暑午後九時○四分			舊六月中					日出午前五時二十九分　日入午後七時五十分　晝十四時二十一分　夜九時三十九分
二十四日	木		廿一日	丙午	水	角	開	
二十五日	金		廿二日	丁未	水	亢	建	
二十六日	土	◐下弦午後六時五十九分	廿三日	戊申	土	氐	除	
二十七日	日		廿四日	己酉	土	房	滿	宜嫁娶移徙裁衣上樑(宜用午時)開市納財
二十八日	月	中伏	廿五日	庚戌	金	心	平	
二十九日	火		廿六日	辛亥	金	尾	定	宜冠帶(宜用午時)移徙裁衣上樑(宜用午時)納財
三十日	水		廿七日	壬子	木	箕	執	
三十一日	木		廿八日	癸丑	木	斗	破	

八月大三十一日

日	曜	記事	陰曆	干支	納音	宿	建除	宜忌
一日	金		廿九日	甲寅	水	牛	危	
二日	土	🌑合朔午後九時五十分 七月大	初一日	乙卯	水	女	成	宜移徙裁衣上樑宜用卯時開市納財啓攢
三日	日		初二日	丙辰	土	虛	收	宜納財
四日	月		初三日	丁巳	土	危	開	
五日	火		初四日	戊午	火	室	閉	
六日	水		初五日	己未	火	壁	建	
七日	木		初六日	庚申	木	奎	除	
八日	金		初七日	辛酉	木	婁	除	立秋七月節

立秋午後一時十六分 舊七月節 日出午前五時四十分 日入午後七時二十分 晝十三時五十三分 夜十時○七分

日	曜	記事	陰曆	干支	納音	宿	建除	宜忌
九日	土	🌓上弦午後一時○三分	初八日	壬戌	水	胃	滿	宜嫁娶移徙動土上樑宜用巳時安葬
十日	日		初九日	癸亥	水	昴	平	
十一日	月		初十日	甲子	金	畢	定	宜冠帶宜用卯時坐向東北嫁娶移徙裁衣動土上樑宜用卯時開市納財
十二日	火		十一日	乙丑	金	觜	執	
十三日	水		十二日	丙寅	火	參	破	
十四日	木	•	十三日	丁卯	火	井	危	宜嫁娶移徙裁衣上樑宜用午時安葬啓攢

明治天皇祭

日	曜	記事	舊曆	干支	納音	宿	建除	宜
十五日	火		十二日	丁酉	火	觜	滿	
十六日	水		十三日	戊戌	木	參	平	
十七日	木		十四日	己亥	木	井	定	
十八日	金	○望午後三時〇六分 初伏	十五日	庚子	土	鬼	執	
十九日	土		十六日	辛丑	土	柳	破	
二十日	日		十七日	壬寅	金	星	危	土王用事宜開市納財啓攢
二十一日	月		十八日	癸卯	金	張	成	宜嫁娶移徙裁衣上樑宜用卯時開市納財啓攢
二十二日	火		十九日	甲辰	火	翼	收	宜嫁娶移徙裁衣上樑宜用酉時納財安葬
二十三日	水		二十日	乙巳	火	軫	開	大暑六月中
二十四日	木		廿一日	丙午	水	角	閉	
二十五日	金		廿二日	丁未	水	亢	建	
二十六日	土	◑下弦午後六時五十九分	廿三日	戊申	土	氐	除	
二十七日	日		廿四日	己酉	土	房	滿	宜嫁娶移徙裁衣上樑宜用午時開市納財
二十八日	月	中伏	廿五日	庚戌	金	心	平	
二十九日	火		廿六日	辛亥	金	尾	定	宜冠帶宜用午時移徙裁衣上樑宜用午時納財
三十日	水		廿七日	壬子	木	箕	執	
三十一日	木		廿八日	癸丑	木	斗	破	

大暑午後九時〇四分 舊六月中

日出午前五時二十九分 晝十四時二十一分

日入午後七時五十分 夜九時三十九分

九月小三十日

日	曜	陰暦	干支	納音	宿	直	記事
一日	月	初一日	乙酉	水	危	除	●合朔午前五時三十分八月小 宜安葬
二日	火	初二日	丙戌	土	室	滿	
三日	水	初三日	丁亥	土	壁	平	
四日	木	初四日	戊子	火	奎	定	宜祭祀宜用卯時上表章結婚姻嫁娶移徙裁衣動土上樑宜用巳時開市納財安葬
五日	金	初五日	己丑	火	婁	執	
六日	土	初六日	庚寅	木	胃	破	
七日	日	初七日	辛卯	木	昴	危	◑上弦午後十時〇分 宜啓攢
八日	月	初八日	壬辰	水	畢	危	白露八月節

白露午後三時四十三分　舊八月節

日出午前六時九分　晝十二時四十五分
日入午後六時五十四分　夜十一時十五分

日	曜	陰暦	干支	納音	宿	直	記事
九日	火	初九日	癸巳	水	觜	成	宜移徙裁衣動土上樑宜用巳時開市納財
十日	水	初十日	甲午	金	參	收	
十一日	木	十一日	乙未	金	井	開	宜嫁娶移徙裁衣動土上樑宜用巳時開市納財
十二日	金	十二日	丙申	火	鬼	閉	宜裁衣納財安葬
十三日	土	十三日	丁酉	火	柳	建	
十四日	日	十四日	戊戌	木	星	除	

秋季皇靈祭

陽曆	曜日	記事	陰曆	日辰	宜忌
十五日	月	○望午後九時四十六分月食	十五日	己亥木張滿	宜移徙裁衣開市納財
十六日	火		十六日	庚子土翼平	
十七日	水		十七日	辛丑土軫定	宜裁衣納財
十八日	木		十八日	壬寅金角執	
十九日	金		十九日	癸卯金亢破	
二十日	土		二十日	甲辰火氐危	
二十一日	日		廿一日	乙巳火房成	
二十二日	月		廿二日	丙午水心收	
二十三日	火	◑下弦午後九時三十六分	廿三日	丁未水尾開	
二十四日	水	社	廿四日	戊申土箕閉	秋分八月中宜裁衣納財安葬

秋分午前○時五十三分 舊八月中

日出午前六時十二分 晝十二時○七分
日入午後六時十九分 夜十一時五十三分

陽曆	曜日	記事	陰曆	日辰	宜忌
二十五日	木		廿五日	己酉土斗建	
二十六日	金		廿六日	庚戌金牛除	宜嫁娶移徙裁衣動土上樑開市納財安葬
二十七日	土		廿七日	辛亥金女滿	宜移徙裁衣
二十八日	日		廿八日	壬子木虛平	
二十九日	月		廿九日	癸丑木危定	
三十日	火	●合朔午後○時五十七分 九月小	初一日	甲寅水室執	

十月大三十一日

日	曜		陰曆	干支	納音	宿	建除	
一日	水		初二日	乙卯	水	壁	破	
二日	木		初三日	丙辰	土	奎	危	
三日	金		初四日	丁巳	土	婁	成	
四日	土		初五日	戊午	火	胃	收	
五日	日		初六日	己未	火	昴	開	宜移徙裁衣上樑宜用卯時
六日	月		初七日	庚申	木	畢	閉	宜裁衣納財安葬
七日	火	◐上弦午前十時四十六分	初八日	辛酉	木	觜	建	
八日	水		初九日	壬戌	水	參	除	宜移徙裁衣動土上樑宜用巳時
九日	木		初十日	癸亥	水	井	除	寒露九月節
寒露午前六時四十四分			舊九月節					日出午前六時二十五分 晝十一時三十二分 日入午後六時〇六分 夜十二時二十八分
十日	金		十一日	甲子	金	鬼	滿	
十一日	土		十二日	乙丑	金	柳	平	
十二日	日		十三日	丙寅	火	星	定	
十三日	月		十四日	丁卯	火	張	執	
十四日	火		十五日	戊辰	木	翼	破	宜破屋

神宮祭 (十七日)

日	曜	月象	舊曆	干支	納音	宿	直	宜
十五日	水	○望午後三時〇七分	十六日	己巳	木	軫	危	
十六日	木		十七日	庚午	土	角	成	宜移徙動土上樑經絡安葬
十七日	金		十八日	辛未	土	亢	收	
十八日	土		十九日	壬申	金	氐	開	
十九日	日		二十日	癸酉	金	房	閉	宜裁衣
二十日	月		廿一日	甲戌	火	心	建	
二十一日	火		廿二日	乙亥	火	尾	除	土王用事
二十二日	水		廿三日	丙子	水	箕	滿	
二十三日	木	◑下弦午前七時五十三分	廿四日	丁丑	水	斗	平	
二十四日	金		廿五日	戊寅	土	牛	定	霜降九月中
二十五日	土		廿六日	己卯	土	女	執	宜嫁娶安葬
二十六日	日		廿七日	庚辰	金	虛	破	
二十七日	月		廿八日	辛巳	金	危	危	
二十八日	火		廿九日	壬午	木	室	成	
二十九日	水	●合朔午後十一時十九分 十月大	初一日	癸未	木	壁	收	
三十日	木		初二日	甲申	水	奎	開	宜移徙裁衣上樑經絡開市
三十一日	金		初三日	乙酉	水	婁	閉	

霜降午前九時三十五分 舊九月中

日出午前六時五十分 日入午後五時四十六分 晝十時五十六分 夜十三時〇四分

十一月小三十日

日	曜	記事	陰曆	干支	納音	宿	建除	宜
一日	土		初四日	丙戌	土	胃	建	宜嫁娶移徙裁衣上樑宜用巳時納財安葬
二日	日		初五日	丁亥	土	昴	除	
三日	月		初六日	戊子	火	畢	滿	
四日	火		初七日	己丑	火	觜	平	
五日	水		初八日	庚寅	木	參	定	
六日	木	◐上弦午前三時二十四分	初九日	辛卯	木	井	執	宜移徙裁衣上樑宜用卯時開市納財安葬啓攢
七日	金		初十日	壬辰	水	鬼	破	
八日	土		十一日	癸巳	水	柳	破	立冬十月節

立冬午前九時十八分

舊十月節 日出午前七時〇五分 日入午後五時三十分 晝十時二十五分 夜十三時三十五分

日	曜	記事	陰曆	干支	納音	宿	建除	宜
九日	日		十二日	甲午	金	星	危	宜嫁娶移徙裁衣動土上樑宜用卯時納財安葬
十日	月		十三日	乙未	金	張	成	宜裁衣動土上樑宜用卯時開市納財安葬
十一日	火		十四日	丙申	火	翼	收	
十二日	水		十五日	丁酉	火	軫	開	
十三日	木		十六日	戊戌	木	角	閉	
十四日	金	○望午前八時十一分	十七日	己亥	木	亢	建	

新嘗祭

日	曜		陰曆	干支		宿	直	
十五日	土		十八日	庚子	土	氐	除	宜嫁娶移徙裁衣動土上樑卯時宜補垣安葬啓攢
十六日	日		十九日	辛丑	土	房	滿	
十七日	月		二十日	壬寅	金	心	平	宜裁衣動土上樑宜補時開市納財
十八日	火		廿一日	癸卯	金	尾	定	宜祭祀上冊受封嫁娶移徙裁衣動土上樑宜補時開市納財啓攢
十九日	水		廿二日	甲辰	火	箕	執	宜嫁娶移徙裁衣上樑宜補時納財安葬
二十日	木		廿三日	乙巳	火	斗	破	
二十一日	金	◐下弦午後四時五十七分	廿四日	丙午	水	牛	危	
二十二日	土		廿五日	丁未	水	女	成	宜裁衣動土上樑巳時宜補開市納財
二十三日	日		廿六日	戊申	土	虛	收	小雪十月中

小雪午前六時三十五分　舊十月中

日出午前七時二十分　晝九時五十八分
日入午後五時十九分　夜十四時〇二分

日	曜		陰曆	干支		宿	直	
二十四日	月		廿七日	己酉	土	危	開	宜嫁娶移徙裁衣動土上樑宜補時開市納財
二十五日	火		廿八日	庚戌	金	室	閉	
二十六日	水		廿九日	辛亥	金	壁	建	
二十七日	木		三十日	壬子	木	奎	除	
二十八日	金	●合朔午前一時四十二分　十一月小	初一日	癸丑	木	婁	滿	
二十九日	土		初二日	甲寅	水	胃	平	宜移徙裁衣動土上樑宜補時開市納財安葬啓攢
三十日	日		初三日	乙卯	水	昴	定	宜祭祀上冊受封嫁娶移徙裁衣動土上樑宜補時開市納財安葬啓攢

十二月大三十一日

日	曜	記事	舊曆	干支	納音	宿	建除	宜
一日	月		初四日	丙辰	土	畢	執	
二日	火		初五日	丁巳	土	觜	破	
三日	水	天火々	初六日	戊午	火	參	危	
四日	木		初七日	己未	火	井	成	宜裁衣動土上樑宜用卯時開市納財安葬
五日	金	◐上弦午後十一時五十九分	初八日	庚申	木	鬼	收	宜移徙裁衣動土上樑宜用辰時納財安葬
六日	土		初九日	辛酉	木	柳	開	
七日	日		初十日	壬戌	水	星	閉	
八日	月		十一日	癸亥	水	張	閉	大雪十一月節

大雪午前一時四十一分

舊十一月節　日出午前七時三十五分　日入午後五時十六分　晝九時四十一分　夜十四時十九分

日	曜	記事	舊曆	干支	納音	宿	建除	宜
九日	火		十二日	甲子	金	翼	建	
十日	水		十三日	乙丑	金	軫	除	宜嫁娶移徙裁衣動土上樑宜用卯時納財安葬
十一日	木		十四日	丙寅	火	角	滿	
十二日	金		十五日	丁卯	火	亢	平	
十三日	土		十六日	戊辰	木	氐	定	宜冠帶出行宜用巳時嫁娶裁衣動土上樑宜用辰時納財
十四日	日	○望午前0時0分	十七日	己巳	木	房	執	

日	曜		陰曆	干支	納音	宿	建除	宜
十五日	月		十八日	庚午	土	心	破	
十六日	火		十九日	辛未	土	尾	危	
十七日	水		二十日	壬申	金	箕	成	宜嫁娶移徙裁衣上樑竪柱巳時開市納財安葬
十八日	木		廿一日	癸酉	金	斗	收	
十九日	金		廿二日	甲戌	火	牛	開	宜動土上樑竪柱巳時
二十日	土		廿三日	乙亥	火	女	閉	
二十一日	日	◑下弦午前一時十六分	廿四日	丙子	水	虛	建	
二十二日	月		廿五日	丁丑	水	危	除	冬至十一月中宜裁衣動土上樑竪柱巳時納財安葬

冬至午後七時三十四分　舊十一月中

日出午前七時四十五分　晝九時三十五分
日入午後五時二十分　夜十四時二十五分

日	曜		陰曆	干支	納音	宿	建除	宜
二十三日	火		廿六日	戊寅	土	室	滿	宜裁衣動土上樑竪柱巳時開市納財
二十四日	水		廿七日	己卯	土	壁	平	
二十五日	木		廿八日	庚辰	金	奎	定	
二十六日	金		廿九日	辛巳	金	婁	執	
二十七日	土	●合朔後十一時五十九分　十二月大	初一日	壬午	木	胃	破	
二十八日	日		初二日	癸未	木	昴	危	
二十九日	月		初三日	甲申	水	畢	成	宜嫁娶移徙裁衣上樑竪柱巳時開市納財安葬
三十日	火		初四日	乙酉	水	觜	收	
三十一日	水		初五日	丙戌	土	參	開	

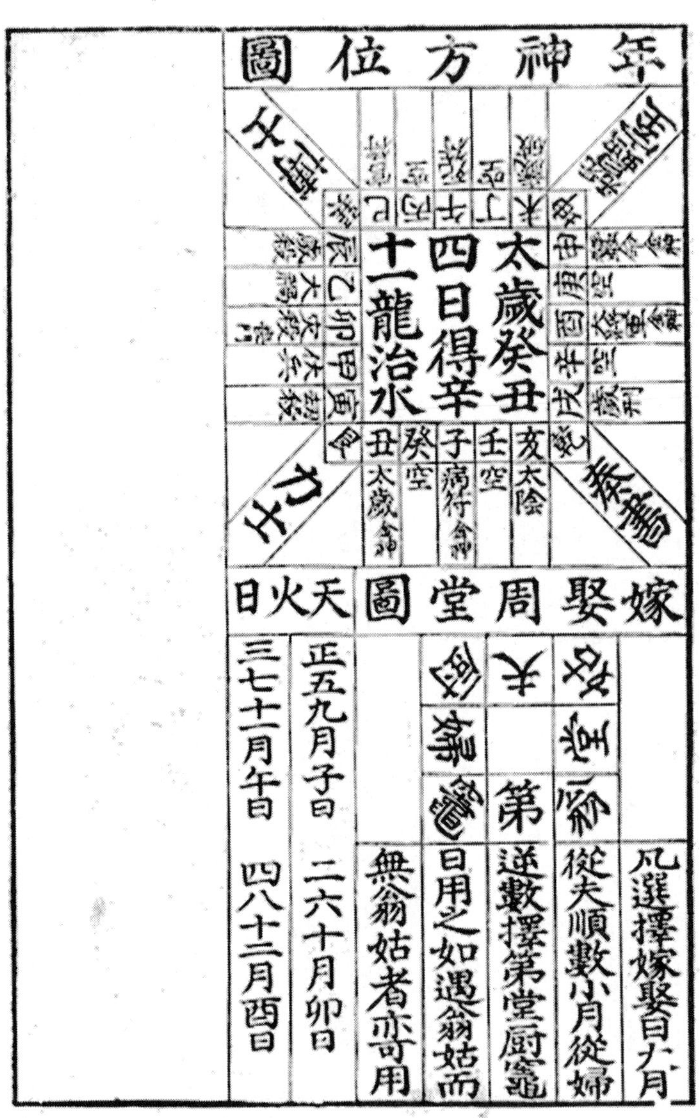
年神方位圖
太歲癸丑
四日得辛
十一龍治水
嫁娶周堂圖
天火日
夫
姑
堂
翁
第
竈
婦
厨
凡選擇嫁娶日大月
從夫順數小月從婦
逆數擇第堂厨竈
日用之如遇翁姑而
無翁姑者亦可用
正五九月子日　二六十月卯日
三七十一月午日　四八十二月酉日

大正元年九月三十日印刷
大正元年十月一日發行

定價金五錢

朝鮮總督府

朝鮮總督
官房總務局印刷所印刷

2　大正三年朝鮮民暦（１９１４）

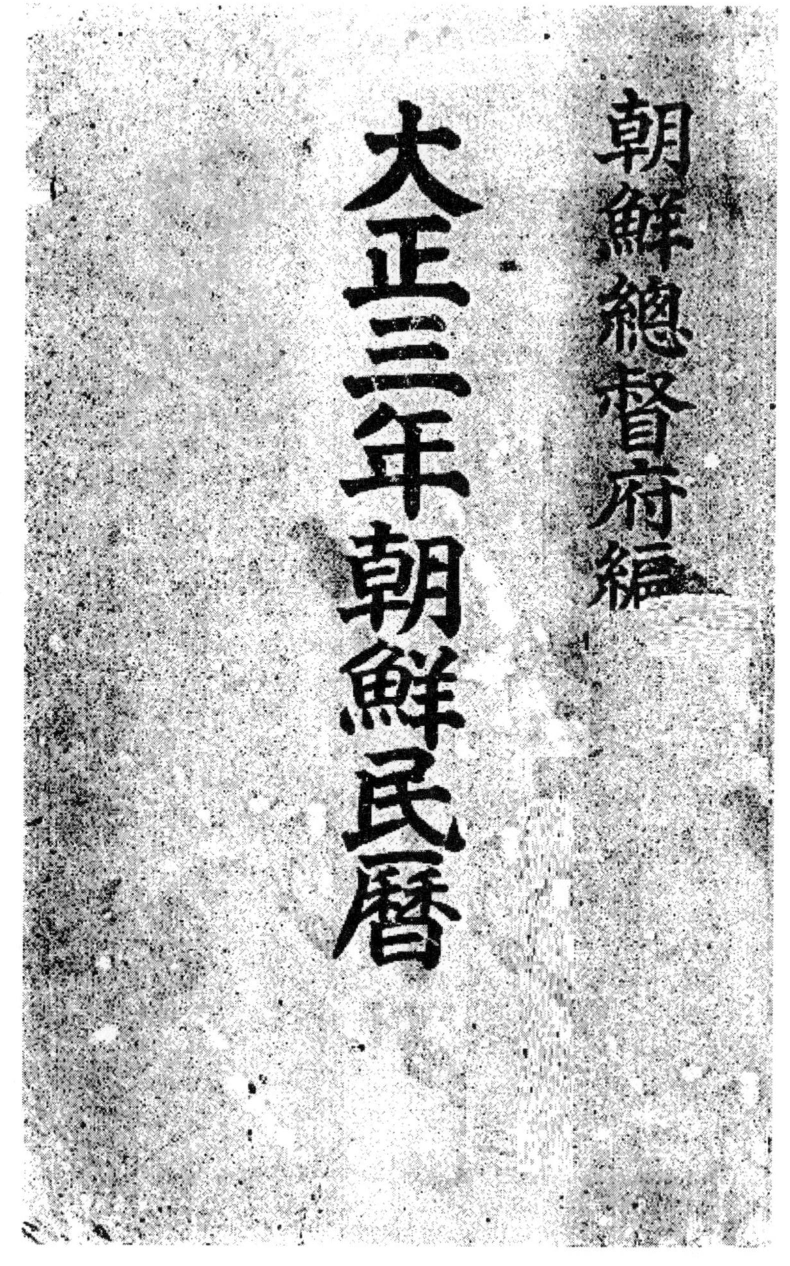

 2. 大正三年朝鮮民曆(1914)

神武天皇即位紀元二千五百七十四年 大正三年朝鮮民曆 甲寅年 三百六十五日 朝鮮總督府觀測所推算

四方拜	一月一日
元始祭	一月三日
紀元節	二月十一日
春季皇靈祭	三月二十一日
神武天皇祭	四月三日
明治天皇祭	七月三十日
天長節	八月三十一日
秋季皇靈祭	九月二十四日
神嘗祭	十月十七日
天長節祝日	十月三十一日
新嘗祭	十一月二十三日

日曜表

月	日
一月	四日 十一日 十八日 二十五日
二月	一日 八日 十五日 二十二日
三月	一日 八日 十五日 二十二日 二十九日
四月	五日 十二日 十九日 二十六日
五月	三日 十日 十七日 二十四日 三十一日
六月	七日 十四日 二十一日 二十八日
七月	五日 十二日 十九日 二十六日
八月	二日 九日 十六日 二十三日 三十日
九月	六日 十三日 二十日 二十七日
十月	四日 十一日 十八日 二十五日
十一月	一日 八日 十五日 二十二日 二十九日
十二月	六日 十三日 二十日 二十七日

月表

一月大	二月平	三月大
四月小	五月大	六月小
七月大	八月大	九月小
十月大	十一月小	十二月大

月食 九月四日

食分	八分六厘	
初虧	午後九時十七分	差下之間
食甚	午後十時五十五分	下
復圓	翌日午前零時三十三分	下偏右

說明

本民曆에揭載ᄒᆞᆫ時刻은本邦中央標準時를用ᄒᆞ고日出沒及日月食은朝鮮總督府觀測所에서보이ᄂᆞᆫ時刻을揭홈

大正三年中陰曆歲次甲寅年月表及節候表

月大小	朔日	節氣		入節日		入節時刻	陽曆	節氣		入節日		入節時刻	陽曆
正月大	壬子	立春	正月節	十一日	壬戌	子正一刻十四分	二月五日	雨水	正月中	廿五日	丙子	戌正三刻八分	二月十九日
二月大	壬午	驚蟄	二月節	初十日	辛卯	酉正三刻十一分	三月六日	春分	二月中	廿五日	丙午	戌正初刻十一分	三月二十一日
三月小	壬子	清明	三月節	十一日	壬戌	子正一刻七分	四月六日	穀雨	三月中	廿六日	丁丑	辰初三刻八分	四月二十一日
四月大	辛巳	立夏	四月節	十二日	壬辰	酉正一刻五分	五月六日	小滿	四月中	廿八日	戊申	辰初二刻八分	五月二十二日
五月大	辛亥	芒種	五月節	十三日	癸亥	子初初刻〇分	六月六日	夏至	五月中	廿九日	己卯	申初三刻十一分	六月二十二日
閏五月小	辛巳	小暑	六月節	十五日	乙未	巳初三刻十三分	七月八日						
六月小	庚戌	大暑	六月中	初二日	辛亥	丑正三刻二分	七月二十四日	立秋	七月節	十七日	丙寅	戌初初刻六分	八月八日
七月大	己卯	處暑	七月中	初四日	壬午	巳初二刻〇分	八月二十四日	白露	八月節	十九日	丁酉	亥初二刻三分	九月八日
八月小	己酉	秋分	八月中	初五日	癸丑	卯正二刻四分	九月二十四日	寒露	九月節	二十日	戊辰	午正二刻五分	十月九日
九月大	戊寅	霜降	九月中	初六日	癸未	申初一刻三分	十月二十四日	立冬	十月節	廿一日	戊戌	申初初刻十一分	十一月八日
十月小	戊申	小雪	十月中	初六日	癸丑	午正一刻六分	十一月二十三日	大雪	十一月節	廿一日	戊辰	辰初二刻八分	十二月八日
十一月小	丁丑	冬至	十一月中	初七日	癸未	丑初一刻八分	十二月二十二日	小寒	十二月節	廿一日	丁酉	酉正三刻十一分	一月六日
十二月大	丙午	大寒	十二月中	初七日	壬子	午正初刻〇分	一月二十一日	立春	正月節	廿二日	丁卯	卯正二刻十一分	二月五日

四方拜　元始祭　新年宴會

一月大三十一日　舊曆

癸丑十二月大

日	曜	記事	舊曆	干支	納音	宿	建除	宜
一日	木		初六日	丁亥	土	井	開	
二日	金		初七日	戊子	火	鬼	建	
三日	土		初八日	己丑	火	柳	除	
四日	日	◐上弦午後七時○九分	初九日	庚寅	木	星	滿	宜上樑[illegible]
五日	月		初十日	辛卯	木	張	平	
六日	火		十一日	壬辰	水	翼	平	小寒十二月節
七日	水		十二日	癸巳	水	軫	定	宜冠帶[illegible]動土上樑[illegible]納財
八日	木		十三日	甲午	金	角	執	宜裁衣
九日	金		十四日	乙未	金	亢	破	
十日	土		十五日	丙申	火	氐	危	
十一日	日		十六日	丁酉	火	房	成	宜嫁娶移徙裁衣動土上樑[illegible]開市[illegible]安葬
十二日	月	○望午後二時○九分	十七日	戊戌	木	心	收	
十三日	火		十八日	己亥	木	尾	開	
十四日	水		十九日	庚子	土	箕	閉	宜裁衣[illegible]

小寒午後○時四十三分

舊十二月節

日出午前七時四十九分　晝九時四十一分

日入午後五時三十分　夜十四時十九分

日	曜	記事	舊曆	干支	納音	宿	直	宜忌
十五日	木		二十日	辛丑	土	斗	建	宜裁衣上樑(午時)納財
十六日	金		廿一日	壬寅	金	牛	除	
十七日	土		廿二日	癸卯	金	女	滿	
十八日	日		廿三日	甲辰	火	虛	平	土王用事
十九日	月	◑下弦午前九時三十分	廿四日	乙巳	火	危	定	
二十日	火		廿五日	丙午	水	室	執	
二十一日	水	臘	廿六日	丁未	水	壁	破	大寒十二月中
大寒午前六時十二分			**舊十二月中**					日出午前七時四十六分 日入午後五時四十五分 晝九時五十九分 夜十四時〇一分
二十二日	木		廿七日	戊申	土	奎	危	宜開市納財
二十三日	金		廿八日	己酉	土	婁	成	宜嫁娶移徙裁衣上樑(午時)開市納財
二十四日	土		廿九日	庚戌	金	胃	收	
二十五日	日		三十日	辛亥	金	昴	開	
二十六日	月	●合朔午後三時三十三分 甲寅正月大	初一日	壬子	木	畢	閉	
二十七日	火		初二日	癸丑	木	觜	建	
二十八日	水		初三日	甲寅	水	參	除	
二十九日	木		初四日	乙卯	水	井	滿	宜嫁娶移徙裁衣上樑(午時)開市納財安葬啓攢
三十日	金		初五日	丙辰	土	鬼	平	
三十一日	土		初六日	丁巳	土	柳	定	

二月平二十八日

紀元節

日	曜	記事	舊曆	干支	納音	宿	直	宜
一日	日		初七日	戊午	火	星	執	
二日	月		初八日	己未	火	張	破	
三日	火	◐下弦午後七時二十二分	初九日	庚申	木	翼	危	宜移徙裁衣上樑經絡開市納財安葬
四日	水		初十日	辛酉	木	軫	成	
五日	木		十一日	壬戌	水	角	成	兼正月節宜裁衣動土上樑經絡開市納財安葬
		立春午前○時二十九分	舊正月節					日出前七時二十三分 日入後六時○二分 晝十時二十六分 夜十三時三十四分
六日	金		十二日	癸亥	水	亢	收	
七日	土		十三日	甲子	金	氐	開	
八日	日		十四日	乙丑	金	房	閉	
九日	月		十五日	丙寅	火	心	建	宜裁衣上樑經絡納財安葬除橫
十日	火		十六日	丁卯	火	尾	除	宜移徙裁衣動土上樑經絡納財安葬除橫
十一日	水	○望午前○時五十五分	十七日	戊辰	木	箕	滿	宜裁衣
十二日	木		十八日	己巳	木	斗	平	
十三日	金		十九日	庚午	土	牛	定	宜[illegible]移徙裁衣[illegible]開市納財安葬
十四日	土		二十日	辛未	土	女	執	宜嫁娶移徙裁衣動土[illegible]安葬

十五日日　廿一日　壬申金虛破　宜破屋
十六日月　廿二日　癸酉金危危　宜安葬
十七日火　◑下弦午後六時二十三分　廿三日　甲戌火室成
十八日水　廿四日　乙亥火壁收　宜移徙動土上樑竪柱開市納財
十九日木　廿五日　丙子水奎開　雨水正月中宜移徙裁衣動土上樑竪柱開市納財

雨水午後八時三十分　舊正月中　日出午前七時二十分　晝十時五十六分　日入午後六時十六分　夜十三時〇四分

二十日金　廿六日　丁丑水婁閉
二十一日土　廿七日　戊寅土胃建　宜裁衣上樑竪柱納財安葬
二十二日日　廿八日　己卯土昴除　宜嫁娶
二十三日月　廿九日　庚辰金畢滿
二十四日火　三十日　辛巳金觜平
二十五日水　●合朔午前九時〇三分　二月大　初一日　壬午木參定　宜冠帶祭祀移徙裁衣動土上樑竪柱開市納財安葬
二十六日木　初二日　癸未木井執
二十七日金　初三日　甲申水鬼破　宜破屋
二十八日土　初四日　乙酉水柳危　宜安葬

三月大三十一日

日	曜	記事	陰曆	干支	五行	宿	建除	宜
一日	日		初五日	丙戌	土	星	成	
二日	月		初六日	丁亥	土	張	收	宜移徙裁衣動土上樑冠帶開市納財
三日	火		初七日	戊子	火	翼	開	
四日	水		初八日	己丑	火	軫	閉	
五日	木	◐上弦午後二時〇三分	初九日	庚寅	木	角	建	宜裁衣納財
六日	金		初十日	辛卯	木	亢	建	驚蟄二月節
		驚蟄午後六時五十六分	舊二月節					日出午前七時〇分 晝十一時三十一分 日入午後六時三十一分 夜十二時二十九分
七日	土		十一日	壬辰	水	氐	除	
八日	日		十二日	癸巳	水	房	滿	宜裁衣開市納財
九日	月		十三日	甲午	金	心	平	
十日	火		十四日	乙未	金	尾	定	
十一日	水		十五日	丙申	火	箕	執	
十二日	木	○望午後一時十九分	十六日	丁酉	火	斗	破	
十三日	金		十七日	戊戌	木	牛	危	
十四日	土		十八日	己亥	木	女	成	宜移徙裁衣動土上樑冠帶開市納財

春季皇靈祭

陽曆	曜	記事	陰曆	干支	納音	宿	建除	宜忌
十五日	日		十九日	庚子	土	虛	收	
十六日	月		二十日	辛丑	土	危	開	宜移徙裁衣動土上樑(卯巳時)
十七日	火		廿一日	壬寅	金	室	閉	宜裁衣納財啓櫕
十八日	水		廿二日	癸卯	金	壁	建	
十九日	木	下弦午前四時二十八分	廿三日	甲辰	火	奎	除	
二十日	金		廿四日	乙巳	火	婁	滿	
二十一日	土	春季皇靈祭	廿五日	丙午	水	胃	平	春分二月中
二十二日	日		廿六日	丁未	水	昴	定	宜冠帶(宜用巳時)坐向正南移徙裁衣動土上樑(宜用巳時)納財
二十三日	月	社	廿七日	戊申	土	畢	執	
二十四日	火		廿八日	己酉	土	觜	破	
二十五日	水		廿九日	庚戌	金	參	危	
二十六日	木		三十日	辛亥	金	井	成	
二十七日	金	合朔午前二時〇九分 三月小	初一日	壬子	木	鬼	收	
二十八日	土		初二日	癸丑	木	柳	開	宜移徙裁衣上樑(宜巳時)
二十九日	日		初三日	甲寅	水	星	閉	宜裁衣納財安葬啓櫕
三十日	月		初四日	乙卯	水	張	建	宜裁衣
三十一日	火		初五日	丙辰	土	翼	除	

春分午後八時十一分

舊二月中

日出午前六時三十六分 晝十二時〇八分

日入午後六時四十四分 夜十一時五十二分

神武天皇祭

四月小三十日

一日水　初六日丁巳土軫滿　宜裁衣上樑宜用辰時開市納財

二日木　初七日戊午火角平

三日金　初八日己未火亢定　宜冠[illegible]移徙裁衣動土上樑宜用卯時納財安葬

四日土　◐上弦午前四時四十三分　初九日庚申木氐執

五日日　初十日辛酉木房破

六日月　寒食　十一日壬戌水心破　清明三月節宜破屋

清明午前〇時二十三分　舊三月節　日出午前六時十四分　日入午後七時〇分　晝十二時四十六分　夜十一時十四分

七日火　十二日癸亥水尾危

八日水　十三日甲子金箕成　宜裁衣上樑宜用卯時開市納財

九日木　十四日乙丑金斗收

十日金　○望午後十時二十六分　十五日丙寅火牛開　宜移徙裁衣動土上樑宜用未時開市納財

十一日土　十六日丁卯火女閉

十二日日　十七日戊辰木虛建

十三日月　十八日己巳木危除

十四日火　十九日庚午土室滿

十五日	水		二十日	辛未	土	壁	平	
十六日	木		廿一日	壬申	金	奎	定	
十七日	金	◑下弦午後四時五十二分	廿二日	癸酉	金	婁	執	宜嫁娶安葬
十八日	土		廿三日	甲戌	火	胃	破	土王用事
十九日	日		廿四日	乙亥	火	昴	危	
二十日	月		廿五日	丙子	水	畢	成	宜裁衣上樑宜用卯時開市納財啓攢
二十一日	火		廿六日	丁丑	水	觜	收	穀雨前一日宜嫁娶移徙裁衣上樑宜用巳時納財安葬
穀雨午前七時五十三分			舊三月中					日出午前五時五十二分 晝十三時二十一分 日入午後七時十三分 夜十時三十九分
二十二日	水		廿七日	戊寅	土	參	開	宜嫁娶移徙裁衣上樑宜用辰時開市
二十三日	木		廿八日	己卯	土	井	閉	
二十四日	金		廿九日	庚辰	金	鬼	建	
二十五日	土	●合朔午後八時二十三分 四月大	初一日	辛巳	金	柳	除	
二十六日	日		初二日	壬午	木	星	滿	宜裁衣上樑宜用卯時開市納財安葬
二十七日	月		初三日	癸未	木	張	平	
二十八日	火		初四日	甲申	水	翼	定	
二十九日	水		初五日	乙酉	水	軫	執	
三十日	木		初六日	丙戌	土	角	破	

五月大三十一日

日	曜	月相・節氣	舊曆	干支	納音	宿	建除	宜
一日	金		初七日	丁亥	土	亢	危	
二日	土		初八日	戊子	火	氐	成	宜嫁娶裁衣上樑宜用卯時開市納財
三日	日	◐上弦午後三時三十九分	初九日	己丑	火	房	收	
四日	月		初十日	庚寅	木	心	開	宜移徙裁衣上樑宜用巳時開市納財
五日	火		十一日	辛卯	木	尾	閉	
六日	水	立夏午後六時二十分	十二日	壬辰	水	箕	閉	立夏四月節
七日	木		十三日	癸巳	水	斗	建	宜裁衣
八日	金		十四日	甲午	金	牛	除	
九日	土		十五日	乙未	金	女	滿	
十日	日	○望午前六時三十一分	十六日	丙申	火	虛	平	宜嫁娶移徙裁衣動土上樑宜用未時開市納財
十一日	月		十七日	丁酉	火	危	定	宜冠帶[illegible]動土移徙裁衣上樑宜用午時開市納財安葬
十二日	火		十八日	戊戌	木	室	執	宜嫁娶移徙裁衣動土上樑宜用申時
十三日	水		十九日	己亥	木	壁	破	宜破屋
十四日	木		二十日	庚子	土	奎	危	宜嫁娶移徙裁衣動土上樑宜用卯時安葬啓攢

舊四月節 日出午前五時三十五分 日入午後七時二十七分 晝十三時五十二分 夜十時〇七分

十五日	金		廿一日	辛丑	土	婁	成	宜嫁娶裁衣動土上樑宜用巳時開市納財安葬
十六日	土		廿二日	壬寅	金	胃	收	
十七日	日	◐下弦午前七時十二分	廿三日	癸卯	金	昴	開	
十八日	月		廿四日	甲辰	火	畢	閉	
十九日	火		廿五日	乙巳	火	觜	建	
二十日	水		廿六日	丙午	水	參	除	
二十一日	木		廿七日	丁未	水	井	滿	
二十二日	金		廿八日	戊申	土	鬼	平	小滿四月中

小滿午前七時三十八分　**舊四月中**

日出午前五時二十分　晝十四時二十一分

日入午後七時四十一分　夜九時三十九分

二十三日	土		廿九日	己酉	土	柳	定	宜冠帶宜用午時坐向東北嫁娶移徙裁衣上樑宜用午時開市納財安葬
二十四日	日		三十日	庚戌	金	星	執	
二十五日	月	●合朔午前十一時二十五分　五月大	初一日	辛亥	金	張	破	宜破屋
二十六日	火		初二日	壬子	木	翼	危	
二十七日	水		初三日	癸丑	木	軫	成	宜裁衣動土上樑宜用巳時開市納財
二十八日	木		初四日	甲寅	水	角	收	
二十九日	金		初五日	乙卯	水	亢	開	
三十日	土		初六日	丙辰	土	氐	閉	
三十一日	日		初七日	丁巳	土	房	建	宜裁衣

六月小三十日

日	曜	月相·節氣	舊曆	日辰	宜
一日	月	◑上弦午後十一時○分	初八日	戊午火心除	
二日	火		初九日	己未火尾滿	
三日	水		初十日	庚申木箕平	宜移徙裁衣動土上樑[illegible]開市納財安葬
四日	木		十一日	辛酉木斗定	宜[illegible]嫁娶移徙裁衣動土上樑[illegible]開市納財安葬
五日	金		十二日	壬戌水牛執	
六日	土		十三日	癸亥水女執	芒種五月節

芒種午後十一時○分　**舊五月節**　日出午前五時十三分　日入午後七時五十一分　晝十四時三十八分　夜九時二十二分

日	曜	月相·節氣	舊曆	日辰	宜
七日	日		十四日	甲子金虛破	
八日	月	○望午後二時十八分	十五日	乙丑金危危	
九日	火		十六日	丙寅火室成	宜嫁娶裁衣動土上樑[illegible]開市納財安葬[illegible]
十日	水		十七日	丁卯火壁收	
十一日	木		十八日	戊辰木奎開	宜移徙裁衣動土上樑[illegible]
十二日	金		十九日	己巳木婁閉	宜裁衣納財
十三日	土		二十日	庚午土胃建	
十四日	日		廿一日	辛未土昴除	宜嫁娶移徙裁衣動土上樑[illegible]納財安葬

日	曜	記事	陰曆	干支	納音	宿	建除	宜
十五日	月	◑下弦午後十一時二十分	廿二日	壬申	金	畢	滿	
十六日	火		廿三日	癸酉	金	觜	平	
十七日	水		廿四日	甲戌	火	參	定	宜冠帶宜用巳時坐向東北嫁娶裁衣動土上樑宜用巳時納財
十八日	木		廿五日	乙亥	火	井	執	
十九日	金		廿六日	丙子	水	鬼	破	
二十日	土		廿七日	丁丑	水	柳	危	
二十一日	日		廿八日	戊寅	土	星	成	
二十二日	月		廿九日	己卯	土	張	收	夏至五月中

夏至午後三時五十五分　**舊五月中**

日出午前五時十二分　晝十四時四十五分
日入午後七時五十分　夜九時十五分

日	曜	記事	陰曆	干支	納音	宿	建除	宜
二十三日	火		三十日	庚辰	金	翼	開	
二十四日	水	●合朔午前〇時二十三分 閏五月小	初一日	辛巳	金	軫	閉	
二十五日	木		初二日	壬午	木	角	建	
二十六日	金		初三日	癸未	木	亢	除	宜嫁娶納財安葬
二十七日	土		初四日	甲申	水	氐	滿	宜嫁娶移徙裁衣開市納財安葬
二十八日	日		初五日	乙酉	水	房	平	
二十九日	月		初六日	丙戌	土	心	定	宜冠帶宜用巳時坐向西南嫁娶移徙裁衣動土上樑宜用巳時納財安葬
三十日	火		初七日	丁亥	土	尾	執	

七月大三十一日

一日	水	◐上弦午前四時二十五分	初八日	戊子	火	箕	破	
二日	木		初九日	己丑	火	斗	危	
三日	金		初十日	庚寅	木	牛	成	宜嫁娶裁衣動土上樑(宜用辰時)開市納財啓攅
四日	土		十一日	辛卯	木	女	收	
五日	日		十二日	壬辰	水	虛	開	宜移徙裁衣動土上樑(宜用辰時)
六日	月		十三日	癸巳	水	危	閉	宜裁衣
七日	火	○望午後十一時〇分	十四日	甲午	金	室	建	
八日	水		十五日	乙未	金	壁	建	小暑六月節

小暑午前九時二十八分　舊六月節

日出午前五時十九分　晝十四時三十九分
日入午後七時五十八分　夜九時二十一分

九日	木		十六日	丙申	火	奎	除	
十日	金		十七日	丁酉	火	婁	滿	
十一日	土		十八日	戊戌	木	胃	平	
十二日	日		十九日	己亥	木	昴	定	宜冠帶[illegible]移徙裁衣動土上樑(宜用[illegible]時)納財
十三日	月	初伏	二十日	庚子	土	畢	執	
十四日	火		廿一日	辛丑	土	觜	破	

明治天皇祭

日	曜	記事	陰曆	干支	納音	宿	建除	宜忌
十五日	水	◑下弦午後四時二十二分	廿二日	壬寅	金	參	危	宜開市納財啓攢
十六日	木		廿三日	癸卯	金	井	成	
十七日	金		廿四日	甲辰	火	鬼	收	宜嫁娶移徙裁衣動土上樑[illegible]納財安葬
十八日	土		廿五日	乙巳	火	柳	開	
十九日	日		廿六日	丙午	水	星	閉	
二十日	月		廿七日	丁未	水	張	建	土王用事
二十一日	火		廿八日	戊申	土	翼	除	
二十二日	水		廿九日	己酉	土	軫	滿	
二十三日	木	●合朔午前十一時五十六分 中伏 六月小	初一日	庚戌	金	角	平	
二十四日	金		初二日	辛亥	金	亢	定	大暑六月中宜[illegible]移徙裁衣[illegible]納財

大暑午前二時四十七分

舊六月中

日出午前五時三十分 晝十四時二十分
日入午後七時五十分 夜九時四十分

日	曜	記事	陰曆	干支	納音	宿	建除	宜忌
二十五日	土		初三日	壬子	木	氐	執	
二十六日	日		初四日	癸丑	木	房	破	
二十七日	月		初五日	甲寅	水	心	危	
二十八日	火		初六日	乙卯	水	尾	成	宜嫁娶移徙裁衣上樑[illegible]開市納財啓攢
二十九日	水		初七日	丙辰	土	箕	收	宜納財
三十日	木	◐上弦午前八時五十分	初八日	丁巳	土	斗	開	
三十一日	金		初九日	戊午	火	牛	閉	

八月大三十一日

一日土　初十日己未火女建宜移徙
二日日　十一日庚申木虛除
三日月　十二日辛酉木危滿
四日火　十三日壬戌水室平
五日水　十四日癸亥水壁定
六日木　○望午前九時四十分　十五日甲子金奎執宜裁衣療病加冠安葬
七日金　十六日乙丑金婁破
八日土　十七日丙寅火胃破立秋七月節

立秋午後七時○分　舊七月節　日出午前五時四十分　日入午後七時三十四分　晝十三時五十四分　夜十時○六分

九日日　十八日丁卯火昴危宜嫁娶移徙裁衣療病冠帶安葬啟攢
十日月　十九日戊辰木畢成宜裁衣動土療病冠帶開市納財安葬
十一日火　二十日己巳木觜收宜嫁娶移徙動土療病冠帶
十二日水　末伏　廿一日庚午土參開
十三日木　廿二日辛未土井閉
十四日金　◑下弦午前九時五十六分　廿三日壬申金鬼建

天長節

日	曜	記事	陰曆	干支·納音·宿·建	宜忌
十五日	土		廿四日	癸酉金柳除	宜裁衣動土上樑安碓磑納財安葬
十六日	日		廿五日	甲戌火星滿	宜裁衣
十七日	月		廿六日	乙亥火張平	
十八日	火		廿七日	丙子水翼定	宜祭祀上冊受封會親友結婚姻納采問名嫁娶移徙裁衣動土竪柱上樑修倉庫開市納財牧養
十九日	水		廿八日	丁丑水軫執	宜嫁娶裁衣動土上樑安碓磑納財安葬
二十日	木		廿九日	戊寅土角破	
二十一日	金	● 合朔午後九時二十三分　七月大	初一日	己卯土亢危	
二十二日	土		初二日	庚辰金氐成	
二十三日	日		初三日	辛巳金房收	
二十四日	月	處暑午前九時三十分	初四日	壬午木心開	處暑七月中宜嫁娶移徙裁衣動土竪柱上樑開市納財
		舊七月中			日出午前五時五十分　晝十三時二十分 日入午後七時十分　夜十時四十分
二十五日	火		初五日	癸未木尾閉	
二十六日	水		初六日	甲申水箕建	宜嫁娶裁衣納財
二十七日	木		初七日	乙酉水斗除	宜安葬
二十八日	金	◐ 上弦午後一時五十三分	初八日	丙戌土牛滿	
二十九日	土		初九日	丁亥土女平	
三十日	日		初十日	戊子火虛定	宜祭祀上冊受封會親友結婚姻納采問名嫁娶移徙裁衣動土竪柱上樑開市納財安葬
三十一日	月		十一日	己丑火危執	

九月小三十日

日	曜	記事	陰曆	干支・納音・宿・直	宜
一日	火		十二日	庚寅木室破	
二日	水		十三日	辛卯木壁危	宜除櫕
三日	木		十四日	壬辰水奎成	
四日	金	○望午後十時〇一分　月食	十五日	癸巳水婁收	宜移徙裁衣動土上樑立礎開市納財
五日	土		十六日	甲午金胃開	
六日	日		十七日	乙未金昴閉	
七日	月		十八日	丙申火畢建	宜裁衣納財
八日	火		十九日	丁酉火觜建	白露八月節
		白露午後九時三十三分　舊八月節　日出午前六時九分　日入午後六時五十五分　晝十二時四十六分　夜十一時十四分			
九日	水		二十日	戊戌木參除	
十日	木		廿一日	己亥木井滿	宜移徙裁衣開市納財
十一日	金		廿二日	庚子土鬼平	
十二日	土		廿三日	辛丑土柳定	
十三日	日	◑下弦午前二時四十分	廿四日	壬寅金星執	
十四日	月		廿五日	癸卯金張破	

秋季皇靈祭

日	曜	記事	舊曆	干支	納音	宿	建除	宜
十五日	火		廿六日	甲辰	火	翼	危	
十六日	水		廿七日	乙巳	火	軫	成	
十七日	木		廿八日	丙午	水	角	收	
十八日	金		廿九日	丁未	水	亢	開	宜移徙裁衣上樑 宜用巳時
十九日	土	社	三十日	戊申	土	氐	閉	
二十日	日	●合朔午前六時三十三分 八月小	初一日	己酉	土	房	建	
二十一日	月		初二日	庚戌	金	心	除	宜嫁娶移徙動土上樑 宜用巳時 安葬
二十二日	火		初三日	辛亥	金	尾	滿	宜移徙裁衣
二十三日	水		初四日	壬子	木	箕	平	
二十四日	木		初五日	癸丑	木	斗	定	秋分八月中
秋分午前六時三十四分			舊八月中					日出午前六時二十分 日入午後六時二十分 晝十二時〇八分 夜十一時五十二分
二十五日	金		初六日	甲寅	水	牛	執	
二十六日	土	◐上弦午後九時〇三分	初七日	乙卯	水	女	破	
二十七日	日		初八日	丙辰	土	虛	危	
二十八日	月		初九日	丁巳	土	危	成	宜移徙裁衣動土上樑 宜用辰時 開市納財
二十九日	火		初十日	戊午	火	室	收	
三十日	水		十一日	己未	火	壁	開	宜移徙裁衣上樑 宜用申時

十月大三十一日

日	曜	記事	陰曆	干支	納音	宿	建除	宜
一日	木		十二日	庚申	木	奎	閉	宜裁衣納財安葬
二日	金		十三日	辛酉	木	婁	建	
三日	土		十四日	壬戌	水	胃	除	
四日	日	○望午後二時五十九分	十五日	癸亥	水	昴	滿	
五日	月		十六日	甲子	金	畢	平	
六日	火		十七日	乙丑	金	觜	定	宜移徙裁衣動土上樑卯時補垣納財安葬
七日	水		十八日	丙寅	火	參	執	
八日	木		十九日	丁卯	火	井	破	
九日	金		二十日	戊辰	木	鬼	破	寒露九月節
寒露午後○時二十一分			舊九月節					日出午前六時三十五分 晝十一時三十二分 日入午後六時○七分 夜十二時二十八分
十日	土		廿一日	己巳	木	柳	危	
十一日	日		廿二日	庚午	土	星	成	宜嫁娶移徙裁衣動土上樑午時補垣開市納財安葬
十二日	月	◐下弦午後六時二十三分	廿三日	辛未	土	張	收	
十三日	火		廿四日	壬申	金	翼	開	
十四日	水		廿五日	癸酉	金	軫	閉	宜裁衣

天長節祝日　　　　神嘗祭

陽曆	曜	記事	陰曆	干支	納音	宿	建除	宜
十五日	木		廿六日	甲戌	火	角	建	
十六日	金		廿七日	乙亥	火	亢	除	
十七日	土		廿八日	丙子	水	氐	滿	宜嫁娶裁衣動土上樑宜用卯時開市納財安葬啓欑
十八日	日		廿九日	丁丑	水	房	平	
十九日	月	●合朔午後三時三十四分 九月大	初一日	戊寅	土	心	定	
二十日	火		初二日	己卯	土	尾	執	宜嫁娶安葬
二十一日	水		初三日	庚辰	金	箕	破	土王用事
二十二日	木		初四日	辛巳	金	斗	危	
二十三日	金		初五日	壬午	木	牛	成	
二十四日	土		初六日	癸未	木	女	收	霜降九月中
		霜降午後三時十八分	舊九月中					日出午前六時四十八分 日入午後五時四十五分 晝十時五十七分 夜十三時〇三分
二十五日	日		初七日	甲申	水	虛	開	宜移徙裁衣上樑宜用巳時開市
二十六日	月	◐上弦午前七時四十四分	初八日	乙酉	水	危	閉	
二十七日	火		初九日	丙戌	土	室	建	宜移徙裁衣上樑宜用巳時納財安葬
二十八日	水		初十日	丁亥	土	壁	除	
二十九日	木		十一日	戊子	火	奎	滿	
三十日	金		十二日	己丑	火	婁	平	
三十一日	土		十三日	庚寅	木	胃	定	

十一月小三十日

日	曜	記事	陰曆	干支	納音	宿	建除	宜
一日	日		十四日	辛卯	木	昴	執	
二日	月		十五日	壬辰	水	畢	破	
三日	火	○望午前八時四十九分	十六日	癸巳	水	觜	危	宜嫁娶移徙上樑[illegible]
四日	水		十七日	甲午	金	參	成	宜上樑[illegible]安葬
五日	木		十八日	乙未	金	井	收	
六日	金		十九日	丙申	火	鬼	開	宜嫁娶移徙裁衣上樑[illegible]開市
七日	土		二十日	丁酉	火	柳	閉	
八日	日		廿一日	戊戌	木	星	閉	立冬十月節
九日	月		廿二日	己亥	木	張	建	
十日	火		廿三日	庚子	土	翼	除	
十一日	水	◑下弦午前八時三十七分	廿四日	辛丑	土	軫	滿	
十二日	木		廿五日	壬寅	金	角	平	宜移徙裁衣動土上樑[illegible]開市納財
十三日	金		廿六日	癸卯	金	亢	定	宜冠帶[illegible]嫁娶移徙裁衣動土上樑[illegible]開市納財[illegible]
十四日	土		廿七日	甲辰	火	氐	執	宜嫁娶移徙裁衣上樑[illegible]納財安葬

立冬午後三時十一分

舊十月節

日出午前七時五分　晝十時二十五分

日入午後五時三十分　夜十三時三十五分

新嘗祭

日	曜	記事	陰曆	干支	納音	宿	建除	宜
十五日	日		廿八日	乙巳	火	房	破	宜破屋
十六日	月		廿九日	丙午	水	心	危	
十七日	火		三十日	丁未	水	尾	成	
十八日	水	●合朔午前四時〇二分　十月小	初一日	戊申	土	箕	收	
十九日	木		初二日	己酉	土	斗	開	宜嫁娶移徙裁衣動土上樑(宜用午時)開市納財
二十日	金		初三日	庚戌	金	牛	閉	
二十一日	土		初四日	辛亥	金	女	建	
二十二日	日		初五日	壬子	木	虛	除	
二十三日	月		初六日	癸丑	木	危	滿	小雪十月中
小雪午後〇時二十一分			舊十月中					日出午前七時二十一分　晝九時五十九分 日入午後五時十九分　夜十四時〇一分
二十四日	火	◐上弦午後七時三十九分	初七日	甲寅	水	室	平	宜移徙裁衣動土上樑(宜用午時)開市納財安葬啓攢
二十五日	水		初八日	乙卯	水	壁	定	宜冠帶(…)嫁娶移徙裁衣動土上樑(宜用…時)開市納財安葬啓攢
二十六日	木		初九日	丙辰	土	奎	執	
二十七日	金		初十日	丁巳	土	婁	破	
二十八日	土		十一日	戊午	火	胃	危	
二十九日	日		十二日	己未	火	昴	成	宜裁衣動土上樑(宜用卯時)開市納財安葬
三十日	月		十三日	庚申	木	畢	收	宜移徙裁衣動土上樑(宜用卯時)納財安葬

十二月大三十一日

日	曜	月相	舊曆	干支	納音	宿	建除	宜
一日	火		十四日	辛酉	木	觜	開	
二日	水		十五日	壬戌	水	參	閉	
三日	木	○望午前三時二十分	十六日	癸亥	水	井	建	
四日	金		十七日	甲子	金	鬼	除	宜移徙裁衣動土上樑(宜用卯時)納財安葬
五日	土		十八日	乙丑	金	柳	滿	
六日	日		十九日	丙寅	火	星	平	宜嫁娶移徙裁衣動土上樑(宜用未時)開市納財安葬啓攢
七日	月		二十日	丁卯	火	張	定	宜[illegible](宜用[illegible]時)嫁娶移徙裁衣動土上樑(宜用[illegible]時)開[illegible]啓攢
八日	火		廿一日	戊辰	木	翼	定	大雪十二月節
九日	水		廿二日	己巳	木	軫	執	
十日	木	◑下弦午後八時二十分	廿三日	庚午	土	角	破	
十一日	金		廿四日	辛未	土	亢	危	
十二日	土		廿五日	壬申	金	氐	成	宜移徙裁衣上樑(宜用辰時)開市納財安葬
十三日	日		廿六日	癸酉	金	房	收	
十四日	月		廿七日	甲戌	火	心	開	宜裁衣動土上樑(宜用巳時)

大雪午前七時三十分

舊十一月節

日出午前七時三十分 日入午後五時十分

晝九時四十一分 夜十四時十九分

日	曜		陰曆	干支	納音	宿	建除	宜
十五日	火		廿八日	乙亥	火	尾	閉	宜裁衣納財
十六日	水		廿九日	丙子	水	箕	建	
十七日	木	● 合朔午前一時三十三分 十一月小	初一日	丁丑	水	斗	除	宜移徙裁衣動土上樑[illegible]納財安葬
十八日	金		初二日	戊寅	土	牛	滿	宜裁衣動土上樑[illegible]開市納財
十九日	土		初三日	己卯	土	女	平	
二十日	日		初四日	庚辰	金	虛	定	
二十一日	月		初五日	辛巳	金	危	執	
二十二日	火		初六日	壬午	木	室	破	
二十三日	水		初七日	癸未	木	壁	危	冬至十一月中

冬至午前一時二十三分

舊十一月中

日出午前七時四十一分　晝九時三十五分

日入午後五時十六分　夜十四時二十五分

日	曜		陰曆	干支	納音	宿	建除	宜
二十四日	木	◐ 上弦午後五時二十五分	初八日	甲申	水	奎	成	宜嫁娶移徙裁衣上樑[illegible]開市納財安葬
二十五日	金		初九日	乙酉	水	婁	收	
二十六日	土		初十日	丙戌	土	胃	開	宜裁衣動土上樑[illegible]
二十七日	日		十一日	丁亥	土	昴	閉	
二十八日	月		十二日	戊子	火	畢	建	
二十九日	火		十三日	己丑	火	觜	除	
三十日	水		十四日	庚寅	木	參	滿	
三十一日	木		十五日	辛卯	木	井	平	

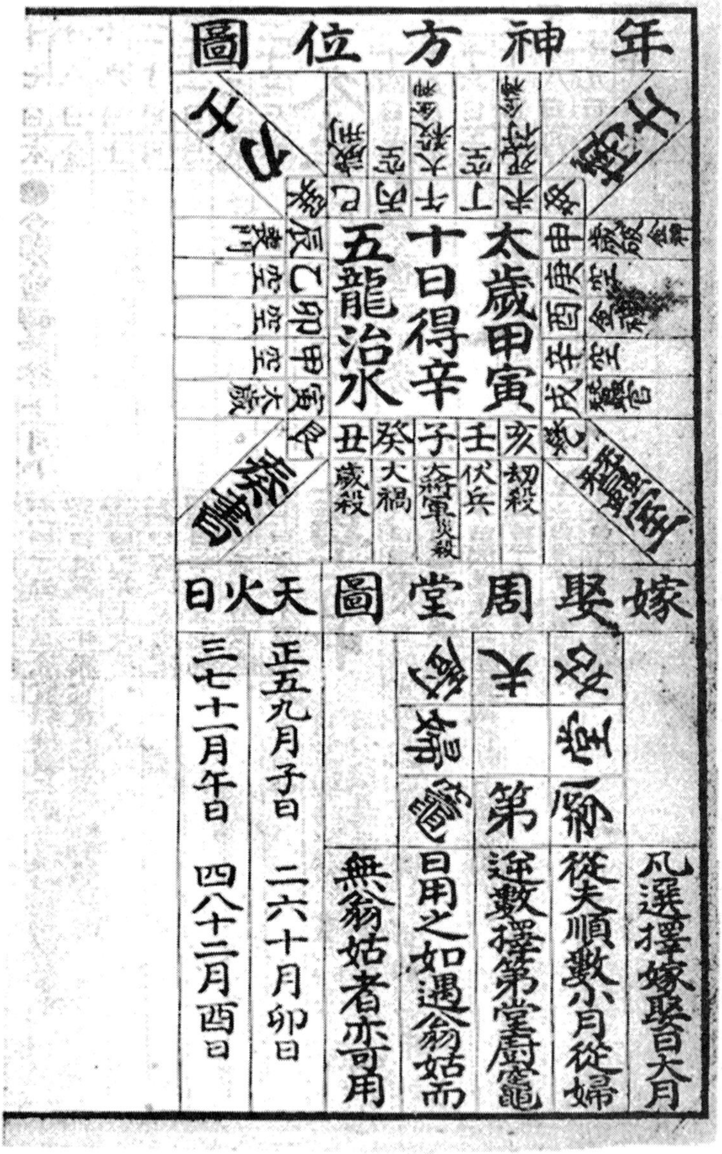

年神方位圖

太歲甲寅
十日得辛
五龍治水

亥 劫殺
壬 伏兵
子
癸 大禍
丑 歲殺

寅 太歲
甲 空
卯 空
乙 空
辰 喪門

嫁娶周堂圖

姑	堂	廚
夫		第
翁	婦	竈

凡選擇嫁娶大月從夫順數小月從婦逆數擇第堂廚竈日用之如遇翁姑無翁姑者亦可用

天火日

正五九月子日　二六十月卯日

三七十一月午日　四八十二月酉日

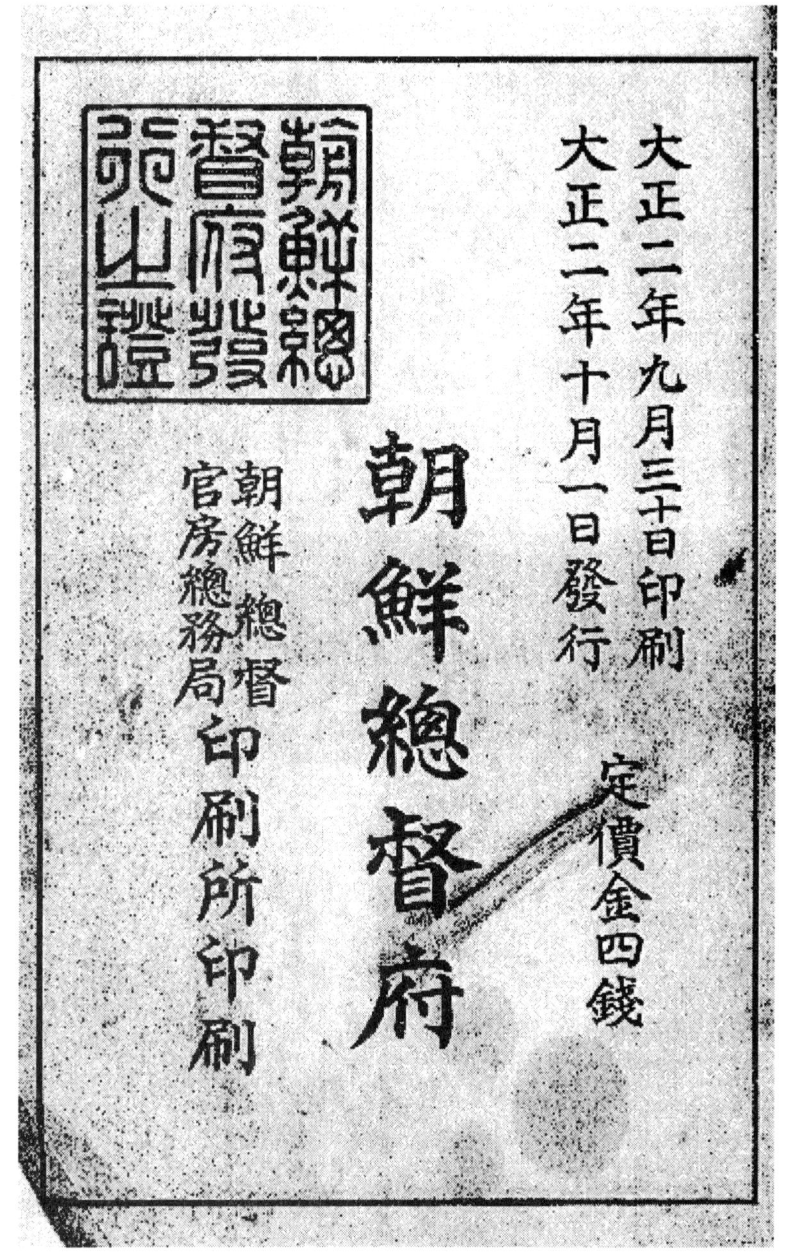

大正二年九月三十日印刷
大正二年十月一日發行

定價金四錢

朝鮮總督府

朝鮮總督
官房總務局印刷所印刷

朝鮮總督府發行之證

3　大正四年朝鮮民暦（1915）

朝鮮總督府編製

大正四年朝鮮民曆

 3. 大正四年朝鮮民曆(1915)

神武天皇即位紀元二千五百七十五年

大正四年朝鮮民曆

乙卯平年 三百六十五日

朝鮮總督府觀測所推算

四方拜	一月一日
元始祭	一月三日
紀元節	二月十一日
春季皇靈祭	三月二十一日
神武天皇祭	四月三日
明治天皇祭	七月三十日
天長節	八月三十一日
秋季皇靈祭	九月二十四日
神嘗祭	十月十七日
天長節祝日	十月三十一日
新嘗祭	十一月二十三日

月表

一月大	二月平	三月大
四月小	五月大	六月小
七月大	八月大	九月小
十月大	十一月小	十二月大

日曜表

月	日	
一月	三日 十日 十七日 二十四日 三十一日	七月
二月	七日 十四日 二十一日 二十八日	八月
三月	七日 十四日 二十一日 二十八日	九月
四月	四日 十一日 十八日 二十五日	十月
五月	二日 九日 十六日 二十三日 三十日	十一月
六月	六日 十三日 二十日 二十七日	十二月

日食 八月十一日

食分	五分六厘	
日出	午前五時四十四分	
帶食	四分三厘	右偏上
食甚	午前六時六分	右偏上
復圓	午前七時四分	下

說明

本民……

本邦中央標準時를用ㅎ……

五日出沒及日月食은朝鮮總督府觀測所에서보이는時刻을揭흠

大正四年中陰曆歲次乙卯年月表及節候表

月及月之大小	朔日	節氣	入節日	入節時刻	陽曆	節氣	入節日	入節時刻	陽曆
正月大	丙子	雨水 正月中	初七日 壬午	丑正一刻八分	二月二十日	驚蟄 二月節	廿二日 丁酉	子正三刻三分	三月七日
二月小	丙午	春分 二月中	初七日 壬子	丑初三刻六分	三月二十二日	清明 三月節	廿一日 丁卯	卯正初刻九分	四月六日
三月大	乙亥	穀雨 三月中	初八日 壬午	未初一刻十四分	四月二十一日	立夏 四月節	廿四日 戊戌	子正初刻十三分	五月七日
四月大	乙巳	小滿 四月中	初九日 癸丑	未初初刻十一分	五月二十二日	芒種 五月節	廿五日 己巳	寅正三刻十分	六月七日
五月小	乙亥	夏至 五月中	初十日 甲申	亥初一刻十四分	六月二十二日	小暑 六月節	廿六日 庚子	申初初刻八分	七月八日
六月大	甲辰	大暑 六月中	十三日 丙辰	辰正一刻十二分	七月二十四日	立秋 七月節	廿九日 壬申	子正三刻十三分	八月九日
七月小	甲戌	處暑 七月中	十四日 丁亥	申初一刻零分	八月二十四日				
八月大	癸卯	白露 八月節	初一日 癸卯	寅初一刻三分	九月九日	秋分 八月中	十六日 戊午	午正一刻九分	九月二十四日
九月小	癸酉	寒露 九月節	初一日 癸酉	酉正一刻六分	十月九日	霜降 九月中	十六日 戊子	亥初初刻十分	十月二十四日
十月大	壬寅	立冬 十月節	初二日 癸卯	戌正三刻十三分	十一月八日	小雪 十月中	十七日 戊午	酉正初刻十四分	十一月二十三日
十一月小	壬申	大雪 十一月節	初二日 癸酉	未初一刻九分	十二月八日	冬至 十一月中	十七日 戊子	辰初一刻一分	十二月二十三日
十二月大	辛丑	小寒 十二月節	初三日 癸卯	子正一刻十三分	一月七日	大寒 十二月中	十七日 丁巳	酉初三刻九分	一月二十一日

一月大三十一日

日	曜	祝祭日	月相・記事	月出	舊曆	干支	納音	宿	直	宜忌・節氣
一日	金	四方拜	○望午後九時二十分	月出午後四時五十八分	十六日	壬辰	水	鬼	定	宜祭祀[illegible]安葬
二日	土		甲寅十二月小	月出午後六時零分	十七日	癸巳	水	柳	執	
三日	日	元始祭		月出午後七時六分	十八日	甲午	金	星	破	
四日	月			月出午後八時十三分	十九日	乙未	金	張	危	
五日	火	新年宴會		月出午後九時二十一分	廿日	丙申	火	翼	成	
六日	水			月出午後十時二十八分	廿一日	丁酉	火	軫	成	小寒十二月節

小寒午後六時四十一分　舊十二月節

日出午前七時五十七分　晝間九時四十二分

日入午後五時三十九分　夜間十四時十九分

日	曜	祝祭日	月相・記事	月出	舊曆	干支	納音	宿	直	宜忌・節氣
七日	木			月出午後十一時三十二分	廿二日	戊戌	木	角	收	
八日	金				廿三日	己亥	木	亢	開	
九日	土		◑下弦午前六時十二分	月出午前零時四十一分	廿四日	庚子	土	氐	閉	宜裁衣安葬啓攢
十日	日			月出午前一時五十二分	廿五日	辛丑	土	房	建	宜裁衣上襟 宜用卯時 納財
十一日	月			月出午前三時六分	廿六日	壬寅	金	心	除	
十二日	火			月出午前四時二十二分	廿七日	癸卯	金	尾	滿	
十三日	水			月出午前五時三十五分	廿八日	甲辰	火	箕	平	
十四日	木			月出午前六時四十六分	廿九日	乙巳	火	斗	定	

日	曜	月相	月出入	陰曆	干支	納音	宿	建除	記事
十五日	金	●合朔午後十一時四十二分	十二月大	初一日	丙午	水	牛	執	
十六日	土	臘	月入午後六時十九分	初二日	丁未	水	女	破	
十七日	日		月入午後七時二十九分	初三日	戊申	土	虛	危	宜開市納財
十八日	月		月入午後八時三十六分	初四日	己酉	土	危	成	土王用事 宜嫁娶移徙裁衣上樑宜用[illegible]時開市納財
十九日	火		月入午後九時四十一分	初五日	庚戌	金	室	收	
二十日	水		月入午後十時四十一分	初六日	辛亥	金	壁	開	
二十一日	木		月入午後十一時四十一分	初七日	壬子	木	奎	閉	大寒十二月中

大寒午後零時零分　舊十二月中

日出午前七時四十五分　晝間九時五十九分
日入午後五時四十四分　夜間十四時一分

日	曜	月相	月出入	陰曆	干支	納音	宿	建除	記事
二十二日	金			初八日	癸丑	木	婁	建	
二十三日	土	◐上弦午後二時三十一分	月入午前零時四十分	初九日	甲寅	水	胃	除	
二十四日	日		月入午前一時三十九分	初十日	乙卯	水	昴	滿	宜嫁娶移徙裁衣上樑宜用卯時開市納財安葬啓攢
二十五日	月		月入午前二時四十分	十一日	丙辰	土	畢	平	
二十六日	火		月入午前三時四十分	十二日	丁巳	土	觜	定	
二十七日	水		月入午前四時三十八分	十三日	戊午	火	參	執	
二十八日	木		月入午前五時三十三分	十四日	己未	火	井	破	
二十九日	金		月入午前六時二十二分	十五日	庚申	木	鬼	危	宜移徙裁衣上樑宜用辰時開市納財安葬
三十日	土		月入午前七時五分	十六日	辛酉	木	柳	成	宜嫁娶移徙裁衣上樑宜用午時開市納財安葬
三十一日	日	○望午後一時四十一分	月出午後六時零分	十七日	壬戌	水	星	收	

二月平二十八日

日	曜	月相	月出	舊曆	干支	納音	宿	直	備考
一日	月		月出午後七時 八分	十八日	癸亥	水	張	開	
二日	火		月出午後八時十六分	十九日	甲子	金	翼	閉	宜裁衣安葬
三日	水		月出午後九時二十四分	二十日	乙丑	金	軫	建	宜裁衣上樑(宜用卯時)納財安葬
四日	木		月出午後十時三十三分	廿一日	丙寅	火	角	除	
五日	金		月出午後十一時四十四分	廿二日	丁卯	火	亢	除	立春正月節

立春午前六時二十分　舊正月節

日出午前七時二十五分　晝間十時三十六分

日入午後六時一分　夜間十三時二十四分

日	曜	月相	月出	舊曆	干支	納音	宿	直	備考
六日	土			廿三日	戊辰	木	氐	滿	
七日	日	◐下弦午後二時十一分	月出午前零時五十六分	廿四日	己巳	木	房	平	
八日	月		月出午前二時十分	廿五日	庚午	土	心	定	宜冠帶(宜用卯時)[illegible]移徙上樑(宜用卯時)安葬
九日	火		月出午前三時二十三分	廿六日	辛未	土	尾	執	宜嫁娶移徙裁衣動土上樑(宜用卯時)安葬
十日	水		月出午前四時[illegible]分	廿七日	壬申	金	箕	破	宜破屋
十一日	木		月出午前五時二十七分	廿八日	癸酉	金	斗	危	宜安葬
十二日	金		月出午前六時 十五分	廿九日	甲戌	火	牛	成	
十三日	土		月出午前六時五十三分	三十日	乙亥	火	女	收	
十四日	日	●合朔午後一時二十分	乙卯正月大	初一日	丙子	水	虛	開	宜移徙裁衣動土上樑(宜用卯時)開市納財

紀元節 (十一日)

雨水午前二時二十三分　舊正月中

日出午前七時十九分　晝間十時五十八分
日入午後六時十七分　夜間十三時二分

日	曜	月象	月入	陰曆	干支	納音	宿	直	宜
十五日	月		午後七時二十三分	初二日	丁丑	水	危	閉	
十六日	火		午後八時二十五分	初三日	戊寅	土	室	建	宜裁衣上樑(宜用辰時)納財安葬
十七日	水		午後九時二十六分	初四日	己卯	土	壁	除	宜嫁娶
十八日	木		午後十時二十六分	初五日	庚辰	金	奎	滿	
十九日	金		午後十一時二十六分	初六日	辛巳	金	婁	平	
二十日	土			初七日	壬午	木	胃	定	雨水正月中 宜冠帶(宜用午時)出行移徙動土上樑(宜用午時)安葬
二十一日	日		午前零時二十七分	初八日	癸未	木	昴	執	
二十二日	月	◐上弦午前十一時五十八分	午前一時二十七分	初九日	甲申	水	畢	破	宜破屋
二十三日	火		午前二時二十六分	初十日	乙酉	水	觜	危	宜安葬
二十四日	水		午前三時二十二分	十一日	丙戌	土	參	成	宜裁衣動土上樑(宜用寅時)開市納財安葬
二十五日	木		午前四時十三分	十二日	丁亥	土	井	收	宜移徙裁衣動土上樑(宜用辰時)開市納財
二十六日	金		午前四時五十八分	十三日	戊子	火	鬼	開	
二十七日	土		午前五時三十七分	十四日	己丑	火	柳	閉	
二十八日	日		午前六時十一分	十五日	庚寅	木	星	建	宜裁衣納財

三月大三十一日

一日	月		月入午前六時四十一分	十六日	辛卯	木	張	除	宜嫁娶移徙裁衣動土上樑(宜用卯時)安葬啓欑
二日	火	○望午前三時三十二分	月出午後七時八分	十七日	壬辰	水	翼	滿	宜移徙裁衣動土上樑(宜用辰時)開市納財安葬
三日	水		月出午後八時二十二分	十八日	癸巳	水	軫	平	
四日	木		月出午後九時五十一分	十九日	甲午	金	角	定	宜冠帶(宜用卯時)會親友嫁娶移徙裁衣動土上樑(宜用午時)開市納財
五日	金		月出午後十時四十五分	二十日	乙未	金	亢	執	
六日	土			二十一日	丙申	火	氐	破	宜破屋
七日	日		月出午前零時零分	二十二日	丁酉	火	房	破	驚蟄二月節

驚蟄午前零時四十八分　舊二月節

日出午前六時五十九分　晝間十一時三十三分

日入午後六時三十二分　夜間十二時二十七分

八日	月	◑下弦午後九時二十分	月出午前一時十四分	二十三日	戊戌	木	心	危	
九日	火		月出午前二時二十三分	二十四日	己亥	木	尾	成	宜移徙裁衣動土上樑(宜用午時)開市納財
十日	水		月出午前三時二十三分	二十五日	庚子	土	箕	收	
十一日	木		月出午前四時十三分	二十六日	辛丑	土	斗	開	宜移徙裁衣動土上樑(宜用卯時)
十二日	金		月出午前四時五十三分	二十七日	壬寅	金	牛	閉	宜裁衣納財啓欑
十三日	土		月出午前五時二十六分	二十八日	癸卯	金	女	建	
十四日	日		月出午前五時五十四分	二十九日	甲辰	火	虛	除	宜嫁娶移徙裁衣動土上樑(宜用辰時)安葬

春季皇靈祭

日	曜	朔望	月出入	陰曆	干支·納音·宿·建除	宜
十五日	月		月出午前六時十九分	三十日	乙巳火危滿	
十六日	火	朔 合朔午前四時四十二分	二月小	初一日	丙午水室平	
十七日	水		月入午後八時十三分	初二日	丁未水壁定	宜祭祀(宜用巳時)結婚嫁娶移徙裁衣動土上樑(宜用巳時)納財
十八日	木	社	月入午後九時十四分	初三日	戊申土奎執	
十九日	金		月入午後十時十四分	初四日	己酉土婁破	
二十日	土		月入午後十一時十五分	初五日	庚戌金胃危	
二十一日	日			初六日	辛亥金昴成	
二十二日	月		月入午前零時十四分	初七日	壬子木畢收	春分二月中

春分午前一時五十一分　舊二月中

日出午前六時三十三分　晝間十二時九分

日入午後六時四十二分　夜間十一時五十一分

日	曜	朔望	月出入	陰曆	干支·納音·宿·建除	宜
二十三日	火		月入午前一時十一分	初八日	癸丑木觜閉	宜移徙裁衣上樑(宜用巳時)
二十四日	水	上弦 上弦午前七時四十八分	月入午前二時四分	初九日	甲寅水參開	宜裁衣納財安葬啓攢
二十五日	木		月入午前二時五十一分	初十日	乙卯水井建	宜裁衣
二十六日	金		月入午前三時三十一分	十一日	丙辰土鬼除	宜移徙裁衣動土上樑(宜用寅時)
二十七日	土		月入午前四時七分	十二日	丁巳土柳滿	宜裁衣上樑(宜用辰時)開市納財
二十八日	日		月入午前四時三十八分	十三日	戊午火星平	
二十九日	月		月入午前五時四分	十四日	己未火張定	
三十日	火		月入午前五時三十三分	十五日	庚申木翼執	
三十一日	水	○望午後二時三十分	月出午後七時八分	十六日	辛酉木軫破	

四月小三十日

日	曜	記事	月出	舊曆	宜
一日	木		月出午後八時二十四分	十七日壬戌水角危	
二日	金		月出午後九時四十一分	十八日癸亥水亢成	
三日	土	神武天皇祭	月出午後十一時五十九分	十九日甲子金氐收	
四日	日			二十日乙丑金房開	宜嫁娶移徙裁衣動土上樑宜用卯時
五日	月		月出午前零時十二分	廿一日丙寅火心閉	宜裁衣納財啓攢
六日	火		月出午前一時十七分	廿二日丁卯火尾閉	清明三月節 宜裁衣
		清明午前六時九分 舊三月節 日出午前五時十四分 晝間十三時四十五分 日入午後六時五十九分 夜間十時十五分			
七日	水	◐下弦午前五時三十分 寒食	月出午前二時十一分	廿三日戊辰木箕建	
八日	木		月出午前二時五十四分	廿四日己巳木斗除	
九日	金		月出午前三時二十九分	廿五日庚午土牛滿	
十日	土		月出午前三時五十八分	廿六日辛未土女平	
十一日	日		月出午前四時二十三分	廿七日壬申金虛定	
十二日	月		月出午前四時四十七分	廿八日癸酉金危執	宜嫁娶安葬
十三日	火		月出午前五時九分	廿九日甲戌火室破	宜破屋
十四日	水	●合朔午後一時三十六分	三月大	初一日乙亥火壁危	

日	曜	月相	月出入	曆	宜
十五日	木		月入午後八時四分	初三日丙子水參成	宜嫁娶裁衣動土上樑(宜用卯時)開市納財啓攢
十六日	金		月入午後八時五十分	初四日丁丑水井收	宜嫁娶移徙裁衣動土上樑(宜用巳時)納財安葬
十七日	土		月入午後十時五分	初五日戊寅土鬼開	宜嫁娶移徙裁衣動土上樑(宜用辰時)開市
十八日	日		月入午後十一時三分	初六日己卯土柳閉	土王用事
十九日	月		月入午後十一時五十六分	初七日庚辰金星建	
二十日	火			初八日辛巳金張除	
二十一日	水		月入午前零時四十五分	初九日壬午木翼滿	穀雨三月中 宜嫁娶移徙裁衣上樑(宜用午時)開市納財安葬

穀雨午後一時二十九分　舊三月中

日出午前五時五十三分　晝間十三時二十分
日入午後七時十三分　夜間十時四十分

日	曜	月相	月出入	曆	宜
二十二日	木		月入午前一時二十七分	初十日癸未木井平	
二十三日	金	◐上弦午前零時三十九分	月入午前二時四分	十一日甲申水鬼定	
二十四日	土		月入午前二時三十五分	十二日乙酉水柳執	宜嫁娶移徙裁衣上樑(宜用寅時)開市納財安葬
二十五日	日		月入午前三時四分	十三日丙戌土星破	
二十六日	月		月入午前三時三十一分	十四日丁亥土張危	
二十七日	火		月入午前三時五十八分	十五日戊子火翼成	
二十八日	水		月入午前四時二十五分	十六日己丑火軫收	
二十九日	木	○望午後十一時十九分	月出午後七時十三分	十七日庚寅木角開	宜移徙上樑(宜用辰時)
三十日	金		月出午後八時三十三分	十八日辛卯木亢閉	

五月大三十一日

日	曜	月相	月出	舊曆	宜忌
一日	土		午後九時五十一分	十八日壬辰水氐建	
二日	日		午後十一時二分	十九日癸巳水房除	
三日	月			二十日甲午金心滿	
四日	火		午前零時三分	廿一日乙未金尾平	
五日	水		午前零時五十一分	廿二日丙申火箕定	
六日	木	◑下弦午後二時二十三分	午前一時二十九分	廿三日丁酉火斗執	
七日	金		午前二時一分	廿四日戊戌木牛執	立夏四月節 宜嫁娶移徙裁衣動土上樑 宜用寅時

立夏午前零時三分 舊四月節 日出午前五時三十三分 晝間十三時五十四分 日入午後七時二十七分 夜間十時六分

日	曜	月相	月出	舊曆	宜忌
八日	土		午前二時二十七分	廿五日己亥木女破	宜破屋
九日	日		午前二時五十一分	廿六日庚子土虛危	宜嫁娶移徙裁衣動土上樑 宜用卯時 安葬啓攢
十日	月		午前三時十四分	廿七日辛丑土危成	宜嫁娶裁衣動土上樑 宜用卯時 開市納財安葬
十一日	火		午前三時三十七分	廿八日壬寅金室收	
十二日	水		午前四時一分	廿九日癸卯金壁開	
十三日	木		午前四時二十八分	三十日甲辰火奎閉	
十四日	金	●合朔午後零時三十分	四月大	初一日乙巳火婁建	宜裁衣上樑 宜用辰時

日	曜	月相	月出入	陰曆	干支	納音	宿	建除	宜
十五日	土		月入午後八時五十六分	初二日	丙午	水	胃	除	
十六日	日		月入午後九時五十一分	初三日	丁未	水	昴	滿	
十七日	月		月入午後十時四十一分	初四日	戊申	土	畢	平	
十八日	火		月入午後十一時二十五分	初五日	己酉	土	觜	定	
十九日	水			初六日	庚戌	金	參	執	宜嫁娶移徙裁衣動土上樑 宜用巳時 安葬
二十日	木		月入午前零時三分	初七日	辛亥	金	井	破	宜破屋
二十一日	金		月入午前零時三十五分	初八日	壬子	木	鬼	危	
二十二日	土	◑上弦午後一時五十分	月入午前一時四分	初九日	癸丑	木	柳	成	小滿四月中 宜動土上樑 宜用巳時

小滿午後一時十一分 舊四月中

日出午前五時二十分 晝間十四時二十分

日入午後七時四十分 夜間九時四十分

日	曜	月相	月出入	陰曆	干支	納音	宿	建除	宜
二十三日	日		月入午前一時三十二分	初十日	甲寅	水	星	收	
二十四日	月		月入午前一時五十六分	十一日	乙卯	水	張	開	宜嫁娶移徙裁衣動土上樑 宜用卯時 開市納財
二十五日	火		月入午前二時二十三分	十二日	丙辰	土	翼	閉	
二十六日	水		月入午前二時五十一分	十三日	丁巳	土	軫	建	宜裁衣
二十七日	木		月入午前三時二十四分	十四日	戊午	火	角	除	
二十八日	金		月入午前四時四分	十五日	己未	火	亢	滿	
二十九日	土	○望午前[illegible]時三十三分	月出午後八時三十九分	十六日	庚申	木	氐	平	宜移徙裁衣動土上樑 宜用巳時 開市納財安葬
三十日	日		月出午後九時四十六分	十七日	辛酉	木	房	定	宜祭祀 宜用午時 [illegible]酉時 移徙裁衣動土上樑 宜用午時 開市納財安葬
三十一日	月		月出午後十時四十二分	十八日	壬戌	水	心	執	

六月小三十日

日	曜	月相	月出入	舊曆	宜
一日	火		月出午後十一時二十五分	十九日癸亥水尾成	
二日	水			二十日甲子金箕危	
三日	木		月出午前零時零分	廿一日乙丑金斗成	宜嫁娶裁衣動土上樑宜用卯時開市納財安葬
四日	金		月出午前零時三十一分	廿二日丙寅火牛收	宜嫁娶移徙裁衣上樑宜用未時納財
五日	土	◑下弦午前一時三十三分	月出午前零時五十五分	廿三日丁卯火女開	
六日	日		月出午前一時十八分	廿四日戊辰木虛閉	
七日	月		月出午前一時四十一分	廿五日己巳木危閉	芒種五月節
八日	火		月出午前二時五分	廿六日庚午土室建	
九日	水		月出午前二時三十一分	廿七日辛未土壁除	宜嫁娶移徙裁衣動土上樑宜用卯時納財安葬
十日	木		月出午前三時一分	廿八日壬申金奎滿	
十一日	金		月出午前三時三十五分	廿九日癸酉金婁平	
十二日	土		月出午前四時十五分	三十日甲戌火胃定	
十三日	日	●合朔午前三時五十六分	五月小	初一日乙亥火昴執	
十四日	月		月入午後九時二十四分	初二日丙子水畢破	

芒種午前四時四十分　舊五月節

日出午前五時十三分　晝間十四時三十八分

日入午後七時五十一分　夜間九時二十二分

日	曜	月相	月出入	舊曆·干支·納音·宿·建除	宜
十五日	火		月入午後十時三分	初三日丁丑水觜危	
十六日	水		月入午後十時四十七分	初四日戊寅土參成	宜嫁娶裁衣動土上樑(宜用辰時)開市納財
十七日	木		月入午後十一時七分	初五日己卯土井收	
十八日	金		月入午後十一時三十四分	初六日庚辰金鬼開	宜移徙裁衣動土上樑(宜用辰時)
十九日	土		月入午後十一時五十九分	初七日辛巳金柳閉	
二十日	日	◐上弦午後十一時三十四分		初八日壬午木星建	
二十一日	月		月入午前零時三十四分	初九日癸未木張除	
二十二日	火		月入午前零時五十分	初十日甲申水翼滿	夏至五月中 宜裁衣納財安葬

夏至午後九時二十九分　舊五月中

日出午前五時十二分　晝間十四時四十五分
日入午後七時五十七分　夜間九時十五分

日	曜	月相	月出入	舊曆·干支·納音·宿·建除	宜
二十三日	水		月入午前一時二十分	十一日乙酉水軫平	
二十四日	木		月入午前一時五十五分	十二日丙戌土角定	宜冠帶[illegible]嫁娶移徙裁衣動土上樑(宜用[illegible]時)納財安葬
二十五日	金		月入午前二時三十九分	十三日丁亥土亢執	
二十六日	土		月入午前三時三十三分	十四日戊子火氐破	
二十七日	日	○望午後一時二十七分	月出午後八時二十六分	十五日己丑火房危	
二十八日	月		月出午後九時十五分	十六日庚寅木心成	宜嫁娶裁衣動土上樑(宜用辰時)開市納財啓欑
二十九日	火		月出午後九時五十六分	十七日辛卯木尾收	
三十日	水		月出午後十時二十八分	十八日壬辰水箕開	宜移徙裁衣動土上樑(宜用辰時)

七月大三十一日

日	曜	月象	月出入	舊曆	宜
一日	木		月出午後十時五十六分	十九日癸巳水斗閉	宜裁衣
二日	金		月出午後十一時二十一分	二十日甲午金牛建	
三日	土		月出午後十一時四十四分	廿一日乙未金女除	宜嫁娶納財安葬
四日	日	◑下弦午後二時五十四分		廿二日丙申火虚滿	宜嫁娶移徙裁衣動土上樑(宜用未時)開市納財安葬
五日	月		月出午前零時八分	廿三日丁酉火危平	
六日	火		月出午前零時三十四分	廿四日戊戌木室定	
七日	水		月出午前一時二分	廿五日己亥木壁執	
八日	木		月出午前一時三十四分	廿六日庚子土奎執	小暑六月節
		小暑午後三時八分		舊六月節	日出午前五時十九分 晝間十四時三十九分 日入午後七時五十八分 夜間九時二十一分
九日	金		月出午前二時十二分	廿七日辛丑土婁破	
十日	土		月出午前二時五十七分	廿八日壬寅金胃危	宜開市納財啓欑
十一日	日		月出午前三時四十九分	廿九日癸卯金昴成	
十二日	月	●合朔午後六時三十三分	六月大	初一日甲辰火畢收	宜移徙裁衣動土上樑(宜用戌時)納財安葬
十三日	火		月入午後八時三十九分	初二日乙巳火觜開	
十四日	水		月入午後九時十一分	初三日丙午水參閉	

日	曜	記事	月出入	舊曆	干支	納音	宿	建除	宜忌
十五日	木		入月午後九時三十八分	初四日	丁未	水	井	建	
十六日	金		入月午後十時三分	初五日	戊申	土	鬼	除	
十七日	土		入月午後十時二十八分	初六日	己酉	土	柳	滿	宜嫁娶移徙裁衣動土上樑(宜用午時)開市納財
十八日	日	初伏	入月午後十時五十四分	初七日	庚戌	金	星	平	
十九日	月		入月午後十一時二十一分	初八日	辛亥	金	張	定	宜冠帶(宜用午時)會親友移徙裁衣動土上樑(宜用午時)納財
二十日	火	◐上弦午前六時九分	入月午後十一時五十三分	初九日	壬子	木	翼	執	
二十一日	水			初十日	癸丑	木	軫	破	土王用事
二十二日	木		入月午前零時三十二分	十一日	甲寅	水	角	危	宜移徙裁衣上樑(宜用巳時)開市納財安葬啓攅
二十三日	金		入月午前一時十九分	十二日	乙卯	水	亢	成	宜嫁娶移徙裁衣上樑(宜用辰時)開市納財啓攅
二十四日	土		入月午前二時十八分	十三日	丙辰	土	氐	收	大暑六月中 宜納財

大暑午前八時二十七分　舊六月中

日出午前五時三十分　晝間十四時二十分

日入午後七時五十分　夜間九時四十分

日	曜	記事	月出入	舊曆	干支	納音	宿	建除	宜忌
二十五日	日		入月午前三時二十七分	十四日	丁巳	土	房	開	
二十六日	月	○望午後九時十一分	出月午後七時四十八分	十五日	戊午	火	心	閉	
二十七日	火		出月午後八時二十四分	十六日	己未	火	尾	建	宜移徙裁衣納財
二十八日	水	中伏	出月午後八時五十三分	十七日	庚申	木	箕	除	
二十九日	木		出月午後九時二十一分	十八日	辛酉	木	斗	滿	
三十日	金	明治天皇祭	出月午後九時四十五分	十九日	壬戌	水	牛	平	
三十一日	土		出月午後十時十分	二十日	癸亥	水	女	定	

八月大三十一日

日	曜	月相	月出入	舊曆	宜
一日	日		月出午後十時三十五分	廿一日甲子金虛執	宜嫁娶裁衣上樑宜用卯時安葬
二日	月		月出午後十一時二分	廿二日乙丑金危破	
三日	火	◐下弦午前八時二十二分	月出午後十一時五十三分	廿三日丙寅火室危	
四日	水			廿四日丁卯火壁成	宜嫁娶移徙裁衣上樑宜用午時開市納財啓攅
五日	木		月出午前零時九分	廿五日戊辰木奎收	宜納財
六日	金		月出午前零時五十二分	廿六日己巳木婁開	
七日	土		月出午前一時四十一分	廿七日庚午土胃閉	宜安葬
八日	日		月出午前二時三十六分	廿八日辛未土昴建	
九日	月		月出午前三時三十七分	廿九日壬申金畢建	立秋七月節 宜嫁娶移徙裁衣上樑宜用午時納財安葬

立秋午前零時四十七分　舊七月節

日出午前五時四十二分　晝間十三時五十二分
日入午後七時三十二分　夜間十時　八分

日	曜	月相	月出入	舊曆	宜
十日	火		月出午前四時四十分	三十日癸酉金觜除	
十一日	水	●朔午前時五十三分晨	七月小	初一日甲戌火婁滿	宜裁衣
十二日	木		月入午後八時八分	初二日乙亥火胃平	
十三日	金		月入午後八時三十三分	初三日丙子水昴定	宜祭祀[illegible]嫁娶移徙裁衣動土上樑宜用巳時開市納財啓攅
十四日	土		月入午後八時五十八分	初四日丁丑水畢執	宜嫁娶裁衣動土上樑宜用巳時納財安葬

天長節

日	曜	記事	月出入	舊曆	干支	納音	宿	建除	宜
十五日	日		月入 午後九時二十五分	初五日	戊寅	土	星	破	
十六日	月		月入 午後九時五十五分	初六日	己卯	土	張	危	
十七日	火	末伏	月入 午後十時二十一分	初七日	庚辰	金	翼	成	
十八日	水	◐弦 午前十二時十七分	月入 午後十一時十五分	初八日	辛巳	金	軫	收	
十九日	木			初九日	壬午	木	角	開	宜移徙裁衣動土上樑(宜用巳時)開市納財
二十日	金		月入 午前零時八分	初十日	癸未	木	亢	閉	
二十一日	土		月入 午前一時十一分	十一日	甲申	水	氐	建	宜嫁娶裁衣納財
二十二日	日		月入 午前二時二十二分	十二日	乙酉	水	房	除	宜安葬
二十三日	月		月入 午前三時三十六分	十三日	丙戌	土	心	滿	宜裁衣
二十四日	火		月入 午前四時五十一分	十四日	丁亥	土	尾	平	處暑七月中
二十五日	水	○望 午前六時四十分	月出 午後七時二十一分	十五日	戊子	火	箕	定	宜冠帶(宜用卯時)結婚(宜用卯時)移徙裁衣動土上樑(宜用卯時)開市納財安葬
二十六日	木		月出 午後七時四十六分	十六日	己丑	火	斗	執	
二十七日	金		月出 午後八時十一分	十七日	庚寅	木	牛	破	
二十八日	土		月出 午後八時三十六分	十八日	辛卯	木	女	危	宜啓欑
二十九日	日		月出 午後九時二分	十九日	壬辰	水	虛	成	宜裁衣動土上樑(宜用巳時)開市納財安葬
三十日	月		月出 午後九時三十二分	二十日	癸巳	水	危	收	宜嫁娶移徙裁衣動土上樑(宜用巳時)開市納財
三十一日	火		月出 午後十時六分	廿一日	甲午	金	室	開	

處暑午後三時十五分

舊七月中

日出午前五時五十五分 晝間十三時二十一分

日入午後七時十六分 夜間十時三十九分

九月小三十日

日	月相	月出入	日辰	宜
一日水	◐下弦午後十一時五十三分	月出午後十一時四十六分	廿二日乙未金壁閉	
二日木		月出午後十一時三十二分	廿三日丙申火奎建	
三日金			廿四日丁酉火婁除	宜裁衣動土上樑[illegible]安葬
四日土		月出午前零時十五分	廿五日戊戌木胃滿	宜移徙裁衣動土上樑宜用寅時開市納財安葬
五日日		月出午前一時二十三分	廿六日己亥木昴平	
六日月		月出午前二時二十五分	廿七日庚子土畢定	宜冠帶宜用卯時會親友移徙裁衣動土上樑宜用卯時開市納財
七日火		月出午前三時五十一分	廿八日辛丑土觜執	
八日水		月出午前四時五十五分	廿九日壬寅金參破	
九日木	●合朔午後七時五十三分		八月大 初一日癸卯金井破 白露八月節	

白露午前三時十分 舊八月節

日出午前六時九分 晝間十二時四十三分
日入午後六時五十二分 夜間十一時十七分

日	月相	月出入	日辰	宜
十日金		月入午後七時一分	初二日甲辰火鬼危	
十一日土		月入午後七時二十八分	初三日乙巳火柳成	宜嫁娶移徙裁衣動土上樑宜用辰時開市納財
十二日日		月入午後七時五十八分	初四日丙午水星收	
十三日月		月入午後八時三十一分	初五日丁未水張開	
十四日火		月入午後九時十四分	初六日戊申土翼閉	宜裁衣納財安葬

日	曜	記事	月出入	陰曆	宜忌
十五日	水		月入午後十時四分	初七日己酉土軫建	
十六日	木	◐上弦午後四時二十一分	月入午後十一時四分	初八日庚戌金角除	宜嫁娶移徙裁衣動土上樑(宜用巳時)納財安葬
十七日	金			初九日辛亥金亢滿	宜移徙裁衣
十八日	土		月入午前零時十一分	初十日壬子木氐平	
十九日	日		月入午前一時二十三分	十一日癸丑木房定	宜移徙裁衣動土上樑(宜用巳時)納財
二十日	月		月入午前二時三十五分	十二日甲寅水心執	
二十一日	火		月入午前三時四十五分	十三日乙卯水尾破	
二十二日	水		月入午前四時五十三分	十四日丙辰土箕危	
二十三日	木	○望午後六時二十五分	月出午後六時十二分	十五日丁巳土斗成	
二十四日	金	社	月出午後六時四十七分	十六日戊午火牛收	秋分八月中

秋季皇靈祭

秋分午後零時二十四分 舊八月中

日出午前六時十二分 晝間十二時八分

日入午後六時二十分 夜間十一時五十二分

日	曜	記事	月出入	陰曆	宜忌
二十五日	土		月出午後七時三分	十七日己未火女開	宜移徙裁衣上樑(宜用巳時)
二十六日	日		月出午後七時三十二分	十八日庚申木虛閉	宜安葬
二十七日	月		月出午後八時四分	十九日辛酉木危建	
二十八日	火		月出午後八時四十二分	二十日壬戌水室除	宜移徙裁衣動土上樑(宜用巳時)
二十九日	水		月出午後九時二十六分	廿一日癸亥水壁滿	
三十日	木		月出午後十時十六分	廿二日甲子金奎平	

十月大三十一日

日	曜	月相	月出入	陰曆	干支	五行	宿	十二直	備考
一日	金	◑下弦午後六時四十四分	月出午後十一時十二分	廿三日	乙丑	金	婁	定	
二日	土			廿四日	丙寅	火	胃	執	
三日	日		月出午前零時十一分	廿五日	丁卯	火	昴	破	
四日	月		月出午前一時十三分	廿六日	戊辰	木	畢	危	
五日	火		月出午前二時十七分	廿七日	己巳	木	觜	成	
六日	水		月出午前三時二十二分	廿八日	庚午	土	參	收	
七日	木		月出午前四時三十分	廿九日	辛未	土	井	開	宜嫁娶移徙裁衣上樑[illegible]時
八日	金		月出午前五時三十六分	三十日	壬申	金	鬼	閉	
九日	土	●合朔午前六時四十三分	九月小	初一日	癸酉	金	柳	閉	寒露九月節
十日	日		月入午後六時三十二分	初二日	甲戌	火	星	建	
十一日	月		月入午後七時十一分	初三日	乙亥	火	張	除	
十二日	火		月入午後七時五十九分	初四日	丙子	水	翼	滿	宜嫁娶動土上樑[illegible]時安葬啓攢
十三日	水		月入午後八時五十七分	初五日	丁丑	水	軫	平	
十四日	木		月入午後十時四分	初六日	戊寅	土	角	定	

寒露午後六時二十一分 舊九月節

日出午前六時三十五分 晝間十一時三十二分

日入午後六時七分 夜間十二時二十七分

神嘗祭（十七日）

天長節祝日（三十一日）

日	曜	弦望	月出入	舊曆	宜
十五日	金	◐上弦午後十時三十分	月入午後十一時十五分	初七日己卯土亢執	宜安葬
十六日	土		[illegible]	初八日庚辰金氐破	宜破屋
十七日	日		月入午前零時二十六分	初九日辛巳金房危	
十八日	月		月入午前一時三十六分	初十日壬午木心成	宜嫁娶移徙裁衣動土上樑宜用午時開市納財安葬
十九日	火		月入午前二時四十三分	十一日癸未木尾收	
二十日	水		月入午前三時四十七分	十二日甲申水箕開	宜移徙裁衣動土上樑宜用辰時開市
二十一日	木		月入午前四時四十九分	十三日乙酉水斗閉	土王用事
二十二日	金		月入午前五時五十一分	十四日丙戌土牛建	
二十三日	土	○望午前九時十六分	月出午後五時三十三分	十五日丁亥土女除	
二十四日	日		月出午後六時八分	十六日戊子火虛滿	霜降九月中

霜降午後九時十分 舊九月中

日出午前六時四十九分 晝間十時五十八分

日入午後五時四十七分 夜間十三時二分

日	曜	弦望	月出入	舊曆	宜
二十五日	月		月出午後六時四十一分	十七日己丑火危平	
二十六日	火		月出午後七時二十一分	十八日庚寅木室定	
二十七日	水		月出午後八時九分	十九日辛卯木壁執	宜嫁娶移徙裁衣上樑宜用卯時開市納財安葬修倉
二十八日	木		月出午後九時二分	二十日壬辰水奎破	
二十九日	金		月出午後十時零分	廿一日癸巳水婁危	宜嫁娶移徙裁衣上樑宜用辰時納財
三十日	土		月出午後十一時零分	廿二日甲午金胃成	宜嫁娶移徙裁衣上樑宜用卯時開市納財安葬
三十一日	日	◐下弦午後一時四十二分		廿三日乙未金昴收	

十一月小三十日

日	曜	朔望	月出入	陰曆	干支	納音	宿	建除	宜
一日	月		月出午前零時 二分	廿四日	丙申	火	畢	開	宜嫁娶移徙裁衣上樑[illegible]開市
二日	火		月出午前一時 五分	廿五日	丁酉	火	觜	閉	
三日	水		月出午前二時 八分	廿六日	戊戌	木	參	建	
四日	木		月出午前三時 十四分	廿七日	己亥	木	井	除	
五日	金		月出午前四時二十二分	廿八日	庚子	土	鬼	滿	
六日	土		月出午前五時三十三分	廿九日	辛丑	土	柳	平	
七日	日	●合朔午後四時[illegible]	十月大	初一日	壬寅	金	星	定	
八日	月		月入午後五時四十八分	初二日	癸卯	金	張	定	立冬十月節 宜嫁娶移徙裁衣動土上樑[illegible]啓攢
立冬午後八時五十八分									舊十月節 日出午前七時 四分 晝間十時二十六分 日入午後五時三十分 夜間十三時三十四分
九日	火		月入午後六時四十五分	初三日	甲辰	火	翼	執	宜嫁娶移徙裁衣上樑[illegible]納財安葬
十日	水		月入午後七時五十一分	初四日	乙巳	火	軫	破	宜破屋
十一日	木		月入午後九時 二分	初五日	丙午	水	角	危	
十二日	金		月入午後十時 十六分	初六日	丁未	水	亢	成	宜裁衣動土上樑[illegible]開市納財
十三日	土		月入午後十一時二十八分	初七日	戊申	土	氐	收	
十四日	日	◐上弦午前八時 三分		初八日	己酉	土	房	開	宜嫁娶移徙裁衣動土上樑[illegible]開市納財

日	曜		月出入	陰曆	宜
十五日	月		月入午前 零時三十六分	初九日庚戌金心閉	
十六日	火		月入午前 一時四十分	初十日辛亥金尾建	
十七日	水		月入午前 二時四十三分	十一日壬子木箕除	
十八日	木		月入午前 三時四十四分	十二日癸丑木斗滿	
十九日	金		月入午前 四時四十五分	十三日甲寅水牛平	宜移徙裁衣動土上樑宜用卯時開市納財安葬啓攢
二十日	土		月入午前 五時四十六分	十四日乙卯水女定	
二十一日	日		月入午前 六時四十七分	十五日丙辰土虛執	
二十二日	月	○望午前二時三十六分	月出午後 五時 十九分	十六日丁巳土危破	
二十三日	火		月出午後 六時 四分	十七日戊午火室危	小雪十月中
二十四日	水		月出午後 六時五十六分	十八日己未火壁成	宜裁衣動土上樑宜用卯時開市納財安葬
二十五日	木		月出午後 七時五十三分	十九日庚申木奎收	宜移徙裁衣動土上樑宜用辰時納財安葬
二十六日	金		月出午後 八時五十一分	二十日辛酉木婁開	
二十七日	土		月出午後 九時五十二分	廿一日壬戌水胃閉	
二十八日	日		月出午後 十時五十三分	廿二日癸亥水昴建	
二十九日	月		月出午後 十一時五十四分	廿三日甲子金畢除	
三十日	火	◐下弦午前七時十一分		廿四日乙丑金觜滿	

新嘗祭

小雪午後六時十四分 舊十月中

日出午前七時二十分 晝間九時五十八分

日入午後五時十九分 夜間十四時二分

十二月大三十一日

日	曜	朔望	月出入	陰曆	干支	納音	宿	十二直	宜
一日	水		月出 午前零時五十七分	廿五日	丙寅	火	參	平	宜移徙裁衣動土上樑(宜用辰時)開市納財安葬啓攅
二日	木		月出 午前二時一分	廿六日	丁卯	火	井	定	宜冠帶(宜用午時)[illegible]嫁娶移徙裁衣動土上樑(宜用辰時)開市納財啓攅
三日	金		月出 午前三時九分	廿七日	戊辰	木	鬼	執	
四日	土		月出 午前四時二十一分	廿八日	己巳	木	柳	破	宜破屋
五日	日		月出 午前五時三十六分	廿九日	庚午	土	星	危	宜嫁娶移徙裁衣動土上樑(宜用卯時)安葬
六日	月		月出 午前六時五十四分	三十日	辛未	土	張	成	
七日	火	● 朔 午前三時四分	十一月小	初一日	壬申	金	翼	收	
八日	水		月入 午後六時四十分	初二日	癸酉	金	軫	收	大雪十一月節
九日	木		月入 午後七時五十六分	初三日	甲戌	火	角	開	宜裁衣動土上樑(宜用巳時)
十日	金		月入 午後九時十三分	初四日	乙亥	火	亢	閉	宜裁衣納財
十一日	土		月入 午後十時三十五分	初五日	丙子	水	氐	建	
十二日	日		月入 午後十一時三十一分	初六日	丁丑	水	房	除	宜嫁娶移徙裁衣動土上樑(宜用巳時)納財安葬
十三日	月	◐ 上弦 午後八時二十六分		初七日	戊寅	土	心	滿	宜裁衣動土上樑(宜用辰時)開市納財
十四日	火		月入 午前零時三十六分	初八日	己卯	土	尾	平	

大雪 午後一時二十四分　舊十一月節

日出 午前七時二十四分　晝間九時四十一分

日入 午後五時十五分　夜間十四時十九分

冬至午前七時十六分

舊十一月中

日出午前七時四十五分　晝間九時三十五分
日入午後五時十九分　夜間十四時二十五分

日	曜	月相	月出入	舊曆	干支	納音	宿	建除	宜
十五日	水		月入午前一時三十八分	初九日	庚辰	金	箕	定	
十六日	木		月入午前二時三十九分	初十日	辛巳	金	斗	執	
十七日	金		月入午前三時四十分	十一日	壬午	木	牛	破	
十八日	土		月入午前四時四十一分	十二日	癸未	木	女	危	
十九日	日		月入午前五時四十一分	十三日	甲申	水	虛	成	宜嫁娶移徙裁衣上樑宜用巳時開市納財安葬
二十日	月		月入午前六時三十八分	十四日	乙酉	水	危	收	
二十一日	火	○望午後九時五十三分	月出午後四時五十一分	十五日	丙戌	土	室	開	宜裁衣動土上樑宜用[illegible]時
二十二日	水		月出午後五時四十六分	十六日	丁亥	土	壁	閉	
二十三日	木		月出午後六時四十五分	十七日	戊子	火	奎	建	冬至十一月中
二十四日	金		月出午後七時四十五分	十八日	己丑	火	婁	除	
二十五日	土		月出午後八時四十六分	十九日	庚寅	木	胃	滿	宜嫁娶裁衣動土上樑宜用巳時開市納財啓攢
二十六日	日		月出午後九時四十六分	二十日	辛卯	木	昴	平	
二十七日	月		月出午後十時四十七分	廿一日	壬辰	水	畢	定	宜冠帶[illegible]裁衣動土上樑宜用巳時納財安葬
二十八日	火		月出午後十一時四十九分	廿二日	癸巳	水	觜	執	
二十九日	水	◑下弦午後九時五十九分		廿三日	甲午	金	參	破	
三十日	木		月出午前零時五十三分	廿四日	乙未	金	井	危	
三十一日	金		月出午前二時零分	廿五日	丙申	火	鬼	成	

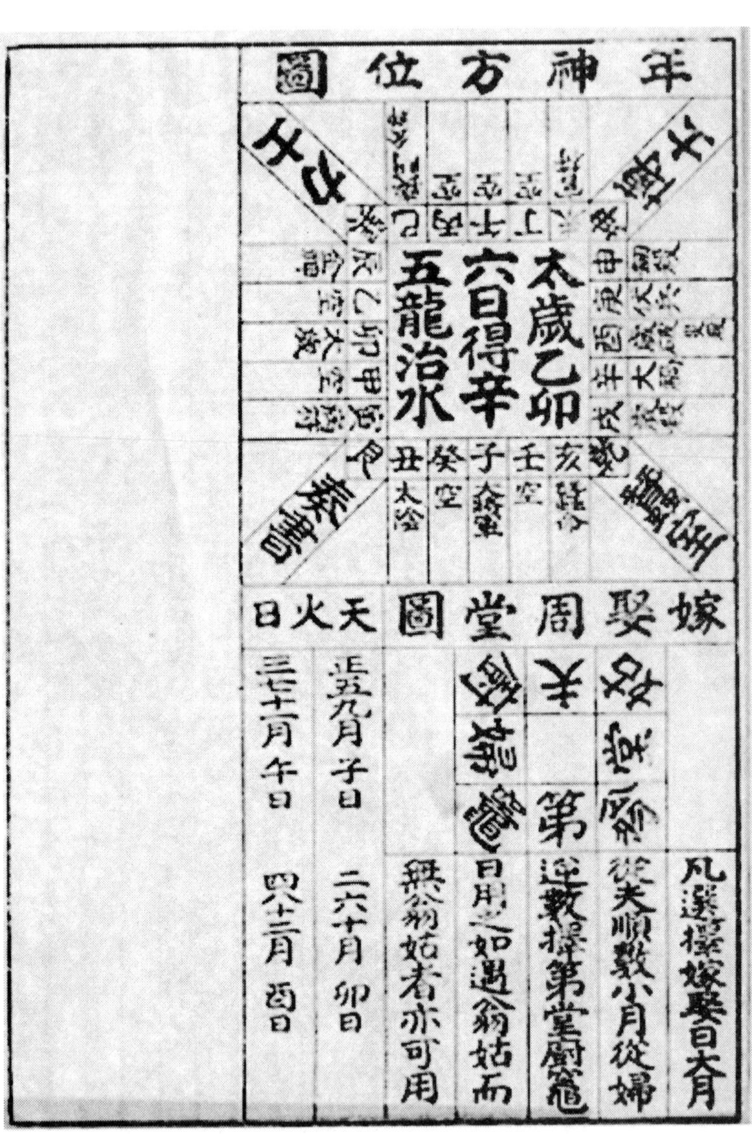

年神方位圖

太歲乙卯
六白得辛
五龍治水

嫁娶周堂圖　天火日

凡選擇嫁娶日大月從夫順數小月從婦逆數擇第堂廚竈日用之如遇翁姑而無翁姑者亦可用

正五九月子日　二六十月卯日
三七十一月午日　四八十二月酉日

朝鮮總督府發行之證

大正三年九月三十日印刷
大正三年十月一日發行

定價金四錢

朝鮮總督府

朝鮮總督
官房總務局印刷所印刷

4　大正五年朝鮮民暦（1916）

朝鮮總督府編製

大正五年朝鮮民曆

 4. 大正五年朝鮮民曆(1916)

神武天皇卽位紀元二千五百七十六年 大正五年朝鮮民曆 丙辰閏年 三百八十四日 朝鮮總督府觀測所推算

四方拜 一月一日
元始祭 一月三日
紀元節 二月十一日
春季皇靈祭 三月二十一日
神武天皇祭 四月三日
明治天皇祭 七月三十日
天長節 八月三十一日
秋季皇靈祭 九月二十三日
神嘗祭 十月十七日
天長節祝日 十月三十一日
新嘗祭 十一月二十三日

日曜表

一月 二日 九日 十六日 二十三日 三十日
二月 六日 十三日 二十日 二十七日
三月 五日 十二日 十九日 二十六日
四月 二日 九日 十六日 二十三日 三十日
五月 七日 十四日 二十一日 二十八日
六月 四日 十一日 十八日 二十五日
七月 八月 九月 十月 十一月 十二月

月食 一月二十日 …

食分 一分四厘

月表

一月大 二月閏 三月大
四月小 五月大 六月小
七月大 八月大 九月小
十月大 十一月小 十二月大

月出 午後五時三十八分
帶蝕 一分三厘 右偏下
食甚 午後五時四十分 右偏下
復圓 午後六時二十四分 右

本邦中央標準時를用ᄒ
고日出沒及日月食은朝
鮮總督府觀測所에서보
이는時刻을揭홈

大正五年中陰曆歲次丙辰年月表及節候表

月及月之大小	朔日	節氣		入節 日	時刻		陽曆	節氣		入節 日	時刻		陽曆
正月小	辛未	立春	正月節	初三日	壬申	午正一刻零分	二月五日	雨水	正月中	十七日	丁亥	辰正一刻十三分	二月二十日
二月大	庚子	驚蟄	二月節	初三日	壬寅	卯正二刻八分	三月六日	春分	二月中	十八日	丁巳	辰初三刻二分	三月二十一日
三月小	庚午	清明	三月節	初三日	壬申	午初三刻十三分	四月五日	穀雨	三月中	十八日	丁亥	戌初一刻十分	四月二十日
四月大	己亥	立夏	四月節	初五日	癸卯	卯初三刻五分	五月六日	小滿	四月中	二十日	戊午	戌初初刻六分	五月二十一日
五月小	己巳	芒種	五月節	初六日	甲戌	巳正一刻十一分	六月六日	夏至	五月中	二十二日	庚寅	寅初一刻十分	六月二十二日
六月大	戊戌	小暑	六月節	初八日	乙巳	戌正三刻九分	七月七日	大暑	六月中	二十四日	辛酉	未正一刻六分	七月二十三日
七月大	戊辰	立秋	七月節	初十日	丁丑	卯正二刻五分	八月八日	處暑	七月中	二十五日	壬辰	亥初初刻九分	八月二十三日
八月小	戊戌	白露	八月節	十一日	戊申	巳初初刻五分	九月八日	秋分	八月中	二十六日	癸亥	酉正一刻零分	九月二十三日
九月大	丁卯	寒露	九月節	十三日	己卯	子正初刻八分	十月九日	霜降	九月中	二十八日	甲午	丑正三刻十三分	十月二十四日
十月小	丁酉	立冬	十月節	十三日	己酉	丑正三刻十三分	十一月八日	小雪	十月中	二十八日	癸亥	子初三刻十三分	十一月二十三日
十一月大	丙寅	大雪	十一月節	十三日	戊寅	戌初初刻七分	十二月七日	冬至	十一月中	二十八日	癸巳	午正三刻十四分	十二月二十二日
十二月小	丙申	小寒	十二月節	十三日	戊申	卯正初刻十分	一月六日	大寒	十二月中	二十七日	壬戌	子初一刻八分	一月二十日

一月大三十一日

乙卯十一月小

日	曜	祝祭日	月相	月出入	舊曆	干支	納音	宿	直	宜
一日	土	四方拜		月出午前三時十一分	廿六日	丁酉	火	柳	收	
二日	日			月出午前四時二十六分	廿七日	戊戌	木	星	開	
三日	月	元始祭		月出午前五時四十一分	廿八日	己亥	木	張	閉	宜裁衣
四日	火			月出午前六時五十一分	廿九日	庚子	土	翼	建	
五日	水	新年宴會	● 合朔午後一時四十五分	十二月大	初一日	辛丑	土	軫	除	宜納財安葬
六日	木			月入午後六時四十四分	初二日	壬寅	金	角	滿	宜嫁娶裁衣動土上樑(宜用未時)開市納財安葬啓攅
七日	金			月入午後八時零分	初三日	癸卯	金	亢	滿	小寒十二月節

小寒 午前零時二十八分　**舊十二月節**

日出午前七時四十九分　晝間九時四十一分
日入午後五時三十分　夜間十四時十九分

日	曜	祝祭日	月相	月出入	舊曆	干支	納音	宿	直	宜
八日	土			月入午後九時十二分	初四日	甲辰	火	氐	平	
九日	日			月入午後十時二十一分	初五日	乙巳	火	房	定	
十日	月			月入午後十一時二十六分	初六日	丙午	水	心	執	
十一日	火				初七日	丁未	水	尾	破	
十二日	水		◐ 上弦午後零時三十六分	月入午前零時二十九分	初八日	戊申	土	箕	危	宜開市納財
十三日	木			月入午前一時三十二分	初九日	己酉	土	斗	成	宜移徙動土上樑(宜用午時)
十四日	金			月入午前二時三十三分	初十日	庚戌	金	牛	收	

日	曜	月相	月出入	陰曆	干支	納音·宿·建除	宜忌
十五日	土		月入午前三時三十三分	十一日	辛亥	金女閉	
十六日	日		月入午前四時三十三分	十二日	壬子	木虛閉	
十七日	月		月入午前五時二十七分	十三日	癸丑	木危建	
十八日	火		月入午前六時十一分	十四日	甲寅	水室除	土王用事
十九日	水		月入午前七時一分	十五日	乙卯	水壁滿	宜移徙裁衣上樑(宜用卯時)開市納財安葬破攢
二十日	木	○望午後五時十六分 月食	月出午後五時三十八分	十六日	丙辰	土奎平	
二十一日	金		月出午後六時三十九分	十七日	丁巳	土婁定	大寒十二月中
大寒午後五時五十四分		舊十二月中		日出午前七時四十八分 日入午後五時四十四分		晝間九時五十六分 夜間十四時二分	
二十二日	土		月出午後七時四十一分	十八日	戊午	火胃執	
二十三日	日	臘	月出午後八時四十一分	十九日	己未	火昴破	
二十四日	月		月出午後九時四十三分	二十日	庚申	木畢危	宜移徙裁衣上樑(宜用卯時)開市納財安葬
二十五日	火		月出午後十時四十五分	廿一日	辛酉	木觜成	宜嫁娶移徙裁衣上樑(宜用午時)開市納財安葬
二十六日	水		月出午後十一時五十分	廿二日	壬戌	水參收	
二十七日	木			廿三日	癸亥	水井開	
二十八日	金	◑下弦午前九時三十六分	月出午前一時二分	廿四日	甲子	金鬼閉	宜裁衣安葬
二十九日	土		月出午前二時八分	廿五日	乙丑	金柳建	宜上樑(宜用卯時)安葬
三十日	日		月出午前三時二十一分	廿六日	丙寅	火星除	
三十一日	月		月出午前四時三十 分	廿七日	丁卯	火張滿	

二月閏二十九日

紀元節

一日	火		月出午前五時二十四分	廿八日戊辰	木翼平	
二日	水		月出午前六時二十八分	廿九日己巳	木軫定	
三日	木		月出午前七時十二分	三十日庚午	土角執	
四日	金	● 合朔午前一時六分	丙辰 正月小	初一日辛未	土亢破	
五日	土		月入午後七時五十八分	初二日壬申	金氐破	立春正月節 宜破屋
立春午後零時十五分 舊正月節						日出午前七時三十五分 晝間十時二十五分 日入午後六時零分 夜間十三時三十五分
六日	日		月入午後九時七分	初三日癸酉	金房危	宜安葬
七日	月		月入午後十時十三分	初四日甲戌	火心成	
八日	火		月入午後十一時十八分	初五日乙亥	火尾收	
九日	水			初六日丙子	水箕開	宜嫁娶移徙裁衣動土上樑(宜用卯時)開市納財
十日	木		月入午前零時二十分	初七日丁丑	水斗閉	
十一日	金	◐ 上弦午前七時二十分	月入午前一時二十三分	初八日戊寅	土牛建	宜裁衣上樑(宜用辰時)納財安葬
十二日	土		月入午前二時二十三分	初九日己卯	土女除	
十三日	日		月入午前三時二十分	初十日庚辰	金虛滿	
十四日	月		月入午前四時十二分	十一日辛巳	金危平	

日	曜	記事	月出入	陰曆	宜
十五日	火		月入午前四時五十八分	十二日壬午木室定	宜冠帶嫁娶移徙裁衣動土上樑開市納財安葬
十六日	水		月入午前五時三十八分	十三日癸未木壁執	
十七日	木		月入午前六時十四分	十四日甲申水奎破	
十八日	金		月入午前六時四十三分	十五日乙酉水婁危	宜安葬
十九日	土	○望午前十一時二十九分	月出午後六時三十二分	十六日丙戌土胃成	宜裁衣動土上樑開市納財安葬
二十日	日		月出午後七時三十五分	十七日丁亥土昴收	雨水正月中 宜移徙裁衣動土上樑開市納財

雨水午前八時十八分　舊正月中

日出午前七時十九分　晝間十時五十八分

日入午後六時十七分　夜間十三時二分

日	曜	記事	月出入	陰曆	宜
二十一日	月		月出午後八時二十八分	十八日戊子火畢閉	
二十二日	火		月出午後九時四十三分	十九日己丑火觜閉	
二十三日	水		月出午後十時五十分	二十日庚寅木參建	宜裁衣納財
二十四日	木		月出午後十一時五十九分	廿一日辛卯木井除	宜嫁娶移徙動土上樑安葬啓攢
二十五日	金			廿二日壬辰水鬼滿	宜嫁娶移徙裁衣動土上樑開市納財安葬
二十六日	土	◐下弦午後六時二十四分	月出午前一時十分	廿三日癸巳水柳平	
二十七日	日		月出午前二時十八分	廿四日甲午金星定	宜冠帶嫁娶移徙裁衣動土上樑開市納財
二十八日	月		月出午前三時二十三分	廿五日乙未金張執	
二十九日	火		月出午前四時十九分	廿六日丙申火翼破	宜破屋

三月大三十一日

日	曜	月相	月出入	舊曆	日辰	宜
一日	水		月出午前五時五分	廿七日	丁酉火軫危	宜裁衣移徙嫁娶動土上樑[illegible]時納財安葬
二日	木		月出午前五時四十四分	廿八日	戊戌木角成	
三日	金		月出午前六時十七分	廿九日	己亥木亢收	
四日	土	● 合朔午後零時五十分	二月大	初一日	庚子土氐開	
五日	日		月入午後七時五十三分	初二日	辛丑土房閉	
六日	月		月入午後八時五十八分	初三日	壬寅金心閉	驚蟄二月節 宜裁衣上樑[illegible]時納財安葬啓攢
七日	火		月入午後十時三十分	初四日	癸卯金尾建	
八日	水		月入午後十一時七分	初五日	甲辰火箕除	
九日	木			初六日	乙巳火斗滿	宜裁衣開市納財
十日	金		月入午前零時九分	初七日	丙午水牛平	
十一日	土		月入午前一時九分	初八日	丁未水女定	宜冠帶[illegible]巳時移徙裁衣動土上樑巳時納財
十二日	日	◐ 上弦午前三時三十分	月入午前二時三十分	初九日	戊申土虛執	
十三日	月		月入午前二時五十三分	初十日	己酉土危破	
十四日	火		月入午前三時三十四分	十一日	庚戌金室危	

驚蟄午前六時三十八分

舊二月節 日出午前六時五十九分 晝間十一時三十三分
日入午後六時三十三分 夜間十二時二十七分

日	曜	記事	月出入	陰曆	干支	納音	宿	建除	宜
十五日	水		月入午前四時十一分	十二日	辛亥	金	壁	成	宜移徙裁衣動土上樑(宜用午時)開市納財
十六日	木		月入午前四時四十三分	十三日	壬子	木	奎	收	
十七日	金		月入午前五時十二分	十四日	癸丑	木	婁	開	
十八日	土		月入午前五時三十八分	十五日	甲寅	水	胃	閉	宜裁衣納財安葬啓攢
十九日	日		月入午前六時三分	十六日	乙卯	水	昴	建	宜裁衣
二十日	月	○望午前二時二十七分	月出午後七時三十分	十七日	丙辰	土	畢	除	
二十一日	火	春季皇靈祭	月出午後八時三十八分	十八日	丁巳	土	觜	滿	春分二月中 宜裁衣上樑(宜用辰時)納財
二十二日	水		月出午後九時四十八分	十九日	戊午	火	參	平	
二十三日	木	社	月出午後十一時零分	二十日	己未	火	井	定	宜祭祀(宜用巳時)嫁娶(宜用未時)移徙裁衣動土上樑(宜用卯時)納財安葬
二十四日	金			廿一日	庚申	木	鬼	執	
二十五日	土		月出午前零時十一分	廿二日	辛酉	木	柳	破	
二十六日	日		月出午前一時十七分	廿三日	壬戌	水	星	危	
二十七日	月	◐下弦午前一時二十二分	月出午前二時十四分	廿四日	癸亥	水	張	成	
二十八日	火		月出午前三時三分	廿五日	甲子	金	翼	收	
二十九日	水		月出午前三時四十三分	廿六日	乙丑	金	軫	開	宜嫁娶移徙裁衣動土上樑(宜用卯時)
三十日	木		月出午前四時二十分	廿七日	丙寅	火	角	閉	宜裁衣納財啓攢
三十一日	金		月出午前四時四十七分	廿八日	丁卯	火	亢	建	宜移徙裁衣上樑(宜用午時)納財啓攢

春分午前七時四十七分　舊二月中

日出午前六時三十七分　晝間十二時九分
日入午後六時四十六分　夜間十一時五十一分

神武天皇祭

四月小三十日

一日土 月出午前五時十四分 二十九日戊辰木亢除

二日日 月出午前五時四十一分 三十日己巳木房滿

三日月 ● 合朔午前一時二十分 三月小 初一日庚午土心平

四日火 月入午後八時五十一分 初二日辛未土尾定 宜冠帶(宜用巳時)嫁娶裁衣動土樑(宜用巳時)納財

五日水 月入午後九時五十四分 初三日壬申金箕定 清明三月節

清明午前十一時五十一分 舊三月節 日出午前六時十四分 晝間十二時四十四分 日入午後六時五十九分 夜間十一時十五分

六日木 寒食 月入午後十時五十一分 初四日癸酉金斗執 宜嫁娶安葬

七日金 月入午後十一時五十三分 初五日甲戌火牛破

八日土 初六日乙亥火女危

九日日 月入午前零時四十四分 初七日丙子水虛成 宜裁衣動土樑(宜用卯時)開市納財除服

十日月 ◐ 上弦午後十一時三十分 月入午前一時二十八分 初八日丁丑水危收 宜嫁娶移徙裁衣動土樑(宜用巳時)納財安葬

十一日火 月入午前二時八分 初九日戊寅土室開 宜移徙裁衣動土樑(宜用辰時)開市

十二日水 月入午前二時四十一分 初十日己卯土壁閉

十三日木 月入午前三時十一分 十一日庚辰金奎建

十四日金 月入午前三時三十八分 十二日辛巳金婁除

日	曜		月出入	陰曆	干支	納音	宿	建除	
十五日	土		月入 午前 四時 三分	十三日	壬午	木	胃	滿	宜嫁娶移徙裁衣上樑宜用午時開市納財安葬
十六日	日		月入 午前 四時二十九分	十四日	癸未	木	昴	平	
十七日	月		月入 午前 四時五十五分	十五日	甲申	水	畢	定	土王用事
十八日	火	○望午後二時八分	月出 午後 七時五十一分	十六日	乙酉	水	觜	執	宜嫁娶移徙上樑宜用寅時安葬
十九日	水		月出 午後 八時四十四分	十七日	丙戌	土	參	破	
二十日	木		月出 午後 九時三十七分	十八日	丁亥	土	井	危	穀雨三月中

穀雨午後七時二十五分 舊三月中

日出午前五時五十三分 日入午後七時十三分 晝間十三時二十分 夜間十時四十分

日	曜		月出入	陰曆	干支	納音	宿	建除	
二十一日	金		月出 午後 十一時 六分	十九日	戊子	火	鬼	成	宜嫁娶裁衣上樑宜用卯時開市納財
二十二日	土			二十日	己丑	火	柳	收	
二十三日	日		月出 午前 零時 九分	廿一日	庚寅	木	星	開	宜移徙裁衣上樑宜用辰時開市納財
二十四日	月		月出 午前 一時 一分	廿二日	辛卯	木	張	閉	
二十五日	火	◐下弦午前七時二十八分	月出 午前 一時四十三分	廿三日	壬辰	水	翼	建	
二十六日	水		月出 午前 二時 十九分	廿四日	癸巳	水	軫	除	
二十七日	木		月出 午前 二時四十九分	廿五日	甲午	金	角	滿	
二十八日	金		月出 午前 三時 十七分	廿六日	乙未	金	亢	平	
二十九日	土		月出 午前 三時四十三分	廿七日	丙申	火	氐	定	
三十日	日		月出 午前 四時 九分	廿八日	丁酉	火	房	執	宜嫁娶移徙裁衣上樑宜用午時納財安葬

五月大三十一日

日	曜	月相	月出入	舊暦	宜
一日	月		月入午前四時三十七分	二十九日戊戌木心破	
二日	火	●合朔午後二時二十八分	四月大	初一日己亥木尾危	宜納財
三日	水		月入午後八時四十五分	初二日庚子土箕成	宜嫁娶裁衣上樑[illegible]開市納財啓攅
四日	木		月入午後九時四十二分	初三日辛丑土斗收	宜納財
五日	金		月入午後十時三十五分	初四日壬寅金牛開	
六日	土		月入午後十一時二十三分	初五日癸卯金女閉	立夏四月節

立夏午前五時五十七分

舊四月節 日出午前五時二十五分 晝間十三時五十四分 日入午後七時二十分 夜間十時六分

日	曜	月相	月出入	舊暦	宜
七日	日			初六日甲辰火虚閉	
八日	月		月入午前零時四分	初七日乙巳火危建	
九日	火		月入午前零時五十九分	初八日丙午水室除	
十日	水	◐上弦午後五時四十二分	月入午前一時十分	初九日丁未水壁滿	
十一日	木		月入午前一時三十八分	初十日戊申土奎平	
十二日	金		月入午前二時五分	十一日己酉土婁定	宜冠帶[illegible]開市納財安葬
十三日	土		月入午前二時二十八分	十二日庚戌金胃執	宜裁衣動土[illegible]安葬
十四日	日		月入午前二時五十四分	十三日辛亥金昴破	宜破屋

日	曜	月相	月出入	陰曆	干支	納音	宿	建除	宜
十五日	月		月入午前三時二十一分	十四日	壬子	木	畢	危	
十六日	火		月入午前三時三十七分	十五日	癸丑	木	觜	成	宜裁衣動土上樑宜用巳時開市納財
十七日	水	○望午後十一時十六分	月出午後七時三十五分	十六日	甲寅	水	參	收	
十八日	木		月出午後八時四十八分	十七日	乙卯	水	井	開	宜移徙裁衣動土上樑宜用卯時開市納財
十九日	金		月出午後九時五十六分	十八日	丙辰	土	鬼	閉	
二十日	土		月出午後十時五十三分	十九日	丁巳	土	柳	建	宜裁衣
二十一日	日		月出午後十一時四十一分	二十日	戊午	火	星	除	小滿四月中

小滿午後七時六分

舊四月中

日出午前五時二十分　晝間十四時二十分

日入午後七時四十分　夜間九時四十分

日	曜	月相	月出入	陰曆	干支	納音	宿	建除	宜
二十二日	月			廿一日	己未	火	張	滿	
二十三日	火		月出午前零時十九分	廿二日	庚申	木	翼	平	宜移徙裁衣動土上樑宜用辰時開市納財安葬
二十四日	水	◑下弦午後二時十六分	月出午前零時五十二分	廿三日	辛酉	木	軫	定	
二十五日	木		月出午前一時二十一分	廿四日	壬戌	水	角	執	
二十六日	金		月出午前一時四十七分	廿五日	癸亥	水	亢	破	
二十七日	土		月出午前二時十三分	廿六日	甲子	金	氐	危	
二十八日	日		月出午前二時四十分	廿七日	乙丑	金	房	成	宜嫁娶裁衣動土上樑宜用卯時開市納財安葬
二十九日	月		月出午前三時十分	廿八日	丙寅	火	心	收	宜嫁娶移徙裁衣上樑宜用未時納財
三十日	火		月出午前三時四十七分	廿九日	丁卯	火	尾	開	
三十一日	水		月出午前四時二十分	三十日	戊辰	木	箕	閉	

六月小三十日

日	曜		月入	陰曆	
一日	木	●合朔午前四時三十八分	五月小	初一日己巳木斗建	
二日	金		月入午後九時十九分	初二日庚午土牛除	宜祭祀移徙裁衣動土修倉開市安葬
三日	土		月入午後十時二分	初三日辛未土女滿	
四日	日		月入午後十時三十九分	初四日壬申金虛平	
五日	月		月入午後十一時十一分	初五日癸酉金危定	
六日	火		月入午後十一時三十九分	初六日甲戌火室定	芒種五月節宜祭祀[illegible]裁衣動土修倉開市[illegible]
七日	水			初七日乙亥火壁執	
八日	木		月入午前零時[illegible]分	初八日丙子水奎破	
九日	金	◐上弦午前八時五十分	月入午前零時二十九分	初九日丁丑水婁危	
十日	土		月入午前零時五十四分	初十日戊寅土胃成	宜祭祀裁衣動土修倉開市納財
十一日	日		月入午前一時十九分	十一日己卯土昴收	
十二日	月		月入午前一時四十八分	十二日庚辰金畢開	宜移徙裁衣動土修倉開市
十三日	火		月入午前二時二十二分	十三日辛巳金觜閉	宜裁衣
十四日	水		月入午前三時四分	十四日壬午木參建	

芒種午前十時三十分

舊五月節

日出午前五時十二分　晝間十四時三十九分

日入午後七時五十一分　夜間九時二十一分

日	曜	月相	月出入	陰曆	干支	納音	宿	建除	宜
十五日	木		月入午前三時五十五分	十五日	癸未	木	井	除	宜安葬
十六日	金	○望午前六時四十二分	月出午後八時三十八分	十六日	甲申	水	鬼	滿	宜嫁娶移徙裁衣開市納財安葬
十七日	土		月出午後九時三十一分	十七日	乙酉	水	柳	平	
十八日	日		月出午後十時十五分	十八日	丙戌	土	星	定	宜冠帶[illegible]嫁娶移徙裁衣動土上樑(宜用[illegible]時)納財安葬
十九日	月		月出午後十時五十一分	十九日	丁亥	土	張	執	
二十日	火		月出午後十一時二十二分	二十日	戊子	火	翼	破	
二十一日	水		月出午後十一時五十分	廿一日	己丑	火	軫	危	
二十二日	木	◑下弦午後十時十六分		廿二日	庚寅	木	角	成	夏至五月中 宜裁衣動土上樑(宜用[illegible]時)納財修倉

夏至午前三時二十四分

舊五月中

日出午前五時十二分 晝間十四時四十四分
日入午後七時五十六分 夜間九時十五分

日	曜	月相	月出入	陰曆	干支	納音	宿	建除	宜
二十三日	金		月出午前零時十六分	廿三日	辛卯	木	亢	收	
二十四日	土		月出午前零時四十三分	廿四日	壬辰	水	氐	開	宜移徙裁衣動土上樑(宜用辰時)
二十五日	日		月出午前一時十二分	廿五日	癸巳	水	房	閉	
二十六日	月		月出午前一時四十四分	廿六日	甲午	金	心	建	
二十七日	火		月出午前二時二十分	廿七日	乙未	金	尾	除	宜嫁娶納財安葬
二十八日	水		月出午前三時一分	廿八日	丙申	火	箕	滿	宜嫁娶移徙裁衣動土上樑(宜用未時)開市納財安葬
二十九日	木		月出午前三時四十九分	廿九日	丁酉	火	斗	平	
三十日	金	●合朔午後七時四十二分	六月大	初一日	戊戌	木	牛	定	

七月大三十一日

日	曜	記事	月入	陰曆	干支	納音	宿	建除	宜忌
一日	土		午後八時三十九分	初二日	己亥	木	女	執	
二日	日		午後九時十三分	初三日	庚子	土	虛	破	
三日	月		午後九時四十二分	初四日	辛丑	土	危	危	
四日	火		午後十時八分	初五日	壬寅	金	室	成	
五日	水		午後十時三十三分	初六日	癸卯	金	壁	收	
六日	木		午後十時五十七分	初七日	甲辰	火	奎	開	
七日	金		午後十一時二十一分	初八日	乙巳	火	婁	閉	小暑六月節

小暑午後八時五十四分　舊六月節

日出午前五時十八分　晝間十四時三十九分
日入午後七時五十七分　夜間九時二十一分

日	曜	記事	月入	陰曆	干支	納音	宿	建除	宜忌
八日	土	◐下弦午後八時五十五分	午後十一時四十八分	初九日	丙午	水	胃	閉	
九日	日			初十日	丁未	水	昴	建	
十日	月		午前零時十八分	十一日	戊申	土	畢	除	
十一日	火		午前零時五十五分	十二日	己酉	土	觜	滿	宜嫁娶移徙裁衣動土上樑午時開市納財
十二日	水	初伏	午前一時四十分	十三日	庚戌	金	參	平	
十三日	木		午前二時三十六分	十四日	辛亥	金	井	定	
十四日	金		午前三時四十三分	十五日	壬子	木	鬼	執	

明治天皇祭

十五日	土	○望午後一時四十分	月出午後八時六分	十六日	癸丑	木	柳	破	
十六日	日		月出午後八時四十六分	十七日	甲寅	水	星	危	宜移徙裁衣動土上樑(辰時宜用)開市納財安葬啓攢
十七日	月		月出午後九時二十分	十八日	乙卯	水	張	成	宜嫁娶移徙裁衣動土上樑(卯時宜用)開市納財啓攢
十八日	火		月出午後九時五十分	十九日	丙辰	土	翼	收	宜納財
十九日	水		月出午後十時十八分	二十日	丁巳	土	軫	開	
二十日	木		月出午後十時四十五分	廿一日	戊午	火	角	閉	土王用事
二十一日	金		月出午後十一時十四分	廿二日	己未	火	亢	建	宜移徙裁衣納財
二十二日	土	◐下弦午前零時三十二分 中伏	月出午後十一時四十五分	廿三日	庚申	木	氐	除	
二十三日	日			廿四日	辛酉	木	房	滿	大暑六月中

大暑午後二時二十一分

舊六月中

日出午前五時二十九分 晝間十四時二十分

日入午後七時五十分 夜間九時四十分

二十四日	月		月出午前零時二十分	廿五日	壬戌	水	心	平	
二十五日	火		月出午前一時零分	廿六日	癸亥	水	尾	定	
二十六日	水		月出午前一時四十五分	廿七日	甲子	金	箕	執	宜嫁娶裁衣上樑(卯時宜用)安葬
二十七日	木		月出午前二時三十六分	廿八日	乙丑	金	斗	破	
二十八日	金		月出午前三時三十二分	廿九日	丙寅	火	牛	危	宜開市納財啓攢
二十九日	土		月出午前四時三十分	三十日	丁卯	火	女	成	
三十日	日	●合朔午前十一時十五分	七月大	初一日	戊辰	木	虛	收	宜納財
三十一日	月		月入午後八時十二分	初二日	己巳	木	危	開	

八月大三十一日

日	曜	月相	月出入	陰曆	干支	納音	宿	建除	宜
一日	火		月入午後八時三十八分	初三日	庚午	土	室	閉	宜安葬
二日	水		月入午後九時二分	初四日	辛未	土	壁	建	宜移徙裁衣上樑宜用卯時納財
三日	木		月入午後九時二十六分	初五日	壬申	金	奎	除	
四日	金		月入午後九時五十一分	初六日	癸酉	金	婁	滿	
五日	土		月入午後十時二十分	初七日	甲戌	火	胃	平	
六日	日		月入午後十時五十三分	初八日	乙亥	火	昴	定	
七日	月	◑上弦午前六時六分	月入午後十一時三十三分	初九日	丙子	水	畢	執	
八日	火			初十日	丁丑	水	觜	執	立秋七月節宜裁衣動土上樑宜用巳時納財安葬

立秋午前六時三十五分 舊七月節

日出午前五時四十三分 晝間十三時五十三分

日入午後七時三十五分 夜間十時七分

日	曜	月相	月出入	陰曆	干支	納音	宿	建除	宜
九日	水		月入午前零時二十二分	十一日	戊寅	土	參	破	
十日	木		月入午前一時二十二分	十二日	己卯	土	井	危	
十一日	金	末伏	月入午前二時三十二分	十三日	庚辰	金	鬼	成	
十二日	土		月入午前三時四十八分	十四日	辛巳	金	柳	收	
十三日	日	○望午後九時零分	月出午後六時十四分	十五日	壬午	木	星	開	宜移徙裁衣動土上樑宜用巳時開市納財
十四日	月		月出午後七時四十七分	十六日	癸未	木	張	閉	

天長節

日	曜	弦望	月出入	陰曆	干支	納音	宿	建除	宜
十五日	火		月出午後八時十六分	十七日	甲申	水	翼	建	宜裁衣納財
十六日	水		月出午後八時四十五分	十八日	乙酉	水	軫	除	宜安葬
十七日	木		月出午後九時十四分	十九日	丙戌	土	角	滿	宜裁衣
十八日	金		月出午後九時四十五分	二十日	丁亥	土	亢	平	宜移徙裁衣上樑(宜用[illegible]時)
十九日	土		月出午後十時十九分	廿一日	戊子	火	氐	定	宜冠帶(宜用[illegible]時)嫁娶移徙裁衣動土上樑(宜用[illegible]時)開市納財安葬
二十日	日	◑下弦午後九時五十三分	月出午後十時五十八分	廿二日	己丑	火	房	執	
二十一日	月		月出午後十一時四十一分	廿三日	庚寅	木	心	破	
二十二日	火			廿四日	辛卯	木	尾	危	宜修構
二十三日	水		月出午前零時三十一分	廿五日	壬辰	水	箕	成	處暑七月中宜裁衣動土上樑(宜用[illegible]時)開市納財安葬

處暑午後九時九分　舊七月中

日出午前五時五十五分　晝間十三時二十一分
日入午後七時十六分　夜間十時三十九分

日	曜	弦望	月出入	陰曆	干支	納音	宿	建除	宜
二十四日	木		月出午前一時二十五分	廿六日	癸巳	水	斗	收	宜嫁娶移徙裁衣動土上樑(宜用戌時)開市納財
二十五日	金		月出午前二時二十二分	廿七日	甲午	金	牛	開	
二十六日	土		月出午前三時二十一分	廿八日	乙未	金	女	閉	
二十七日	日		月出午前四時二十一分	廿九日	丙申	火	虛	建	宜裁衣納財
二十八日	月		月出午前五時二十一分	三十日	丁酉	火	危	除	
二十九日	火	●合朔午前二時二十五分	八月小	初一日	戊戌	木	室	滿	宜移徙裁衣動土上樑(宜用寅時)開市納財安葬
三十日	水		月入午後七時三十一分	初二日	己亥	木	壁	平	
三十一日	木		月入午後七時五十六分	初三日	庚子	土	奎	定	宜冠帶(宜用卯時)嫁娶移徙裁衣動土上樑(宜用卯時)開市納財

九月小三十日

日	曜	月相	月出入	陰曆	宜忌
一日	金		月入午後八時二十四分	初四日辛丑土婁執	
二日	土		月入午後八時五十五分	初五日壬寅金胃破	
三日	日		月入午後九時二十三分	初六日癸卯金昴危	宜嫁娶移徙裁衣上樑(宜用卯時)納財安葬啓攢
四日	月		月入午後十時十八分	初七日甲辰火畢成	
五日	火	◐上弦午後一時二十七分	月入午後十一時十三分	初八日乙巳火觜收	
六日	水			初九日丙午水參開	
七日	木		月入午前零時十六分	初十日丁未水井閉	
八日	金		月入午前一時二十七分	十一日戊申土鬼閉	白露八月節 宜嫁娶移徙裁衣上樑(宜用卯時)納財安葬
九日	土		月入午前二時四十二分	十二日己酉土柳建	
十日	日		月入午前三時五十七分	十三日庚戌金星除	宜嫁娶移徙裁衣動土上樑(宜用巳時)納財安葬
十一日	月		月入午前五時十一分	十四日辛亥金張滿	
十二日	火	○望午前五時三十二分	月出午後六時四十二分	十五日壬子木翼平	
十三日	水		月出午後七時十二分	十六日癸丑木軫定	宜移徙裁衣動土上樑(宜用巳時)納財
十四日	木		月出午後七時四十二分	十七日甲寅水角執	

白露午前九時五分

舊八月節

日出午前六時九分 晝間十二時四十五分

日入午後六時五十四分 夜間十一時十五分

日	曜	記事	月出入	陰曆	干支	納音·宿	建除	宜忌
十五日	金		月出午後八時十六分	十八日	乙卯	水亢	破	
十六日	土		月出午後八時五十三分	十九日	丙辰	土氐	危	
十七日	日		月出午後九時三十六分	二十日	丁巳	土房	成	宜嫁娶移徙裁衣動土上樑宜用辰時開市納財
十八日	月		月出午後十時二十四分	二十一日	戊午	火心	收	
十九日	火	◑下弦午後二時三十五分	月出午後十一時十七分	二十二日	己未	火尾	開	宜移徙裁衣上樑宜用卯時
二十日	水			二十三日	庚申	木箕	閉	
二十一日	木		月出午前零時十三分	二十四日	辛酉	木斗	建	
二十二日	金		月出午前一時十一分	二十五日	壬戌	水牛	除	
二十三日	土	秋季皇靈祭	月出午前二時十一分	二十六日	癸亥	水女	滿	秋分八月中

秋分午後六時十五分　舊八月中

日出午前六時二十二分　晝間十二時九分
日入午後六時三十一分　夜間十一時五十一分

日	曜	記事	月出入	陰曆	干支	納音·宿	建除	宜忌
二十四日	日		月出午前三時十分	二十七日	甲子	金虛	平	
二十五日	月		月出午前四時十分	二十八日	乙丑	金危	定	宜裁衣動土上樑宜用卯時納財安葬
二十六日	火		月出午前五時十分	二十九日	丙寅	火室	執	
二十七日	水	●合朔午後四時三十四分	九月大	初一日	丁卯	火壁	破	
二十八日	木	社	月入午後六時二十七分	初二日	戊辰	木奎	危	
二十九日	金		月入午後六時五十八分	初三日	己巳	木婁	成	宜嫁娶移徙動土上樑宜用辰時
三十日	土		月入午後七時三十六分	初四日	庚午	土胃	收	

十月大三十一日

日	曜	月相	月出入	舊曆	宜
一日	日		月入午後八時十七分	初五日辛未土昴開	
二日	月		月入午後九時六分	初六日壬申金畢閉	
三日	火		月入午後十時九分	初七日癸酉金觜建	
四日	水	◐上弦午後八時一分	月入午後十一時十七分	初八日甲戌火參除	
五日	木			初九日乙亥火井滿	
六日	金		月入午前零時二十九分	初十日丙子水鬼平	
七日	土		月入午前一時四十一分	十一日丁丑水柳定	宜嫁娶裁衣動土上樑巳時宜用納財
八日	日		月入午前二時五十四分	十二日戊寅土星執	
九日	月		月入午前四時五分	十三日己卯土張執	寒露九月節 宜嫁娶安葬
十日	火		月入午前五時十三分	十四日庚辰金翼破	
十一日	水	○望午後四時一分	月出午後五時四十一分	十五日辛巳金軫危	宜移徙裁衣動土上樑午時宜用
十二日	木		月出午後六時十二分	十六日壬午木角成	宜嫁娶移徙動土上樑午時宜用安葬
十三日	金		月出午後六時四十八分	十七日癸未木亢收	
十四日	土		月出午後七時二十九分	十八日甲申水氐開	宜移徙裁衣動土上樑辰時宜用開市

寒露午前零時八分

舊九月節

日出午前六時三十五分　晝間十一時三十一分

日入午後六時六分　夜間十二時二十九分

日	曜	記事	月出入	陰曆	干支	納音·宿·建除	宜忌
十五日	日		月出午後八時十五分	十九日	乙酉	水房閉	
十六日	月		月出午後九時七分	二十日	丙戌	土心建	宜嫁娶移徙裁衣上樑宜用[illegible]時納財安葬
十七日	火	神嘗祭	月出午後十時三分	廿一日	丁亥	土尾除	
十八日	水		月出午後十一時零分	廿二日	戊子	火箕滿	
十九日	木	下弦午前十時九分	月出午後十一時五十九分	廿三日	己丑	火斗平	
二十日	金			廿四日	庚寅	木牛定	
二十一日	土		月出午前零時五十八分	廿五日	辛卯	木女執	土王用事 宜移徙裁衣上樑宜用[illegible]時開市納財安葬啓攢
二十二日	日		月出午前一時五十七分	廿六日	壬辰	水虛破	
二十三日	月		月出午前二時五十六分	廿七日	癸巳	水危危	宜嫁娶移徙裁衣上樑宜用[illegible]時納財
二十四日	火		月出午前三時五十七分	廿八日	甲午	金室成	霜降九月中 宜嫁娶移徙裁衣上樑宜用[illegible]時開市納財安葬

霜降午前二時五十八分　舊九月中

日出午前六時四十九分　晝間十時五十六分
日入午後五時四十六分　夜間十三時四分

日	曜	記事	月出入	陰曆	干支	納音·宿·建除	宜忌
二十五日	水		月出午前四時五十九分	廿九日	乙未	金壁收	
二十六日	木		月出午前六時三分	三十日	丙申	火奎開	
二十七日	金	合朔午前五時三十分	十月小	初一日	丁酉	火婁閉	
二十八日	土		月入午後六時十三分	初二日	戊戌	木胃建	
二十九日	日		月入午後七時四分	初三日	己亥	木昴除	
三十日	月		月入午後八時三分	初四日	庚子	土畢滿	
三十一日	火	天長節祝日	月入午後九時九分	初五日	辛丑	土觜平	

十一月小三十日

日	曜	月相	月出入	舊曆	宜
一日	水		月入午後十時二十分	初七日壬寅金參定	
二日	木		月入午後十一時三十三分	初八日癸卯金井執	宜移徙裁衣上樑[illegible]安葬啓攢
三日	金	◐上弦午前二時五十分		初九日甲辰火鬼破	
四日	土		月入午前零時四十四分	初十日乙巳火柳危	
五日	日		月入午前一時四十一分	十一日丙午水星成	宜嫁娶移徙裁衣上樑[illegible]開市納財安葬
六日	月		月入午前三時零分	十二日丁未水張收	
七日	火		月入午前四時七分	十三日戊申土翼開	
八日	水		月入午前五時十四分	十四日己酉土軫閉	立冬十月節宜嫁娶移徙裁衣動土上樑[illegible]開市納財

立冬午前二時四十三分

舊曆十月節 日出午前七時五分 晝間十時二十四分 日入午後五時二十九分 夜間十三時三十六分

日	曜	月相	月出入	舊曆	宜
九日	木		月入午前六時二十分	十五日庚戌金角閉	
十日	金	○望午前五時十八分	月出午後五時二十三分	十六日辛亥金亢建	
十一日	土		月出午後六時七分	十七日壬子木氐除	
十二日	日		月出午後六時五十七分	十八日癸丑木房滿	
十三日	月		月出午後七時五十二分	十九日甲寅水心平	宜移徙裁衣動土上樑[illegible]開市納財安葬啓攢
十四日	火		月出午後八時四十九分	二十日乙卯水尾定	宜冠帶[illegible]嫁娶移徙裁衣動土上樑[illegible]開市納財安葬啓攢

日	曜	月相	月出入	陰曆	干支	納音	宿	十二直	宜
十五日	水		月出午後九時四十七分	二十日	丙辰	土	箕	執	
十六日	木		月出午後十時四十七分	廿一日	丁巳	土	斗	破	
十七日	金		月出午後十一時四十五分	廿二日	戊午	火	牛	危	
十八日	土	◐ 下弦午前七時一分		廿三日	己未	火	女	成	
十九日	日		月出午前零時四十三分	廿四日	庚申	木	虛	收	宜移徙裁衣動土上樑宜用戌時納財安葬
二十日	月		月出午前一時四十三分	廿五日	辛酉	木	危	開	
二十一日	火		月出午前二時四十二分	廿六日	壬戌	水	室	閉	
二十二日	水		月出午前三時四十五分	廿七日	癸亥	水	壁	建	小雪十月中

小雪午後十二時五十八分　舊十月中

日出午前七時二十分　晝間十時零分

日入午後五時二十九分　夜間十四時零分

新嘗祭

日	曜	月相	月出入	陰曆	干支	納音	宿	十二直	宜
二十三日	木		月出午前四時五十分	廿八日	甲子	金	奎	除	宜嫁娶移徙裁衣動土上樑宜用卯時納財安葬
二十四日	金		月出午前五時五十九分	廿九日	乙丑	金	婁	滿	
二十五日	土	● 合朔午後五時五十分	十一月大	初一日	丙寅	火	胃	平	宜移徙裁衣動土上樑宜用未時開市納財安葬啓攢
二十六日	日		月入午後五時五十四分	初二日	丁卯	火	昴	定	宜祭祀[illegible]移徙裁衣動土上樑[illegible]開市納財啓攢
二十七日	月		月入午後六時五十六分	初三日	戊辰	木	畢	執	
二十八日	火		月入午後八時八分	初四日	己巳	木	觜	破	宜破屋
二十九日	水		月入午後九時二十二分	初五日	庚午	土	參	危	
三十日	木		月入午後十時三十五分	初六日	辛未	土	井	成	宜裁衣動土上樑宜用卯時開市納財

十二月大三十一日

日	曜	月相	月出入	陰曆	干支	五行	宿	建除	宜
一日	金		月入 午後十一時四十五分	初七日	壬申	金	鬼	收	
二日	土	◑上弦午前七時五十六分		初八日	癸酉	金	柳	開	
三日	日		月入 午前零時五十三分	初九日	甲戌	火	星	閉	
四日	月		月入 午前一時五十九分	初十日	乙亥	火	張	建	
五日	火		月入 午前三時五分	十一日	丙子	水	翼	除	宜移徙啓攢
六日	水		月入 午前四時十分	十二日	丁丑	水	軫	滿	
七日	木		月入 午前五時十五分	十三日	戊寅	土	角	滿	大雪十一月節 宜嫁娶移徙裁衣動土上樑[illegible]開市[illegible]

大雪午後七時七分　舊十一月節

日出午前七時三十四分　晝間九時四十一分
日入午後五時十五分　夜間十四時十九分

日	曜	月相	月出入	陰曆	干支	五行	宿	建除	宜
八日	金		月入 午前六時十八分	十四日	己卯	土	亢	平	
九日	土	○望午後九時四十四分	月出 午後四時五十分	十五日	庚辰	金	氐	定	
十日	日		月出 午後五時四十一分	十六日	辛巳	金	房	執	
十一日	月		月出 午後六時三十九分	十七日	壬午	木	心	破	
十二日	火		月出 午後七時三十八分	十八日	癸未	木	尾	危	
十三日	水		月出 午後八時三十七分	十九日	甲申	水	箕	成	宜嫁娶移徙裁衣上樑[illegible]開市納財安葬
十四日	木		月出 午後九時三十五分	二十日	乙酉	水	斗	收	

日	曜	弦望	月出入	舊曆	日辰	宜
十五日	金		月出午後十時三十三分	廿一日	丙戌土牛開	宜裁衣動土上樑[illegible]
十六日	土		月出午後十一時三十分	廿二日	丁亥土女閉	
十七日	日			廿三日	戊子火虛建	
十八日	月	◑下弦午前三時六分	月出午前零時二十八分	廿四日	己丑火危除	
十九日	火		月出午前一時二十八分	廿五日	庚寅木室滿	宜裁衣動土上樑[illegible]開市納財移徙
二十日	水		月出午前二時三十一分	廿六日	辛卯木壁平	
二十一日	木		月出午前三時三十七分	廿七日	壬辰水奎定	
二十二日	金		月出午前四時四十六分	廿八日	癸巳水婁執	冬至十一月中

冬至午後零時五十九分

舊十一月中

日出午前七時四十四分　晝間九時三十五分

日入午後五時十九分　夜間十四時二十五分

日	曜	弦望	月出入	舊曆	日辰	宜
二十三日	土		月出午前五時五十六分	廿九日	甲午金胃破	
二十四日	日		月出午前七時四分	三十日	乙未金昴危	
二十五日	月	●合朔午前五時三十一分	十二月小	初一日	丙申火畢成	
二十六日	火		月入午後七時零分	初二日	丁酉火觜收	
二十七日	水		月入午後八時十六分	初三日	戊戌木參開	
二十八日	木		月入午後九時三十一分	初四日	己亥木井閉	宜裁衣
二十九日	金		月入午後十時四十三分	初五日	庚子土鬼建	
三十日	土		月入午後十一時五十一分	初六日	辛丑土柳除	宜嫁娶納財安葬
三十一日	日			初七日	壬寅金星滿	宜裁衣動土上樑[illegible]開市納財安葬移徙

年神方位圖

太歲丙辰
一日得辛
十龍治水

嫁娶周堂圖

廚	夫	姑
婦		堂
竈	第	翁

凡選擇嫁娶日大月從夫順數小月從婦逆數擇第堂廚竈日用之如遇翁姑而無翁姑者亦可用

天火日

正五九月子日 二六十月卯日
三七十一月午日 四八十二月酉日

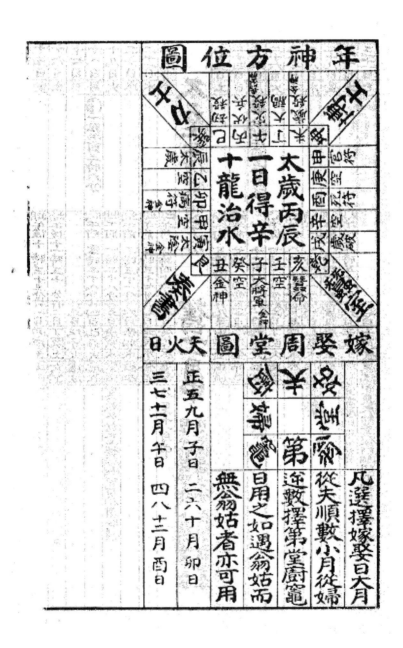

大正四年九月三十日印刷
大正四年十月一日發行

定價金四錢

朝鮮總督府發行之證

朝鮮總督府

朝鮮總督官房總務局印刷所印刷

5　大正六年朝鮮民曆（１９１７）

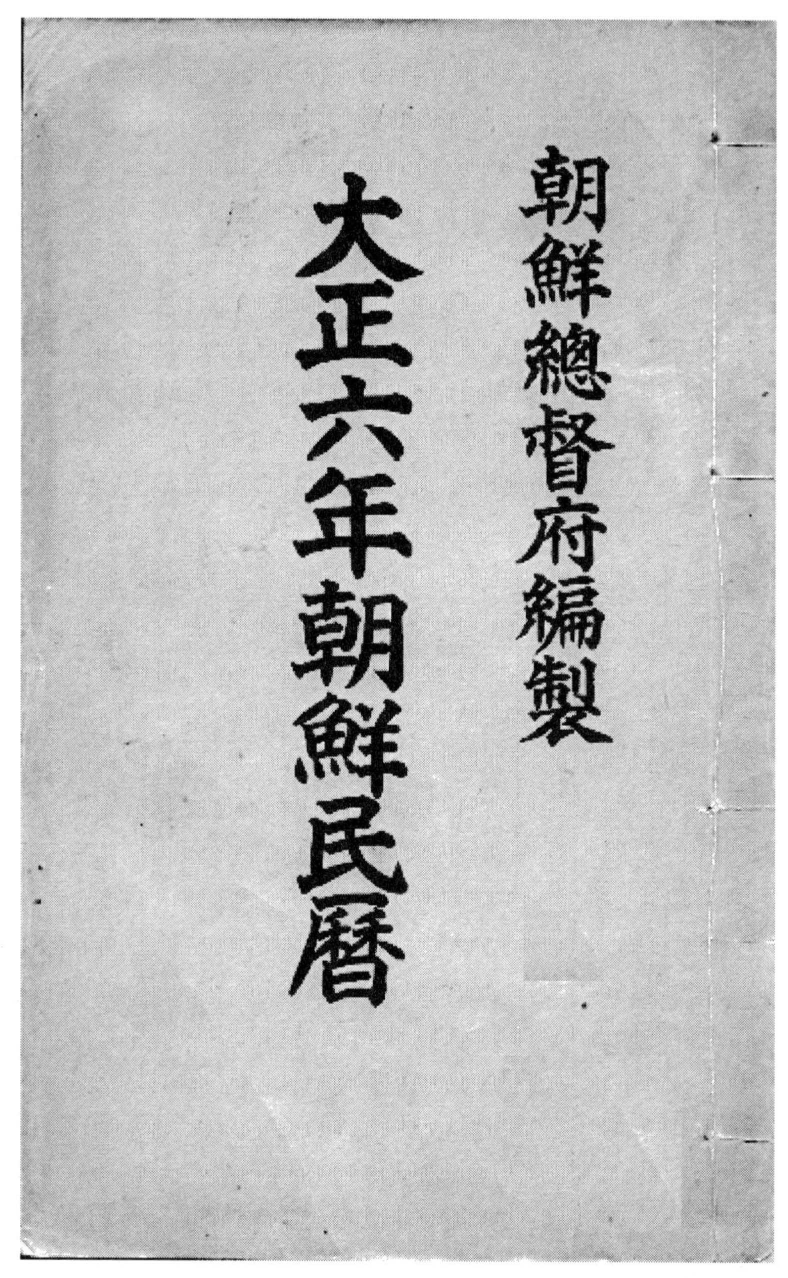

209 **5.** 大正六年朝鮮民曆(1917)

神武天皇卽位紀元二千五百七十七年 大正六年朝鮮民曆 丁巳平年三百六十五日 朝鮮總督府觀測所推算

月表

一月大	二月平	三月大	四月小
五月大	六月小	七月大	八月大
九月小	十月大	十一月小	十二月大

祭日·祝日	月日
四方拜	一月一日
元始祭	一月三日
紀元節	二月十一日
春季皇靈祭	三月二十一日
神武天皇祭	四月三日
明治天皇祭	七月三十日
天長節	八月三十一日
秋季皇靈祭	九月二十四日
神嘗祭	十月十七日
天長節祝日	十月三十一日
新嘗祭	十一月二十三日

說明

本民曆에揭載흔時刻은本邦中央標準時를用흐고日月出沒及日月食은朝鮮總督府觀測所에서보이는時刻을揭흠

月食一月八日

食分	皆旣	
月出	午後五時二十九分	
帶食	生光	左偏下
復圓	午後六時三十九分	右上ノ間

月食七月五日

食分	皆旣	
初虧	午前四時五十二分	左上ノ間
月入	午前五時十七分	
帶食	四分三厘	左上ノ間

月食十二月二十八日

食分	皆旣	
月出	午後五時十七分	
帶食	一分七厘	左偏下
食旣	午後六時三十八分	右偏下
食甚	午後六時四十六分	
生光	午後六時五十五分	右下ノ間
復圓	午後八時二十七分	上

日曜表

月	日
一月	
二月	
三月	
四月	
五月	
六月	
七月	
八月	
九月	二日 九日 十六日 二十三日 三十日
十月	七日 十四日 二十一日 二十八日
十一月	四日 十一日 十八日 二十五日
十二月	二日 九日 十六日 二十三日 三十日

大正六年中陰曆歲次丁巳年月表及節候表

月及月之大小	朔日	節氣		入節日	入節干	入節時刻	陽曆	節氣		入節日	入節干	入節時刻	陽曆
正月大	乙丑	立春	正月節	十三日	丁丑	酉初三刻十三分	二月四日	雨水	正月中	廿八日	壬辰	未正初刻五分	二月十九日
二月小	乙未	驚蟄	二月節	十三日	丁未	午正一刻十分	三月六日	春分	二月中	廿八日	壬戌	未初二刻八分	三月廿一日
閏二月小	甲子	淸明	三月節	十四日	丁丑	酉初三刻五分	四月五日						
三月大	癸巳	穀雨	三月中	初一日	癸巳	丑初一刻三分	四月廿一日	立夏	四月節	十六日	戊申	午初三刻一分	五月六日
四月小	癸亥	小滿	四月中	初二日	甲子	子正三刻十四分	五月廿二日	芒種	五月節	十七日	己卯	申正一刻八分	六月六日
五月大	壬辰	夏至	五月中	初四日	乙未	巳初一刻零分	六月廿二日	小暑	六月節	二十日	辛亥	丑正三刻六分	七月八日
六月大	壬戌	大暑	六月中	初五日	丙寅	戌正初刻八分	七月廿三日	立秋	七月節	廿一日	壬午	午正二刻零分	八月八日
七月小	壬辰	處暑	七月中	初七日	戊戌	丑正三刻九分	八月廿四日	白露	八月節	廿二日	癸丑	申初初刻零分	九月八日
八月大	辛酉	秋分	八月中	初九日	己巳	子正初刻一分	九月廿四日	寒露	九月節	廿四日	甲申	卯正初刻三分	十月九日
九月大	辛卯	霜降	九月中	初九日	己亥	辰正二刻十四分	十月廿四日	立冬	十月節	廿四日	甲寅	辰正二刻七分	十一月八日
十月小	辛酉	小雪	十月中	初九日	己巳	卯初三刻零分	十一月廿三日	大雪	十一月節	廿四日	甲申	丑初初刻一分	十二月八日
十一月大	庚寅	冬至	十一月中	初九日	戊戌	酉正三刻一分	十二月廿二日	小寒	十二月節	廿四日	癸丑	午正初刻十五分	一月六日
十二月小	庚申	大寒	十二月中	初九日	戊辰	卯初一刻十分	一月廿一日	立春	正月節	廿三日	壬午	子初三刻八分	二月四日

一月大三十一日

丙辰十二月小

日	曜	行事	記事	月出入	舊曆	干支	納音	宿	直	宜
一日	月	四方拜		月入午前零時五十分	初八日	癸卯	金	張	平	
二日	火			月入午前二時三分	初九日	甲辰	火	翼	定	
三日	水	元始祭		月入午前三時八分	初十日	乙巳	火	軫	執	
四日	木			月入午前四時十二分	十一日	丙午	水	角	破	
五日	金	新年宴會		月入午前五時十一分	十二日	丁未	水	亢	危	
六日	土			月入午前六時七分	十三日	戊申	土	氐	危	小寒十二月節 宜嫁娶移徙裁衣上樑(宜辰時)開市納財
七日	日			月入午前六時五十六分	十四日	己酉	土	房	成	
八日	月		○望午後四時四十二分月食	月出午後五時二十九分	十五日	庚戌	金	心	收	
九日	火			月出午後六時二十八分	十六日	辛亥	金	尾	開	
十日	水			月出午後七時二十七分	十七日	壬子	木	箕	閉	
十一日	木			月出午後八時二十四分	十八日	癸丑	木	斗	建	
十二日	金			月出午後九時二十二分	十九日	甲寅	水	牛	除	
十三日	土			月出午後十時十九分	二十日	乙卯	水	女	滿	宜嫁娶移徙裁衣上樑(宜卯時)開市納財安葬啓攢
十四日	日			月出午後十一時十七分	廿一日	丙辰	土	虛	平	

小寒午前六時十分　舊十二月節

日出午前七時四十九分　晝間九時四十一分

日入午後五時三十分　夜間十四時十九分

日	曜	月相	月出入	陰曆	記事
十五日	月			廿二日丁巳土危定	
十六日	火	◐下弦午後八時四十三分	出月午前零時十七分	廿三日戊午火室執	
十七日	水	臘	出月午前一時二十分	廿四日己未火壁破	宜破屋
十八日	木		出月午前二時二十五分	廿五日庚申木奎危	土王用事 宜移徙上樑(宜用辰時)安葬
十九日	金		出月午前三時三十三分	廿六日辛酉木婁成	宜嫁娶移徙裁衣上樑(宜用午時)開市納財安葬
二十日	土		出月午前四時四十一分	廿七日壬戌水胃收	大寒十二月中

大寒午後十一時三十分　舊十二月中

日出午前七時四十六分　晝間九時五十八分
日入午後五時四十四分　夜間十四時二分

日	曜	月相	月出入	陰曆	記事
二十一日	日		出月午前五時四十四分	廿八日癸亥水昴閉	
二十二日	月		出月午前六時四十一分	廿九日甲子金畢閉	
二十三日	火	●合朔午後四時四十分	丁巳正月大	初一日乙丑金觜建	宜裁衣上樑(宜用卯時)納財安葬
二十四日	水		入月午後七時五分	初二日丙寅火參除	
二十五日	木		入月午後八時二十分	初三日丁卯火井滿	
二十六日	金		入月午後九時三十三分	初四日戊辰木鬼平	
二十七日	土		入月午後十時四十三分	初五日己巳木柳定	
二十八日	日		入月午後十一時五十二分	初六日庚午土星執	宜嫁娶移徙裁衣上樑(宜用卯時)安葬
二十九日	月			初七日辛未土張破	
三十日	火	◐上弦午前十時二分	入月午前零時五十九分	初八日壬申金翼危	
三十一日	水		入月午前二時四分	初九日癸酉金軫成	宜移徙裁衣上樑(宜用午時)開市納財安葬

二月平二十八日

日	曜		月出入	舊曆	
一日	木		月入午前三時六分	初十日甲戌火角收	
二日	金		月入午前四時二分	十一日乙亥火亢開	
三日	土		月入午前四時五十四分	十二日丙子水氐閉	
四日	日		月入午前五時三十九分	十三日丁丑水房閉	立春正月節

立春午後五時五十分　舊正月節

日出午前七時二十五分　晝間十時三十五分
日入午後六時零分　夜間十三時二十五分

日	曜		月出入	舊曆	
五日	月		月入午前六時十七分	十四日戊寅土心建	
六日	火		月入午前六時五十一分	十五日己卯土尾除	
七日	水	○望午後零時二十六分	月出午後六時十六分	十六日庚辰金箕滿	
八日	木		月出午後七時十五分	十七日辛巳金斗平	
九日	金		月出午後八時十三分	十八日壬午木牛定	宜祭祀[illegible]移徙裁衣動土上樑[illegible]開市納財安葬
十日	土		月出午後九時十二分	十九日癸未木女執	
十一日	日	紀元節	月出午後十時十分	二十日甲申水虛破	宜破屋
十二日	月		月出午後十一時十分	廿一日乙酉水危危	宜安葬
十三日	火			廿二日丙戌土室成	宜裁衣動土上樑宜用寅時開市納財安葬
十四日	水		月出午前零時十四分	廿三日丁亥土壁收	

日	曜	月相	月出入	陰曆	干支	納音	宿	建除	宜
十五日	木	◑下弦午前十時五十三分	月出午前一時十九分	廿四日	戊子	火	奎	開	
十六日	金		月出午前二時二十四分	廿五日	己丑	火	婁	閉	
十七日	土		月出午前三時二十七分	廿六日	庚寅	木	胃	建	宜裁衣納財
十八日	日		月出午前四時二十五分	廿七日	辛卯	木	昴	除	宜嫁娶移徙裁衣動土上樑(宜用卯時)安葬啓攢
十九日	月		月出午前五時十六分	廿八日	壬辰	水	畢	滿	雨水正月中宜嫁娶移徙裁衣動土上樑(宜用辰時)開市納財安葬

雨水午後二時五分　舊正月中

日出午前七時九分　晝間十時五十七分
日入午後六時十六分　夜間十三時三分

日	曜	月相	月出入	陰曆	干支	納音	宿	建除	宜
二十日	火		月出午前六時零分	廿九日	癸巳	水	觜	平	
二十一日	水		月出午前六時三十八分	三十日	甲午	金	參	定	
二十二日	木	●合朔午前三時九分	二月小	初一日	乙未	金	井	執	
二十三日	金		月入午後八時十九分	初二日	丙申	火	鬼	破	宜破屋
二十四日	土		月入午後九時三十一分	初三日	丁酉	火	柳	危	宜嫁娶移徙裁衣動土上樑(宜用午時)納財安葬
二十五日	日		月入午後十時四十一分	初四日	戊戌	木	星	成	
二十六日	月		月入午後十一時四十九分	初五日	己亥	木	張	收	
二十七日	火			初六日	庚子	土	翼	開	
二十八日	水		月入午前零時五十四分	初七日	辛丑	土	軫	閉	

三月大三十一日

日	曜	月相	月出入	陰曆	干支	五行	宿	建除	宜
一日	木	◐上弦午前一時四十四分	月入午前一時五十五分	初八日	壬寅	金	角	建	宜裁衣冠帶豎柱上樑納財安葬啓欑
二日	金		月入午前二時四十九分	初九日	癸卯	金	亢	除	宜啓欑
三日	土		月入午前三時三十六分	初十日	甲辰	火	氐	滿	宜裁衣
四日	日		月入午前四時 十七分	十一日	乙巳	火	房	平	
五日	月		月入午前四時五十三分	十二日	丙午	水	心	定	宜冠帶[illegible]移徙裁衣動土上樑[illegible]開市納財安葬
六日	火		月入午前五時二十三分	十三日	丁未	水	尾	定	驚蟄二月節宜冠帶[illegible]移徙裁衣動土[illegible]納財安葬

驚蟄午後零時二十五分　舊二月節　日出午前六時五十九分　晝間十一時三十三分　日入午後六時三十二分　夜間十二時二十七分

日	曜	月相	月出入	陰曆	干支	五行	宿	建除	宜
七日	水		月入午前五時五十 分	十四日	戊申	土	箕	執	
八日	木		月入午前六時 十五分	十五日	己酉	土	斗	破	
九日	金	○望午前六時五十八分	月出午後七時 四分	十六日	庚戌	金	牛	危	
十日	土		月出午後八時 三分	十七日	辛亥	金	女	成	宜移徙裁衣動土上樑[illegible]開市納財
十一日	日		月出午後九時 四分	十八日	壬子	木	虛	收	
十二日	月		月出午後十時 六分	十九日	癸丑	木	危	開	宜移徙上樑[illegible]
十三日	火		月出午後十一時 十分	二十日	甲寅	水	室	閉	宜裁衣納財安葬啓欑
十四日	水			廿一日	乙卯	水	壁	建	宜裁衣

春季皇靈祭

日	曜	記事	月出入	陰曆	干支	納音	宿	建除	宜
十五日	木		月出午前零時十五分	廿二日	丙辰	土	奎	除	宜移徙裁衣動土上樑 宜用寅時
十六日	金	◑下弦午後九時三十三分	月出午前一時十八分	廿三日	丁巳	土	婁	滿	
十七日	土	社	月出午前二時十六分	廿四日	戊午	火	胃	平	
十八日	日		月出午前三時八分	廿五日	己未	火	昴	定	宜冠帶 宜用卯時 坐向東北 移徙裁衣動土上樑 宜用卯時 納財安葬
十九日	月		月出午前三時五十三分	廿六日	庚申	木	畢	執	
二十日	火		月出午前四時三十三分	廿七日	辛酉	木	觜	破	
二十一日	水	春季皇靈祭	月出午前五時六分	廿八日	壬戌	水	參	危	春分二月中
春分午後一時三十八分				舊二月中					日出午前六時三十七分 晝間十二時八分 日入午後六時四十五分 夜間十一時五十二分
二十二日	木		月出午前五時三十八分	廿九日	癸亥	水	井	成	
二十三日	金	●合朔午後一時五分	閏二月小	初一日	甲子	金	鬼	收	
二十四日	土		月入午後八時十七分	初二日	乙丑	金	柳	開	宜嫁娶移徙裁衣動土上樑 宜用卯時
二十五日	日		月入午後九時二十七分	初三日	丙寅	火	星	閉	宜裁衣納財啓攢
二十六日	月		月入午後十時三十六分	初四日	丁卯	火	張	建	宜移徙上樑 宜用午時 啓攢
二十七日	火		月入午後十一時四十分	初五日	戊辰	木	翼	除	
二十八日	水			初六日	己巳	木	軫	滿	宜裁衣上樑 宜用辰時 開市納財
二十九日	木		月入午前零時三十八分	初七日	庚午	土	角	平	
三十日	金	◐上弦午後七時三十六分	月入午前一時三十分	初八日	辛未	土	亢	定	宜冠帶 宜用卯時 坐向西南 嫁娶裁衣動土上樑 宜用卯時 納財
三十一日	土		月入午前二時十四分	初九日	壬申	金	氐	執	

四月小三十日

日	曜	記事	月出入	舊曆	干支	五行	宿	直	宜
一日	日		月入午前二時五十一分	初十日	癸酉	金	房	破	
二日	月		月入午前三時二十三分	十一日	甲戌	火	心	危	宜嫁娶移徙裁衣動土上樑宜補垣巳時開市納財安葬
三日	火	神武天皇祭	月入午前三時五十三分	十二日	乙亥	火	尾	成	宜移徙裁衣動土上樑宜補垣破屋
四日	水		月入午前四時十八分	十三日	丙子	水	箕	收	
五日	木		月入午前四時四十三分	十四日	丁丑	水	斗	收	清明三月節
		清明午後五時五十分　舊三月節 日出午前六時十五分　晝間十二時四十四分 日入午後六時五十九分　夜間十一時十六分							
六日	金	寒食	月入午前五時七分	十五日	戊寅	土	牛	閉	宜移徙裁衣動土上樑宜補垣巳時開市
七日	土	○望午後十時四十九分	月出午後六時五十五分	十六日	己卯	土	女	閉	
八日	日		月出午後七時五十七分	十七日	庚辰	金	虛	建	
九日	月		月出午後九時二分	十八日	辛巳	金	危	除	
十日	火		月出午後十時七分	十九日	壬午	木	室	滿	宜嫁娶移徙上樑宜補垣午時安葬
十一日	水		月出午後十一時十一分	二十日	癸未	木	壁	平	
十二日	木		・	廿一日	甲申	水	奎	定	
十三日	金		月出午前零時十一分	廿二日	乙酉	水	婁	執	宜嫁娶移徙裁衣上樑宜補垣寅時開市納財安葬
十四日	土		月出午前一時四分	廿三日	丙戌	土	胃	破	

日	曜	月相	月出入	陰曆	宜忌
十五日	日	◐下弦午前五時十二分	月出午前一時五十分	廿四日丁亥土危危	宜移徙裁衣動土上樑碓磑納財
十六日	月		月出午前二時三十分	廿五日戊子火畢成	宜裁衣動土上樑碓磑開市納財
十七日	火		月出午前三時五分	廿六日己丑火觜收	土王用事
十八日	水		月出午前三時三十六分	廿七日庚寅木參開	宜移徙裁衣上樑碓磑開市納財
十九日	木		月出午前四時七分	廿八日辛卯木井閉	
二十日	金		月出午前四時三十七分	廿九日壬辰水鬼建	
二十一日	土	●合朔午後十一時一分	三月大	初一日癸巳水柳除	穀雨三月中

穀雨午前一時十八分　舊曆三月中

日出午前五時五十二分　晝間十三時二十一分
日入午後七時十三分　夜間十時三十九分

日	曜	月相	月出入	陰曆	宜忌
二十二日	日		月入午後八時十五分	初二日甲午金星滿	
二十三日	月		月入午後九時二十一分	初三日乙未金張平	
二十四日	火		月入午後十時二十四分	初四日丙申火翼定	
二十五日	水		月入午後十一時十九分	初五日丁酉火軫執	
二十六日	木			初六日戊戌木角破	
二十七日	金		月入午前零時七分	初七日己亥木亢危	宜納財
二十八日	土		月入午前零時四十七分	初八日庚子土氐成	宜嫁娶裁衣上樑碓磑開市納財啓欑
二十九日	日	◑上弦午後二時二十一分	月入午前一時二十二分	初九日辛丑土房收	宜納財
三十日	月		月入午前一時五十二分	初十日壬寅金心閉	宜嫁娶移徙裁衣上樑碓磑開市

五月大三十一日

日	曜	月相	月出入	舊曆	宜
一日	火		月入午前二時十九分	十一日癸卯金尾閉	
二日	水		月入午前二時四十四分	十二日甲辰火箕建	
三日	木		月入午前三時八分	十三日乙巳火斗除	
四日	金		月入午前三時三十四分	十四日丙午水牛滿	
五日	土		月入午前四時零分	十五日丁未水女平	
六日	日		月入午前四時三十一分	十六日戊申土虛平	立夏四月節
立夏午前十一時四十六分 舊四月節		日出午前五時三十四分 晝間十三時五十三分	日入午後七時二十七分 夜間十時七分		
七日	月	○望午前十時四十三分	月出午後七時五十五分	十七日己酉土危定	宜冠帶結婚姻納采移徙裁衣上樑宜用巳時開市納財安葬
八日	火		月出午後九時一分	十八日庚戌金室執	宜嫁娶移徙裁衣動土上樑宜用巳時安葬
九日	水		月出午後十時三分	十九日辛亥金壁破	宜破屋
十日	木		月出午後十一時零分	二十日壬子木奎危	
十一日	金		月出午後十一時四十八分	二十一日癸丑木婁成	宜裁衣動土上樑宜用巳時開市納財
十二日	土			二十二日甲寅水胃收	
十三日	日		月出午前零時二十一分	二十三日乙卯水昴開	
十四日	月	◑下弦午前十時四十分	月出午前一時六分	二十四日丙辰土畢閉	

日	曜	朔望弦	月出入	陰曆	干支	納音	宿	建除	宜
十五日	火		月出午前一時三十八分	廿五日	丁巳	土	觜	建	宜裁衣
十六日	水		月出午前二時 八分	廿六日	戊午	火	參	除	
十七日	木		月出午前二時三十八分	廿七日	己未	火	井	滿	
十八日	金		月出午前三時 九分	廿八日	庚申	木	鬼	平	宜移徙裁衣動土上樑宜用辰時開市納財安葬
十九日	土		月出午前三時四十二分	廿九日	辛酉	木	柳	定	宜冠帶宜用卯時嫁娶移徙裁衣動土上樑宜用辰時開市納財安葬
二十日	日		月出午前四時十九分	三十日	壬戌	水	星	執	
二十一日	月	●合朔午前九時四十七分	四月小	初一日	癸亥	水	張	破	
二十二日	火		月入午後九時 七分	初二日	甲子	金	翼	危	小滿四月中

小滿午前零時五十九分　舊曆四月中

日出午前五時二十分　晝間十四時二十二分

日入午後七時四十二分　夜間九時三十八分

日	曜	朔望弦	月出入	陰曆	干支	納音	宿	建除	宜
二十三日	水		月入午後九時五十八分	初三日	乙丑	金	軫	成	宜嫁娶裁衣動土上樑宜用卯時開市納財安葬
二十四日	木		月入午後十時四十二分	初四日	丙寅	火	角	收	宜嫁娶移徙裁衣上樑宜用未時納財
二十五日	金		月入午後十一時十九分	初五日	丁卯	火	亢	開	
二十六日	土		月入午後十一時五十一分	初六日	戊辰	木	氐	閉	
二十七日	日			初七日	己巳	木	房	建	
二十八日	月		月入午前零時十九分	初八日	庚午	土	心	除	宜嫁娶移徙裁衣動土上樑宜用卯時安葬
二十九日	火	◐上弦午前八時三十四分	月入午前零時四十五分	初九日	辛未	土	尾	滿	
三十日	水		月入午前一時十分	初十日	壬申	金	箕	平	
三十一日	木		月入午前一時三十四分	十一日	癸酉	金	斗	定	宜冠帶宜用巳時嫁娶移徙裁衣動土上樑宜用辰時開市納財安葬

六月小三十日

日	月相	月出入	舊曆·干支	宜
一日金		月入午前二時零分	十二日甲戌火牛執	宜嫁娶
二日土		月入午前二時二十八分	十三日乙亥火女破	宜破屋
三日日		月入午前三時一分	十四日丙子水虛危	
四日月		月入午前三時四十分	十五日丁丑水危成	宜裁衣動土上樑宜巳時開市納財
五日火	○望午後十時七分	月出午後七時五十分	十六日戊寅土室收	
六日水		月出午後八時五十分	十七日己卯土壁收	芒種五月節

芒種午後四時二十三分　舊五月節

日出午前五時十三分　晝間十四時三十九分

日入午後七時五十二分　夜間九時二十一分

日	月相	月出入	舊曆·干支	宜
七日木		月出午後九時四十三分	十八日庚辰金奎開	宜移徙裁衣動土上樑宜巳時
八日金		月出午後十時二十八分	十九日辛巳金婁閉	
九日土		月出午後十一時七分	二十日壬午木胃建	
十日日		月出午後十一時四十一分	廿一日癸未木昴除	宜嫁娶納財安葬
十一日月			廿二日甲申水畢滿	宜嫁娶移徙裁衣開市納財安葬
十二日火	◐上弦午後三時三十九分	月出午前零時十一分	廿三日乙酉水觜平	
十三日水		月出午前零時四十一分	廿四日丙戌土參定	宜冠帶結婚姻嫁娶移徙裁衣動土上樑宜巳時納財安葬
十四日木		月出午前一時十一分	廿五日丁亥土井執	

日	曜	弦望	月出入	陰曆	宜
十五日	金		月出午前一時四十三分	二十六日戊子火鬼破	
十六日	土		月出午前二時十八分	二十七日己丑火柳危	
十七日	日		月出午前二時五十八分	二十八日庚寅木星成	宜嫁娶裁衣動土上樑宜用辰時開市納財啓欑
十八日	月		月出午前三時四十三分	二十九日辛卯木張收	
十九日	火	合朔午後十時二分	五月大	初一日壬辰水翼開	宜移徙裁衣動土上樑宜用辰時
二十日	水		月入午後八時三十八分	初二日癸巳水軫閉	宜裁衣
二十一日	木		月入午後九時十七分	初三日甲午金角建	
二十二日	金		月入午後九時五十一分	初四日乙未金亢除	夏至五月中 宜納財安葬

夏至午前九時十五分 舊五月中

日出午前五時十二分 晝間十四時四十五分

日入午後七時五十八分 夜間九時十五分

日	曜	弦望	月出入	陰曆	宜
二十三日	土		月入午後十時二十一分	初五日丙申火氐滿	
二十四日	日		月入午後十時四十七分	初六日丁酉火房平	
二十五日	月		月入午後十一時十二分	初七日戊戌木心定	宜冠帶宜用巳時忌用未時移徙裁衣動土上樑宜用寅時納財
二十六日	火		月入午後十一時三十六分	初八日己亥木尾執	
二十七日	水			初九日庚子土箕破	
二十八日	木	上弦午前一時八分	月入午前零時一分	初十日辛丑土斗危	
二十九日	金		月入午前零時二十八分	十一日壬寅金牛成	宜嫁娶裁衣動土上樑宜用未時開市納財啓欑
三十日	土		月入午前零時五十七分	十二日癸卯金女收	

七月大三十一日

日	曜		月出入	陰曆	干支納音宿直	
一日	日		月入午前一時三十三分	十三日	甲辰火虛開	
二日	月		月入午前二時十五分	十四日	乙巳火危閉	
三日	火		月入午前三時六分	十五日	丙午水室建	
四日	水		月入午前四時七分	十六日	丁未水壁除	宜嫁娶移徙裁衣動土上樑(宜用巳時)開市納財
五日	木	○望午前八時四十三分月食	月出午後八時二十一分	十七日	戊申土奎滿	宜移徙裁衣動土上樑(宜用辰時)開市納財
六日	金		月出午後九時三分	十八日	己酉土婁平	
七日	土		月出午後九時四十分	十九日	庚戌金胃定	宜冠帶([illegible])嫁娶裁衣動土上樑(宜用巳時)納財
八日	日		月出午後十時十三分	二十日	辛亥金昴定	小暑六月節宜冠帶([illegible])移徙裁衣動土上樑(宜用午時)納財

小暑午前二時五十一分　舊六月節

日出午前五時十九分　晝間十四時三十八分
日入午後七時五十七分　夜間九時二十二分

日	曜		月出入	陰曆	干支納音宿直	
九日	月		月出午後十時四十四分	廿一日	壬子木畢執	
十日	火		月出午後十一時十四分	廿二日	癸丑木觜破	
十一日	水	◑下弦午後九時十三分	月出午後十一時四十五分	廿三日	甲寅水參危	
十二日	木			廿四日	乙卯水井成	宜嫁娶移徙裁衣動土上樑(宜用卯時)開市納財啓攢
十三日	金		月出午前零時十九分	廿五日	丙辰土鬼收	
十四日	土		月出午前零時五十七分	廿六日	丁巳土柳開	

日	曜	記事	月出入	舊曆	干支	納音·宿·建	宜
十五日	日		月出午前一時四十一分	廿七日	戊午	火星閉	
十六日	月		月出午前二時三十 分	廿八日	己未	火張建	宜移徙裁衣納財
十七日	火	初伏	月出午前三時二十三分	廿九日	庚申	木翼除	
十八日	水		月出午前四時二十一分	三十日	辛酉	木軫滿	
十九日	木	朔 合朔午後零時零分	六月大	初一日	壬戌	水角平	
二十日	金		月入午後八時二十三分	初二日	癸亥	水亢定	土王用事
二十一日	土		月入午後八時五十 分	初三日	甲子	金氐執	宜嫁娶裁衣上樑(宜用卯時)安葬
二十二日	日		月入午後九時 十五分	初四日	乙丑	金房破	
二十三日	月		月入午後九時四十 分	初五日	丙寅	火心危	大暑六月中

大暑午後八時八分　舊曆六月中

日出午前五時二十九分　晝間十四時二十一分
日入午後七時五十分　夜間九時三十九分

日	曜	記事	月出入	舊曆	干支	納音·宿·建	宜
二十四日	火		月入午後十時 四分	初六日	丁卯	火尾成	宜嫁娶移徙裁衣上樑(宜用巳時)開市納財啟攢
二十五日	水		月入午後十時三十 分	初七日	戊辰	木箕收	宜納財
二十六日	木		月入午後十時五十七分	初八日	己巳	木斗開	
二十七日	金	◐上弦午後三時四十分 中伏	月入午後十一時二十九分	初九日	庚午	土牛閉	宜安葬
二十八日	土			初十日	辛未	土女建	宜移徙上樑(宜用卯時)
二十九日	日		月入午前零時 七分	十一日	壬申	金虛除	
三十日	月	明治天皇祭	月入午前零時五十三分	十二日	癸酉	金危滿	
三十一日	火		月入午前一時四十八分	十三日	甲戌	火室平	

八月大三十一日

日	曜	月相	月出入	舊曆	宜
一日	水		月入午前二時五十三分	十四日乙亥火壁定	
二日	木		月入午前四時四分	十五日丙子水奎執	
三日	金	○望午後二時十一分	月出午後七時三十五分	十六日丁丑水婁破	
四日	土		月出午後八時十分	十七日戊寅土胃危	宜移徙裁衣上樑[illegible]開市納財
五日	日		月出午後八時四十三分	十八日己卯土昴成	宜嫁娶移徙裁衣上樑[illegible]開市納財
六日	月		月出午後九時十四分	十九日庚辰金畢收	
七日	火		月出午後九時四十六分	二十日辛巳金觜開	
八日	水		月出午後十時二十分	廿一日壬午木參閉	立秋七月節宜嫁娶移徙裁衣動土上樑[illegible]開市納財安葬

立秋 午後零時三十分 **舊七月節**

日出午前五時四十二分 晝間十三時五十三分
日入午後七時三十五分 夜間十時七分

日	曜	月相	月出入	舊曆	宜
九日	木		月出午後十時五十八分	廿二日癸未木井閉	
十日	金	◐下弦午前四時五十六分	月出午後十一時四十分	廿三日甲申水鬼建	
十一日	土			廿四日乙酉水柳除	宜安葬
十二日	日		月出午前零時二十七分	廿五日丙戌土星滿	宜裁衣
十三日	月		月出午前一時十九分	廿六日丁亥土張平	宜移徙裁衣上樑[illegible]
十四日	火		月出午前二時十五分	廿七日戊子火翼定	宜[illegible]嫁娶移徙裁衣動土上樑[illegible]開市納財安葬

日		月出入	陰曆	宜
十五日水		月出午前三時十四分	廿八日己丑火參執	
十六日木	末伏	月出午前四時十三分	廿九日庚寅木井破	
十七日金		月出午前五時十一分	三十日辛卯木鬼危	
十八日土	● 合朔午前二時十六分	七月小	初一日壬辰水氐成	宜裁衣動土上樑經絡醞釀開市納財安葬
十九日日		月入午後七時四十五分	初二日癸巳水房收	宜嫁娶移徙裁衣動土上樑經絡醞釀開市納財
二十日月		月入午後八時 九分	初三日甲午金心開	
二十一日火		月入午後八時三十四分	初四日乙未金尾閉	
二十二日水		月入午後九時 一分	初五日丙申火箕建	
二十三日木		月入午後九時三十一分	初六日丁酉火斗除	宜裁衣動土上樑醞釀安葬
二十四日金		月入午後十時 六分	初七日戊戌木牛滿	處暑七月中宜移徙裁衣動土上樑經絡醞釀開市納財安葬

處暑午前二時五十四分　舊七月中

日出午前五時五十六分　晝間十三時十九分
日入午後七時十五分　夜間十時四十一分

日		月出入	陰曆	宜
二十五日土		月入午後十時四十七分	初八日己亥木女平	
二十六日日	◐ 上弦午前四時八分	月入午後十一時三十六分	初九日庚子土虛定	宜冠帶嫁娶移徙裁衣動土上樑經絡醞釀開市納財
二十七日月			初十日辛丑土危執	
二十八日火		月入午前零時三十四分	十一日壬寅金室破	
二十九日水		月入午前一時四十一分	十二日癸卯金壁危	宜嫁娶移徙裁衣上樑經絡醞釀納財安葬啓攢
三十日木		月入午前二時五十三分	十三日甲辰火奎成	
三十一日金	天長節	月入午前四時 八分	十四日乙巳火婁收	

九月小三十日

日	曜	月相	月出	陰曆	宜
一日	土	○望午後九時二十九分	月出午後六時三十八分	十五日丙午水胃開	
二日	日		月出午後七時十一分	十六日丁未水昴閉	
三日	月		月出午後七時四十三分	十七日戊申土畢建	宜移徙裁衣上樑(宜用辰時)納財安葬
四日	火		月出午後八時十八分	十八日己酉土觜除	宜安葬
五日	水		月出午後八時五十五分	十九日庚戌金參滿	宜裁衣
六日	木		月出午後九時三十七分	二十日辛亥金井平	
七日	金		月出午後十時二十三分	廿一日壬子木鬼定	宜冠帶結婚姻納采嫁娶移徙裁衣動土上樑(宜用亥時)開市納財安葬修倉
八日	土	◐下弦午後四時五分	月出午後十一時十五分	廿二日癸丑木柳定	白露八月節 宜移徙動土上樑(宜用巳時)安葬

白露午後三時零分　舊八月節

日出午前六時九分　晝間十二時四十五分

日入午後六時五十四分　夜間十一時十五分

日	曜	月相	月出	陰曆	宜
九日	日			廿三日甲寅水星執	
十日	月		月出午前零時十一分	廿四日乙卯水張破	
十一日	火		月出午前一時八分	廿五日丙辰土翼危	
十二日	水		月出午前二時七分	廿六日丁巳土軫成	宜嫁娶移徙裁衣動土上樑(宜用巳時)開市納財
十三日	木		月出午前三時五分	廿七日戊午火角收	
十四日	金		月出午前四時三分	廿八日己未火亢開	宜移徙裁衣上樑(宜用卯時)

秋季皇靈祭

日	曜	記事	月出入	陰曆	干支	納音	宿	建除	宜
十五日	土		出月午前四時五十九分	廿九日	庚申	木	氐	閉	
十六日	日	●合朔午後七時二十八分	八月大	初一日	辛酉	木	房	建	
十七日	月		入月午後六時三十九分	初二日	壬戌	水	心	除	宜移徙動土上樑(宜用巳時)
十八日	火		入月午後七時五分	初三日	癸亥	水	尾	滿	
十九日	水		入月午後七時三十五分	初四日	甲子	金	箕	平	
二十日	木		入月午後八時八分	初五日	乙丑	金	斗	定	
二十一日	金		入月午後八時四十六分	初六日	丙寅	火	牛	執	
二十二日	土		入月午後九時三十二分	初七日	丁卯	火	女	破	
二十三日	日	社	入月午後十時二十六分	初八日	戊辰	木	虛	危	
二十四日	月	◐上弦午後二時四十分	入月午後十一時二十七分	初九日	己巳	木	危	成	秋分八月中 宜裁衣動土上樑(宜用辰時)納財

秋分午前零時一分 舊八月中

日出午前六時二十二分 晝間十二時七分

日入午後六時二十九分 夜間十一時五十三分

日	曜	記事	月出入	陰曆	干支	納音	宿	建除	宜
二十五日	火			初十日	庚午	土	室	收	
二十六日	水		入月午前零時三十四分	十一日	辛未	土	壁	開	宜嫁娶移徙裁衣上樑(宜用卯時)
二十七日	木		入月午前一時四十六分	十二日	壬申	金	奎	閉	
二十八日	金		入月午前二時五十九分	十三日	癸酉	金	婁	建	
二十九日	土		入月午前四時十二分	十四日	甲戌	火	胃	除	
三十日	日		入月午前五時二十六分	十五日	乙亥	火	昴	滿	宜移徙裁衣動土上樑(宜用辰時)開市納財

十月大三十一日

日	曜	月相	月出	陰曆	宜
一日	月	○望午前五時三十二分	月出午後六時十二分	十六日丙子水畢平	
二日	火		月出午後六時四十八分	十七日丁丑水觜定	宜裁衣動土上樑宜用巳時納財
三日	水		月出午後七時二十九分	十八日戊寅土參執	
四日	木		月出午後八時十五分	十九日己卯土井破	
五日	金		月出午後九時六分	二十日庚辰金鬼危	宜嫁娶移徙裁衣動土上樑宜用辰時開市納財安葬
六日	土		月出午後十時二分	廿一日辛巳金柳成	
七日	日		月出午後十一時零分	廿二日壬午木星收	
八日	月	◑下弦午前七時十四分	月出午後十一時五十九分	廿三日癸未木張開	
九日	火			廿四日甲申水翼閉	寒露九月節宜移徙裁衣動土上樑宜用辰時開市納財安葬
十日	水		月出午前零時五十八分	廿五日乙酉水軫閉	
十一日	木		月出午前一時五十六分	廿六日丙戌土角建	宜嫁娶移徙裁衣上樑宜用巳時納財安葬
十二日	金		月出午前二時五十三分	廿七日丁亥土亢除	
十三日	土		月出午前三時四十九分	廿八日戊子火氐滿	
十四日	日		月出午前四時四十六分	廿九日己丑火房平	

寒露午前六時三分

舊九月節

日出午前六時三十五分 晝間十一時三十一分

日入午後六時六分 夜間十二時二十九分

日	弦望	月出入	舊曆	宜忌
十五日月		月出午前五時四十三分	三十日庚寅木心定	
十六日火	● 合朔午前十一時四十二分	九月大	初一日辛卯木尾執	宜移徙裁衣動土上樑(宜用卯時)開市納財安葬啓攢
十七日水 神嘗祭		月入午後六時十分	初二日壬辰水箕破	宜破屋
十八日木		月入午後六時四十七分	初三日癸巳水斗危	宜嫁娶移徙動土上樑(宜用辰時)
十九日金		月入午後七時三十一分	初四日甲午金牛成	宜嫁娶移徙動土上樑(宜用卯時)安葬
二十日土		月入午後八時二十三分	初五日乙未金女收	
二十一日日		月入午後九時二十一分	初六日丙申火虛開	土王用事 宜嫁娶移徙裁衣上樑(宜用未時)開市
二十二日月		月入午後十時二十五分	初七日丁酉火危閉	
二十三日火	◐ 上弦午後十二時三十分	月入午後十一時三十三分	初八日戊戌木室建	
二十四日水			初九日己亥木壁除	霜降九月中
霜降午前八時四十四分 舊九月中				日出午前六時四十九分 晝間十時五十七分 日入午後五時四十六分 夜間十三時三分
二十五日木		月入午前零時四十三分	初十日庚子土奎滿	
二十六日金		月入午前一時五十四分	十一日辛丑土婁平	
二十七日土		月入午前三時五分	十二日壬寅金胃定	
二十八日日		月入午前四時十七分	十三日癸卯金昴執	宜嫁娶移徙裁衣上樑(宜用卯時)安葬啓攢
二十九日月		月入午前五時二十九分	十四日甲辰火畢破	
三十日火	○ 望午後三時十九分	月出午後五時二十分	十五日乙巳火觜危	
三十一日水 天長節祝日		月出午後六時四分	十六日丙午水參成	宜嫁娶移徙上樑(宜用午時)安葬

十一月小三十日

日	曜	記事	月出	陰曆	干支	納音	宿	建除	宜
一日	木		月出午後六時五十三分	十七日	丁未	水	井	收	
二日	金		月出午後七時四十八分	十八日	戊申	土	鬼	開	宜嫁娶移徙裁衣上樑(宜用辰時)開市
三日	土		月出午後八時四十七分	十九日	己酉	土	柳	閉	
四日	日		月出午後九時四十七分	二十日	庚戌	金	星	建	宜裁衣納財
五日	月		月出午後十時四十七分	廿一日	辛亥	金	張	除	宜移徙裁衣上樑(宜用午時)
六日	火		月出午後十一時四十六分	廿二日	壬子	木	翼	滿	
七日	水	◐下弦午前二時四分		廿三日	癸丑	木	軫	平	
八日	木		月出午前零時四十四分	廿四日	甲寅	水	角	平	亥十月節 宜移徙裁衣動土上樑(宜用辰時)開市納財安葬啓攅
立冬		午前八時三十七分　舊曆十月節　日出午前七時五分　晝間十時二十五分　日入午後五時三十分　夜間十三時三十五分							
九日	金		月出午前一時四十一分	廿五日	乙卯	水	亢	定	宜冠帶移徙裁衣動土上樑(宜用卯時)開市納財安葬啓攅
十日	土		月出午前二時三十六分	廿六日	丙辰	土	氐	執	
十一日	日		月出午前三時三十四分	廿七日	丁巳	土	房	破	
十二日	月		月出午前四時三十一分	廿八日	戊午	火	心	危	
十三日	火		月出午前五時三十二分	廿九日	己未	火	尾	成	宜裁衣動土上樑(宜用卯時)開市納財安葬
十四日	水		月出午前六時三十三分	三十日	庚申	木	箕	收	

十月小

日	曜	月相	月出入	陰曆	干支	納音	宿	建除	宜
十五日	木	● 合朔午前三時二十九分		初一日	辛酉	木	斗	開	
十六日	金		月入午後六時十八分	初二日	壬戌	水	牛	閉	
十七日	土		月入午後七時十五分	初三日	癸亥	水	女	建	
十八日	日		月入午後八時十九分	初四日	甲子	金	虛	除	宜嫁娶移徙裁衣動土上樑(宜用卯時)納財安葬
十九日	月		月入午後九時二十六分	初五日	乙丑	金	危	滿	
二十日	火		月入午後十時三十五分	初六日	丙寅	火	室	平	宜嫁娶移徙裁衣動土上樑(宜用巳時)開市納財安葬啓攢
二十一日	水		月入午後十一時四十五分	初七日	丁卯	火	壁	定	宜冠帶(宜用巳時)移徙裁衣動土上樑(宜用午時)開市納財啓攢
二十二日	木	◐ 上弦午前七時二十九分		初八日	戊辰	木	奎	執	
二十三日	金		月入午前零時五十三分	初九日	己巳	木	婁	破	小雪十月中宜破屋

新嘗祭 (二十三日)

小雪午前五時四十五分　舊十月中

日出午前七時二十分　晝間九時五十八分

日入午後五時十九分　夜間十四時二分

日	曜	月相	月出入	陰曆	干支	納音	宿	建除	宜
二十四日	土		月入午前二時二分	初十日	庚午	土	胃	危	宜嫁娶移徙裁衣動土上樑(宜用卯時)安葬
二十五日	日		月入午前三時十二分	十一日	辛未	土	昴	成	宜動土上樑(宜用卯時)
二十六日	月		月入午前四時二十二分	十二日	壬申	金	畢	收	
二十七日	火		月入午前五時三十三分	十三日	癸酉	金	觜	開	
二十八日	水		月入午前六時四十二分	十四日	甲戌	火	參	閉	
二十九日	木	○ 望午前四時四十一分	月出午後五時二十三分	十五日	乙亥	火	井	建	
三十日	金		月出午後六時二十一分	十六日	丙子	水	鬼	除	宜移徙啓攢

十二月大三十一日

日	曜	月相	月出	陰曆	宜
一日	土		月出午後七時三十二分	十七日丁丑水柳滿	
二日	日		月出午後八時三十三分	十八日戊寅土星平	宜嫁娶移徙裁衣上樑(宜用辰時)開市納財安葬
三日	月		月出午後九時三十三分	十九日己卯土張定	宜冠帶(宜用巳時)嫁娶移徙裁衣動土上樑(宜用卯時)開市納財安葬
四日	火		月出午後十時三十二分	二十日庚辰金翼執	
五日	水		月出午後十一時二十九分	廿一日辛巳金軫破	宜破屋
六日	木	◐下弦午後十二時十四分		廿二日壬午木角危	宜裁衣
七日	金		月出午前零時二十六分	廿三日癸未木亢成	
八日	土		月出午前一時二十二分	廿四日甲申水氐成	大雪十二月節宜嫁娶移徙裁衣上樑(宜用辰時)開市納財安葬

大雪午前一時一分　舊十一月節

日出午前七時三十五分　晝間九時四十一分

日入午後五時十五分　夜間十四時十九分

日	曜	月相	月出	陰曆	宜
九日	日		月出午前二時十九分	廿五日乙酉水房收	
十日	月		月出午前三時十八分	廿六日丙戌土心開	宜裁衣動土上樑(宜用寅時)
十一日	火		月出午前四時十八分	廿七日丁亥土尾閉	宜裁衣
十二日	水		月出午前五時二十一分	廿八日戊子火箕建	
十三日	木		月出午前六時二十四分	廿九日己丑火斗除	
十四日	金	●合朔午後六時十七分	十一月大	初一日庚寅木牛滿	宜裁衣動土上樑(宜用辰時)開市納財啓欑

日	曜	月相	月出入	陰曆	干支	納音·宿·直	宜
十五日	土		月入午後六時六分	初二日	辛卯	木女平	
十六日	日		月入午後七時十四分	初三日	壬辰	水虛定	宜冠帶(宜用巳時)[illegible]嫁娶移徙裁衣動土上樑(宜用巳時)納財安葬
十七日	月		月入午後八時二十五分	初四日	癸巳	水危執	
十八日	火		月入午後九時三十六分	初五日	甲午	金室破	
十九日	水		月入午後十時四十六分	初六日	乙未	金壁危	
二十日	木		月入午後十一時五十五分	初七日	丙申	火奎成	宜移徙裁衣動土上樑(宜用未時)開市納財安葬
二十一日	金	◐上弦午後三時七分		初八日	丁酉	火婁收	
二十二日	土		月入午前一時三分	初九日	戊戌	木胃開	冬至十一月中 宜裁衣動土上樑(宜用寅時)

冬至午後六時四十六分

舊十一月中

日出午前七時四十五分　晝間九時三十五分

日入午後五時十九分　夜間十四時二十五分

日	曜	月相	月出入	陰曆	干支	納音·宿·直	宜
二十三日	日		月入午前二時十二分	初十日	己亥	木昴閉	宜裁衣
二十四日	月		月入午前三時二十分	十一日	庚子	土畢建	
二十五日	火		月入午前四時二十八分	十二日	辛丑	土觜除	宜嫁娶安葬
二十六日	水		月入午前五時三十三分	十三日	壬寅	金參滿	宜嫁娶裁衣動土上樑(宜用未時)開市納財安葬啓攢
二十七日	木		月入午前六時三十四分	十四日	癸卯	金井平	
二十八日	金	○望午後四時三十二分 月食	月出午後五時十七分	十五日	甲辰	火鬼定	
二十九日	土		月出午後六時十八分	十六日	乙巳	火柳執	
三十日	日		月出午後七時十九分	十七日	丙午	水星破	
三十一日	月		月出午後八時十九分	十八日	丁未	水張危	

年神方位圖
太歲丁巳
七日得辛
四龍治水
申 歲刑
庚 空
酉 大殺
辛 空
戌 死符
亥 歲破
壬 空
子 空
癸 空
丑 蠶官
寅 劫殺
甲 伏兵
卯 大將軍
乙 大禍
辰 歲殺
嫁娶周堂圖
天火日
翁 夫 姑
堂 婦
第 竈
凡選擇嫁娶日大月從夫順數小月從婦逆數擇第堂廚竈日用之如遇翁姑而無翁姑者亦可用
正五九月子日 二六十月卯日
三七十一月午日 四八十二月酉日

大正五年九月三十日印刷
大正五年十月一日發行

定價金四錢

朝鮮總督府

朝鮮總督
官房總務局印刷所印刷

朝鮮總督府發行之證

6　大正七年朝鮮民曆（１９１８）

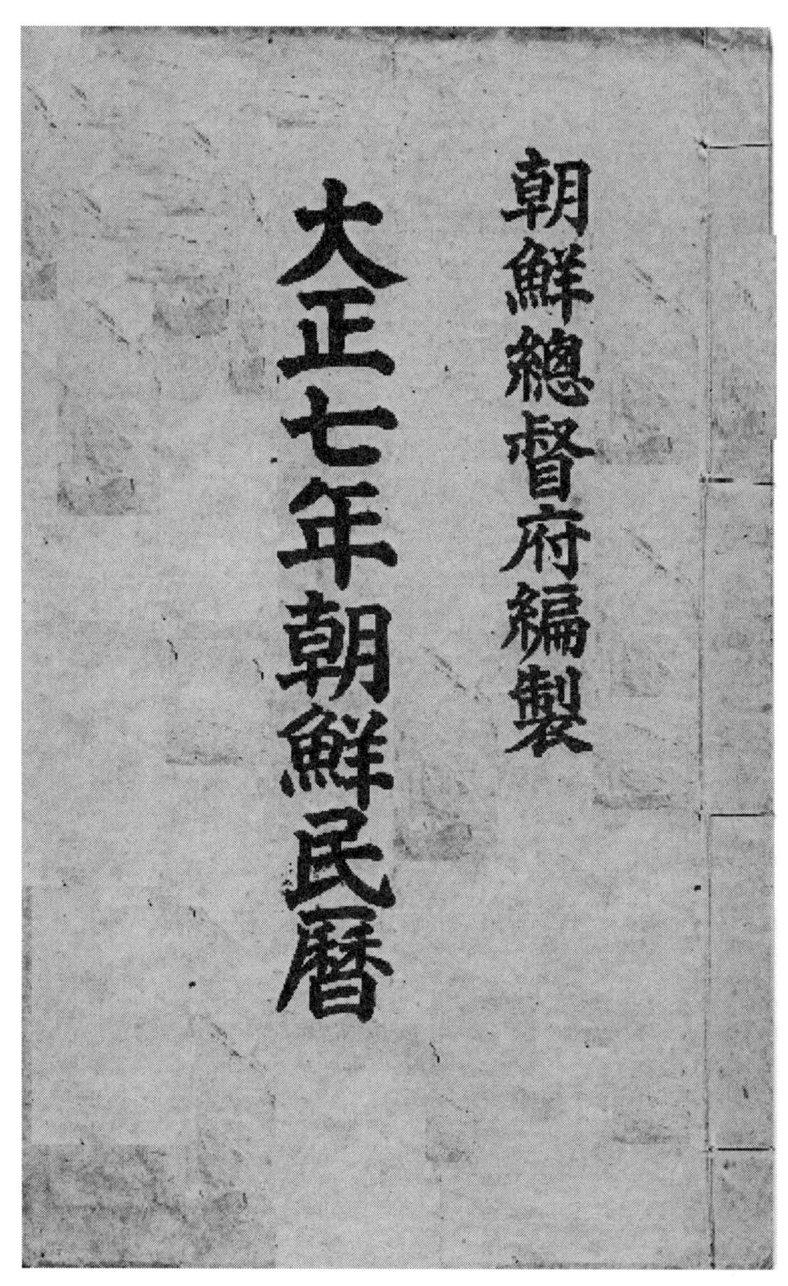

 6. 大正七年朝鮮民曆(1918)

神武天皇卽位紀元二千五百七十八年

大正七年朝鮮民曆

戊午平年三百六十五日

朝鮮總督府觀測所推算

月表

一月大	二月平	三月大	四月小
五月大	六月小	七月大	八月大
九月小	十月大	十一月小	十二月大

四方拜	一月一日
元始祭	一月三日
紀元節	二月十一日
春季皇靈祭	三月二十一日
神武天皇祭	四月三日
明治天皇祭	七月三十日
天長節	八月三十一日
秋季皇靈祭	九月二十四日
神嘗祭	十月十七日
天長節祝日	十月三十一日
新嘗祭	十一月二十三日

說明 本民曆에揭載한時刻은本邦中央標準時를用함日月出沒及日月食은朝鮮總督府觀測所에서[illegible]時刻을揭함

日食 六月九日

食分	日出	帶食	食甚	復圓
七分二厘	午前五時十二分	三分零厘	午前五時四十六分	午前六時三十九分
		右偏上	右下偏	下偏左

月食 六月二十四日

食分	月出	帶食	復圓
一分四厘	午後七時五十一分	九厘	午後八時十分
		右下偏	右偏下

日曜表

月	日
一月	[illegible]
二月	[illegible] 十日 十七日 二十四日
三月	[illegible] 十日 十七日 二十四日 三十一日
四月	七日 十四日 二十一日 二十八日
五月	[illegible] 十二日 十九日 二十六日
六月	[illegible] 九日 十六日 二十三日 三十日
七月	[illegible] 二十一日 二十八日
八月	[illegible]
九月	一日 八日 十五日 二十二日 二十九日
十月	六日 十三日 二十日 二十七日
十一月	三日 十日 十七日 二十四日
十二月	一日 八日 十五日 二十二日 二十九日

大正七年中陰曆歲次戊午年月表及節候表

月及月之大小	月朔日	節氣		入節 日	入節 時刻	陽曆	節氣		入節 日	入節 時刻	陽曆
正月大	己丑	雨水	正月中	初九日 丁酉	戌初三刻八分	二月十九日	驚蟄	二月節	廿四日 壬子	酉正一刻六分	三月六日
二月小	己未	春分	二月中	初九日 丁卯	戌初一刻十一分	三月廿一日	清明	三月節	廿四日 壬午	子初三刻一分	四月五日
三月小	戊子	穀雨	三月中	十一日 戊戌	辰初初刻六分	四月廿一日	立夏	四月節	廿六日 癸丑	酉初二刻八分	五月六日
四月大	丁巳	小滿	四月中	十三日 己巳	卯正三刻一分	五月廿二日	芒種	五月節	廿八日 甲申	亥正初刻十二分	六月六日
五月小	丁亥	夏至	五月中	十四日 庚子	申初初刻零分	六月廿二日					
六月大	丙辰	小暑	六月節	初一日 丙辰	辰正二刻二分	七月八日	大暑	六月中	十七日 壬申	丑初三刻七分	七月廿四日
七月小	丙戌	立秋	七月節	初二日 丁亥	酉正初刻八分	八月八日	處暑	七月中	十八日 癸卯	辰正二刻七分	八月廿四日
八月大	乙卯	白露	八月節	初四日 戊午	戌正二刻六分	九月八日	秋分	八月中	二十日 甲戌	卯初三刻一分	九月廿四日
九月大	乙酉	寒露	九月節	初五日 己丑	午初三刻十一分	十月九日	霜降	九月中	二十日 甲辰	未正二刻三分	十月廿四日
十月大	乙卯	立冬	十月節	初五日 己未	未正一刻四分	十一月八日	小雪	十月中	二十日 甲戌	午初二刻八分	十一月廿三日
十一月小	乙酉	大雪	十一月節	初五日 己丑	卯正三刻二分	十二月八日	冬至	十一月中	二十日 甲辰	子正二刻十二分	十二月廿三日
十二月大	甲寅	小寒	十二月節	初五日 戊午	酉初三刻七分	一月六日	大寒	十二月中	二十日 癸酉	午初一刻六分	一月廿一日

四方拜　元始祭　新年宴會

一月大三十一日

一日火　丁巳十一月大　月出午後九時十七分　十九日戊申土翼成　宜嫁娶移徙裁衣上樑[illegible]開市納財

二日水　月出午後十時十四分　二十日己酉土軫收

三日木　月出午後十一時十二分　廿一日庚戌金角開　宜裁衣動土上樑[illegible]

四日金　廿二日辛亥金亢閉

五日土　◐下弦午後八時五十分　月出午前零時七分　廿三日壬子木氐建

六日日　月出午前一時四分　廿四日癸丑木房建　小寒十二月節

小寒午後零時五分　舊十二月節　日出午前七時四十九分　日入午後五時三十分　晝間九時四十一分　夜間十四時十九分

七日月　月出午前二時三分　廿五日甲寅水心除

八日火　月出午前三時四分　廿六日乙卯水尾滿　宜嫁娶移徙裁衣上樑經絡開市納財安葬啓攢

九日水　月出午前四時六分　廿七日丙辰土箕平

十日木　月出午前五時七分　廿八日丁巳土斗定

十一日金　月出午前六時六分　廿九日戊午火牛執

十二日土　月出午前六時五十九分　三十日己未火女破　宜破屋

十三日日　●合朔午前七時二十六分　十二月小　初一日庚申木虛危　宜移徙裁衣動土上樑經絡開市納財安葬

十四日月　月入午後七時十八分　初二日辛酉木危成　宜嫁娶移徙裁衣動土上樑經絡開市納財安葬

日	曜		月出入	陰曆	干支		宿		
十五日	火		入月午後八時三十一分	初三日	壬戌	水	室	收	
十六日	水		入月午後九時四十三分	初四日	癸亥	水	壁	開	
十七日	木		入月午後十時五十四分	初五日	甲子	金	奎	閉	
十八日	金			初六日	乙丑	金	婁	建	土王用事 宜裁衣上樑(宜用午時)納財安葬
十九日	土	◐上弦午後二時三十分	入月午前零時三分	初七日	丙寅	火	胃	除	
二十日	日		入月午前一時十三分	初八日	丁卯	火	昴	滿	
二十一日	月		入月午前二時二十分	初九日	戊辰	木	畢	平	大寒十二月中
大寒午前五時二十五分 舊十二月中									日出午前七時四十五分 日入午後五時四十五分 晝間九時五十九分 夜間十四時一分
二十二日	火		入月午前三時二十六分	初十日	己巳	木	觜	定	宜冠帶(宜用巳時)結網取魚裁衣上樑(宜用巳時)納財
二十三日	水		入月午前四時二十七分	十一日	庚午	土	參	執	宜嫁娶移徙裁衣上樑(宜用卯時)安葬
二十四日	木	臘	入月午前五時二十二分	十二日	辛未	土	井	破	
二十五日	金		入月午前六時九分	十三日	壬申	金	鬼	危	
二十六日	土		入月午前六時五十一分	十四日	癸酉	金	柳	成	
二十七日	日	○望午後零時十四分	出月午後六時八分	十五日	甲戌	火	星	收	
二十八日	月		出月午後七時七分	十六日	乙亥	火	張	開	宜裁衣上樑(宜用辰時)開市納財
二十九日	火		出月午後八時五分	十七日	丙子	水	翼	閉	宜安葬啓攢
三十日	水		出月午後九時一分	十八日	丁丑	水	軫	建	
三十一日	木		出月午後九時五十七分	十九日	戊寅	土	角	除	

二月平二十八日

日	曜	月相	月出入	日辰	宜
一日	金		月出午後十時五十四分	二十日己卯土亢滿	
二日	土		月出午後十一時五十二分	廿一日庚辰金氐平	
三日	日			廿二日辛巳金房定	
四日	月	◑下弦午後四時三十三分	月出午前零時五十 分	廿三日壬午木心定	立春正月節

立春午後十一時五十三分　舊正月節
日出午前七時三十六分　晝間十時二十四分
日入午後六時零分　夜間十三時三十六分

日	曜	月相	月出入	日辰	宜
五日	火		月出午前一時五十 分	廿四日癸未木尾執	
六日	水		月出午前二時五十 分	廿五日甲申水箕破	宜破屋
七日	木		月出午前三時四十九分	廿六日乙酉水斗危	宜安葬
八日	金		月出午前四時四十四分	廿七日丙戌土牛成	宜裁衣動土上樑修倉開市納財安葬
九日	土		月出午前五時三十四分	廿八日丁亥土女收	
十日	日		月出午前六時 十九分	廿九日戊子火虛開	
十一日（紀元節）	月	●合朔午後七時五分	戊午正月大	初一日己丑火危閉	
十二日	火		月入午後七時二十 分	初二日庚寅木室建	宜裁衣納財
十三日	水		月入午後八時三十四分	初三日辛卯木壁除	宜嫁娶移徙裁衣動土上樑開市安葬啓攢
十四日	木		月入午後九時四十七分	初四日壬辰水奎滿	宜嫁娶移徙裁衣動土上樑修倉開市納財安葬

日	曜	月相	月出入	舊曆	宜
十五日	金		月入午後十時五十九分	初五日癸巳水奎平	
十六日	土			初六日甲午金婁定	宜冠帶結婚姻會親友嫁娶移徙裁衣動土上樑開市納財
十七日	日		月入午前零時十分	初七日乙未金胃執	
十八日	月	◐上弦午前九時五十七分	月入午前一時十八分	初八日丙申火昴破	宜破屋
十九日	火		月入午前二時二十一分	初九日丁酉火畢危	雨水正月中宜移徙裁衣動土上樑開市納財安葬

雨水午後七時五十三分　舊正月中

日出午前七時二十分　晝間十時五十六分

日入午後六時十六分　夜間十三時四分

日	曜	月相	月出入	舊曆	宜
二十日	水		月入午前三時十八分	初十日戊戌木參成	
二十一日	木		月入午前四時八分	十一日己亥木井收	宜開市納財
二十二日	金		月入午前四時五十一分	十二日庚子土鬼開	
二十三日	土		月入午前五時二十七分	十三日辛丑土柳閉	
二十四日	日		月入午前六時零分	十四日壬寅金星建	
二十五日	月		月入午前六時二十八分	十五日癸卯金張除	宜[illegible]積
二十六日	火	○望午前六時三十五分	月出午後六時五十四分	十六日甲辰火翼滿	宜裁衣
二十七日	水		月出午後七時五十分	十七日乙巳火軫平	
二十八日	木		月出午後八時四十七分	十八日丙午水角定	宜冠帶結婚姻會親友嫁娶移徙裁衣動土上樑開市納財安葬

三月大三十一日

日	曜	弦望	月出入	舊曆	干支	納音	宿	直	宜
一日	金		月入午後九時四十五分	十九日	丁未	水	亢	執	宜移徙裁衣動土上樑(宜用[illegible]時)納財安葬
二日	土		月出午後十時四十一分	二十日	戊申	土	氐	破	宜破屋
三日	日		月出午後十一時四十　分	廿一日	己酉	土	房	危	宜安葬
四日	月			廿二日	庚戌	金	心	成	
五日	火		月出午前零時三十九分	廿三日	辛亥	金	尾	收	
六日	水	◐下弦午前九時四十四分	月出午前一時三十六分	廿四日	壬子	木	箕	收	驚蟄二月節
驚蟄午後六時二十一分 舊二月節									日出午前七時零分 晝間十一時二十二分 日入午後六時二十二分 夜間十二時三十八分
七日	木		月出午前二時三十一分	廿五日	癸丑	木	斗	開	宜移徙裁衣上樑(宜用巳時)
八日	金		月出午前三時二十二分	廿六日	甲寅	水	牛	閉	宜裁衣納財安葬啓攢
九日	土		月出午前四時　八分	廿七日	乙卯	水	女	建	宜裁衣
十日	日		月出午前四時四十九分	廿八日	丙辰	土	虛	除	宜移徙裁衣動土上樑(宜用[illegible]時)
十一日	月		月出午前五時二十七分	廿九日	丁巳	土	危	滿	宜裁衣上樑(宜用[illegible]時)開市納財
十二日	火		月出午前六時　二分	三十日	戊午	火	室	平	
十三日	水	●合朔午前四時五十分	二月小	初一日	己未	火	壁	定	宜[illegible]移徙裁衣動土上樑(宜用[illegible]時)納財安葬
十四日	木		月入午後八時三十五分	初二日	庚申	木	奎	執	

春季皇靈祭

日	曜	記事	月出入	陰曆	干支	納音	宿	建除	宜
十五日	金		月入午後九時四十九分	初三日	辛酉	木	婁	破	
十六日	土		月入午後十一時一分	初四日	壬戌	水	胃	危	
十七日	日			初五日	癸亥	水	昴	成	
十八日	月		月入午前零時九分	初六日	甲子	金	畢	收	
十九日	火	◐上弦午後十時三十分	月入午前一時十分	初七日	乙丑	金	觜	開	宜裁衣動土上樑宜用卯時
二十日	水		月入午前二時三分	初八日	丙寅	火	參	閉	
二十一日	木		月入午前二時四十九分	初九日	丁卯	火	井	建	春分二月中 宜裁衣上樑宜用卯時納財啓攢
二十二日	金	社	月入午前三時二十八分	初十日	戊辰	木	鬼	除	
二十三日	土		月入午前四時二分	十一日	己巳	木	柳	滿	宜裁衣上樑宜用辰時開市納財
二十四日	日		月入午前四時三十一分	十二日	庚午	土	星	平	
二十五日	月		月入午前四時五十八分	十三日	辛未	土	張	定	宜冠帶宜用酉時嫁娶裁衣動土上樑宜用卯時納財
二十六日	火		月入午前五時二十四分	十四日	壬申	金	翼	執	
二十七日	水		月入午前五時四十九分	十五日	癸酉	金	軫	破	
二十八日	木	○望午前零時三十三分	月出午後七時三十七分	十六日	甲戌	火	角	危	宜嫁娶移徙裁衣動土上樑宜用巳時開市納財安葬
二十九日	金		月出午後八時三十五分	十七日	乙亥	火	亢	成	宜移徙裁衣動土上樑宜用辰時
三十日	土		月出午後九時三十三分	十八日	丙子	水	氐	收	
三十一日	日		月出午後十時三十二分	十九日	丁丑	水	房	開	宜嫁娶移徙動土上樑宜用巳時

春分午後七時二十六分 舊二月中

日出午前六時三十八分 晝間十二時八分

日入午後六時四十五分 夜間十一時五十二分

神武天皇祭

四月小三十日

日	曜	記事	月出入	舊曆	干支	納音	宿	直	宜
一日	月		月出午後十一時二十九分	二十日	戊寅	土	心	閉	宜裁衣納財安葬
二日	火			二十一日	己卯	土	尾	建	
三日	水	神武天皇祭	月出午前零時二十四分	二十二日	庚辰	金	箕	除	
四日	木	◐下弦午後十時三十二分	月出午前一時十五分	二十三日	辛巳	金	斗	滿	
五日	金		月出午前二時 一分	二十四日	壬午	木	牛	滿	清明三月節
		清明午後十一時四十六分　舊三月節							日出午前六時十五分　晝間十二時四十四分　日入午後六時五十九分　夜間十一時十六分
六日	土	寒食	月出午前二時四十三分	二十五日	癸未	木	女	平	
七日	日		月出午前三時二十一分	二十六日	甲申	水	虛	定	
八日	月		月出午前三時五十六分	二十七日	乙酉	水	危	執	宜嫁娶移徙裁衣上樑宜用時開市納財安葬
九日	火		月出午前四時二十九分	二十八日	丙戌	土	室	破	宜破屋
十日	水		月出午前五時 三分	二十九日	丁亥	土	壁	危	
十一日	木	●合朔午後一時三十四分	三月小	初一日	戊子	火	奎	成	宜動土上樑宜用時
十二日	金		月入午後八時五十六分	初二日	己丑	火	婁	收	宜納財
十三日	土		月入午後九時四十八分	初三日	庚寅	木	胃	開	宜移徙裁衣動土上樑宜用時開市納財
十四日	日		月入午後十時五十四分	初四日	辛卯	木	昴	閉	

十五日	月		月入午後十一時五十一分	初四日壬辰水畢建	
十六日	火			初五日癸巳水觜除	
十七日	水		月入午前零時四十一分	初六日甲午金參滿	
十八日	木	◐上弦午後一時八分	月入午前一時二十六分	初七日乙未金井平	土王用事
十九日	金		月入午前二時 二分	初八日丙申火鬼定	
二十日	土		月入午前二時三十一分	初九日丁酉火柳執	宜嫁娶移徙裁衣上樑 宜用午時 納財安葬
二十一日	日		月入午前三時 一分	初十日戊戌木星破	穀雨三月中

穀雨午前七時六分 舊三月中

日出午前五時五十一分 晝間十三時二十二分
日入午後七時十三分 夜間十時三十八分

二十二日	月		月入午前三時二十七分	十一日己亥木張危	宜納財
二十三日	火		月入午前三時五十一分	十二日庚子土翼成	宜嫁娶裁衣上樑 宜用卯時 開市納財啓欑
二十四日	水		月入午前四時十九分	十三日辛丑土軫收	
二十五日	木		月入午前四時四十六分	十四日壬寅金角開	宜裁衣上樑 宜用未時 開市
二十六日	金	○望午後五時五分	月出午後七時二十六分	十五日癸卯金亢閉	
二十七日	土		月出午後八時二十一分	十六日甲辰火氐建	
二十八日	日		月出午後九時二十四分	十七日乙巳火房除	
二十九日	月		月出午後十時二十 分	十八日丙午水心滿	
三十日	火		月出午後十一時十二分	十九日丁未水尾平	

五月大三十一日

日	曜	月相	月出入	舊曆	宜
一日	水		月出午後十一時五十九分	廿一日戊申土箕定	
二日	木			廿二日己酉土斗執	宜嫁娶安葬
三日	金		月出午前零時四十二分	廿三日庚戌金牛破	
四日	土	◑下弦午前七時二十六分	月出午前一時十九分	廿四日辛亥金女危	宜納財
五日	日		月出午前一時五十四分	廿五日壬子木虛成	
六日	月		月出午前二時二十七分	廿六日癸丑木危成	立夏四月節 宜納財
立夏午後五時三十分				舊四月節	日出午前五時三十四分 日入午後七時二十七分 晝間十三時五十三分 夜間十時七分
七日	火		月出午前二時五十九分	廿七日甲寅水室收	
八日	水		月出午前三時三十三分	廿八日乙卯水壁開	宜嫁娶移徙裁衣動土上樑豎柱開市納財
九日	木		月出午前四時十分	廿九日丙辰土奎閉	
十日	金	●合朔午後七時一分	四月大	初一日丁巳土婁建	宜裁衣
十一日	土		月入午後八時三十二分	初二日戊午火胃除	
十二日	日		月入午後九時三十六分	初三日己未火昴滿	
十三日	月		月入午後十時三十二分	初四日庚申木畢平	宜裁衣動土上樑豎柱開市納財安葬
十四日	火		月入午後十一時十九分	初五日辛酉木觜定	

日	曜	月象	月出入	陰曆	干支	五行	宿	建除	宜
十五日	水		月入午後十一時五十九分	初五日	壬戌	水	參	執	
十六日	木			初六日	癸亥	水	井	破	
十七日	金		月入午前零時三十一分	初七日	甲子	金	鬼	危	
十八日	土	◑上弦午前五時十四分	月入午前一時 二分	初八日	乙丑	金	柳	成	宜動土上樑(宜用卯時)安葬
十九日	日		月入午前一時二十九分	初九日	丙寅	火	星	收	宜嫁娶移徙裁衣上樑(宜用辰時)納財
二十日	月		月入午前一時五十五分	初十日	丁卯	火	張	開	
二十一日	火		月入午前二時二十一分	十一日	戊辰	木	翼	閉	
二十二日	水		月入午前二時四十八分	十二日	己巳	木	軫	建	小滿四月中

小滿午前六時四十六分　舊四月中

日出午前五時二十分　晝間十四時二十一分
日入午後七時四十分　夜間九時三十九分

日	曜	月象	月出入	陰曆	干支	五行	宿	建除	宜
二十三日	木		月入午前三時十七分	十三日	庚午	土	角	除	
二十四日	金		月入午前三時四十九分	十四日	辛未	土	亢	滿	
二十五日	土		月入午前四時二十六分	十五日	壬申	金	氐	平	
二十六日	日	○望午前六時三十二分	月出午後八時十三分	十六日	癸酉	金	房	定	宜冠帶(宜用子時)移徙裁衣動土上樑(宜用巳時)開市納財安葬
二十七日	月		月出午後九時 八分	十七日	甲戌	火	心	執	宜嫁娶
二十八日	火		月出午後九時五十七分	十八日	乙亥	火	尾	破	宜破屋
二十九日	水		月出午後十時四十一分	十九日	丙子	水	箕	危	宜移徙裁衣動土上樑(宜用卯時)
三十日	木		月出午後十一時二十一分	二十日	丁丑	水	斗	成	宜裁衣動土上樑(宜用巳時)開市納財
三十一日	金		月出午後十一時五十六分	廿一日	戊寅	土	牛	收	

六月小三十日

日	曜		月出入	陰曆	干支		宿		宜
一日	土			廿三日	己卯	土	女	開	
二日	日	◑下弦午後一時二十分	月出午前零時二十九分	廿四日	庚辰	金	虛	閉	
三日	月		月出午前一時零分	廿五日	辛巳	金	危	建	宜移徙上樑宜用[illegible]時
四日	火		月出午前一時三十二分	廿六日	壬午	木	室	除	宜安葬
五日	水		月出午前二時六分	廿七日	癸未	木	壁	滿	
六日	木		月出午前二時四十四分	廿八日	甲申	水	奎	滿	芒種五月節
芒種午後十時十一分				舊五月節					日出午前五時十三分 日入午後七時五十分 晝間十四時三十七分 夜間九時二十三分
七日	金		月出午前三時二十七分	廿九日	乙酉	水	婁	平	
八日	土		月出午前四時十六分	三十日	丙戌	土	胃	定	
九日	日	●合朔午前七時三分 日食	五月小	初一日	丁亥	土	昴	執	
十日	月		月入午後九時九分	初二日	戊子	火	畢	破	
十一日	火		月入午後九時五十三分	初三日	己丑	火	觜	危	
十二日	水		月入午後十時三十分	初四日	庚寅	木	參	成	宜嫁娶裁衣動土上樑宜用辰時開市納財啓攢
十三日	木		月入午後十一時二分	初五日	辛卯	木	井	收	
十四日	金		月入午後十一時三十分	初六日	壬辰	水	鬼	開	宜移徙裁衣動土上樑宜用辰時

十五日	土		入月午前[illegible]	[illegible]	[illegible]			[illegible]
十六日	日	◐上弦午後十時十二分		初八日	甲午	金	[illegible]	建
十七日	月		入月午前零時二十分	初九日	乙未	金	[illegible]	除　宜[illegible]財安葬
十八日	火		入月午前零時四十九分	初十日	丙申	火	翼	滿　宜嫁娶移徙裁衣動土上樑立券交易開市納財安葬
十九日	水		入月午前一時十七分	十一日	丁酉	火	軫	平
二十日	木		入月午前一時四十八分	十二日	戊戌	木	角	定　宜冠帶[illegible]嫁娶移徙裁衣動土上樑[illegible]納財
二十一日	金		入月午前二時二十二分	十三日	己亥	木	亢	執
二十二日	土		入月午前三時三分	十四日	庚子	土	氐	破　夏至五月中

夏至午後三時零分　舊五月中

日出午前五時十二分　晝間十四時四十五分
日入午後七時五十七分　夜間九時十五分

二十三日	日		入月午前三時五十分	十五日	辛丑	土	房	危
二十四日	月	○望午後七時三十八分月食	出月午後七時五十一分	十六日	壬寅	金	心	成　宜嫁娶裁衣動土上樑立券交易開市納財啓攢
二十五日	火		出月午後八時三十九分	十七日	癸卯	金	尾	收
二十六日	水		出月午後九時二十分	十八日	甲辰	火	箕	開
二十七日	木		出月午後九時五十六分	十九日	乙巳	火	斗	閉
二十八日	金		出月午後十時三十一分	二十日	丙午	水	牛	建
二十九日	土		出月午後十一時三分	廿一日	丁未	水	女	除　宜嫁娶移徙裁衣動土上樑立券交易開市納財
三十日	日		出月午後十一時三十五分	廿二日	戊申	土	虛	滿　宜嫁娶移徙裁衣動土上樑立券交易開市納財

七月大三十一日

日	曜		月出入	陰曆	干支		宿	建除	
一日	月	◐下弦午後五時四十三分		廿三日	己酉	土	危	平	
二日	火		月出午前零時八分	廿四日	庚戌	金	室	定	宜冠帶結婚姻[illegible]裁衣動土上樑[illegible]納財
三日	水		月出午前零時四十四分	廿五日	辛亥	金	壁	執	
四日	木		月出午前一時二十四分	廿六日	壬子	木	奎	破	
五日	金		月出午前二時九分	廿七日	癸丑	木	婁	危	
六日	土		月出午前三時一分	廿八日	甲寅	水	胃	成	宜裁衣動土上樑[illegible]開市納財[illegible]
七日	日		月出午前三時五十九分	廿九日	乙卯	水	昴	收	
八日	月	●合朔午後五時四十二分	六月大	初一日	丙辰	土	畢	收	小暑六月節宜納財

小暑午前八時三十三分　舊六月節

日出午前五時十九分　晝間十四時三十八分
日入午後七時五十七分　夜間九時二十二分

日	曜		月出入	陰曆	干支		宿	建除	
九日	火		月入午後八時二十六分	初二日	丁巳	土	觜	開	
十日	水		月入午後九時一分	初三日	戊午	火	參	閉	
十一日	木		月入午後九時三十一分	初四日	己未	火	井	建	宜移徙裁衣納財
十二日	金	初伏	月入午後九時五十八分	初五日	庚申	木	鬼	除	
十三日	土		月入午後十時二十五分	初六日	辛酉	木	柳	滿	
十四日	日		月入午後十時五十一分	初七日	壬戌	水	星	平	

明治天皇祭

日	曜	月相	月出入	陰曆	干支	納音	宿	建除	宜
十五日	月		月入午後十一時十八分	初八日	癸亥	水	張	定	
十六日	火	◐上弦午後三時二十五分	月入午後十一時四十七分	初九日	甲子	金	翼	執	宜裁衣動土上樑[illegible]安葬
十七日	水			初十日	乙丑	金	軫	破	
十八日	木		月入午前零時二十分	十一日	丙寅	火	角	危	宜開市納財啓攢
十九日	金		月入午前零時五十七分	十二日	丁卯	火	亢	成	宜嫁娶移徙裁衣動土上樑[illegible]開市納財啓攢
二十日	土		月入午前一時四十一分	十三日	戊辰	木	氐	收	土王用事 宜納財
二十一日	日		月入午前二時三十一分	十四日	己巳	木	房	開	
二十二日	月	中伏	月入午前三時二十九分	十五日	庚午	土	心	閉	宜安葬
二十三日	火		月入午前四時三十四分	十六日	辛未	土	尾	建	宜移徙裁衣動土上樑[illegible]納財
二十四日	水	○望午前五時三十分	月出午後七時五十五分	十七日	壬申	金	箕	除	大暑六月中

大暑午前一時五十二分 舊六月中

日出午前五時三十分 晝間十四時二十分
日入午後七時四十九分 夜間九時四十分

日	曜	月相	月出入	陰曆	干支	納音	宿	建除	宜
二十五日	木		月出午後八時三十一分	十八日	癸酉	金	斗	滿	
二十六日	金		月出午後九時五分	十九日	甲戌	火	牛	平	
二十七日	土		月出午後九時三十八分	二十日	乙亥	火	女	定	宜冠帶[illegible]上樑[illegible]
二十八日	日		月出午後十時十一分	廿一日	丙子	水	虛	執	
二十九日	月		月出午後十時四十六分	廿二日	丁丑	水	危	破	
三十日	火	◑下弦午後十時十四分	月出午後十一時二十四分	廿三日	戊寅	土	室	危	
三十一日	水			廿四日	己卯	土	壁	成	宜裁衣上樑[illegible]開市納財

八月大三十一日

日	曜		月出入	陰曆	干支				宜忌
一日	木		月出午前零時八分	廿五日	庚辰	金	奎	收	
二日	金		月出午前零時五十七分	廿六日	辛巳	金	婁	開	
三日	土		月出午前一時五十三分	廿七日	壬午	木	胃	閉	宜安葬
四日	日		月出午前二時五十一分	廿八日	癸未	木	昴	建	宜嫁娶
五日	月		月出午前三時五十二分	廿九日	甲申	水	畢	除	宜嫁娶移徙裁衣上樑豎柱開市安葬
六日	火		月出午前四時五十五分	三十日	乙酉	水	觜	滿	
七日	水	●合朔午前五時二十七分	七月小	初一日	丙戌	土	參	平	
八日	木		月入午後八時零分	初二日	丁亥	土	井	平	立秋七月節

立秋午後六時八分

舊七月節 日出午前五時四十二分 晝間十三時五十三分 日入午後七時三十六分 夜間十時七分

日	曜		月出入	陰曆	干支				宜忌
九日	金		月入午後八時二十七分	初三日	戊子	火	鬼	定	宜祭祀上冊受封嫁娶移徙裁衣動土上樑豎柱開市納財安葬
十日	土		月入午後八時五十三分	初四日	己丑	火	柳	執	
十一日	日	末伏	月入午後九時二十分	初五日	庚寅	木	星	破	
十二日	月		月入午後九時四十八分	初六日	辛卯	木	張	危	宜啓攢
十三日	火		月入午後十時十九分	初七日	壬辰	水	翼	成	宜裁衣動土上樑豎柱開市納財安葬
十四日	水		月入午後十時五十四分	初八日	癸巳	水	軫	收	宜嫁娶移徙動土上樑豎柱

日	曜	月相	月出入	陰曆	宜
十五日	木	◐上弦午前八時十六分	月入午後十一時三十四分	初十日甲午金角開	
十六日	金			十一日乙未金亢閉	
十七日	土		月入午前零時二十一分	十二日丙申火氐建	
十八日	日		月入午前一時十四分	十三日丁酉火房除	宜裁衣動土上樑[illegible]安葬
十九日	月		月入午前二時十四分	十四日戊戌木心滿	宜嫁娶移徙裁衣動土上樑[illegible]開市納財安葬
二十日	火		月入午前三時二十分	十五日己亥木尾平	
二十一日	水		月入午前四時三十分	十六日庚子土箕定	宜冠帶[illegible]移徙裁衣動土上樑[illegible]開市納財
二十二日	木	○望午後二時二分	月出午後七時二分	十七日辛丑土斗執	
二十三日	金		月出午後七時二十六分	十八日壬寅金牛破	
二十四日	土		月出午後八時十分	十九日癸卯金女危	處暑七月中宜嫁娶移徙裁衣[illegible]開市納財安葬[illegible]啓攢

處暑午前八時三十七分

舊七月中

日出午前五時五十六分 晝間十三時二十分
日入午後七時十六分 夜間十時四十分

日	曜	月相	月出入	陰曆	宜
二十五日	日		月出午後八時四十六分	二十日甲辰火虛成	
二十六日	月		月出午後九時二十四分	廿一日乙巳火危收	
二十七日	火		月出午後十時七分	廿二日丙午水室開	
二十八日	水		月出午後十時五十五分	廿三日丁未水壁閉	
二十九日	木	◑下弦午前四時二十七分	月出午後十一時四十八分	廿四日戊申土奎建	
三十日	金			廿五日己酉土婁除	宜安葬
三十一日	土		月出午前零時四十六分	廿六日庚戌金胃滿	宜裁衣

天長節

九月小三十日

白露午後八時三十六分 舊八月節 日出午前六時八分 晝間十二時四十六分 日入午後六時五十四分 夜間十一時十四分

日	曜	月相	月出入	舊曆	干支	納音	宿	建除	宜
一日	日		月出午前一時四十六分	廿六日	辛亥	金	昴	平	
二日	月		月出午前二時四十七分	廿七日	壬子	木	畢	定	宜冠[illegible]嫁娶移徙裁衣動土上樑(宜用巳時)開市納財安葬
三日	火		月出午前三時四十八分	廿八日	癸丑	木	觜	執	宜裁衣動土上樑(宜用巳時)納財安葬
四日	水		月出午前四時四十八分	廿九日	甲寅	水	參	破	
五日	木	● 合朔午後七時四十三分	八月大	初一日	乙卯	水	井	危	
六日	金		月入午後六時五十七分	初二日	丙辰	土	鬼	成	
七日	土		月入午後七時二十三分	初三日	丁巳	土	柳	收	宜嫁娶移徙裁衣上樑(宜用巳時)開市納財
八日	日		月入午後七時五十一分	初四日	戊午	火	星	收	白露八月節
九日	月		月入午後八時二十一分	初五日	己未	火	張	開	
十日	火		月入午後八時五十四分	初六日	庚申	木	翼	閉	宜裁衣納財安葬
十一日	水		月入午後九時三十三分	初七日	辛酉	木	軫	建	
十二日	木		月入午後十時十五分	初八日	壬戌	水	角	除	宜移徙裁衣動土上樑(宜用巳時)
十三日	金		月入午後十一時四分	初九日	癸亥	水	亢	滿	
十四日	土	◐ 上弦午前零時一分		初十日	甲子	金	氐	平	

秋季皇靈祭

日	曜		月出入	陰曆	
十五日	日		月入午前零時零分	十一日乙丑金房定	宜嫁娶移徙裁衣動土上樑(宜用申時)納財安葬
十六日	月		月入午前一時一分	十二日丙寅火心執	
十七日	火		月入午前二時七分	十三日丁卯火尾破	
十八日	水		月入午前三時十七分	十四日戊辰木箕危	
十九日	木		月入午前四時二十八分	十五日己巳木斗成	宜移徙裁衣動土上樑(宜用辰時)開市納財
二十日	金	○望午後十時一分	月出午後六時五分	十六日庚午土牛收	
二十一日	土		月出午後六時四十一分	十七日辛未土女開	宜移徙裁衣上樑(宜用卯時)
二十二日	日		月出午後七時十九分	十八日壬申金虛閉	
二十三日	月		月出午後八時二分	十九日癸酉金危建	
二十四日	火		月出午後八時五十分	二十日甲戌火室除	秋分八月中
秋分午前五時四十六分			舊八月中	日出午前六時二十一分 晝間十二時八分	日入午後六時二十九分 夜間十一時五十二分
二十五日	水		月出午後九時四十三分	廿一日乙亥火壁滿	宜裁衣動土上樑(宜用辰時)開市納財
二十六日	木		月出午後十時四十分	廿二日丙子水奎平	
二十七日	金	◑下弦午後十時三十九分	月出午後十一時四十一分	廿三日丁丑水婁定	
二十八日	土	社		廿四日戊寅土胃執	
二十九日	日		月出午前零時四十二分	廿五日己卯土昴破	
三十日	月		月出午前一時四十三分	廿六日庚辰金畢危	宜嫁娶移徙裁衣動土上樑(宜用辰時)開市納財安葬

十月大三十一日

日	曜	弦望	月出入	陰曆	日辰		宿	直	宜
一日	火		月出午前二時四十三分	廿七日	辛巳	金	觜	成	宜嫁娶移徙裁衣動土上樑經絡開市納財
二日	水		月出午前三時四十一分	廿八日	壬午	木	參	收	
三日	木		月出午前四時三十七分	廿九日	癸未	木	井	開	宜嫁娶移徙裁衣上樑經絡
四日	金		月出午前五時三十四分	三十日	甲申	水	鬼	閉	
五日	土	●合朔午後零時分	九月大	初一日	乙酉	水	柳	建	
六日	日		月入午後六時二十四分	初二日	丙戌	土	星	除	
七日	月		月入午後六時五十六分	初三日	丁亥	土	張	滿	
八日	火		月入午後七時三十三分	初四日	戊子	火	翼	平	
九日	水		月入午後八時十三分	初五日	己丑	火	軫	平	寒露九月節

寒露午前十一時四十二分 舊九月節 日出午前六時二十五分 晝間十一時四十二分 日入午後六時七分 夜間十二時十八分

日	曜	弦望	月出入	陰曆	日辰		宿	直	宜
十日	木		月入午後九時零分	初六日	庚寅	木	角	定	
十一日	金		月入午後九時五十二分	初七日	辛卯	木	亢	執	宜移徙裁衣動土上樑經絡開市納財安葬啓攢
十二日	土		月入午後十時五十分	初八日	壬辰	水	氐	破	宜破屋
十三日	日	◐上弦午後二時零分	月入午後十一時五十三分	初九日	癸巳	水	房	危	宜移徙裁衣動土上樑經絡納財
十四日	月			初十日	甲午	金	心	成	宜嫁娶移徙裁衣動土上樑經絡開市納財安葬

日	曜	月相	月出入	陰曆	干支	納音	宿	建除	記事
十五日	火		月入午前零時五十八分	十一日	乙未	金	尾	收	
十六日	水		月入午前二時五分	十二日	丙申	火	箕	開	宜嫁娶移徙裁衣動土上樑補垣開市
十七日	木		月入午前三時十五分	十三日	丁酉	火	斗	閉	神嘗祭
十八日	金		月入午前四時二十六分	十四日	戊戌	木	牛	建	
十九日	土		月入午前五時四十分	十五日	己亥	木	女	除	
二十日	日	○望午前六時三十五分	月出午後五時五十一分	十六日	庚子	土	虛	滿	
二十一日	月		月出午後六時二十八分	十七日	辛丑	土	危	平	土王用事
二十二日	火		月出午後七時三十分	十八日	壬寅	金	室	定	
二十三日	水		月出午後八時二十八分	十九日	癸卯	金	壁	執	宜嫁娶移徙裁衣上樑破土補垣時安葬啓攢
二十四日	木		月出午後九時三十分	二十日	甲辰	火	奎	破	霜降九月中

霜降午後二時三十三分　舊九月中

日出午前六時四十九分　晝間十時五十七分
日入午後五時四十六分　夜間十三時三分

日	曜	月相	月出入	陰曆	干支	納音	宿	建除	記事
二十五日	金		月出午後十時三十三分	廿一日	乙巳	火	婁	危	
二十六日	土		月出午後十一時三十五分	廿二日	丙午	水	胃	成	宜嫁娶移徙裁衣上樑補垣時開市納財安葬
二十七日	日	◑下弦午前四時三十一分		廿三日	丁未	水	昴	收	
二十八日	月		月出午前零時三十六分	廿四日	戊申	土	畢	開	宜嫁娶移徙裁衣上樑補垣時開市
二十九日	火		月出午前一時三十五分	廿五日	己酉	土	觜	閉	
三十日	水		月出午前二時三十二分	廿六日	庚戌	金	參	建	宜移徙裁衣納財
三十一日	木		月出午前三時二十八分	廿七日	辛亥	金	井	除	宜移徙裁衣上樑補垣時 / 天長節祝日

十一月小三十日

日	曜	月相	月出入	陰曆	干支	納音	宿	直	備考
一日	金		月出午前四時十四分	廿八日	壬子	木	鬼	滿	
二日	土		月出午前五時二十分	廿九日	癸丑	木	柳	平	
三日	日		月出午前六時廿七分	三十日	甲寅	水	星	定	
四日	月	●合朔午前六時二分	十月大	初一日	乙卯	水	張	執	
五日	火		月入午後六時十二分	初二日	丙辰	土	翼	破	
六日	水		月入午後六時五十八分	初三日	丁巳	土	軫	危	
七日	木		月入午後七時四十九分	初四日	戊午	火	角	成	
八日	金		月入午後八時四十五分	初五日	己未	火	亢	成	立冬十月節

立冬午後二時十九分

舊十月節 日出午前七時四分 晝間十時二十五分 日入午後五時二十分 夜間十三時三十五分

日	曜	月相	月出入	陰曆	干支	納音	宿	直	備考
九日	土		月入午後九時四十四分	初六日	庚申	木	氐	收	宜移徙裁衣動土上樑修倉庫開市納財安葬
十日	日		月入午後十時四十六分	初七日	辛酉	木	房	開	
十一日	月		月入午後十一時五十二分	初八日	壬戌	水	心	閉	
十二日	火	◐上弦午前一時四十六分		初九日	癸亥	水	尾	建	
十三日	水		月入午前零時五十八分	初十日	甲子	金	箕	除	宜嫁娶移徙裁衣動土上樑修倉庫開市納財安葬
十四日	木		月入午前二時五分	十一日	乙丑	金	斗	滿	

新嘗祭

日	曜	月相	月出入	陰曆	干支	宜
十五日	金		月入午前三時十五分	十二日	丙寅火斗平	宜[illegible]嫁娶移徙裁衣動土上樑[illegible]開市納財安葬啓欑
十六日	土		月入午前四時二十七分	十三日	丁卯火女定	宜冠帶[illegible]嫁娶移徙裁衣動土上樑[illegible]開市納財啓欑
十七日	日		月入午前五時四十一分	十四日	戊辰木虛執	
十八日	月	○望午後四時二十三分	月出午後五時十三分	十五日	己巳木危破	宜破屋
十九日	火		月出午後六時九分	十六日	庚午土室危	宜嫁娶移徙裁衣動土上樑寅月卯時安葬
二十日	水		月出午後七時十一分	十七日	辛未土壁成	宜裁衣動土上樑[illegible]開市納財
二十一日	木		月出午後八時十六分	十八日	壬申金奎收	
二十二日	金		月出午後九時二十一分	十九日	癸酉金婁開	
二十三日	土		月出午後十時二十四分	二十日	甲戌火胃閉	小雪十月中

小雪午前十一時三十六分　舊十月中

日出午前七時二十分　晝間九時五十九分
日入午後五時十九分　夜間十四時一分

日	曜	月相	月出入	陰曆	干支	宜
二十四日	日		月出午後十一時二十五分	廿一日	乙亥火昴建	
二十五日	月	◐下弦午後七時二十七分		廿二日	丙子水畢除	宜移徙啓欑
二十六日	火		月出午前零時二十四分	廿三日	丁丑水觜滿	
二十七日	水		月出午前一時二十一分	廿四日	戊寅土參平	宜嫁娶移徙裁衣上樑[illegible]開市納財安葬
二十八日	木		月出午前二時十七分	廿五日	己卯土井定	宜冠帶祭祀[illegible]移徙裁衣動土上樑[illegible]開市納財安葬
二十九日	金		月出午前三時十三分	廿六日	庚辰金鬼執	
三十日	土		月出午前四時十分	廿七日	辛巳金柳破	宜破屋

十二月大三十一日

日	曜	月相	月出入	舊曆	干支	納音	宿	建除	宜
一日	日		月出午前五時六分	廿八日	壬午	木	星	危	宜裁衣
二日	月		月出午前六時三分	廿九日	癸未	木	張	成	宜裁衣動土上樑[illegible]開市納財
三日	火		月出午前六時五十九分	卅日	甲申	水	翼	收	
四日	水	●合朔午前零時十九分	十一月小	初一日	乙酉	水	軫	開	宜移徙裁衣動土上樑[illegible]開市納財
五日	木		月入午後六時三十九分	初二日	丙戌	土	角	閉	
六日	金		月入午後七時三十九分	初三日	丁亥	土	亢	建	
七日	土		月入午後八時四十一分	初四日	戊子	火	氐	除	
八日	日		月入午後九時四十五分	初五日	己丑	火	房	除	大雪十一月節

大雪午前六時四十七分　舊十一月節

日出午前七時三十三分　晝間九時四十一分
日入午後五時十五分　夜間十四時十九分

日	曜	月相	月出入	舊曆	干支	納音	宿	建除	宜
九日	月		月入午後十時四十九分	初六日	庚寅	木	心	滿	宜嫁娶裁衣動土上樑[illegible]開市納財[illegible]
十日	火		月入午後十一時五十五分	初七日	辛卯	木	尾	平	
十一日	水	◐上弦午前十一時三十二分		初八日	壬辰	水	箕	定	宜[illegible]嫁娶移徙裁衣動土上樑[illegible]
十二日	木		月入午前一時二分	初九日	癸巳	水	斗	執	
十三日	金		月入午前二時十分	初十日	甲午	金	牛	破	
十四日	土		月入午前三時二十分	十一日	乙未	金	女	危	

日	月相	月出入	舊曆	宜
十五日 日		入月午前四時三十二分	十三日 丙申 火 虛 成	
十六日 月		入月午前五時四十二分	十四日 丁酉 火 危 收	
十七日 火		入月午前六時四十九分	十五日 戊戌 木 室 開	
十八日 水	○望午前四時八分	出月午後五時五十三分	十六日 己亥 木 壁 閉	宜裁衣
十九日 木		出月午後六時五十九分	十七日 庚子 土 奎 建	
二十日 金		出月午後八時五分	十八日 辛丑 土 婁 除	宜納財安葬
二十一日 土		出月午後九時九分	十九日 壬寅 金 胃 滿	宜嫁娶裁衣動土上樑經絡開市納財安葬啓攢
二十二日 日		出月午後十時十分	二十日 癸卯 金 昴 平	
二十三日 月		出月午後十一時九分	二十一日 甲辰 火 畢 定	冬至十一月中

冬至午前零時四十二分 舊十一月中

日出午前七時四十五分 晝間九時三十五分
日入午後五時二十分 夜間十四時二十五分

日	月相	月出入	舊曆	宜
二十四日 火			二十二日 乙巳 火 觜 執	
二十五日 水	◐下弦午後三時三十五分	出月午前零時七分	二十三日 丙午 水 參 破	
二十六日 木		出月午前一時三分	二十四日 丁未 水 井 危	
二十七日 金		出月午前二時零分	二十五日 戊申 土 鬼 成	宜裁衣上樑經絡開市納財
二十八日 土		出月午前二時五十六分	二十六日 己酉 土 柳 收	
二十九日 日		出月午前三時五十三分	二十七日 庚戌 金 星 開	宜裁衣動土上樑經絡
三十日 月		出月午前四時五十分	二十八日 辛亥 金 張 閉	宜裁衣
三十一日 火		出月午前五時四十五分	二十九日 壬子 木 翼 建	

年神方位圖

太歲戊午
三日得辛
四龍治水

嫁娶周堂圖　天火日

凡選擇嫁娶日大月從夫順數小月從婦逆數擇第堂廚竈日用之如遇翁姑而無翁姑者亦可用

正五九月子日　二六十月卯日
三七十一月午日　四八十二月酉日

大正六年九月三十日印刷
大正六年十月一日發行

定價金四錢

朝鮮總督府

朝鮮總督
官房總務局印刷所印刷

朝鮮總督府發行之證

7　大正八年朝鮮民曆（１９１９）

朝鮮總督府編製

大正八年朝鮮民曆

 7. 大正八年朝鮮民曆(1919)

神武天皇即位紀元二千五百七十九年

大正八年朝鮮民曆

己未平年 三百六十五日

朝鮮總督府觀測所推算

四方拜	一月一日
元始祭	一月三日
紀元節	二月十一日
春季皇靈祭	三月二十二日
神武天皇祭	四月三日
明治天皇祭	七月三十日
天長節	八月三十一日
秋季皇靈祭	九月二十四日
神嘗祭	十月十七日
天長節祝日	十月三十一日
新嘗祭	十一月二十三日

月表

一月大	二月平
三月大	四月小
五月大	六月小
七月大	八月大
九月小	十月大
十一月小	十二月大

說明

本民曆에揭載ᄒᆞᆫ時刻은本邦中央標準時를用ᄒᆞ고日月出沒은朝鮮總督府觀測所에서보이는時刻을揭홈

日曜表

月					
一月	五日	十二日	十九日	二十六日	
二月	二日	九日	十六日	二十三日	
三月	二日	九日	十六日	二十三日	三十日
四月	六日	十三日	二十日	二十七日	
五月	四日	十一日	十八日	二十五日	
六月	一日	八日	十五日	二十二日	二十九日
七月	六日	十三日	二十日	二十七日	
八月	三日	十日	十七日	二十四日	三十一日
九月	七日	十四日	二十一日	二十八日	
十月	五日	十二日	十九日	二十六日	
十一月	二日	九日	十六日	二十三日	三十日
十二月	七日	十四日	二十一日	二十八日	

大正八年中陰曆歲次己未年月表及節候表

月之大小	朔日	節氣		入節 日	好	時刻	陽曆	節氣		入節 日	好	時刻	陽曆
正月小	甲申	立春	正月節	初五日	戊子	卯初二刻十分	二月五日	雨水	正月中	二十日	癸卯	丑初三刻三分	二月二十日
二月大	癸丑	驚蟄	二月節	初六日	戊午	子正初刻六分	三月七日	春分	二月中	廿一日	癸酉	丑初一刻四分	三月廿二日
三月小	癸未	清明	三月節	初六日	戊子	卯初一刻十四分	四月六日	穀雨	三月中	廿一日	癸卯	午正三刻十四分	四月廿一日
四月小	壬子	立夏	四月節	初七日	戊午	子初一刻七分	五月六日	小滿	四月中	廿三日	甲戌	午正二刻九分	五月廿二日
五月大	辛巳	芒種	五月節	初十日	庚寅	寅初三刻十三分	六月七日	夏至	五月中	廿五日	乙巳	戌正三刻九分	六月廿二日
六月小	辛亥	小暑	六月節	十一日	辛酉	未正一刻六分	七月八日	大暑	六月中	廿七日	丁丑	辰初三刻零分	七月廿四日
七月大	庚辰	立秋	七月節	十三日	壬辰	子初三刻十三分	八月八日	處暑	七月中	廿九日	戊申	未正一刻十四分	八月廿四日
閏七月小	庚戌	白露	八月節	十五日	甲子	丑正一刻十三分	九月九日						
八月大	己卯	秋分	八月中	初一日	己卯	午初二刻六分	九月廿四日	寒露	九月節	十六日	甲午	酉初二刻四分	十月九日
九月大	己酉	霜降	九月中	初一日	己酉	戌正一刻七分	十月廿四日	立冬	十月節	十六日	甲子	戌正初刻十三分	十一月八日
十月小	己卯	小雪	十月中	初一日	己卯	酉初一刻十一分	十一月廿三日	大雪	十一月節	十六日	甲午	午正二刻八分	十二月八日
十一月大	戊申	冬至	十一月中	初二日	己酉	卯正一刻十二分	十二月廿三日	小寒	十二月節	十六日	癸亥	子初三刻十一分	一月六日
十二月大	戊寅	大寒	十二月中	初一日	戊寅	酉初初刻五分	一月廿一日	立春	正月節	十六日	癸巳	午初一刻十二分	二月五日

一月大三十一日

戊午十二月小 晦午前六時三十八分

日	曜	行事	月象	入月	舊曆	宜
一日	水	四方拜			二十九日癸丑木軫除	
二日	木		●合朔午後五時二十四分	十二月大	初一日甲寅水角滿	宜裁衣動土上樑[illegible]開市納財牧養
三日	金	元始祭		入月午後六時三十分	初二日乙卯水亢平	
四日	土			入月午後七時三十五分	初三日丙辰土氐定	宜冠帶[illegible]嫁娶裁衣動土上樑[illegible]納財
五日	日	新年宴會		入月午後八時四十一分	初四日丁巳土房執	
六日	月			入月午後九時四十七分	初五日戊午火心執	小寒十二月節

小寒午後五時五十二分　舊十二月節

日出午前七時四十七分　晝間九時四十一分

日入午後五時二十八分　夜間十四時十九分

日	曜	月象	入月	舊曆	宜
七日	火		入月午後十一時五十三分	初六日己未火尾破	宜破屋
八日	水			初七日庚申木箕危	宜移徙裁衣動土上樑[illegible]納財安葬
九日	木	◐上弦午後六時五十三分	入月午前零時零分	初八日辛酉木斗成	宜嫁娶移徙裁衣動土上樑[illegible]開市納財安葬
十日	金		入月午前一時九分	初九日壬戌水牛收	
十一日	土		入月午前二時十八分	初十日癸亥水女開	
十二日	日		入月午前三時二十六分	十一日甲子金虛閉	宜裁衣安葬
十三日	月		入月午前四時三十三分	十二日乙丑金危建	宜裁衣上樑[illegible]納財安葬
十四日	火		入月午前五時三十四分	十三日丙寅火室除	

日	曜		月出入	陰曆	干支	納音	宿	建除	
十五日	水		月入午前六時二十九分	十四日	丁卯	火	壁	滿	
十六日	木	○望午後五時四十四分	月出午後五時四十六分	十五日	戊辰	木	奎	平	
十七日	金		月出午後六時五十一分	十六日	己巳	木	婁	定	宜冠帶[illegible]裁衣動土上樑[illegible]納財
十八日	土		月出午後七時五十五分	十七日	庚午	土	胃	執	土王用事 宜移徙裁衣上樑[illegible]安葬
十九日	日	臘	月出午後八時五十六分	十八日	辛未	土	昴	破	
二十日	月		月出午後九時五十四分	十九日	壬申	金	畢	危	
二十一日	火		月出午後十時五十二分	二十日	癸酉	金	觜	成	大寒十二月中 宜[illegible]移徙裁衣[illegible]開市納財安葬

大寒午前十一時二十一分 舊十二月中
日出午前七時四十五分 晝間九時五十九分
日入午後五時四十四分 夜間十四時一分

日	曜		月出入	陰曆	干支	納音	宿	建除	
二十二日	水		月出午後十一時四十九分	二十一日	甲戌	火	參	收	
二十三日	木			二十二日	乙亥	火	井	開	宜裁衣上樑[illegible]開市納財
二十四日	金	◐下弦午後一時二十五分	月出午前零時四十六分	二十三日	丙子	水	鬼	閉	
二十五日	土		月出午前一時四十二分	二十四日	丁丑	水	柳	建	
二十六日	日		月出午前二時三十八分	二十五日	戊寅	土	星	除	
二十七日	月		月出午前三時三十四分	二十六日	己卯	土	張	滿	
二十八日	火		月出午前四時二十七分	二十七日	庚辰	金	翼	平	
二十九日	水		月出午前五時十八分	二十八日	辛巳	金	軫	定	
三十日	木		月出午前六時四分	二十九日	壬午	木	角	執	
三十一日	金		月出午前六時四十六分	三十日	癸未	木	亢	破	

二月平二十八日

日	曜	月相	月入	陰曆	干支	納音	宿	建除	宜
一日	土	●合朔午前八時七分	乙未正月小	初一日	甲申	水	氐	危	宜移徙裁衣上樑竪柱開市納財
二日	日		月入午後七時三十四分	初二日	乙酉	水	房	成	宜嫁娶移徙裁衣上樑竪柱開市納財安葬
三日	月		月入午後八時四十三分	初三日	丙戌	土	心	收	
四日	火		月入午後九時五十一分	初四日	丁亥	土	尾	開	
五日	水		月入午後十一時零分	初五日	戊子	火	箕	閉	立春正月節

立春午前五時四十分　舊正月節

日出午前七時三十五分　晝間十時二十六分
日入午後六時一分　夜間十三時三十四分

紀元節

日	曜	月相	月入	陰曆	干支	納音	宿	建除	宜
六日	木			初六日	己丑	火	斗	閉	
七日	金		月入午前零時九分	初七日	庚寅	木	牛	建	
八日	土	◐上弦午前三時五十三分	月入午前一時十六分	初八日	辛卯	木	女	除	宜嫁娶移徙裁衣動土上樑竪柱安葬啓攢
九日	日		月入午前二時二十四分	初九日	壬辰	水	虛	滿	宜移徙裁衣動土上樑竪柱開市納財安葬
十日	月		月入午前三時三十六分	初十日	癸巳	水	危	平	
十一日	火		月入午前四時三十三分	十一日	甲午	金	室	定	宜冠帶嫁娶納采裁衣動土上樑竪柱開市納財
十二日	水		月入午前五時十一分	十二日	乙未	金	壁	執	
十三日	木		月入午前五時五十四分	十三日	丙申	火	奎	破	宜破屋
十四日	金		月入午前六時三十一分	十四日	丁酉	火	婁	危	

日	曜	月相	月出	舊曆	宜
十五日	土	○望午前八時三十七分	月出午後六時四十一分	十五日 戊戌 木 胃 成	
十六日	日		月出午後七時四十一分	十六日 己亥 木 昴 收	宜開市納財
十七日	月		月出午後八時三十九分	十七日 庚子 土 畢 開	
十八日	火		月出午後九時三十七分	十八日 辛丑 土 觜 閉	
十九日	水		月出午後十時三十四分	十九日 壬寅 金 參 建	宜裁衣上樑竪柱補垣納財安葬啓欑
二十日	木		月出午後十一時三十一分	二十日 癸卯 金 井 除	雨水正月中 宜啓欑

雨水午前一時四十八分　舊正月中

日出午前七時九分　晝間十時五十八分
日入午後六時七分　夜間十三時二分

日	曜	月相	月出	舊曆	宜
二十一日	金			二十一日 甲辰 火 鬼 滿	
二十二日	土		月出午前零時二十七分	二十二日 乙巳 火 柳 平	
二十三日	日	◑下弦午前七時四十七分	月出午前一時二十二分	二十三日 丙午 水 星 定	
二十四日	月		月出午前二時十六分	二十四日 丁未 水 張 執	宜移徙裁衣動土上樑巳時補垣納財安葬
二十五日	火		月出午前三時七分	二十五日 戊申 土 翼 破	宜破屋
二十六日	水		月出午前三時五十五分	二十六日 己酉 土 軫 危	宜安葬
二十七日	木		月出午前四時三十八分	二十七日 庚戌 金 角 成	
二十八日	金		月出午前五時十六分	二十八日 辛亥 金 亢 收	宜移徙裁衣動土上樑午時補垣開市納財

三月大三十一日

日	曜	月相	月出入	舊曆	干支·納音·宿·建除	宜
一日	土		月出午前五時五十五分	二十九日	壬子木氐開	
二日	日	●合朔午後八時十一分	二月大	初一日	癸丑木房閉	
三日	月		月入午後七時三十三分	初二日	甲寅水心建	宜裁衣納財
四日	火		月入午後八時四十四分	初三日	乙卯水尾除	宜啓攢
五日	水		月入午後九時五十六分	初四日	丙辰土箕滿	宜嫁娶移徙動土上樑寅時卯時安葬
六日	木		月入午後十時 七分	初五日	丁巳土斗平	
七日	金			初六日	戊午火牛平	驚蟄二月節

驚蟄午前零時六分 舊曆二月節

日出午前六時三十九分 晝間十一時三十三分
日入午後六時十二分 夜間十二時二十七分

日	曜	月相	月出入	舊曆	干支·納音·宿·建除	宜
八日	土		月入午前零時十六分	初七日	己未火女定	宜冠帶嫁娶移徙裁衣動土上樑納財安葬
九日	日	◐上弦午後零時十四分	月入午前一時二十分	初八日	庚申木虛執	
十日	月		月入午前二時十八分	初九日	辛酉木危破	
十一日	火		月入午前三時 九分	初十日	壬戌水室危	
十二日	水		月入午前三時五十三分	十一日	癸亥水壁成	
十三日	木		月入午前四時三十一分	十二日	甲子金奎收	
十四日	金		月入午前五時 五分	十三日	乙丑金婁開	宜嫁娶移徙裁衣動土上樑

[illegible]

日	曜	摘要	月出入	陰曆	干支	納音	宿	建	宜
十五日	土		月入午前五時三十六分	十四日	丙寅	火	胃	閉	
十六日	日		月入午前六時五分	十五日	丁卯	火	昴	建	宜移徙裁衣上樑午時納財啓攢
十七日	月	○望午前零時四十一分 社	月出午後七時二十六分	十六日	戊辰	木	畢	除	
十八日	火		月出午後八時二十四分	十七日	己巳	木	觜	滿	宜裁衣上樑宜用巳時開市納財
十九日	水		月出午後九時二十一分	十八日	庚午	土	參	平	
二十日	木		月出午後十時十七分	十九日	辛未	土	井	定	宜冠帶結婚納采動土上樑宜用巳時
二十一日	金		月出午後十一時十三分	二十日	壬申	金	鬼	執	
二十二日	土			二十一日	癸酉	金	柳	破	春分二月中

春分午前一時十九分　舊二月中
日出午前六時三十六分　晝間十二時十分
日入午後六時四十六分　夜間十一時五十分

日	曜	摘要	月出入	陰曆	干支	納音	宿	建	宜
二十三日	日		月出午前零時七分	二十二日	甲戌	火	星	危	宜嫁娶移徙裁衣動土上樑宜用巳時開市納財安葬
二十四日	月		月出午前零時五十八分	二十三日	乙亥	火	張	成	
二十五日	火	◐下弦午前五時三十四分	月出午前一時四十五分	二十四日	丙子	水	翼	收	
二十六日	水		月出午前二時三十分	二十五日	丁丑	水	軫	開	宜移徙裁衣動土上樑宜用巳時
二十七日	木		月出午前三時十一分	二十六日	戊寅	土	角	閉	宜裁衣納財安葬
二十八日	金		月出午前三時四十八分	二十七日	己卯	土	亢	建	
二十九日	土		月出午前四時二十四分	二十八日	庚辰	金	氐	除	
三十日	日		月出午前四時五十八分	二十九日	辛巳	金	房	滿	
三十一日	月		月出午前五時三十三分	三十日	壬午	木	心	平	

神武天皇祭

四月小三十日

日	曜	月	月入	舊曆	宜
一日	火	●朔午前六時五分	三月小	初一日癸未木尾定	宜冠帶結婚宜用申時會親宜用卯時動土上樑宜用卯時
二日	水		月入午後八時四十六分	初二日甲申水箕執	
三日	木		月入午後九時五十八分	初三日乙酉水斗破	
四日	金		月入午後十一時 七分	初四日丙戌土牛危	
五日	土			初五日丁亥土女成	
六日	日		月入午前零時十分	初六日戊子火虛成	清明三月節

清明午前五時二十九分　舊曆三月節

日出午前六時四分　晝間十二時四十四分
日入午後六時四十八分　夜間十一時十六分

日	曜	月	月入	舊曆	宜
七日	月	◐上弦午後九時二十九分	月入午前一時 五分	初七日己丑火危收	
八日	火		月入午前一時五十一分	初八日庚寅木室開	宜移徙裁衣動土上樑宜用巳時開市納財
九日	水		月入午前二時三十二分	初九日辛卯木壁閉	
十日	木		月入午前三時 七分	初十日壬辰水奎建	
十一日	金		月入午前三時三十九分	十一日癸巳水婁除	
十二日	土		月入午前四時 七分	十二日甲午金胃滿	
十三日	日		月入午前四時三十六分	十三日乙未金昴平	
十四日	月		月入午前五時 四分	十四日丙申火畢定	

日	曜	月相	月出	陰曆	宜
十五日	火	○望午後五時三十三分	月出午後七時十四分	十五日丁酉火觜執	宜移徙裁衣上樑[illegible]納財安葬
十六日	水		月出午後八時十六分	十六日戊戌木參破	宜破屋
十七日	木		月出午後九時[illegible]分	十七日己亥木井危	宜納財
十八日	金		月出午後十時零分	十八日庚子土鬼成	土王用事 宜嫁娶裁衣上樑[illegible]開市納財修[illegible]
十九日	土		月出午後十時五十三分	十九日辛丑土柳收	宜納財
二十日	日		月出午後十一時四十六分	二十日壬寅金星開	宜嫁娶移徙裁衣上樑[illegible]開市
二十一日	月			廿一日癸卯金張閉	穀雨三月中

穀雨午後零時五十九分

舊三月中

日出午前五時三十五分　晝間十三時二十分

日入午後七時十三分　夜間十時四十分

日	曜	月相	月出	陰曆	宜
二十二日	火		月出午前零時三十六分	廿二日甲辰火翼建	
二十三日	水	◑下弦午後八時三十二分	月出午前一時七分	廿三日乙巳火軫除	
二十四日	木		月出午前一時四十三分	廿四日丙午水角滿	
二十五日	金		月出午前二時十九分	廿五日丁未水亢平	
二十六日	土		月出午前二時五十五分	廿六日戊申土氐定	
二十七日	日		月出午前三時三十七分	廿七日己酉土房執	宜嫁娶移徙安葬
二十八日	月		月出午前四時一分	廿八日庚戌金心破	
二十九日	火		月出午前四時五十六分	廿九日辛亥金尾危	
三十日	水	●合朔午後六時三十六分	四月小	初一日壬子木箕成	宜裁衣上樑[illegible]開市納財[illegible]修[illegible]

五月大三十一日

一日木 月入午後八時四十五分 初四日癸丑木斗收 宜納財
二日金 月入午後九時五十二分 初五日甲寅水牛開 宜移徙裁衣上樑[illegible]開市
三日土 月入午後十時五十三分 初六日乙卯水女閉
四日日 月入午後十一時四十五分 初七日丙辰土虛建
五日月 初八日丁巳土危除
六日火 月入午前零時二十九分 初九日戊午火室除 立夏四月節

立夏午後十一時二十二分 舊四月節 日出午前五時二十[illegible]分 晝間十三時[illegible]分 日入午後七時二十[illegible]分 夜間十時八分

七日水 ◐上弦午前八時三十四分 月入午前一時 六分 初十日己未火壁滿
八日木 月入午前一時四十分 十一日庚申木奎平 宜[illegible]動土上樑[illegible]安葬
九日金 月入午前二時 十一分 十二日辛酉木婁定 宜[illegible]移徙裁衣動土上樑[illegible]
十日土 月入午前二時三十九分 十三日壬戌水胃執
十一日日 月入午前三時 七分 十四日癸亥水昴破
十二日月 月入午前三時三十六分 十五日甲子金畢危
十三日火 月入午前四時 六分 十六日乙丑金觜成
十四日水 月入午前四時三十九分 十七日丙寅火參收 宜移徙裁衣上樑[illegible]納財

小滿午後零時三十六分　舊四月中

日出午前五時二十分　晝間十四時二十分
日入午後七時四十分　夜間九時四十分

日	曜	月相	月出入	陰曆	干支	納音	宿	建除	宜
十五日	木	○望午前十時一分	月出午後七時五十五分	十六日	丁卯	火	井	開	
十六日	金		月出午後八時四十八分	十七日	戊辰	木	鬼	閉	
十七日	土		月出午後九時三十八分	十八日	己巳	木	柳	建	
十八日	日		月出午後十時二十四分	十九日	庚午	土	星	除	宜嫁娶移徙裁衣動土上樑宜用卯時安葬
十九日	月		月出午後十一時六分	二十日	辛未	土	張	滿	
二十日	火		月出午後十一時四十四分	廿一日	壬申	金	翼	平	
二十一日	水			廿二日	癸酉	金	軫	定	宜[illegible]移徙裁衣動土上樑[illegible]開市納財安葬
二十二日	木		月出午前零時十九分	廿三日	甲戌	火	角	執	小滿四月中
二十三日	金	◑下弦午前七時四分	月出午前零時五十二分	廿四日	乙亥	火	亢	破	宜破屋
二十四日	土		月出午前一時二十五分	廿五日	丙子	水	氐	危	宜移徙動土上樑宜用午時
二十五日	日		月出午前一時五十八分	廿六日	丁丑	水	房	成	宜裁衣動土上樑宜用巳時開市納財
二十六日	月		月出午前二時三十三分	廿七日	戊寅	土	心	收	
二十七日	火		月出午前三時十一分	廿八日	己卯	土	尾	開	
二十八日	水		月出午前三時五十五分	廿九日	庚辰	金	箕	閉	
二十九日	木	●合朔午後十時十三分	五月大	初一日	辛巳	金	斗	建	宜移徙裁衣上樑宜用午時
三十日	金		月入午後八時三十五分	初二日	壬午	木	牛	除	宜安葬
三十一日	土		月入午後九時三十三分	初三日	癸未	木	女	滿	

六月小三十日

日	曜	月相	月出入	陰曆	干支	納音	宿	建除	宜
一日	日		月入午後十時二十二分	初四日	甲申	水	虛	平	
二日	月		月入午後十一時 四分	初五日	乙酉	水	危	定	
三日	火		月入午後十一時四十分	初六日	丙戌	土	室	執	宜裁衣
四日	水			初七日	丁亥	土	壁	破	宜破屋
五日	木	◐上弦午後九時二十三分	月入午前零時 十二分	初八日	戊子	火	奎	危	宜裁衣
六日	金		月入午前零時四十一分	初九日	己丑	火	婁	成	宜裁衣動土上樑[illegible]開市納財
七日	土		月入午前一時 十 分	初十日	庚寅	木	胃	成	芒種五月節宜嫁娶裁衣動土上樑[illegible]開市納財[illegible]

芒種午前三時五十七分　舊五月節　日出午前五時十一分　晝間十四時二十二分　日入午後七時三十三分　夜間九時三十八分

日	曜	月相	月出入	陰曆	干支	納音	宿	建除	宜
八日	日		月入午前一時三十九分	十一日	辛卯	木	昴	收	
九日	月		月入午前二時 八分	十二日	壬辰	水	畢	開	宜移徙裁衣動土上樑[illegible]
十日	火		月入午前二時四十分	十三日	癸巳	水	觜	閉	
十一日	水		月入午前三時 十六分	十四日	甲午	金	參	建	
十二日	木		月入午前三時五十七分	十五日	乙未	金	井	除	宜安葬
十三日	金		月入午前四時四十分	十六日	丙申	火	鬼	滿	宜嫁娶移徙裁衣動土上樑[illegible]開市納財安葬
十四日	土	○望午前[illegible]時[illegible]分	月出午後八時二十二分	十七日	丁酉	火	柳	平	

日	曜	弦望	月出入	舊曆	日辰	納音	宿	建除	宜
十五日	日		月出 午後九時六分	十八日	戊戌	木	星	定	
十六日	月		月出 午後九時四十五分	十九日	己亥	木	張	執	
十七日	火		月出 午後十時二十一分	二十日	庚子	土	翼	破	
十八日	水		月出 午後十時五十五分	二十一日	辛丑	土	軫	危	
十九日	木		月出 午後十一時二十七分	二十二日	壬寅	金	角	成	宜嫁娶裁衣動土上樑栽種開市納財啓攢
二十日	金		月出 午後十一時五十九分	二十三日	癸卯	金	亢	收	
二十一日	土	◐下弦午後二時三十三分		二十四日	甲辰	火	氐	開	
二十二日	日		月出 午前零時三十二分	二十五日	乙巳	火	房	閉	夏至五月中

夏至午後八時五十四分　舊五月中

日出午前五時十一分　晝間十四時四十五分
日入午後七時五十六分　夜間九時十五分

日	曜	弦望	月出入	舊曆	日辰	納音	宿	建除	宜
二十三日	月		月出 午前一時七分	二十六日	丙午	水	心	建	
二十四日	火		月出 午前一時四十七分	二十七日	丁未	水	尾	除	宜嫁娶移徙裁衣動土上樑宜巳時開市納財
二十五日	水		月出 午前二時三十三分	二十八日	戊申	土	箕	滿	宜嫁娶移徙裁衣動土上樑宜辰時開市納財
二十六日	木		月出 午前三時二十五分	二十九日	己酉	土	斗	平	
二十七日	金		月出 午前四時二十二分	三十日	庚戌	金	牛	定	
二十八日	土	●合朔午前五時五十二分	六月小	初一日	辛亥	金	女	執	
二十九日	日		月入 午後八時五十六分	初二日	壬子	木	虛	破	
三十日	月		月入 午後九時三十五分	初三日	癸丑	木	危	危	

七月大三十一日

日	曜	月相	月出入	舊曆	干支	納音	宿	建除	宜
一日	火		月入午後十一時十分	初四日	甲寅	水	室	成	宜裁衣動土上樑宜用寅時開市納財啓攢
二日	水		月入午後十時四十二分	初五日	乙卯	水	壁	收	
三日	木		月入午後十一時十二分	初六日	丙辰	土	奎	開	宜嫁娶移徙裁衣動土上樑宜用寅時開市納財
四日	金		月入午後十一時四十分	初七日	丁巳	土	婁	閉	宜裁衣
五日	土	◐上弦午後零時十七分		初八日	戊午	火	胃	建	
六日	日		月入午前零時九分	初九日	己未	火	昴	除	宜移徙裁衣動土上樑宜用卯時納財安葬
七日	月		月入午前零時四十一分	初十日	庚申	木	畢	滿	宜移徙安葬
八日	火		月入午前一時十五分	十一日	辛酉	木	觜	滿	小暑六月節

小暑午後二時二十三分　舊六月節

日出午前五時十九分　晝間十四時三十九分
日入午後七時五十八分　夜間九時二十一分

日	曜	月相	月出入	舊曆	干支	納音	宿	建除	宜
九日	水		月入午前一時五十三分	十二日	壬戌	水	參	平	
十日	木		月入午前二時三十六分	十三日	癸亥	水	井	定	
十一日	金		月入午前三時二十七分	十四日	甲子	金	鬼	執	
十二日	土		月入午前四時十六分	十五日	乙丑	金	柳	破	
十三日	日	○望午後三時二分	月出午後七時四十五分	十六日	丙寅	火	星	危	宜開市納財啓攢
十四日	月		月出午後八時二十三分	十七日	丁卯	火	張	成	宜移徙裁衣動土上樑宜用午時開市納財啓攢

明治天皇祭

日	曜	記事	月出入	陰曆	宜
十五日	火		月出午後八時五十八分	十八日戊辰木翼收	宜納財
十六日	水		月出午後九時三十分	十九日己巳木軫開	
十七日	木	初伏	月出午後十時二分	二十日庚午土角閉	宜安葬
十八日	金		月出午後十時三十五分	廿一日辛未土亢建	宜移徙裁衣上樑宜用卯時納財
十九日	土		月出午後十一時九分	廿二日壬申金氐除	
二十日	日	◐下弦午後八時三分	月出午後十一時四十七分	廿三日癸酉金房滿	
二十一日	月			廿四日甲戌火心平	土王用事
二十二日	火		月出午前零時二十九分	廿五日乙亥火尾定	宜冠帶宜用辰時坐向西北裁衣上樑宜用辰時納財
二十三日	水		月出午前一時十七分	廿六日丙子水箕執	
二十四日	木		月出午前二時十二分	廿七日丁丑水斗破	大暑六月中
		大暑午前七時四十五分　舊六月中			日出午前五時三十分　晝間十四時二十分 日入午後七時五十分　夜間九時四十分
二十五日	金		月出午前三時十三分	廿八日戊寅土牛危	宜移徙裁衣上樑宜用巳時開市納財
二十六日	土		月出午前四時十九分	廿九日己卯土女成	
二十七日	日	●合朔午後二時二十二分　中伏	七月大	初一日庚辰金虛收	
二十八日	月		月入午後八時十分	初二日辛巳金危開	
二十九日	火		月入午後八時四十一分	初三日壬午木室閉	宜安葬
三十日	水		月入午後九時十一分	初四日癸未木壁建	宜嫁娶
三十一日	木		月入午後九時四十一分	初五日甲申水奎除	

八月大三十一日

一日	金		月入午後十時十一分	初五日	乙酉	水	婁	滿	
二日	土		月入午後十時四十一分	初六日	丙戌	土	胃	平	
三日	日		月入午後十一時十五分	初七日	丁亥	土	昴	定	宜冠帶 宜用辰時 坐向正南 上樑 宜用辰時
四日	月	◐ 上弦午前五時十二分	月入午後十一時五十一分	初八日	戊子	火	畢	執	宜裁衣
五日	火			初九日	己丑	火	觜	破	
六日	水		月入午前零時三十一分	十日	庚寅	木	參	危	宜開市納財啓攢
七日	木		月入午前一時十七分	十一日	辛卯	木	井	成	
八日	金		月入午前二時七分	十二日	壬辰	水	鬼	成	立秋七月節 宜納財
立秋午後十一時五十分 舊七月節									
日出午前五時四十二分 晝間十三時五十四分									
日入午後七時三十六分 夜間十時六分									
九日	土		月入午前三時二分	十三日	癸巳	水	柳	收	
十日	日		月入午前四時一分	十四日	甲午	金	星	開	
十一日	月		月入午前五時二分	十五日	乙未	金	張	閉	
十二日	火	○ 望午前二時四十分	月出午後七時三十二分	十六日	丙申	火	翼	建	
十三日	水		月出午後八時五分	十七日	丁酉	火	軫	除	宜裁衣動土上樑 宜用午時 安葬
十四日	木		月出午後八時三十八分	十八日	戊戌	木	角	滿	

天長節

陽曆	曜	記事	月出入	陰曆	干支	納音	宿	建除	宜
十五日	金		月出午後九時十二分	二十日	己亥	木	亢	平	
十六日	土	末伏	月出午後九時四十九分	廿一日	庚子	土	氐	定	宜冠帶(宜用[illegible]時)裁衣動土上樑(宜用卯時)開市納財
十七日	日		月出午後十時二十九分	廿二日	辛丑	土	房	執	
十八日	月		月出午後十一時十五分	廿三日	壬寅	金	心	破	
十九日	火	◐下弦午前零時五十六分		廿四日	癸卯	金	尾	危	宜嫁娶移徙裁衣上樑(宜用[illegible]時)納財安葬啟攢
二十日	水		月出午前零時七分	廿五日	甲辰	火	箕	成	
二十一日	木		月出午前一時四分	廿六日	乙巳	火	斗	收	
二十二日	金		月出午前二時七分	廿七日	丙午	水	牛	開	
二十三日	土		月出午前三時十二分	廿八日	丁未	水	女	閉	
二十四日	日		月出午前四時十八分	廿九日	戊申	土	虛	建	處暑七月中 宜嫁娶移徙裁衣上樑(宜用巳時)納財破土安葬

處暑午後二時二十九分　舊七月中

日出午前五時五十六分　晝間十三時二十七分

日入午後七時十六分　夜間十時三十九分

陽曆	曜	記事	月出入	陰曆	干支	納音	宿	建除	宜
二十五日	月		月出午前五時二十三分	三十日	己酉	土	危	除	
二十六日	火	●合朔午前零時四十三分	閏七月小	初一日	庚戌	金	室	滿	宜裁衣
二十七日	水		月入午後七時四十二分	初二日	辛亥	金	壁	平	
二十八日	木		月入午後八時十二分	初三日	壬子	木	奎	定	宜冠帶(宜用[illegible]時)嫁娶移徙裁衣動土上樑(宜用[illegible]時)開市納財安葬啟攢
二十九日	金		月入午後八時四十一分	初四日	癸丑	木	婁	執	宜裁衣動土上樑(宜用巳時)納財安葬
三十日	土		月入午後九時十五分	初五日	甲寅	水	胃	破	
三十一日	日		月入午後九時四十九分	初六日	乙卯	水	昴	危	

九月小三十日

日	曜	月相	月出入	陰曆	宜
一日	月		月入午後十時二十八分	初四日丙辰土畢成	
二日	火	◐上弦午後十時十三分	月入午後十一時 十一分	初五日丁巳土觜收	宜嫁娶移徙上樑[illegible]
三日	水		月入午後十一時五十八分	初六日戊午火參開	宜移徙裁衣動土上樑宜用卯時開市
四日	木			初七日己未火井閉	
五日	金		月入午前零時五十一分	初八日庚申木鬼建	宜裁衣納財
六日	土		月入午前一時四十七分	初九日辛酉木柳除	宜安葬
七日	日		月入午前二時四十七分	初十日壬戌水星滿	宜嫁娶移徙裁衣動土上樑宜用巳時開市納財安葬
八日	月		月入午前三時五十分	十一日癸亥水張平	
九日	火		月入午前四時五十四分	十二日甲子金翼平白露八月節	

白露午前二時二十六分 舊八月節 日出午前六時九分 晝間十二時四十四分 日入午後六時五十三分 夜間十一時十六分

日	曜	月相	月出入	陰曆	宜
十日	水	○望午後零時五十四分	月出午後六時三十七分	十三日乙丑金軫定	宜嫁娶移徙裁衣動土上樑宜用卯時納財安葬
十一日	木		月出午後七時 十一分	十四日丙寅火角執	
十二日	金		月出午後七時四十分	十五日丁卯火亢破	
十三日	土		月出午後八時二十分	十六日戊辰木氐危	
十四日	日		月出午後九時 十四分	十七日己巳木房成	宜嫁娶移徙裁衣動土上樑宜用巳時開市納財

秋季皇靈祭

日	曜		月出入	陰曆					
十五日	月		月出午後十時四十分	廿日	庚午	土	心	收	
十六日	火		月出午後十一時零分	廿一日	辛未	土	尾	開	宜嫁娶移徙上樑(卯時宜用)
十七日	水	◐下弦午前六時三十五分		廿二日	壬申	金	箕	閉	
十八日	木		月出午前零時一分	廿三日	癸酉	金	斗	建	
十九日	金		月出午前一時四十分	廿四日	甲戌	火	牛	除	
二十日	土		月出午前二時九分	廿五日	乙亥	火	女	滿	宜移徙裁衣動土上樑(辰時宜用)開市納財
二十一日	日		月出午前三時十三分	廿六日	丙子	水	虛	平	
二十二日	月		月出午前四時十五分	廿七日	丁丑	水	危	定	宜嫁娶裁衣動土上樑(巳時宜用)納財
二十三日	火	社	月出午前五時十六分	廿八日	戊寅	土	室	執	
二十四日	水	●合朔午後一時三十四分	八月大	初一日	己卯	土	壁	破	秋分八月中
二十五日	木		月入午後六時四十一分	初二日	庚辰	金	奎	危	宜嫁娶移徙動土上樑(辰時宜用)安葬
二十六日	金		月入午後七時十四分	初三日	辛巳	金	婁	成	宜裁衣動土上樑(午時宜用)開市納財
二十七日	土		月入午後七時四十六分	初四日	壬午	木	胃	收	
二十八日	日		月入午後八時二十五分	初五日	癸未	木	昴	開	
二十九日	月		月入午後九時六分	初六日	甲申	水	畢	閉	宜裁衣納財安葬
三十日	火		月入午後九時五十二分	初七日	乙酉	水	觜	建	

秋分午前十一時三十六分　舊八月中

日出午前六時二十五分　晝間十二時八分

日入午後六時三十三分　夜間十一時五十二分

十月大三十一日

日	曜	月相	月出入	陰曆	備考
一日	水		入月午後十時四十三分	初八日丙戌土參除	
二日	木	◐上弦午後六時三十二分	入月午後十一時三十五分	初九日丁亥土井滿	
三日	金			初十日戊子火鬼平	
四日	土		入月午前零時三十七分	十一日己丑火柳定	
五日	日		入月午前一時三十三分	十二日庚寅木星執	
六日	月		入月午前二時三十五分	十三日辛卯木張破	
七日	火		入月午前三時三十九分	十四日壬辰水翼危	
八日	水		入月午前四時四十六分	十五日癸巳水軫成	
九日	木	○望午後七時三十九分	出月午後五時四十二分	十六日甲午金角成	寒露九月節
十日	金		出月午後六時二十三分	十七日乙未金亢收	
十一日	土		出月午後七時　七分	十八日丙申火氐開	宜嫁娶移徙動土上樑 寅時 未時
十二日	日		出月午後七時五十七分	十九日丁酉火房閉	
十三日	月		出月午後八時五十三分	二十日戊戌木心建	
十四日	火		出月午後九時五十四分	廿一日己亥木尾除	

寒露午後五時三十四分　舊九月節

日出午前六時三十四分　晝間十一時三十三分

日入午後六時七分　夜間十二時二十七分

日	曜	月相	月出入	陰曆	干支	納音	宿	建除	宜	節日
十五日	水		月出午後十時五十八分	二十二日	庚子	土	箕	滿		
十六日	木	◐上弦午後二時五分		二十三日	辛丑	土	斗	平		
十七日	金		月出午前零時十三分	二十四日	壬寅	金	牛	定		神嘗祭
十八日	土		月出午前一時六分	二十五日	癸卯	金	女	執	宜移徙裁衣動土上樑宜卯時安葬啓欑	
十九日	日		月出午前二時九分	二十六日	甲辰	火	虛	破	宜破屋	
二十日	月		月出午前三時九分	二十七日	乙巳	火	危	危		
二十一日	火		月出午前四時八分	二十八日	丙午	水	室	成	土王用事 宜嫁娶移徙裁衣上樑宜巳時開市納財安葬	
二十二日	水		月出午前五時七分	二十九日	丁未	水	壁	收		
二十三日	木		月出午前六時四分	三十日	戊申	土	奎	開		
二十四日	金	●合朔午前五時四十分	九月大	初一日	己酉	土	婁	閉	霜降九月中	
二十五日	土		月入午後六時二十四分	初二日	庚戌	金	胃	建	宜移徙裁衣納財	
二十六日	日		月入午後七時四分	初三日	辛亥	金	昴	除	宜移徙上樑宜午時	
二十七日	月		月入午後七時四十八分	初四日	壬子	木	畢	滿		
二十八日	火		月入午後八時三十六分	初五日	癸丑	木	觜	平		
二十九日	水		月入午後九時二十八分	初六日	甲寅	水	參	定		
三十日	木		月入午後十時二十三分	初七日	乙卯	水	井	執		
三十一日	金		月入午後十一時二十一分	初八日	丙辰	土	鬼	破		天長節祝日

霜降午後八時二十二分

舊曆九月中

日出午前六時四十九分 晝間十時五十七分

日入午後五時四十七分 夜間十三時二分

十一月小三十日

日	曜	弦望	月入·月出	舊曆·干支	宜
一日	土	◐上弦午前二時四十三分		初九日丁巳土柳危	
二日	日		月入午前零時二十分	初十日戊午火星成	宜嫁娶移徙裁衣上樑宜用卯時開市納財
三日	月		月入午前一時二十二分	十一日己未火張收	
四日	火		月入午前二時二十四分	十二日庚申木翼開	宜裁衣上樑宜用卯時開市
五日	水		月入午前三時三十二分	十三日辛酉木軫閉	宜裁衣
六日	木		月入午前四時四十分	十四日壬戌水角建	
七日	金		月入午前五時五十一分	十五日癸亥水亢除	
八日	土	○望午前八時三十三分	月出午後五時四十四分	十六日甲子金氐除 立冬十月節	

立冬 午後八時十二分　**舊十月節**　日出午前七時四分　晝間十時十六分　日入午後五時二十分　夜間十三時四十四分

日	曜	弦望	月入·月出	舊曆·干支	宜
九日	日		月出午後六時三十八分	十七日乙丑金房滿	
十日	月		月出午後七時三十九分	十八日丙寅火心平	宜嫁娶移徙裁衣動土上樑宜用卯時開市納財安葬啓攢
十一日	火		月出午後八時四十四分	十九日丁卯火尾定	宜冠帶嫁娶移徙裁衣動土上樑宜用卯時開市納財
十二日	水		月出午後九時五十一分	二十日戊辰木箕執	
十三日	木		月出午後十時五十七分	二十一日己巳木斗破	宜破屋
十四日	金			二十二日庚午土牛危	宜嫁娶移徙裁衣動土上樑宜用卯時安葬

新嘗祭

日	曜		月出入	舊曆	
十五日	土	◑下弦午前零時四十七分	出月午前零時二分	廿三日辛未土女成	
十六日	日		出月午前一時三分	廿四日壬申金虛收	
十七日	月		出月午前二時三分	廿五日癸酉金危開	
十八日	火		出月午前三時一分	廿六日甲戌火室閉	
十九日	水		出月午前三時五十九分	廿七日乙亥火壁建	
二十日	木		出月午前四時五十三分	廿八日丙子水奎除	宜移徙啓欑
二十一日	金		出月午前五時五十二分	廿九日丁丑水婁滿	
二十二日	土		出月午前六時四十七分	三十日戊寅土胃平	
二十三日	日	●合朔午前零時三十分	十月小	初一日己卯土昴定	小雪十月中宜[illegible]移徙動土上樑[illegible]安葬

小雪午後五時二十六分

舊十月中

日出午前七時二十分　晝間九時五十九分

日入午後五時十九分　夜間十四時一分

日	曜	月出入	舊曆	
二十四日	月	入月午後六時三十三分	初二日庚辰金畢執	
二十五日	火	入月午後七時二十三分	初三日辛巳金觜破	宜破屋
二十六日	水	入月午後八時十六分	初四日壬午木參危	宜裁衣
二十七日	木	入月午後九時十三分	初五日癸未木井成	
二十八日	金	入月午後十時十分	初六日甲申水鬼收	宜嫁娶移徙裁衣動土上樑[illegible]納財安葬
二十九日	土	入月午後十一時十分	初七日乙酉水柳開	宜移徙裁衣動土上樑[illegible]開市納財
三十日	日		初八日丙戌土星閉	

十二月大三十一日

日	曜	月相	月出入	陰曆	干支	納音	宿	建除	宜
一日	月	◑ 上弦午前一時四十七分	月入午前零時十分	初九日	丁亥	土	張	建	
二日	火		月入午前一時十三分	初十日	戊子	火	翼	除	
三日	水		月入午前二時十七分	十一日	己丑	火	軫	滿	
四日	木		月入午前三時二十六分	十二日	庚寅	木	角	平	宜嫁娶移徙裁衣動土上樑[illegible]開市納財安葬啓欑
五日	金		月入午前四時三十六分	十三日	辛卯	木	亢	定	宜祭祀[illegible]嫁娶移徙裁衣動土上樑[illegible]開市納財啓欑
六日	土		月入午前五時四十七分	十四日	壬辰	水	氐	執	
七日	日	○ 望午後七時四分	月出午後五時十六分	十五日	癸巳	水	房	破	宜破屋
八日	月		月出午後六時二十一分	十六日	甲午	金	心	破	大雪十一月節

大雪午後零時三十八分　舊曆十一月節

日出午前七時三十四分　晝間九時四十五分
日入午後五時十九分　夜間十四時十五分

日	曜	月相	月出入	陰曆	干支	納音	宿	建除	宜
九日	火		月出午後七時三十分	十七日	乙未	金	尾	危	
十日	水		月出午後八時三十九分	十八日	丙申	火	箕	成	
十一日	木		月出午後九時四十七分	十九日	丁酉	火	斗	收	
十二日	金		月出午後十時五十三分	二十日	戊戌	木	牛	開	
十三日	土		月出午後十一時五十四分	廿一日	己亥	木	女	閉	宜裁衣
十四日	日	◑ 下弦午後三時一分		廿二日	庚子	土	虛	建	

日	曜	月相	月出入	舊曆	干支	納音	宿	建除	宜
十五日	月		月出午前零時五十四分	廿三日	辛丑	土	危	除	
十六日	火		月出午前一時五十二分	廿四日	壬寅	金	室	滿	宜嫁娶裁衣動土上樑豎柱開市納財安葬啓欑
十七日	水		月出午前二時五十分	廿五日	癸卯	金	壁	平	
十八日	木		月出午前三時四十六分	廿六日	甲辰	火	奎	定	宜冠帶結婚姻移徙裁衣動土上樑豎柱納財
十九日	金		月出午前四時四十二分	廿七日	乙巳	火	婁	執	
二十日	土		月出午前五時三十六分	廿八日	丙午	水	胃	破	
二十一日	日		月出午前六時二十八分	廿九日	丁未	水	昴	危	
二十二日	月	朔 合朔午後一時五十五分	十一月大	初一日	戊申	土	畢	成	
二十三日	火		月入午後六時十一分	初二日	己酉	土	觜	收	冬至十一月中

冬至午前六時二十七分

舊曆十一月中 日出午前七時四十三分 日入午後五時十九分 晝間九時三十六分 夜間十四時二十四分

日	曜	月相	月出入	舊曆	干支	納音	宿	建除	宜
二十四日	水		月入午後七時八分	初三日	庚戌	金	參	開	宜裁衣動土上樑豎柱
二十五日	木		月入午後八時五分	初四日	辛亥	金	井	閉	宜裁衣
二十六日	金		月入午後九時四分	初五日	壬子	木	鬼	建	
二十七日	土		月入午後十時三分	初六日	癸丑	木	柳	除	宜裁衣動土上樑豎柱開市納財
二十八日	日		月入午後十一時四分	初七日	甲寅	水	星	滿	宜裁衣動土上樑豎柱開市納財啓欑
二十九日	月			初八日	乙卯	水	張	平	
三十日	火	上弦午後一時十五分	月入午前零時六分	初九日	丙辰	土	翼	定	宜冠帶結婚姻裁衣動土上樑豎柱納財
三十一日	水		月入午前一時九分	初十日	丁巳	土	軫	執	

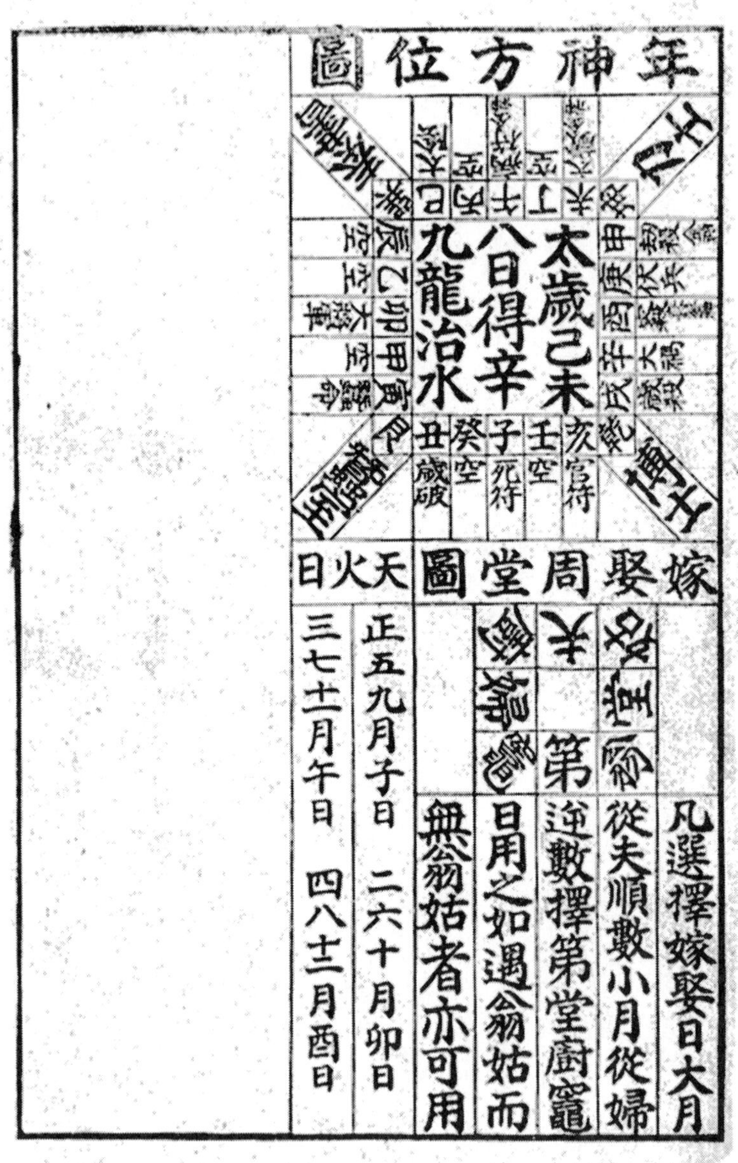

年神方位圖

奏書　博士　力士　蠶室

太歲己未
八日得辛
九龍治水

亥 壬 子 癸 丑 艮 寅 甲 卯 乙 辰 巽 巳 丙 午 丁 未 坤 申 庚 酉 辛 戌 乾

官符　死符　歲破

嫁娶周堂圖　天火日

姑	夫	廚
堂		婦
翁	第	竈

凡選擇嫁娶日大月從夫順數小月從婦逆數擇第堂廚竈日用之如遇翁姑而無翁姑者亦可用

正五九月子日　二六十月卯日
三七十一月午日　四八十二月酉日

大正七年九月三十日印刷
大正七年十月一日發行

定價金五錢

朝鮮總督府

朝鮮總督
官房總務局印刷所印刷

朝鮮總督府發行之證

8 大正九年朝鮮民曆（1920）

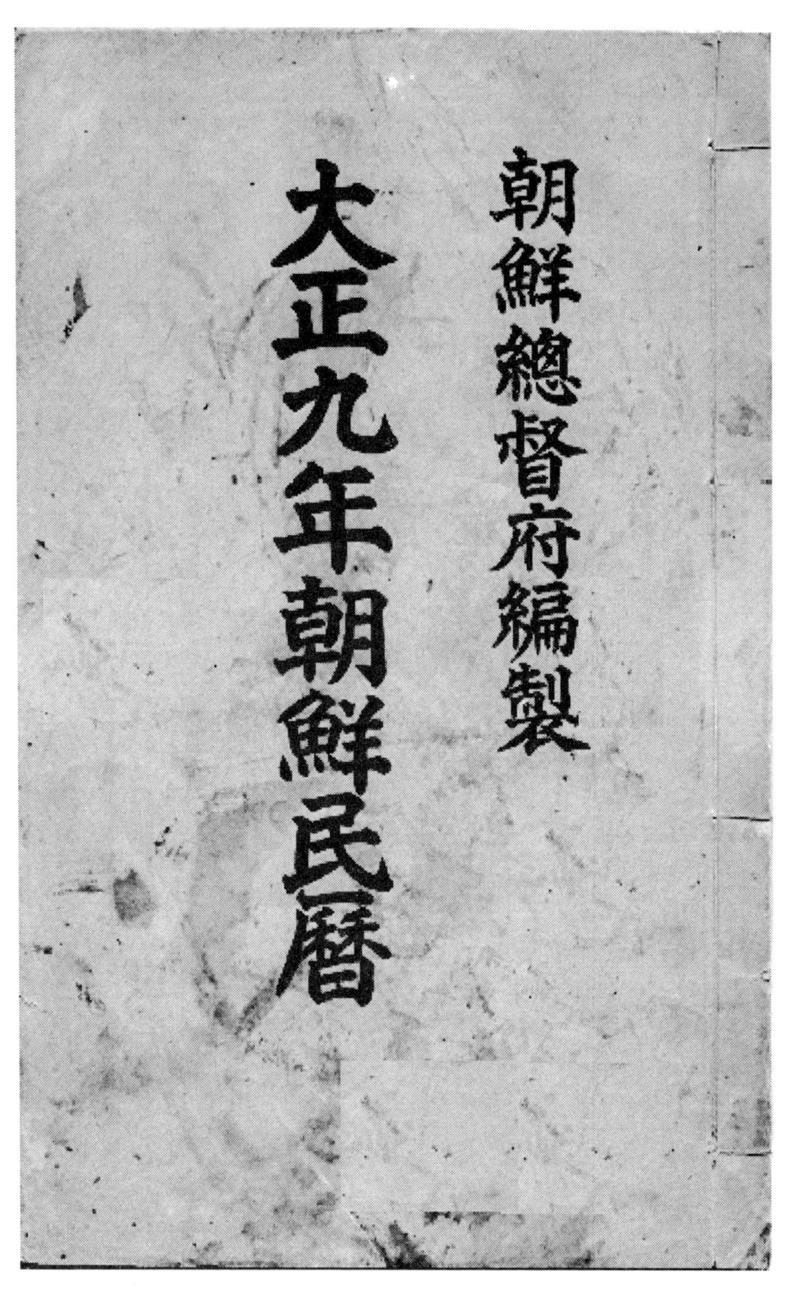

 8. 大正九年朝鮮民曆(1920)

神武天皇即位紀元二千五百八十年

大正九年朝鮮民曆

庚申年 三百六十六日

朝鮮總督府觀測所推算

四方拜	一月一日
元始祭	一月三日
紀元節	二月十一日
春季皇靈祭	三月二十一日
神武天皇祭	四月三日
明治天皇祭	七月三十日
天長節	八月三十一日
秋季皇靈祭	九月二十三日
神嘗祭	十月十七日
天長節祝日	十月三十一日
新嘗祭	十一月二十三日

月表

一月大	二月閏	三月大
四月小	五月大	六月小
七月大	八月大	九月小
十月大	十一月小	十二月大

日曜表

一月	四日 十一日 十八日 二十五日
二月	一日 八日 十五日 二十二日 二十九日
三月	七日 十四日 二十一日 二十八日
四月	四日 十一日 十八日 二十五日
五月	二日 九日 十六日 二十三日 三十日
六月	六日 十三日 二十日 二十七日
七月	四日 十一日 十八日 二十五日
八月	一日 八日 十五日 二十二日 二十九日
九月	五
十月	三
十一月	七
十二月	五

月食 十月二十七日

食分	皆既	
初虧	午後九時二十六分	左下之間
食既	午後十時二十九分	上偏右
食甚	午後十一時十一分	
生光	午後十一時五十四分	左上之間
復圓	十月二十八日午前零時五十八分	右下之間

說

本民曆

은本曆

周ᄒᆞ고

은朝鮮

所에付보이는時刻을

揭흠

大正九年中陰曆歲次庚申年月表及節候表

月及月之大小	朔日	節氣	入節日	日干支	入節時刻	入節陽曆	節氣	入節日	日干支	入節時刻	入節陽曆
正月小	戊申	雨水	正月中初一日	戊申	辰初一刻十四分	二月二十日	驚蟄	二月節十六日	癸亥	卯初三刻六分	三月六日
二月大	丁丑	春分	二月中初二日	戊寅	辰初初刻零分	三月二十一日	清明	三月節十七日	癸巳	午初一刻零分	四月五日
三月小	丁未	穀雨	三月中初二日	戊申	酉正二刻九分	四月二十日	立夏	四月節十八日	甲子	卯初初刻十二分	五月六日
四月小	丙子	小滿	四月中初四日	己卯	酉正一刻七分	五月二十一日	芒種	五月節二十日	乙未	巳初三刻六分	六月六日
五月大	乙巳	夏至	五月中初七日	辛亥	丑正二刻十分	六月二十二日	小暑	六月節廿二日	丙寅	戌正一刻四分	七月七日
六月小	乙亥	大暑	六月中初八日	壬午	未初二刻五分	七月二十三日	立秋	七月節廿四日	戊戌	卯初三刻十三分	八月八日
七月小	甲辰	處暑	七月中初十日	癸丑	戌正一刻七分	八月二十三日	白露	八月節廿六日	己巳	辰正一刻十二分	九月八日
八月大	癸酉	秋分	八月中十二日	甲申	酉初一刻十四分	九月二十三日	寒露	九月節廿七日	己亥	子初二刻零分	十月八日
九月大	癸卯	霜降	九月中十三日	乙卯	丑正初刻十三分	十月二十四日	立冬	十月節廿八日	庚午	丑正初刻五分	十一月八日
十月小	癸酉	小雪	十月中十二日	甲申	子初一刻一分	十一月二十二日	大雪	十一月節廿七日	己亥	酉正二刻一分	十二月七日
十一月大	壬寅	冬至	十一月中十三日	甲寅	午正一刻二分	十二月二十二日	小寒	十二月節廿八日	己巳	卯初二刻四分	一月六日
十二月大	壬申	大寒	十二月中十二日	癸未	亥正三刻十分	一月二十日	立春	正月節廿七日	戊戌	酉初一刻六分	二月四日

一月大三十一日 繩、叺、蠶具、莚等의製造、種稻의赤米除却、大豆의選粒

己未十一月大

四方拜 元始祭 新年宴會

日	曜	月相	月出入	舊曆	干支	納音	宿	直	宜
一日	木		入月午前二時十六分	十一日	戊午	火	角	破	
二日	金		入月午前三時二十五分	十二日	己未	火	亢	危	
三日	土		入月午前四時三十四分	十三日	庚申	木	氐	成	宜移徙裁衣上樑(宜用辰時)開市納財安葬
四日	日		入月午前五時四十一分	十四日	辛酉	木	房	收	
五日	月		入月午前六時四十二分	十五日	壬戌	水	心	開	宜裁衣動土上樑(宜用巳時)開市
六日	火	○望午前六時六分	出月午後六時十三分	十六日	癸亥	水	尾	閉	小寒十二月節
小寒午後十一時四十一分 舊曆十二月節									日出午前七時四十五分 晝間九時四十一分 日入午後五時二十六分 夜間十四時十九分
七日	水		出月午後七時二十三分	十七日	甲子	金	箕	閉	宜裁衣安葬
八日	木		出月午後八時三十三分	十八日	乙丑	金	斗	建	宜裁衣上樑(宜用卯時)納財安葬
九日	金		出月午後九時三十八分	十九日	丙寅	火	牛	除	
十日	土		出月午後十時四十一分	二十日	丁卯	火	女	滿	
十一日	日		出月午後十一時四十一分	二十一日	戊辰	木	虛	平	
十二日	月			二十二日	己巳	木	危	定	宜冠帶(宜用辰時)開市(宜向東北)動土上樑(宜用辰時)
十三日	火	◑下弦午前九時分	出月午前零時四十一分	二十三日	庚午	土	室	執	
十四日	水		出月午前一時三十八分	二十四日	辛未	土	壁	破	宜破屋

日	曜	朔望	月出入	陰曆	宜忌
十五日	木		月出午前二時二十四分	廿五日壬申金奎危	
十六日	金		月出午前三時二十九分	廿六日癸酉金婁成	宜嫁娶移徙裁衣上樑[illegible]開市納財安葬
十七日	土		月出午前四時二十二分	廿七日甲戌火胃收	
十八日	日		月出午前五時十二分	廿八日乙亥火昴開	土王用事 宜裁衣上樑[illegible]開市納財
十九日	月		月出午前五時五十九分	廿九日丙子水畢閉	宜安葬啓攢
二十日	火		月出午前六時四十二分	三十日丁丑水觜建	
二十一日	水	●合朔午後四時二十二分	十二月大	初一日戊寅土參除	大寒十二月中

大寒午後五時五分 舊十二月中

日出午前七時四十四分 晝間九時五十九分
日入午後五時四十三分 夜間十四時一分

日	曜	朔望	月出入	陰曆	宜忌
二十二日	木		月入午後六時五十七分	初二日己卯土井滿	
二十三日	金		月入午後七時五十七分	初三日庚辰金鬼平	
二十四日	土		月入午後八時五十八分	初四日辛巳金柳定	
二十五日	日		月入午後十時零分	初五日壬午木星執	
二十六日	月	臘	月入午後十一時三分	初六日癸未木張破	
二十七日	火			初七日甲申水翼危	宜移徙裁衣上樑[illegible]開市納財安葬
二十八日	水		月入午前零時七分	初八日乙酉水軫成	宜嫁娶移徙裁衣上樑[illegible]開市納財安葬
二十九日	木	◐上弦午前零時二十六分	月入午前一時十三分	初九日丙戌土角收	
三十日	金		月入午前二時十九分	初十日丁亥土亢開	
三十一日	土		月入午前三時二十五分	十一日戊子火氐閉	

二月閏二十九日

一月과同홈

日	曜	節·月相	月出入	陰曆	干支	納音	宿	十二直	宜
一日	日		入月午前四時二十七分	十二日	己丑	火	房	建	
二日	月		入月午前五時三十三分	十三日	庚寅	木	心	除	宜嫁娶移徙裁衣上樑修倉納財安葬啓攢
三日	火		入月午前六時十四分	十四日	辛卯	木	尾	滿	
四日	水	○望午後五時四十三分	出月午後六時八分	十五日	壬辰	水	箕	平	
五日	木		出月午後七時十六分	十六日	癸巳	水	斗	平	立春正月節
立春		立春午前十一時三十七分 舊正月節	日出午前七時三十二分 日入午後六時零分						晝間十時二十七分 夜間十三時三十三分
六日	金		出月午後八時二十一分	十七日	甲午	金	牛	定	宜嫁娶移徙裁衣動土上樑修倉開市納財
七日	土		出月午後九時二十一分	十八日	乙未	金	女	執	
八日	日		出月午後十時二十六分	十九日	丙申	火	虛	破	宜破屋
九日	月		出月午後十一時三十五分	二十日	丁酉	火	危	危	宜嫁娶移徙裁衣動土上樑修倉納財安葬
十日	火			廿一日	戊戌	木	室	成	
十一日	水	紀元節	出月午前零時三十五分	廿二日	己亥	木	壁	收	宜開市納財
十二日	木	◑下弦午前五時四十九分	出月午前一時十九分	廿三日	庚子	土	奎	開	
十三日	金		出月午前二時十三分	廿四日	辛丑	土	婁	閉	
十四日	土		出月午前三時四分	廿五日	壬寅	金	胃	建	宜上樑修倉開市安葬啓攢

日	曜	月相	月出入	陰曆	干支	納音	宿	建除	宜
十五日	日		月出午前三時五十三分	廿六日	癸卯	金	昴	除	宜啓攢
十六日	月		月出午前四時三十七分	廿七日	甲辰	火	畢	滿	宜裁衣
十七日	火		月出午前五時十八分	廿八日	乙巳	火	觜	平	
十八日	水		月出午前五時五十六分	廿九日	丙午	水	參	定	宜祭祀祈福[illegible]移徙裁衣動土上樑[illegible]開市納財安葬
十九日	木		月出午前六時三十一分	三十日	丁未	水	井	執	
二十日	金	●合朔午前[illegible]時三十五分	庚申正月小	初一日	戊申	土	鬼	破	雨水正月中

雨水午前七時二十九分　舊正月中

日出午前七時十九分　晝間十時五十六分
日入午後六時十五分　夜間十三時二分

日	曜	月相	月出入	陰曆	干支	納音	宿	建除	宜
二十一日	土		月入午後七時五十二分	初二日	己酉	土	柳	危	宜安葬
二十二日	日		月入午後八時五十四分	初三日	庚戌	金	星	成	
二十三日	月		月入午後九時五十九分	初四日	辛亥	金	張	收	宜移徙裁衣動土上樑[illegible]開市納財
二十四日	火		月入午後十一時六分	初五日	壬子	木	翼	開	
二十五日	水			初六日	癸丑	木	軫	閉	
二十六日	木		月入午前零時十三分	初七日	甲寅	水	角	建	
二十七日	金	◐上弦午前[illegible]時五十分	月入午前一時十五分	初八日	乙卯	水	亢	除	宜啓攢
二十八日	土		月入午前二時十八分	初九日	丙辰	土	氐	滿	宜移徙裁衣動土上樑[illegible]開市納財安葬
二十九日	日		月入午前三時十四分	初十日	丁巳	土	房	平	

三月大三十一日

苗板의作製、果樹의剪定、桑園果樹園의病蟲害防除、蔘類의播種、果樹園의施肥、果樹類의接木

日	曜	月相	月出入	陰曆	干支	納音	宿	建除	宜
一日	月		月入午前四時六分	十一日	戊午	火	心	定	宜冠帶[illegible]嫁娶移徙裁衣動土上樑[illegible]開市納財
二日	火		月入午前四時五十三分	十二日	己未	火	尾	執	
三日	水		月入午前五時三十二分	十三日	庚申	木	箕	破	
四日	木		月入午前六時九分	十四日	辛酉	木	斗	危	
五日	金	○望午前六時十三分	月出午後七時七分	十五日	壬戌	水	牛	成	宜裁衣動土上樑 宜用巳時 開市納財安葬
六日	土		月出午後八時九分	十六日	癸亥	水	女	成	驚蟄三月節
		驚蟄午前五時五十分 舊二月節	日出午前六時五十分 日入午後六時三十三分	晝間十一時三十三分 夜間十二時二十七分					
七日	日		月出午後九時十分	十七日	甲子	金	虛	收	
八日	月		月出午後十時九分	十八日	乙丑	金	危	開	宜嫁娶移徙裁衣動土上樑 宜用卯時
九日	火		月出午後十一時六分	十九日	丙寅	火	室	閉	宜裁衣納財啓攢
十日	水			二十日	丁卯	火	壁	建	宜移徙裁衣上樑 宜用[illegible]時 納財啓攢
十一日	木		月出午前零時二分	廿一日	戊辰	木	奎	除	
十二日	金		月出午前零時五十五分	廿二日	己巳	木	婁	滿	宜裁衣上樑 宜用巳時 開市納財
十三日	土	◐下弦午前四時二十七分	月出午前一時四十四分	廿三日	庚午	土	胃	平	
十四日	日		月出午前二時三十分	廿四日	辛未	土	昴	定	宜[illegible]嫁娶裁衣動土上樑 宜用卯時 納財

春季各節

日	曜		月出入	陰曆	宜
十五日	月		月出午前三時十二分	廿五日壬申金畢執	
十六日	火		月出午前三時五十一分	廿六日癸酉金觜破	
十七日	水		月出午前四時二十七分	廿七日甲戌火參危	宜嫁娶移徙裁衣動土上樑宜用巳時補垣開市納財安葬
十八日	木		月出午前五時二分	廿八日乙亥火井成	宜移徙裁衣動土上樑宜用辰時
十九日	金		月出午前五時三十一分	廿九日丙子水鬼收	
二十日	土	● 合朔午後七時五十六分	二月大	初一日丁丑水柳開	
二十一日	日	社	月入午後七時四十六分	初二日戊寅土星閉	春分二月中 宜裁衣納財安葬
春分午前七時零分				舊二月中	日出午前六時三十六分 晝間十二時九分 日入午後六時四十六分 夜間十一時五十一分
二十二日	月		月入午後八時五十五分	初三日己卯土張建	
二十三日	火		月入午後十時一分	初四日庚辰金翼除	
二十四日	水		月入午後十一時八分	初五日辛巳金軫滿	
二十五日	木			初六日壬午木角平	
二十六日	金		月入午前零時十二分	初七日癸未木亢定	宜冠帶宜用卯時出行東方裁衣動土上樑宜用卯時納財
二十七日	土	◐ 上弦午後五時四十五分	月入午前一時十一分	初八日甲申水氐執	
二十八日	日		月入午前二時三十分	初九日乙酉水房破	
二十九日	月		月入午前二時四十九分	初十日丙戌土心危	
三十日	火		月入午前三時三十分	十一日丁亥土尾成	
三十一日	水		月入午前四時八分	十二日戊子火箕收	

四月小三十日

甘藷의床植、馬鈴薯及瓜類의播種、苗木類의植付、
桑園의耕耘施肥、蠶의催青、種稻의精選、秧板의整地

日	曜	記事	月出入	舊曆	宜
一日	木		月入午前四時四十五分	十二日己丑火斗開	
二日	金		月入午前五時十五分	十三日庚寅木牛閉	
三日	土	神武天皇祭 ○望午後四時五十五分	月出午後六時五十六分	十四日辛卯木女建	
四日	日		月出午後七時五十六分	十五日壬辰水虛除	
五日	月		月出午後八時五十四分	十六日癸巳水危除	清明三月節

清明午前十一時十五分　舊曆三月節　日出午前六時十四分　晝間十二時四十五分　日入午後六時五十九分　夜間十一時十五分

日	曜	記事	月出入	舊曆	宜
六日	火	寒食	月出午後九時五十一分	十七日甲午金室滿	
七日	水		月出午後十時四十五分	十八日乙未金壁平	
八日	木		月出午後十一時三十六分	十九日丙申火奎定	
九日	金			廿日丁酉火婁執	宜嫁娶移徙裁衣上樑宜用[illegible]時納財安葬
十日	土		月出午前零時二十四分	廿一日戊戌木胃破	宜破屋
十一日	日	◑下弦午後十一時三十四分	月出午前一時　八分	廿二日己亥木昴危	
十二日	月		月出午前一時四十六分	廿三日庚子土畢成	宜嫁娶裁衣動土上樑宜用[illegible]時開市納財啓攢
十三日	火		月出午前二時二十三分	廿四日辛丑土觜收	宜納財
十四日	水		月出午前二時五十七分	廿五日壬寅金參開	宜嫁娶移徙裁衣動土上樑宜用未時開市

日	曜	弦望	月出入	陰曆	干支	納音	宿	建除	宜
十五日	木		月出午前三時三十一分	二十七日	癸卯	金	井	閉	
十六日	金		月出午前四時四分	二十八日	甲辰	火	鬼	建	
十七日	土		月出午前四時三十八分	二十九日	乙巳	火	柳	除	土王用事
十八日	日		月出午前五時十四分	三十日	丙午	水	星	滿	
十九日	月	● 合朔午前十時四十三分	三月小	初一日	丁未	水	張	平	
二十日	火		月入午後八時五十三分	初二日	戊申	土	翼	定	穀雨三月中
穀雨午後六時三十九分 舊曆三月中									日出午前五時五十二分 晝間十三時二十分 日入午後七時十二分 夜間十時四十分
二十一日	水		月入午後十時零分	初三日	己酉	土	軫	執	宜嫁娶安葬
二十二日	木		月入午後十一時三分	初四日	庚戌	金	角	破	
二十三日	金		月入午後十一時五十九分	初五日	辛亥	金	亢	危	
二十四日	土			初六日	壬子	木	氐	成	宜嫁娶裁衣上樑宜用申時開市納財安葬啓攢
二十五日	日	◑ 上弦午後七時二十八分	月入午前零時四十八分	初七日	癸丑	木	房	收	宜納財
二十六日	月		月入午前一時三十二分	初八日	甲寅	水	心	開	宜移徙裁衣上樑宜用辰時開市
二十七日	火		月入午前二時十分	初九日	乙卯	水	尾	閉	
二十八日	水		月入午前二時四十四分	初十日	丙辰	土	箕	建	
二十九日	木		月入午前三時十七分	十一日	丁巳	土	斗	除	宜嫁娶移徙裁衣上樑宜用辰時開市納財
三十日	金		月入午前三時四十九分	十二日	戊午	火	牛	滿	

五月大三十一日

水稻、棉、粟、大小豆의 播種、春蠶의 掃立、麥의 黑穗拔除、甘藷苗의 移植、果樹園의 除草

日	月相	月出入	陰曆	干支	納音	宿	直	備考
一日土		月入午前四時三十一分	十三日	己未	火	女	平	
二日日		月入午前四時五十五分	十四日	庚申	木	虛	定	
三日月	○望午前十時四十七分	月出午後七時四十二分	十五日	辛酉	木	危	執	
四日火		月出午後八時三十七分	十六日	壬戌	水	室	破	
五日水		月出午後九時二十九分	十七日	癸亥	水	壁	危	
六日木		月出午後十時十八分	十八日	甲子	金	奎	危	立夏四月節
立夏午前五時十二分								舊四月節 日出午前五時三十三分 晝間十三時五十四分 日入午後七時二十七分 夜間十時六分
七日金		月出午後十一時三分	十九日	乙丑	金	婁	成	宜嫁娶裁衣動土上樑豎柱開市納財安葬
八日土		月出午後十一時四十四分	二十日	丙寅	火	胃	收	宜嫁娶移徙裁衣上樑豎柱開市納財
九日日			廿一日	丁卯	火	昴	開	
十日月		月出午前零時二十一分	二十二日	戊辰	木	畢	閉	
十一日火	◐下弦午後二時五十分	月出午前零時五十六分	二十三日	己巳	木	觜	建	
十二日水		月出午前一時二十八分	二十四日	庚午	土	參	除	宜嫁娶移徙裁衣動土上樑豎柱開市安葬
十三日木		月出午前二時一分	二十五日	辛未	土	井	滿	
十四日金		月出午前二時三十三分	二十六日	壬申	金	鬼	平	

十五日土 月出午前三時 七分 二十七日癸酉金柳定 宜祭祀[illegible]嫁娶移徙裁衣動土上樑[illegible]開市納財安葬

十六日日 月出午前三時四十四分 二十八日甲戌火星執 宜嫁娶

十七日月 月出午前四時二十五分 二十九日乙亥火張破 宜破屋

十八日火 ●合朔午後三時三十五分 四月小 初一日丙子水翼危 宜移徙裁衣動土上樑(宜用卯時)

十九日水 月入午後八時四十六分 初二日丁丑水軫成 宜裁衣動土上樑(宜[illegible])開市納財

二十日木 月入午後九時四十八分 初三日戊寅土角收

二十一日金 月入午後十時四十二分 初四日己卯土亢開 小滿四月中

小滿午後六時二十二分 舊四月中

日出午前五時二十分 晝間十四時二十分

日入午後七時四十分 夜間九時四十分

二十二日土 月入午後十一時二十九分 初五日庚辰金氐閉

二十三日日 初六日辛巳金房建 宜嫁娶移徙裁衣上樑(宜用[illegible]時)

二十四日月 月入午前零時 十 分 初七日壬午木心除 宜安葬

二十五日火 ◐上弦午前六時七分 月入午前零時四十六分 初八日癸未木尾滿

二十六日水 月入午前一時二十分 初九日甲申水箕平

二十七日木 月入午前一時五十二分 初十日乙酉水斗定 宜祭祀[illegible]嫁娶移徙裁衣動土上樑[illegible]開市納財安葬

二十八日金 月入午前二時二十四分 十一日丙戌土牛執 宜裁衣

二十九日土 月入午前二時五十六分 十二日丁亥土女破 宜破屋

三十日日 月入午前三時三十一分 十三日戊子火虛危 宜裁衣

三十一日月 月入午前四時 八分 十四日己丑火危成

六月小三十日

移秧、馬鈴薯의 培土、桑의 株直、桑園의 耕耘施肥、果實의 被袋、繭의 乾燥

日	曜	月相	月出入	舊曆	干支	納音	宿	建除	宜
一日	火		月入午前四時四十八分	十四日	庚寅	木	室	收	宜移徙裁衣上樑宜用辰時納財安葬啓攢
二日	水	○望午前二時十八分	月出午後八時十四分	十五日	辛卯	木	壁	開	宜嫁娶移徙裁衣動土上樑宜用卯時開市納財
三日	木		月出午後九時一分	十六日	壬辰	水	奎	閉	
四日	金		月出午後九時四十三分	十七日	癸巳	水	婁	建	宜裁衣
五日	土		月出午後十時二十一分	十八日	甲午	金	胃	除	宜嫁娶移徙裁衣動土上樑宜用卯時安葬
六日	日		月出午後十時五十七分	十九日	乙未	金	昴	除	芒種五月節

芒種午前九時五十一分　舊五月節

日出午前五時十三分　晝間十四時三十九分

日入午後七時五十二分　夜間九時二十一分

日	曜	月相	月出入	舊曆	干支	納音	宿	建除	宜
七日	月		月出午後十一時二十九分	廿日	丙申	火	畢	滿	宜嫁娶移徙裁衣動土上樑宜用未時開市納財安葬
八日	火			廿一日	丁酉	火	觜	平	
九日	水		月出午前零時一分	廿二日	戊戌	木	參	定	
十日	木	◑下弦午前三時五十九分	月出午前零時三十二分	廿三日	己亥	木	井	執	
十一日	金		月出午前一時五分	廿四日	庚子	土	鬼	破	
十二日	土		月出午前一時三十九分	廿五日	辛丑	土	柳	危	
十三日	日		月出午前二時十七分	廿六日	壬寅	金	星	成	宜嫁娶裁衣動土上樑宜用未時開市納財啓攢
十四日	月		月出午前三時零分	廿七日	癸卯	金	張	收	

日	弦望	月出入	舊曆	干支	宜
十五日火		月出午前三時五十分	廿九日	甲辰火翼開	
十六日水	●合朔午後七時四十分	五月大	初一日	乙巳火軫閉	
十七日木		月入午後八時二十八分	初二日	丙午水角建	
十八日金		月入午後九時二十分	初三日	丁未水亢除	宜嫁娶移徙裁衣動土上樑宜用巳時開市納財
十九日土		月入午後十時 五分	初四日	戊申土氐滿	宜嫁娶移徙裁衣動土上樑宜用辰時開市納財
二十日日		月入午後十時四十五分	初五日	己酉土房平	
二十一日月		月入午後十一時二十一分	初六日	庚戌金心定	
二十二日火		月入午後十一時五十四分	初七日	辛亥金尾執	夏至五月中

夏至午前二時四十分　舊五月中

日出午前五時十二分　晝間十四時四十五分

日入午後七時五十七分　夜間九時十五分

日	弦望	月出入	舊曆	干支	宜
二十三日水	◐上弦午後三時五十分		初八日	壬子木箕破	
二十四日木		月入午前零時二十七分	初九日	癸丑木斗危	
二十五日金		月入午前零時五十九分	初十日	甲寅水牛成	宜裁衣動土上樑宜用辰時開市納財啓攢
二十六日土		月入午前一時三十三分	十一日	乙卯水女收	
二十七日日		月入午前二時 九分	十二日	丙辰土虛開	宜嫁娶移徙裁衣動土上樑宜用辰時開市納財
二十八日月		月入午前二時四十八分	十三日	丁巳土危閉	宜裁衣
二十九日火		月入午前三時三十一分	十四日	戊午火室建	
三十日水		月入午前四時 十七分	十五日	己未火壁除	宜移徙動土上樑宜用[illegible]時安葬

七月大三十一日

畓의除草、蕎麥의播種、甘藷의蔓返、夏蠶의掃立、桑園의除草

日	曜	月相	月出	舊曆	干支	宿	直	宜
一日	木	○望午後五時四十分	午後七時四十二分	十六日	庚申木	奎	滿	宜移徙裁衣開市納財安葬
二日	金		午後八時二十二分	十七日	辛酉木	婁	平	
三日	土		午後八時五十九分	十八日	壬戌水	胃	定	宜冠帶嫁娶移徙裁衣上樑 宜開市納財
四日	日		午後九時三十二分	十九日	癸亥水	昴	執	
五日	月		午後十時四分	二十日	甲子金	畢	破	
六日	火		午後十時三十五分	廿一日	乙丑金	觜	危	
七日	水		午後十一時七分	廿二日	丙寅火	參	危	小暑六月節 宜開市納財伐木
八日	木		午後十一時三十九分	廿三日	丁卯火	井	成	
九日	金	◑下弦午後二時六分		廿四日	戊辰木	鬼	收	宜納財
十日	土		午前零時十四分	廿五日	己巳木	柳	開	
十一日	日		午前零時五十三分	廿六日	庚午土	星	閉	宜安葬
十二日	月		午前一時三十八分	廿七日	辛未土	張	建	宜移徙裁衣上樑 宜開市 卯時納財
十三日	火		午前二時三十分	廿八日	壬申金	翼	除	
十四日	水		午前三時二十分	廿九日	癸酉金	軫	滿	

小暑午後八時十九分

舊六月節 日出午前五時十分 晝間十四時四十六分 日入午後七時五十六分 夜間九時十四分

明治天皇祭

日	曜	月相·節候	月出入	陰曆	干支	納音	宿	建除	宜
十五日	木		月出午前 四時三十六分	三十日	甲戌	火	角	平	
十六日	金	●合朔午前五時三十五分	六月小	初一日	乙亥	火	亢	定	宜冠帶(宜用[illegible]時坐向[illegible])裁衣動土上樑(宜用[illegible]時)納財
十七日	土		月入午後 八時二十八分	初二日	丙子	水	氐	執	
十八日	日		月入午後 九時 十七分	初三日	丁丑	水	房	破	
十九日	月		月入午後 九時五十三分	初四日	戊寅	土	心	危	宜移徙裁衣動土上樑(宜用[illegible]時)開市納財
二十日	火		月入午後十時二十六分	初五日	己卯	土	尾	成	土王用事
二十一日	水	初伏	月入午後十一時零分	初六日	庚辰	金	箕	收	宜納財
二十二日	木		月入午後十一時三十四分	初七日	辛巳	金	斗	開	
二十三日	金	◐上弦午前四時二十分		初八日	壬午	木	牛	閉	大暑六月中 宜安葬

大暑午後一時三十五分 舊曆六月中

日出午前五時二十九分 晝間十四時二十分

日入午後七時五十分 夜間九時四十分

日	曜	月相·節候	月出入	陰曆	干支	納音	宿	建除	宜
二十四日	土		月入午前零時 九分	初九日	癸未	木	女	建	
二十五日	日		月入午前零時四十八分	初十日	甲申	水	虛	除	宜嫁娶移徙上樑(宜用辰時)安葬
二十六日	月		月入午前一時二十九分	十一日	乙酉	水	危	滿	
二十七日	火		月入午前二時十四分	十二日	丙戌	土	室	平	
二十八日	水		月入午前三時 二分	十三日	丁亥	土	壁	定	宜冠帶(宜用辰時坐向正南)裁衣上樑(宜用辰時)
二十九日	木		月入午前三時五十四分	十四日	戊子	火	奎	執	
三十日	金		月入午前四時四十八分	十五日	己丑	火	婁	破	
三十一日	土	○望午前八時十九分 中伏	月出午後 七時二十五分	十六日	庚寅	木	胃	危	宜開市納財啓攢

八月大三十一日

白菜、蘿蔔의播種、果樹園의耕耘、桑天牛卵의取除、秋蠶의掃立

日	曜	記事	月出	舊曆	宜
一日	日		月出午後八時八分	十八日辛卯木昴成	宜移徙裁衣上樑(宜用卯時)開市納財啓攅
二日	月		月出午後八時三十九分	十九日壬辰水畢收	宜納財
三日	火		月出午後九時十一分	二十日癸巳水觜開	
四日	水		月出午後九時四十二分	廿一日甲午金參閉	宜安葬
五日	木		月出午後十時十六分	廿二日乙未金井建	宜嫁娶
六日	金		月出午後十時五十三分	廿三日丙申火鬼除	
七日	土	◑下弦午後九時五十一分	月出午後十一時三十五分	廿四日丁酉火柳滿	
八日	日			廿五日戊戌木星滿	立秋七月節
立秋午前五時五十六分				舊七月節	日出午前五時四十三分 晝間十三時五十二分 日入午後七時三十五分 夜間十時八分
九日	月		月出午前零時二十三分	廿六日己亥木張平	
十日	火	末伏	月出午前一時十六分	廿七日庚子土翼定	宜冠帶結婚會親友移徙裁衣動土上樑(宜用卯時)開市納財
十一日	水		月出午前二時十六分	廿八日辛丑土軫執	
十二日	木		月出午前三時二十四分	廿九日壬寅金角破	
十三日	金		月出午前四時三十四分	三十日癸卯金亢危	
十四日	土	●合朔午後零時四十四分	七月小	初一日甲辰火氐成	

日	曜	弦望	月出入	陰曆	宜
十五日	日		月入午後七時四十八分	初二日乙巳火房收	
十六日	月		月入午後八時二十三分	初三日丙午水心開	
十七日	火		月入午後八時五十八分	初四日丁未水尾閉	
十八日	水		月入午後九時三十二分	初五日戊申土箕建	
十九日	木		月入午後十時 八分	初六日己酉土斗除	宜安葬
二十日	金		月入午後十時四十六分	初七日庚戌金牛滿	宜裁衣
二十一日	土	◐上弦午後七時五十一分	月入午後十一時二十六分	初八日辛亥金女平	
二十二日	日			初九日壬子木虛定	宜冠帶[宜用申時]嫁娶[illegible]移徙裁衣動土上樑[illegible]開市納財安葬[illegible]
二十三日	月		月入午前零時 十分	初十日癸丑木危執	處暑七月中 宜裁衣動土上樑[宜用巳時]納財安葬
處暑午後八時二十二分 舊七月中 日出午前五時五十五分 晝間十三時二十一分 日入午後七時十六分 夜間十時三十九分					
二十四日	火		月入午前零時五十七分	十一日甲寅水室破	
二十五日	水		月入午前一時四十八分	十二日乙卯水壁危	
二十六日	木		月入午前二時四十一分	十三日丙辰土奎成	
二十七日	金		月入午前三時三十六分	十四日丁巳土婁收	
二十八日	土		月入午前四時三十三分	十五日戊午火胃開	宜移徙裁衣動土上樑[宜用卯時]開市
二十九日	日	○望午後十時三分	月出午後六時四十一分	十六日己未火昴閉	
三十日	月		月出午後七時 十三分	十七日庚申木畢建	宜裁衣納財
三十一日 天長節	火		月出午後七時四十五分	十八日辛酉木觜除	宜安葬

九月小三十日

螟蟲被害稻의拔除燒却、小麥의播種

日	月相	月出入	舊曆	干支
一日水		月出午後八時十九分	二十日	壬戌水參滿 宜嫁娶移徙裁衣動土上樑立柱開市納財安葬
二日木		月出午後八時五十六分	廿一日	癸亥水井平
三日金		月出午後九時三十五分	廿二日	甲子金鬼定 宜祭祀嫁娶移徙裁衣動土上樑立柱開市納財
四日土		月出午後十時二十一分	廿三日	乙丑金柳執
五日日		月出午後十一時十三分	廿四日	丙寅火星破
六日月	◑下弦午前四時五分		廿五日	丁卯火張危 宜嫁娶移徙裁衣上樑補垣安床啓攢
七日火		月出午前零時九分	廿六日	戊辰木翼成 宜裁衣動土上樑立柱開市納財安葬
八日水		月出午前一時十二分	廿七日	己巳木軫成 白露八月節 宜嫁娶移徙裁衣動土上樑立柱開市納財

白露午前八時二十七分　舊八月節　日出午前六時九分　晝間十二時四十四分　日入午後六時五十三分　夜間十一時十六分

日	月相	月出入	舊曆	干支
九日木		月出午前二時十八分	廿八日	庚午土角收
十日金		月出午前三時二十五分	廿九日	辛未土亢開 宜嫁娶移徙裁衣上樑立柱
十一日土		月出午前四時三十四分	三十日	壬申金氐閉
十二日日	●合朔午後九時五十二分	八月大	初一日	癸酉金房建
十三日月		月入午後六時五十四分	初二日	甲戌火心除
十四日火		月入午後七時二十八分	初三日	乙亥火尾滿 宜移徙裁衣動土上樑立柱開市納財

日	曜	記事	月出入	陰曆	干支	五行	宿	建除	宜
十五日	水		月入午後八時四分	初四日	丙子	水	箕	平	
十六日	木		月入午後八時四十三分	初五日	丁丑	水	斗	定	
十七日	金		月入午後九時二十三分	初六日	戊寅	土	牛	執	
十八日	土		月入午後十時五分	初七日	己卯	土	女	破	
十九日	日		月入午後十時五十一分	初八日	庚辰	金	虛	危	宜嫁娶移徙裁衣動土上樑宜用辰時開市納財安葬
二十日	月	◐上弦午後一時五十五分	月入午後十一時四十分	初九日	辛巳	金	危	成	宜移徙裁衣動土上樑宜用午時開市納財
二十一日	火			初十日	壬午	木	室	收	
二十二日	水		月入午前零時三十三分	十一日	癸未	木	壁	開	
二十三日	木	秋季皇靈祭	月入午前一時二十六分	十二日	甲申	水	奎	閉	秋分八月中 宜裁衣納財安葬
二十四日	金		月入午前二時二十三分	十三日	乙酉	水	婁	建	
二十五日	土		月入午前三時二十分	十四日	丙戌	土	胃	除	
二十六日	日		月入午前四時十八分	十五日	丁亥	土	昴	滿	
二十七日	月	社	月入午前五時十八分	十六日	戊子	火	畢	平	
二十八日	火	○望午前十時五十七分	月出午後六時十九分	十七日	己丑	火	觜	定	
二十九日	水		月出午後六時四十五分	十八日	庚寅	木	參	執	
三十日	木		月出午後七時二十五分	十九日	辛卯	木	井	破	

秋分午後五時二十九分 舊八月中

日出午前六時二十分 晝間十二時九分

日入午後六時三十分 夜間十一時五十一分

十月大三十一日

大麥의播種、桑園의害蟲驅除、果實의貯藏、種稻의選穗

日	曜	弦望	月出入	陰曆	干支				宜
一日	金		月出午後八時十九分	二十日	壬辰	水	鬼	危	
二日	土		月出午後九時九分	廿一日	癸巳	水	柳	成	宜嫁娶移徙裁衣動土上樑宜用辰時開市納財
三日	日		月出午後十時四分	廿二日	甲午	金	星	收	
四日	月		月出午後十一時五分	廿三日	乙未	金	張	開	
五日	火	◑下弦午前九時五十四分		廿四日	丙申	火	翼	閉	
六日	水		月出午前零時九分	廿五日	丁酉	火	軫	建	
七日	木		月出午前一時十五分	廿六日	戊戌	木	角	除	
八日	金		月出午前二時二十一分	廿七日	己亥	木	亢	除	寒露九月節
寒露午後十二時三十分				舊九月節					日出午前六時五十四分 晝間十一時十三分 日入午後六時七分 夜間十二時四十七分
九日	土		月出午前三時二十七分	廿八日	庚子	土	氐	滿	
十日	日		月出午前四時三十二分	廿九日	辛丑	土	房	平	
十一日	月		月出午前五時三十六分	三十日	壬寅	金	心	定	
十二日	火	●合朔午前九時五十分	九月大	初一日	癸卯	金	尾	執	宜移徙裁衣動土上樑宜用卯時安葬啓欑
十三日	水		月入午後六時三十七分	初二日	甲辰	火	箕	破	宜破屋
十四日	木		月入午後七時十七分	初三日	乙巳	火	斗	危	

日	祝祭日	朔望·節氣	月出入	舊曆	宜
十五日金			月入午後七時五十九分	初四日丙午水牛成	宜嫁娶移徙動土上樑宜用午時安葬
十六日土			月入午後八時四十四分	初五日丁未水女收	
十七日日	神嘗祭		月入午後九時五十二分	初六日戊申土虛開	宜嫁娶移徙裁衣動土上樑宜用辰時開市
十八日月			月入午後十時二十三分	初七日己酉土危閉	
十九日火			月入午後十一時十六分	初八日庚戌金室建	宜移徙裁衣納財
二十日水		◐上弦午前九時二十九分		初九日辛亥金壁除	宜移徙裁衣上樑宜用亥時
二十一日木			月入午前零時十一分	初十日壬子木奎滿	土王用事
二十二日金			月入午前一時七分	十一日癸丑木婁平	
二十三日土			月入午前二時四分	十二日甲寅水胃定	
二十四日日			月入午前三時三分	十三日乙卯水昴執	霜降九月中

霜降午前二時十三分　舊九月中

日出午前六時四十九分　晝間十時五十六分
日入午後五時四十五分　夜間十三時四分

日	祝祭日	朔望·節氣	月出入	舊曆	宜
二十五日月			月入午前四時三分	十四日丙辰土畢破	
二十六日火			月入午前五時六分	十五日丁巳土觜危	
二十七日水		○望午後十一時九分月食	月出午後五時二十九分	十六日戊午火參成	宜嫁娶移徙上樑宜用卯時
二十八日木			月出午後六時十三分	十七日己未火井收	
二十九日金			月出午後七時二分	十八日庚申木鬼開	宜移徙裁衣上樑宜用辰時開市
三十日土			月出午後七時五十七分	十九日辛酉木柳閉	宜裁衣
三十一日日	天長節祝日		月出午後八時五十七分	二十日壬戌水星建	宜移徙裁衣上樑宜用巳時納財

十一月小三十日

田畓의秋耕、果樹園의落葉燒却、蠶種의洗滌

日	曜	月相	月出/月入	陰曆	干支	納音	宿	建除	宜忌
一日	月		月出 午後十時 二分	廿一日	癸亥	水	張	除	
二日	火		月出 午後十一時 八分	廿二日	甲子	金	翼	滿	
三日	水	◑ 下弦午後四時三十五分		廿三日	乙丑	金	軫	平	
四日	木		月出 午前零時 十四分	廿四日	丙寅	火	角	定	
五日	金		月出 午前一時 九分	廿五日	丁卯	火	亢	執	宜安葬啓攢
六日	土		月出 午前二時二十三分	廿六日	戊辰	木	氐	破	
七日	日		月出 午前三時二十六分	廿七日	己巳	木	房	危	
八日	月		月出 午前四時二十八分	廿八日	庚午	土	心	危	亥十月節 宜嫁娶移徙裁衣動土上樑宜用卯時安葬

立冬 午前二時五分　舊十月節

日出午前七時五分　晝間十時二十四分
日入午後五時二十九分　夜間十三時三十六分

日	曜	月相	月出/月入	陰曆	干支	納音	宿	建除	宜忌
九日	火		月出 午前五時二十九分	廿九日	辛未	土	尾	成	宜裁衣動土上樑宜用卯時開市納財
十日	水		月出 午前六時二十九分	三十日	壬申	金	箕	收	
十一日	木	● 合朔午前一時十分	十月小	初一日	癸酉	金	斗	開	
十二日	金		月入 午後六時三十八分	初二日	甲戌	火	牛	閉	
十三日	土		月入 午後七時二十五分	初三日	乙亥	火	女	建	
十四日	日		月入 午後八時 十五分	初四日	丙子	水	虛	除	宜移徙啓攢

新嘗祭

日	弦望	月出入	陰曆	日辰	宜
十五日月		月入午後九時七分	初六日	丁丑水危滿	
十六日火		月入午後十時一分	初七日	戊寅土室平	宜嫁娶移徙[illegible]開市納財安葬
十七日水		月入午後十時五十六分	初八日	己卯土壁定	宜祭祀[illegible]裁衣動土上梁[illegible]開市納財安葬
十八日木		月入午後十一時五十一分	初九日	庚辰金奎執	宜嫁娶移徙裁衣[illegible]安葬
十九日金	◐上弦午前五時十三分		初十日	辛巳金婁破	宜破屋
二十日土		月入午前零時四十八分	十一日	壬午木胃危	宜裁衣
二十一日日		月入午前一時四十七分	十二日	癸未木昴成	宜裁衣動土上梁[illegible]開市納財
二十二日月		月入午前二時四十七分	十三日	甲申水畢收	小雪十月中 宜嫁娶移徙裁衣動土上樑[illegible]納財安葬
二十三日火		月入午前三時五十一分	十四日	乙酉水觜開	宜嫁娶移徙裁衣動土上樑[illegible]開市納財
二十四日水		月入午前四時五十五分	十五日	丙戌土參閉	
二十五日木		月入午前六時二分	十六日	丁亥土井建	
二十六日金	○望午前十時四十三分	月出午後五時四十一分	十七日	戊子火鬼除	
二十七日土		月出午後六時四十二分	十八日	己丑火柳滿	
二十八日日		月出午後七時四十七分	十九日	庚寅木星平	宜嫁娶移徙裁衣動土上樑[illegible]開市納財安葬修橫
二十九日月		月出午後八時五十五分	二十日	辛卯木張定	宜[illegible]嫁娶移徙裁衣動土上樑[illegible]開市納財修橫
三十日火		月出午後十時四分	二十一日	壬辰水翼執	宜裁衣

小雪午後十一時十六分 舊十月中

日出午前七時二十分 晝間十時零分
日入午後五時九分 夜間十四時零分

十二月大三十一日

收穫物의整理、農蠶具의修理整頓

日	曜	月相	月出入	舊曆	宜
一日	水		月出午後十一時十一分	廿一日癸巳水軫破	宜破屋
二日	木			廿二日甲午金角危	宜嫁娶移徙裁衣動土上樑(宜用卯時)納財安葬
三日	金	◐下弦午前一時十九分	月出午前零時十七分	廿三日乙未金亢成	
四日	土		月出午前一時二十分	廿四日丙申火氐收	
五日	日		月出午前二時二十三分	廿五日丁酉火房開	
六日	月		月出午前三時二十二分	廿六日戊戌木心閉	
七日	火		月出午前四時二十二分	廿七日己亥木尾閉	大雪十一月節

大雪午後六時三十一分　舊十一月節

日出午前七時三十分　晝間九時四十五分
日入午後五時十五分　夜間十四時十五分

日	曜	月相	月出入	舊曆	宜
八日	水		月出午前五時十九分	廿八日庚子土箕建	
九日	木		月出午前六時十五分	廿九日辛丑土斗除	
十日	金	●合朔午後七時四分	十一月大	初一日壬寅金牛滿	宜裁衣動土上樑(宜用未時)開市納財安葬啓攢
十一日	土		月入午後六時九分	初二日癸卯金女平	
十二日	日		月入午後六時零分	初三日甲辰火虛定	宜冠帶結婚姻(宜用[illegible]時)納采嫁娶移徙裁衣動土上樑(宜用[illegible]時)納財
十三日	月		月入午後七時五十三分	初四日乙巳火危執	
十四日	火		月入午後八時四十八分	初五日丙午水室破	

日	曜	月相	月出入	舊曆	干支	宜
十五日	水		月入午後九時四十三分	初六日	丁未水壁危	
十六日	木		月入午後十時三十八分	初七日	戊申土奎成	宜移徙裁衣上樑(宜用辰時)開市納財
十七日	金		月入午後十一時三十五分	初八日	己酉土婁收	
十八日	土	◐上弦午後十一時四十分		初九日	庚戌金胃開	宜裁衣動土上樑(宜用巳時)
十九日	日		月入午前零時三十三分	初十日	辛亥金昴閉	宜裁衣
二十日	月		月入午前一時三十二分	十一日	壬子木畢建	
二十一日	火		月入午前二時三十四分	十二日	癸丑木觜除	
二十二日	水		月入午前三時三十九分	十三日	甲寅水參滿	冬至十一月中 宜裁衣動土上樑(宜用巳時)開市納財啓欑

冬至午後零時十七分 舊十一月中

日出午前七時四十五分 晝間九時三十五分
日入午後五時十九分 夜間十四時二十五分

日	曜	月相	月出入	舊曆	干支	宜
二十三日	木		月入午前四時四十五分	十四日	乙卯水井平	
二十四日	金		月入午前五時五十三分	十五日	丙辰土鬼定	宜冠帶(宜用寅時忌用酉時)裁衣動土上樑(宜用寅時)納財
二十五日	土	○望午後九時三十九分	月出午後五時二十三分	十六日	丁巳土柳執	
二十六日	日		月出午後六時三十二分	十七日	戊午火星破	
二十七日	月		月出午後七時四十三分	十八日	己未火張危	
二十八日	火		月出午後八時五十四分	十九日	庚申木翼成	宜移徙裁衣上樑(宜用辰時)開市納財安葬
二十九日	水		月出午後十時三分	二十日	辛酉木軫收	
三十日	木		月出午後十一時十分	廿一日	壬戌水角開	宜裁衣動土上樑(宜用巳時)開市
三十一日	金			廿二日	癸亥水亢閉	

年歲對照

年號	干支	年歲
文政四年	辛巳	一百歲
文政五年	壬午	九十九歲
文政六年	癸未	九十八歲
文政七年	甲申	九十七歲
文政八年	乙酉	九十六歲
文政九年	丙戌	九十五歲
文政十年	丁亥	九十四歲
文政十一年	戊子	九十三歲
文政十二年	己丑	九十二歲
天保元年	庚寅	九十一歲
天保二年	辛卯	九十歲
天保三年	壬辰	八十九歲
天保四年	癸巳	八十八歲
天保五年	甲午	八十七歲
天保六年	乙未	八十六歲
天保七年	丙申	八十五歲
天保八年	丁酉	八十四歲
天保九年	戊戌	八十三歲
天保十年	己亥	八十二歲
天保十一年	庚子	八十一歲
天保十二年	辛丑	八十歲
天保十三年	壬寅	七十九歲
天保十四年	癸卯	七十八歲
弘化元年	甲辰	七十七歲
弘化二年	乙巳	七十六歲
弘化三年	丙午	七十五歲
弘化四年	丁未	七十四歲
嘉永元年	戊申	七十三歲
嘉永二年	己酉	七十二歲
嘉永三年	庚戌	七十一歲
嘉永四年	辛亥	七十歲
嘉永五年	壬子	六十九歲
嘉永六年	癸丑	六十八歲
安政元年	甲寅	六十七歲
安政二年	乙卯	六十六歲
安政三年	丙辰	六十五歲
安政四年	丁巳	六十四歲
安政五年	戊午	六十三歲
安政六年	己未	六十二歲
萬延元年	庚申	六十一歲
文久元年	辛酉	六十歲
文久二年	壬戌	五十九歲
文久三年	癸亥	五十八歲
元治元年	甲子	五十七歲
慶應元年	乙丑	五十六歲
慶應二年	丙寅	五十五歲
慶應三年	丁卯	五十四歲
明治元年	戊辰	五十三歲
明治二年	己巳	五十二歲
明治三年	庚午	五十一歲
明治四年	辛未	五十歲
明治五年	壬申	四十九歲
明治六年	癸酉	四十八歲
明治七年	甲戌	四十七歲
明治八年	乙亥	四十六歲
明治九年	丙子	四十五歲
明治十年	丁丑	四十四歲
明治十一年	戊寅	四十三歲
明治十二年	己卯	四十二歲
明治十三年	庚辰	四十一歲
明治十四年	辛巳	四十歲
明治十五年	壬午	三十九歲
明治十六年	癸未	三十八歲
明治十七年	甲申	三十七歲
明治十八年	乙酉	三十六歲
明治十九年	丙戌	三十五歲
明治二十年	丁亥	三十四歲
明治二十一年	戊子	三十三歲
明治二十二年	己丑	三十二歲
明治二十三年	庚寅	三十一歲
明治二十四年	辛卯	三十歲
明治二十五年	壬辰	二十九歲
明治二十六年	癸巳	二十八歲
明治二十七年	甲午	二十七歲
明治二十八年	乙未	二十六歲
明治二十九年	丙申	二十五歲
明治三十年	丁酉	二十四歲
明治三十一年	戊戌	二十三歲
明治三十二年	己亥	二十二歲
明治三十三年	庚子	二十一歲
明治三十四年	辛丑	二十歲
明治三十五年	壬寅	十九歲
明治三十六年	癸卯	十八歲
明治三十七年	甲辰	十七歲
明治三十八年	乙巳	十六歲
明治三十九年	丙午	十五歲
明治四十年	丁未	十四歲
明治四十一年	戊申	十三歲
明治四十二年	己酉	十二歲
明治四十三年	庚戌	十一歲
明治四十四年	辛亥	十歲
大正元年	壬子	九歲
大正二年	癸丑	八歲
大正三年	甲寅	七歲
大正四年	乙卯	六歲
大正五年	丙辰	五歲
大正六年	丁巳	四歲
大正七年	戊午	三歲
大正八年	己未	二歲
大正九年	庚申	一歲

本邦의面積、人口

土地	面積	人口
本州	一四、六九一方里	四一、五〇六、〇〇〇
四國	一、一八一方里	三、二九三、〇〇〇
九州	二、八二八方里	八、五一四、〇〇〇
北海道	六、〇九五方里	一、八一八、〇〇〇

土地	面積	人口
朝鮮	一四、三一二方里	一六、九六九、〇〇〇
臺灣	二、三三二方里	三、五四四、〇〇〇
樺太	二、二〇九方里	四四、〇〇〇
計	四三、六四八方里	七五、六八八、〇〇〇

（備考）本州四國九州北海道臺灣及樺太의人口는大正三年十二月末調、朝鮮의人口는大正六年十二月末調에據홈

本邦行政區劃及廳所在地

行政區劃	廳所在地
朝鮮總督府	京城
臺灣總督府	臺北
關東廳	旅順
樺太廳	豊原
北海道廳	札幌區
東京府	東京市
京都府	京都市
大阪府	大阪市
神奈川縣	橫濱市
兵庫縣	神戶市
長崎縣	長崎市
新潟縣	新潟市
埼玉縣	浦和町
群馬縣	前橋市
千葉縣	千葉町
茨城縣	水戶市
栃木縣	宇都宮市
奈良縣	奈良市
三重縣	津市
愛知縣	名古屋市
靜岡縣	靜岡市
山梨縣	甲府市
滋賀縣	大津市
岐阜縣	岐阜市
長野縣	長野市
宮城縣	仙臺市
福島縣	福島市
岩手縣	盛岡市
青森縣	青森市
山形縣	山形市
秋田縣	秋田市
福井縣	福井市
石川縣	金澤市
富山縣	富山市
鳥取縣	鳥取市
島根縣	松江市
岡山縣	岡山市
廣島縣	廣島市
山口縣	山口町
和歌山縣	和歌山市
德島縣	德島市
香川縣	高松市
愛媛縣	松山市
高知縣	高知市
福岡縣	福岡市
大分縣	大分市
佐賀縣	佐賀市
熊本縣	熊本市
宮崎縣	宮崎市
鹿兒島縣	鹿兒島市
沖繩縣	那覇區

本邦陸軍常備團隊配備

團隊	司令部所在地
近衛師團	東京（東京府）
第一師團	東京（東京府）
第二師團	仙臺（宮城縣）
第三師團	名古屋（愛知縣）
第四師團	大阪（大阪府）
第五師團	廣島（廣島縣）
第六師團	熊本（熊本縣）
第七師團	旭川（北海道）
第八師團	弘前（青森縣）
第九師團	金澤（石川縣）
第十師團	姬路（兵庫縣）
第十一師團	善通寺（香川縣）
第十二師團	小倉（福岡縣）
第十三師團	高田（新潟縣）
第十四師團	宇都宮（栃木縣）
第十五師團	豊橋（愛知縣）
第十六師團	京都（京都府）
第十七師團	岡山（岡山縣）
第十八師團	久留米（福岡縣）
第十九師團	羅南（朝鮮）
第二十師團	龍山（朝鮮）
守備隊	臺北（臺灣）
朝鮮軍	龍山（朝鮮）
駐屯部隊	旅順（關東州）

本邦海軍鎭守府所在地

軍港	鎭守府所在地
橫須賀	橫須賀
吳	吳
佐世保	佐世保
舞鶴	舞鶴

本邦主要市街地人口 (百位에서 四捨五入)

本州地方(大正二年十二月末現在)	東京市	二、〇五〇、〇〇〇
	大阪市	一、三九六、〇〇〇
	京都市	五〇九、〇〇〇
	名古屋市	四五二、〇〇〇
	神戸市	四四二、〇〇〇
	横濱市	三九八、〇〇〇
	廣島市	一六七、〇〇〇
	金澤市	一三〇、〇〇〇
	呉市	一二八、〇〇〇
	仙臺市	一〇四、〇〇〇
	岡山市	八七、〇〇〇
	横須賀市	八五、〇〇〇
	和歌山市	七八、〇〇〇
	下關市	七二、〇〇〇
	堺市	六八、〇〇〇
	新潟市	六七、〇〇〇
	富山市	六五、〇〇〇
	靜岡市	六四、〇〇〇
	福井市	五六、〇〇〇
	豊橋市	五五、〇〇〇
	宇都宮市	五四、〇〇〇
	甲府市	五四、〇〇〇
	岐阜市	五二、〇〇〇
	前橋市	五〇、〇〇〇
	青森市	四七、〇〇〇
	津市	四七、〇〇〇
	山形市	四五、〇〇〇
	高崎市	四四、〇〇〇
	大津市	四四、〇〇〇
	盛岡市	四四、〇〇〇
	水戸市	四三、〇〇〇
	濱松市	四三、〇〇〇
	若松市	四二、〇〇〇
	奈良市	四一、〇〇〇
	長野市	四一、〇〇〇
	姫路市	四〇、〇〇〇
	松本市	四〇、〇〇〇
	松江市	三九、〇〇〇
	米澤市	三八、〇〇〇
	鳥取市	三七、〇〇〇
	秋田市	三七、〇〇〇
	千葉町	三五、〇〇〇
	福島市	三四、〇〇〇
	山口町	二四、〇〇〇
	浦和町	一一、〇〇〇
四國地方(大正二年十二月末現在)	德島市	七〇、〇〇〇
	松山市	四五、〇〇〇
	高松市	四二、〇〇〇
	高知市	三九、〇〇〇
	丸龜市	二九、〇〇〇
九州地方(大正二年十二月末現在)	長崎市	一六一、〇〇〇
	福岡市	九七、〇〇〇
	佐世保市	九五、〇〇〇
	鹿兒島市	七六、〇〇〇
	門司市	七二、〇〇〇
	熊本市	六八、〇〇〇
	那覇區	五六、〇〇〇
	久留米市	三九、〇〇〇
	大分市	三九、〇〇〇
	小倉市	三八、〇〇〇
	佐賀市	三七、〇〇〇
	首里區	二四、〇〇〇
	宮崎町	一七、〇〇〇
臺灣地方(大正四年十二月末現在)	臺北	一〇〇、〇〇〇
	臺南	六二、〇〇〇
	嘉義	二二、〇〇〇
	基隆	一七、〇〇〇
	打狗	一四、〇〇〇
北海道地方(大正二年十二月末現在)	函館區	一〇〇、〇〇〇
	札幌區	九七、〇〇〇
	小樽區	九二、〇〇〇
	室蘭町	三一、〇〇〇
樺太地方(大正四年六月末現在)	眞岡	二六、〇〇〇
	大泊	二〇、〇〇〇
	豊原	一五、〇〇〇
朝鮮地方(大正二年十二月末現在)	京城	二五三、〇〇〇
	釜山	六二、〇〇〇
	平壤	五八、〇〇〇
	開城	三九、〇〇〇
	大邱	三九、〇〇〇
	仁川	三二、〇〇〇
	鎭南浦	二五、〇〇〇
	元山	二四、〇〇〇
	咸興	一七、〇〇〇
	馬山	一六、〇〇〇
	木浦	一五、〇〇〇
	海州	一五、〇〇〇
	全州	一四、〇〇〇
	群山	一二、〇〇〇
	光州	一一、〇〇〇
	晋州	一一、〇〇〇
	清津	九、〇〇〇
	新義州	八、〇〇〇
	公州	七、〇〇〇
	清州	六、〇〇〇
	羅南	五、〇〇〇
	鏡城	五、〇〇〇
	城津	五、〇〇〇
	義州	四、〇〇〇
	春川	三、〇〇〇

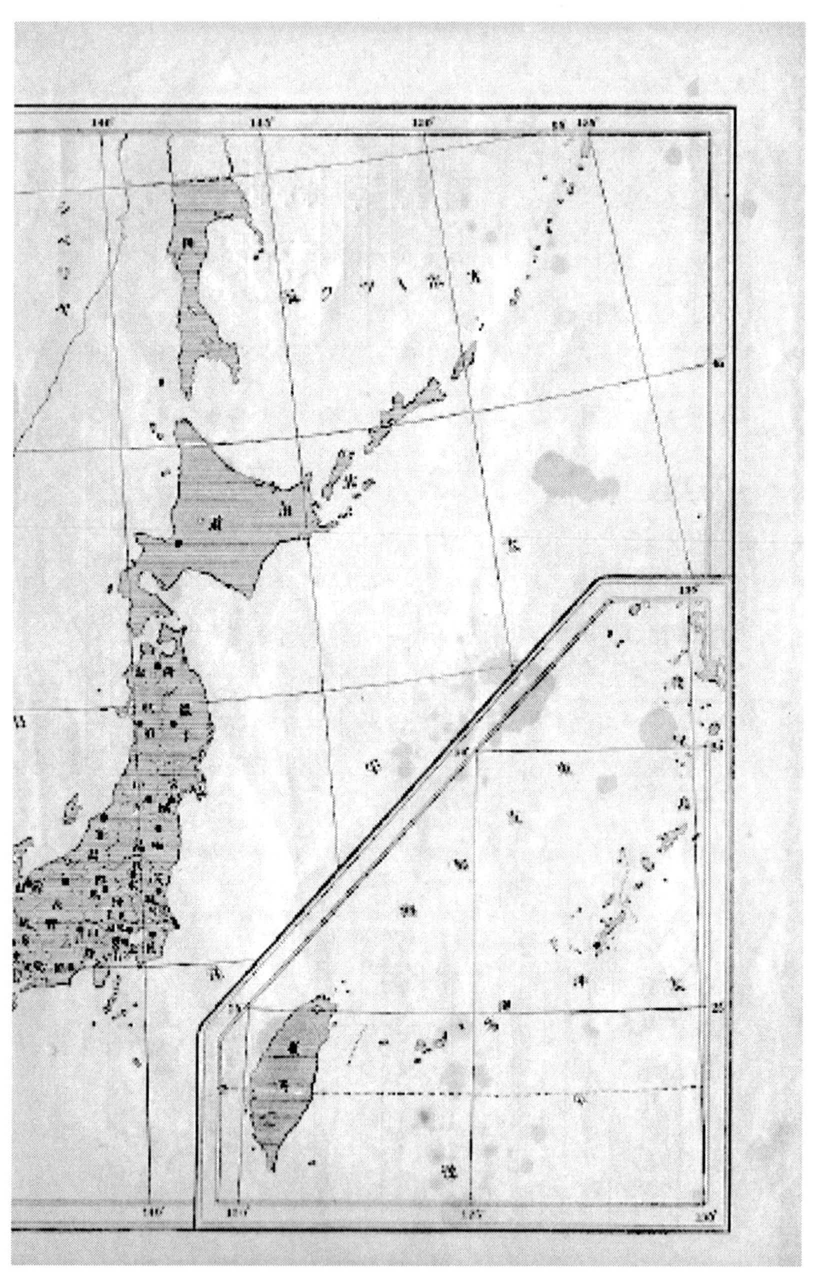

本邦行政區劃圖
凡例
軍港

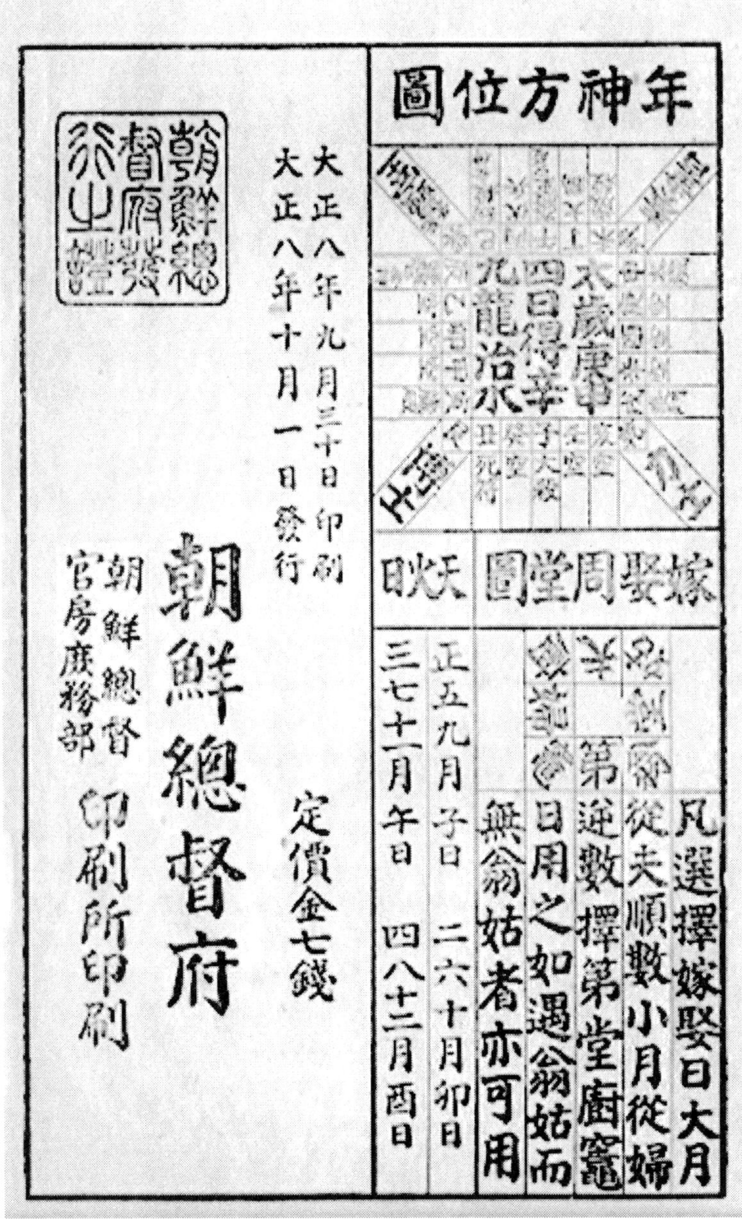

年神方位圖

太歲庚申
四日得辛
九龍治水

嫁娶周堂圖

凡選擇嫁娶日大月從夫順數小月從婦逆數擇第堂廚竈日用之如遇翁姑而無翁姑者亦可用

正五九月子日 二六十月卯日
三七十一月午日 四八十二月酉日

大正八年九月三十日印刷
大正八年十月一日發行

定價金七錢

朝鮮總督府

朝鮮總督官房庶務部印刷所印刷

8. 大正九年朝鮮民曆(1920)

9　大正十年朝鮮民暦（1921）

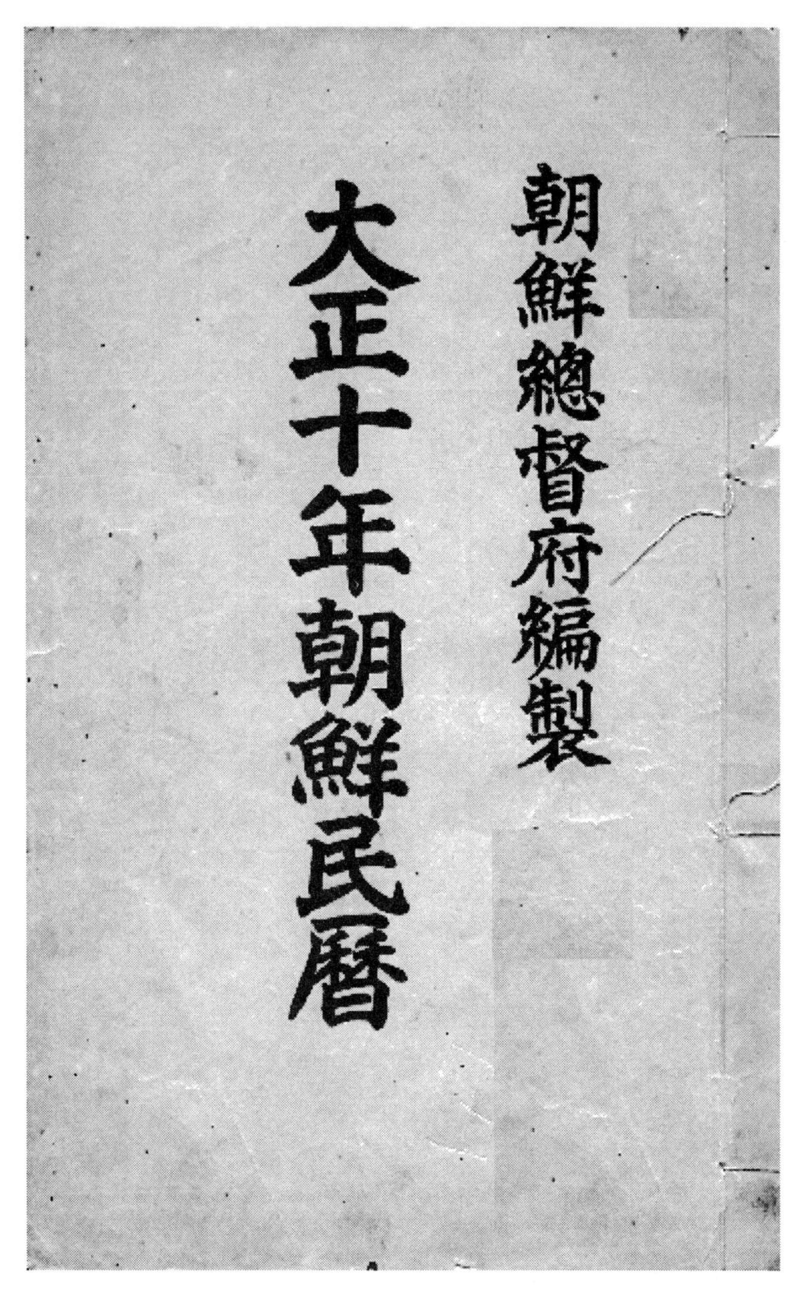
朝鮮總督府編製
大正十年朝鮮民曆

神武天皇卽位紀元二千五百八十一年

大正十年朝鮮民曆

辛酉平年三百六十五日

朝鮮總督府觀測所推算

四方拜	一月一日
元始祭	一月三日
紀元節	二月十一日
春季皇靈祭	三月二十一日
神武天皇祭	四月三日
明治天皇祭	七月三十日
天長節	八月三十一日
秋季皇靈祭	九月二十三日
神嘗祭	十月十七日
天長節祝日	十月三十一日
新嘗祭	十一月二十三日

月表

一月大	二月平	三月大
四月小	五月大	六月小
七月大	八月大	九月小
十月大	十一月小	十二月大

日曜表

月					
一月	二日	九日	十六日	二十三日	三十日
二月	六日	十三日	二十日	二十七日	
三月	六日	十三日	二十日	二十七日	
四月	三日	十日	十七日	二十四日	
五月	一日	八日	十五日	二十二日	二十九日
六月	五日	十二日	十九日	二十六日	
七月					
八月					
九月					
十月					
十一月					
十二月					

月食 十月十七日

食分	九分四厘	
初虧	午前六時十四分	上
月入	午前六時四十分	
帶食分	三分六厘	上偏右

本ᄅ… 은本… 用ᄒᆞ고日月出沒及月食은朝鮮總督府觀測所에셔보이는時刻을揭홈

大正十年中陰曆歲次辛酉年月表及節候表

月及月之大小	朔日	節氣	入節 日	入節 干支	入節 時刻	入節 陽曆	節氣	入節 日	入節 干支	入節 時刻	入節 陽曆
正月大	壬寅	雨水	正月中十二日	癸丑	未初一刻五分	二月十九日	驚蟄	二月節廿七日	戊辰	午初三刻一分	三月六日
二月小	壬申	春分	二月中十二日	癸未	午正三刻六分	三月二十一日	清明	三月節廿七日	戊戌	酉初初刻九分	四月五日
三月大	辛丑	穀雨	三月中十四日	甲寅	子正二刻二分	四月二十一日	立夏	四月節廿九日	己巳	午初初刻四分	五月六日
四月小	辛未	小滿	四月中十五日	乙酉	子正二刻二分	五月二十二日					
五月小	庚子	芒種	五月節初一日	庚子	申初二刻十三分	六月六日	夏至	五月中十七日	丙辰	辰正二刻六分	六月二十二日
六月大	己巳	小暑	六月節初四日	壬申	丑正初刻七分	七月八日	大暑	六月中十九日	丁亥	戌初二刻一分	七月二十三日
七月小	己亥	立秋	七月節初五日	癸卯	午初二刻十四分	八月八日	處暑	七月中廿一日	己未	丑正一刻零分	八月二十四日
八月小	戊辰	白露	八月節初七日	甲戌	未正初刻十分	九月八日	秋分	八月中廿三日	己丑	子初一刻五分	九月二十三日
九月大	丁酉	寒露	九月節初九日	乙巳	卯初初刻十一分	十月九日	霜降	九月中廿四日	庚申	辰正初刻三分	十月二十四日
十月小	丁卯	立冬	十月節初九日	乙亥	辰初三刻一分	十一月八日	小雪	十月中廿四日	庚寅	卯初初刻五分	十一月二十三日
十一月大	丙申	大雪	十一月節初十日	乙巳	子正初刻十三分	十二月八日	冬至	十一月中廿四日	己未	酉正初刻八分	十二月二十二日
十二月大	丙寅	小寒	十二月節初九日	甲戌	午初一刻二分	一月六日	大寒	十二月中廿四日	己丑	寅正三刻三分	一月二十一日

一月大三十一日

繩叺、農具、筵等의製造、種稻의赤米除却、大豆의選粒

日	曜	祭日	記事	月出入	舊曆	干支	納音	宿	直	宜
一日	土	四方拜	◑下弦午後一時三十分	月出午前零時十四分	廿三日	甲子	金	亢	建	
二日	日		庚申十二月大	月出午前一時十六分	廿四日	乙丑	金	房	除	宜嫁娶移徙裁衣動土上樑(宜用卯時)納財安葬
三日	月	元始祭		月出午前二時十六分	廿五日	丙寅	火	心	滿	宜裁衣動土上樑(宜用時)開市納財啓攢
四日	火			月出午前三時十四分	廿六日	丁卯	火	尾	平	
五日	水	新年宴會		月出午前四時十一分	廿七日	戊辰	木	箕	定	宜冠帶(宜用巳時)嫁娶裁衣動土上樑(宜用辰時)納財
六日	木			月出午前五時四分	廿八日	己巳	木	斗	定	小寒十二月節

小寒午前五時三十四分　舊十二月節

日出午前七時四十六分　晝間九時四十三分
日入午後五時三十分　夜間十四時十九分

日	曜	祭日	記事	月出入	舊曆	干支	納音	宿	直	宜
七日	金			月出午前五時五十五分	廿九日	庚午	土	牛	執	宜嫁娶移徙裁衣動土上樑(宜用卯時)安葬
八日	土			月出午前六時四十一分	三十日	辛未	土	女	破	宜破屋
九日	日		●合朔午後三時三十分　十二月大		初一日	壬申	金	虛	危	
十日	月			月入午後六時四十一分	初二日	癸酉	金	危	成	宜嫁娶移徙裁衣上樑(宜用時)開市納財安葬
十一日	火			月入午後七時三十六分	初三日	甲戌	火	室	收	
十二日	水			月入午後八時三十二分	初四日	乙亥	火	壁	開	宜裁衣動土上樑(宜用時)開市納財
十三日	木			月入午後九時二十八分	初五日	丙子	水	奎	閉	
十四日	金			月入午後十時二十四分	初六日	丁丑	水	婁	建	

日	曜	月相	月出入	舊曆	干支	五行	宿	建除	記事
十五日	土		月入午後十一時二十一分	初七日	戊寅	土	胃	除	
十六日	日			初八日	己卯	土	昴	滿	
十七日	月	◐上弦午後三時三十一分	月入午前零時二十一分	初九日	庚辰	金	畢	平	
十八日	火		月入午前一時二十三分	初十日	辛巳	金	觜	定	土王用事
十九日	水		月入午前二時二十六分	十一日	壬午	木	參	執	
二十日	木	臘	月入午前三時三十分	十二日	癸未	木	井	破	大寒十二月中
大寒午後十時五十五分　舊十二月中									日出午前七時四十六分　晝間九時五十八分　日入午後五時四十四分　夜間十四時二分
二十一日	金		月入午前四時三十四分	十三日	甲申	水	鬼	危	宜移徙裁衣上樑宜用亥時開市納財安葬
二十二日	土		月入午前五時三十五分	十四日	乙酉	水	柳	成	
二十三日	日		月入午前六時三十一分	十五日	丙戌	土	星	收	
二十四日	月	○望午前八時八分	月出午後六時二十八分	十六日	丁亥	土	張	開	
二十五日	火		月出午後七時四十一分	十七日	戊子	火	翼	閉	
二十六日	水		月出午後八時五十分	十八日	己丑	火	軫	建	
二十七日	木		月出午後九時五十八分	十九日	庚寅	木	角	除	宜嫁娶移徙裁衣上樑宜用[illegible]時納財安葬啓攢
二十八日	金		月出午後十一時三分	二十日	辛卯	木	亢	滿	
二十九日	土			廿一日	壬辰	水	氐	平	
三十日	日		月出午前零時六分	廿二日	癸巳	水	房	定	宜冠帶宜用辰時[illegible]裁衣上樑宜用辰時納財
三十一日	月	◑下弦午前五時二分	月出午前一時六分	廿三日	甲午	金	心	執	

二月平二十八日

一月과同홈

日	曜	月出入	日辰	宜
一日	火	月出午前一時 四分	廿四日乙未金尾破	
二日	水	月出午前二時五十九分	廿五日丙申火箕危	
三日	木	月出午前三時五十一分	廿六日丁酉火斗成	
四日	金	月出午前四時三十九分	廿七日戊戌木牛成	立春正月節

立春午後五時二十一分　舊正月節

日出午前七時五分　晝間十時五十五分
日入午後六時零分　夜間十三時五分

日	曜	月出入	日辰	宜
五日	土	月出午前五時二十三分	廿八日己亥木女收	宜開市納財
六日	日	月出午前六時 二分	廿九日庚子土虛開	
七日	月	月出午前六時四十 分	三十日辛丑土危閉	
八日	火	●合朔午前九時三十分　辛酉正月大	初一日壬寅金室建	宜嫁娶移徙宜開市納財
九日	水	月入午後七時二十二分	初二日癸卯金壁除	宜啓攢
十日	木	月入午後八時 十九分	初三日甲辰火奎滿	宜裁衣
十一日（紀元節）	金	月入午後九時 十七分	初四日乙巳火婁平	
十二日	土	月入午後十時 十五分	初五日丙午水胃定	
十三日	日	月入午後十一時 十五分	初六日丁未水昴執	宜移徙裁衣動土栽植宜開市納財安葬
十四日	月		初七日戊申土畢破	宜破屋

日	曜	月相	月出入	陰曆	干支	納音	宿	建除	宜
十五日	火		月入午前零時十六分	初八日	己酉	土	觜	危	宜安葬
十六日	水	◐上弦午前三時五十三分	月入午前一時十七分	初九日	庚戌	金	參	成	
十七日	木		月入午前二時十九分	初十日	辛亥	金	井	收	宜移徙裁衣動土上樑(宜用午時)開市納財
十八日	金		月入午前三時十九分	十一日	壬子	木	鬼	開	宜嫁娶移徙裁衣動土上樑(宜用申時)開市納財
十九日	土		月入午前四時十六分	十二日	癸丑	木	柳	閉	雨水正月中

雨水午後一時二十分　舊正月中

日出午前七時十九分　晝間十時五十七分
日入午後六時十六分　夜間十三時三分

日	曜	月相	月出入	陰曆	干支	納音	宿	建除	宜
二十日	日		月入午前五時八分	十三日	甲寅	水	星	建	宜裁衣納財
二十一日	月		月入午前五時五十五分	十四日	乙卯	水	張	除	
二十二日	火	○望午後六時五十六分	月出午後六時二十四分	十五日	丙辰	土	翼	滿	宜移徙裁衣動土上樑(宜用寅時)開市納財安葬
二十三日	水		月出午後七時三十四分	十六日	丁巳	土	軫	平	
二十四日	木		月出午後八時四十二分	十七日	戊午	火	角	定	宜冠帶(宜用卯時)出嫁娶納移徙裁衣動土上樑(宜用卯時)開市納財
二十五日	金		月出午後九時四十八分	十八日	己未	火	亢	執	
二十六日	土		月出午後十時五十一分	十九日	庚申	木	氐	破	
二十七日	日		月出午後十一時五十三分	二十日	辛酉	木	房	危	
二十八日	月			廿一日	壬戌	水	心	成	宜動土上樑(宜用巳時)安葬

三月大 三十一日

苗板의 作製, 果樹의 剪定, 桑園 果樹園의 病蟲害 防除,
麥類의 播種, 果樹園의 施肥, 果樹類의 接木

日	曜	月相	月出·月入	舊曆	干支	納音	宿	建除	宜
一日	火	◐下弦午後十一時三分	月出午前零時五十一分	廿二日	癸亥	水	尾	收	
二日	水		月出午前一時四十四分	廿三日	甲子	金	箕	開	
三日	木		月出午前二時三十三分	廿四日	乙丑	金	斗	閉	
四日	金		月出午前三時十九分	廿五日	丙寅	火	牛	建	宜裁衣冠帶宜用未時納財安葬啓攢
五日	土		月出午前四時一分	廿六日	丁卯	火	女	除	宜嫁娶移徙裁衣動土上樑宜用辰時納財安葬啓攢
六日	日		月出午前四時三十九分	廿七日	戊辰	木	虛	除	啓蟄二月節

驚蟄午前十一時四十六分 舊二月節

日出午前六時五十九分 晝間十一時三十三分
日入午後六時三十二分 夜間十二時二十八分

日	曜	月相	月出·月入	舊曆	干支	納音	宿	建除	宜
七日	月		月出午前五時十四分	廿八日	己巳	木	危	滿	宜裁衣上樑宜用巳時開市納財
八日	火		月出午前五時四十七分	廿九日	庚午	土	室	平	
九日	水		月出午前六時十九分	三十日	辛未	土	壁	定	
十日	木	●朔午前三時九分	二月小	初一日	壬申	金	奎	執	
十一日	金		月入午後八時九分	初二日	癸酉	金	婁	破	
十二日	土		月入午後九時八分	初三日	甲戌	火	胃	危	宜嫁娶移徙裁衣動土上樑宜用巳時開市納財安葬
十三日	日		月入午後十時十分	初四日	乙亥	火	昴	成	宜移徙動土上樑宜用戌時
十四日	月		月入午後十一時十一分	初五日	丙子	水	畢	收	

[illegible]

日	曜	月相	月出入	陰曆	干支	納音	宿	建除	宜
十五日	火			初六日	丁丑	水	觜	開	宜嫁娶移徙裁衣動土上樑（宜用巳時）
十六日	水		入月午前零時十二分	初七日	戊寅	土	參	閉	宜裁衣納財安葬
十七日	木	◐上弦午後零時四十九分	入月午前一時十一分	初八日	己卯	土	井	建	
十八日	金		入月午前二時八分	初九日	庚辰	金	鬼	除	
十九日	土		入月午前三時零分	初十日	辛巳	金	柳	滿	宜裁衣開市納財
二十日	日		入月午前三時四十七分	十一日	壬午	木	星	平	
二十一日	月		入月午前四時三十一分	十二日	癸未	木	張	定	春分二月中宜冠帶（宜用辰時）嫁娶裁衣動土上樑（宜用卯時）納財

春分午後零時五十一分 舊二月中

日出午前六時三十七分 晝間十二時八分

日入午後六時四十五分 夜間十一時五十二分

日	曜	月相	月出入	陰曆	干支	納音	宿	建除	宜
二十二日	火		入月午前五時十一分	十三日	甲申	水	翼	執	
二十三日	水		入月午前五時四十九分	十四日	乙酉	水	軫	破	
二十四日	木	○望午前五時十九分	出月午後七時二十六分	十五日	丙戌	土	角	危	
二十五日	金		出月午後八時三十二分	十六日	丁亥	土	亢	成	
二十六日	土	社	出月午後九時三十五分	十七日	戊子	火	氐	收	
二十七日	日		出月午後十時三十五分	十八日	己丑	火	房	開	
二十八日	月		出月午後十一時三十二分	十九日	庚寅	木	心	閉	宜啓攢
二十九日	火			二十日	辛卯	木	尾	建	
三十日	水		出月午前零時二十五分	廿一日	壬辰	水	箕	除	
三十一日	木	◑下弦午後六時十三分	出月午前一時十三分	廿二日	癸巳	水	斗	滿	宜裁衣開市納財

四月小三十日

甘藷의床植、馬鈴薯及瓜類의播種、苗木類의植付、桑園의耕耘施肥、蠶의催青、種稻의精選、秧板의整地

日	記事	月出入	陰曆	宜
一日金		月出午前一時五十六分	廿三日甲午金牛平	
二日土		月出午前二時三十六分	廿四日乙未金女定	宜裁衣納財
三日日	神武天皇祭	月出午前三時十分	廿五日丙申火虛執	
四日月		月出午前三時四十二分	廿六日丁酉火危破	
五日火		月出午前四時十九分	廿七日戊戌木室破	清明三月節

清明午後五時九分　舊三月節　日出午前六時十五分　晝間十二時四十分　日入午後六時五十五分　夜間十一時十分

日	記事	月出入	陰曆	宜
六日水	寒食	月出午前四時五十一分	廿八日己亥木壁危	宜納財
七日木		月出午前五時二十三分	廿九日庚子土奎成	
八日金	●合朔午後六時二分	三月大	初一日辛丑土婁收	
九日土		月入午後八時零分	初二日壬寅金胃開	宜嫁娶移徙裁衣動土上樑經絡開市
十日日		月入午後九時二分	初三日癸卯金昴閉	
十一日月		月入午後十時五分	初四日甲辰火畢建	
十二日火		月入午後十一時六分	初五日乙巳火觜除	
十三日水			初六日丙午水參滿	
十四日木		月入午前零時四分	初七日丁未水井平	

日	曜	弦望	月出入	陰曆	干支	納音	宿	建除	宜
十五日	金	◑上弦午後七時十二分	月入午前零時五十七分	初八日	戊申	土	鬼	定	
十六日	土		月入午前一時四十五分	初九日	己酉	土	柳	執	宜安葬
十七日	日		月入午前二時二十九分	初十日	庚戌	金	星	破	土王用事
十八日	月		月入午前三時九分	十一日	辛亥	金	張	危	宜納財
十九日	火		月入午前三時四十六分	十二日	壬子	木	翼	成	宜嫁娶裁衣上樑(宜用申時)開市納財安葬啓欑
二十日	水		月入午前四時二十三分	十三日	癸丑	木	軫	收	宜納財
二十一日	木		月入午前四時五十九分	十四日	甲寅	水	角	開	穀雨三月中

穀雨午前零時三十二分 舊三月中

日出午前五時五十一分 晝間十三時二十一分
日入午後七時十二分 夜間十時三十九分

日	曜	弦望	月出入	陰曆	干支	納音	宿	建除	宜
二十二日	金	○望午後四時四十九分	月出午後七時十八分	十五日	乙卯	水	亢	閉	
二十三日	土		月出午後八時二十分	十六日	丙辰	土	氐	建	
二十四日	日		月出午後九時十九分	十七日	丁巳	土	房	除	宜移徙裁衣上樑(宜用申時)開市納財
二十五日	月		月出午後十時十四分	十八日	戊午	火	心	滿	
二十六日	火		月出午後十一時五分	十九日	己未	火	尾	平	
二十七日	水		月出午後十一時五十一分	二十日	庚申	木	箕	定	
二十八日	木			廿一日	辛酉	木	斗	執	
二十九日	金		月出午前零時三十二分	廿二日	壬戌	水	牛	破	
三十日	土	◐下弦午後一時九分	月出午前一時十分	廿三日	癸亥	水	女	危	

五月大 三十一日

水稻·棉·粟·大小豆의 播種·春蠶의 掃立·麥의 黑穗拔除·甘藷苗의 移植, 果樹園의 除草

日	曜	月出·月入	陰曆	干支		宿		宜
一日	日	月出午前一時四十五分	廿四日	甲子	金	虛	成	宜裁衣上樑(宜用卯時)開市納財
二日	月	月出午前二時十八分	廿五日	乙丑	金	危	收	宜納財
三日	火	月出午前二時四十九分	廿六日	丙寅	火	室	開	宜移徙裁衣上樑(宜用寅時)開市納財
四日	水	月出午前三時二十分	廿七日	丁卯	火	壁	閉	宜裁衣
五日	木	月出午前三時五十三分	廿八日	戊辰	木	奎	建	
六日	金	月出午前四時二十七分	廿九日	己巳	木	婁	建	立夏四月節

立夏午前十一時四分　舊四月節　日出午前五時三十四分　晝間十三時五十三分　日入午後七時二十七分　夜間十時七分

日	曜	月出·月入	陰曆	干支		宿		宜
七日	土	月出午前五時五分	三十日	庚午	土	胃	除	
八日	日	朔 合朔午前六時二分　四月小	初一日	辛未	土	昴	滿	
九日	月	月入午後八時五十六分	初二日	壬申	金	畢	平	
十日	火	月入午後九時五十七分	初三日	癸酉	金	觜	定	宜[illegible]裁衣動土上樑(宜用[illegible]時)開市納財安葬
十一日	水	月入午後十時五十三分	初四日	甲戌	火	參	執	宜嫁娶
十二日	木	月入午後十一時四十三分	初五日	乙亥	火	井	破	
十三日	金		初六日	丙子	水	鬼	危	宜裁衣動土上樑(宜用[illegible]時)
十四日	土	月入午前零時二十九分	初七日	丁丑	水	柳	成	宜裁衣動土上樑(宜用巳時)開市納財

陽曆	曜	月象	月出入	陰曆	干支	納音	宿	建除	宜
十五日	日	◑上弦午前零時二十五分	月入午前一時十分	初八日	戊寅	土	星	收	
十六日	月		月入午前一時四十八分	初九日	己卯	土	張	開	
十七日	火		月入午前二時二十四分	初十日	庚辰	金	翼	閉	
十八日	水		月入午前二時五十九分	十一日	辛巳	金	軫	建	宜嫁娶移徙裁衣上樑竪柱
十九日	木		月入午前三時三十五分	十二日	壬午	木	角	除	宜安葬
二十日	金		月入午前四時十二分	十三日	癸未	木	亢	滿	
二十一日	土		月入午前四時五十二分	十四日	甲申	水	氐	平	
二十二日	日	○望午前五時十五分	月出午後八時四分	十五日	乙酉	水	房	定	小滿四月中宜嫁娶移徙裁衣動土上樑竪柱開市納財安葬
小滿午前零時十七分		舊四月中	日出午前五時二十分 晝間十四時二十一分 日入午後七時四十一分 夜間九時三十九分						
二十三日	月		月出午後八時五十七分	十六日	丙戌	土	心	執	宜裁衣
二十四日	火		月出午後九時四十五分	十七日	丁亥	土	尾	破	宜破屋
二十五日	水		月出午後十時二十八分	十八日	戊子	火	箕	危	宜裁衣
二十六日	木		月出午後十一時八分	十九日	己丑	火	斗	成	
二十七日	金		月出午後十一時四十四分	二十日	庚寅	木	牛	收	宜嫁娶移徙裁衣上樑竪柱開市納財安葬啓攢
二十八日	土			廿一日	辛卯	木	女	開	宜嫁娶移徙裁衣動土上樑竪柱開市納財
二十九日	日		月出午前零時十七分	廿二日	壬辰	水	虛	閉	
三十日	月	◐下弦午前六時四十五分	月出午前零時四十九分	廿三日	癸巳	水	危	建	
三十一日	火		月出午前一時二十分	廿四日	甲午	金	室	除	宜嫁娶移徙裁衣動土上樑竪柱安葬

六月小三十日

移秧, 馬鈴薯의培土, 桑의[illegible], 麥類의耕耘施肥, 果實의被袋, 繭의乾燥

日	曜	月相	月出入	陰曆	干支	五行	宿	建除	宜
一日	水		月出 午前一時五十一分	廿五日	乙未	金	壁	滿	
二日	木		月出 午前二時二十四分	廿六日	丙申	火	奎	平	宜嫁娶移徙裁衣動土上樑[illegible]開市納財
三日	金		月出 午前二時五十九分	廿七日	丁酉	火	婁	定	宜[illegible]嫁娶移徙裁衣動土上樑[illegible]納財安葬
四日	土		月出 午前三時三十八分	廿八日	戊戌	木	胃	執	宜嫁娶移徙裁衣動土上樑 宜用寅時
五日	日		月出 午前四時二十四分	廿九日	己亥	木	昴	破	宜破屋
六日	月	● 朔後三時十分	五月小	初一日	庚子	土	畢	破	芒種五月節

芒種 午後三時四十二分

舊五月節 日出午前五時十三分 晝間十四時三十八分 日入午後七時五十一分 夜間九時二十二分

日	曜	月相	月出入	陰曆	干支	五行	宿	建除	宜
七日	火		月入 午後八時四十三分	初二日	辛丑	土	觜	危	
八日	水		月入 午後九時三十七分	初三日	壬寅	金	參	成	宜嫁娶裁衣動土上樑[illegible]開市納財除債
九日	木		月入 午後十時二十六分	初四日	癸卯	金	井	收	
十日	金		月入 午後十一時十分	初五日	甲辰	火	鬼	開	
十一日	土		月入 午後十一時四十九分	初六日	乙巳	火	柳	閉	
十二日	日			初七日	丙午	水	星	建	
十三日	月	◐ 上弦午前六時零分	月入 午前零時二十六分	初八日	丁未	水	張	除	宜嫁娶移徙裁衣動土上樑 宜用巳時 開市納財
十四日	火		月入 午前一時三分	初九日	戊申	土	翼	滿	宜移徙裁衣動土上樑 宜用[illegible]時 開市納財

夏至午前八時三十六分　舊五月中

日出午前五時十二分　晝間十四時四十五分
日入午後七時五十七分　夜間九時十五分

日	曜	弦望	月出入	舊曆	干支	納音	宿	建除	宜忌
十五日	水		月入午前一時三十七分	初十日	己酉	土	軫	平	
十六日	木		月入午前二時十三分	十一日	庚戌	金	角	定	宜冠帶(宜用巳時)嫁娶裁衣動土上樑(宜用巳時)納財
十七日	金		月入午前二時五十二分	十二日	辛亥	金	亢	執	
十八日	土		月入午前三時三十三分	十三日	壬子	木	氐	破	
十九日	日		月入午前四時十七分	十四日	癸丑	木	房	危	
二十日	月	○望午後六時四十六分	月出午後七時四十分	十五日	甲寅	水	心	成	宜動土上樑(宜用寅時)祭攢
二十一日	火		月出午後八時二十五分	十六日	乙卯	水	尾	收	
二十二日	水		月出午後九時七分	十七日	丙辰	土	箕	開	夏至五月中 宜裁衣動土上樑(宜用寅時)納財
二十三日	木		月出午後九時四十四分	十八日	丁巳	土	斗	閉	宜裁衣
二十四日	金		月出午後十時十八分	十九日	戊午	火	牛	建	
二十五日	土		月出午後十時五十分	二十日	己未	火	女	除	宜移徙裁衣動土上樑(宜用卯時)納財安葬
二十六日	日		月出午後十一時二十一分	廿一日	庚申	木	虛	滿	宜移徙裁衣開市納財安葬
二十七日	月		月出午後十一時五十一分	廿二日	辛酉	木	危	平	
二十八日	火	☾下弦午後十時七分		廿三日	壬戌	水	室	定	
二十九日	水		月出午前零時二十二分	廿四日	癸亥	水	壁	執	
三十日	木		月出午前零時五十六分	廿五日	甲子	金	奎	破	

七月大三十一日

俗의除草、苗麥의播種、甘藷의反蔓、夏蠶의掃立、桑園의除草

日	曜	朔弦	月出入	陰曆	干支	納音	宿	建除	宜
一日	金		月出午前一時三十二分	廿六日	乙丑	金	婁	危	
二日	土		月出午前二時十三分	廿七日	丙寅	火	胃	成	宜嫁娶裁衣動土上樑(宜用未時)開市納財安葬啓攅
三日	日		月出午前三時零分	廿八日	丁卯	火	昴	收	
四日	月		月出午前三時五十四分	廿九日	戊辰	木	畢	開	
五日	火	● 合朔午後十時三十六分	六月大	初一日	己巳	木	觜	閉	宜裁衣納財
六日	水		月入午後八時十六分	初二日	庚午	土	參	建	
七日	木		月入午後九時四分	初三日	辛未	土	井	除	宜嫁娶移徙裁衣動土上樑(宜用卯時)納財安葬
八日	金		月入午後九時四十七分	初四日	壬申	金	鬼	除	小暑六月節

小暑午前二時七分　舊六月節　日出午前五時十九分　晝間十四時三十七分　日入午後七時五十六分　夜間九時二十三分

日	曜	朔弦	月出入	陰曆	干支	納音	宿	建除	宜
九日	土		月入午後十時二十六分	初五日	癸酉	金	柳	滿	
十日	日		月入午後十一時三分	初六日	甲戌	火	星	平	
十一日	月		月入午後十一時三十九分	初七日	乙亥	火	張	定	宜冠帶[illegible]裁衣動土上樑(宜用辰時)納財
十二日	火	◑ 上弦午後一時十六分		初八日	丙子	水	翼	執	
十三日	水		月入午前零時十六分	初九日	丁丑	水	軫	破	
十四日	木		月入午前零時五十三分	初十日	戊寅	土	角	危	宜移徙動土上樑(宜用辰時)

明治天皇祭

日	曜	記事	月出入	陰曆	干支	納音	宿	建除	宜忌
十五日	金		月入午前一時三十三分	十一日	己卯	土	亢	成	宜嫁娶移徙裁衣動土上樑[illegible]開市納財
十六日	土	初伏	月入午前二時十六分	十二日	庚辰	金	氐	收	
十七日	日		月入午前三時二分	十三日	辛巳	金	房	開	
十八日	月		月入午前三時五十一分	十四日	壬午	木	心	閉	
十九日	火		月入午前四時四十二分	十五日	癸未	木	尾	建	
二十日	水	○望午前九時八分	月出午後七時四十五分	十六日	甲申	水	箕	除	土王用事宜嫁娶移徙裁衣上樑[illegible]安葬
二十一日	木		月出午後八時二十分	十七日	乙酉	水	斗	滿	
二十二日	金		月出午後八時五十三分	十八日	丙戌	土	牛	平	
二十三日	土		月出午後九時二十四分	十九日	丁亥	土	女	定	大暑六月中宜冠帶[illegible]裁衣上樑[illegible]

大暑午後七時三十一分　舊六月中

日出午前五時二十九分　晝間十四時二十一分
日入午後七時五十分　夜間九時三十九分

日	曜	記事	月出入	陰曆	干支	納音	宿	建除	宜忌
二十四日	日		月出午後九時五十四分	二十日	戊子	火	虛	執	
二十五日	月		月出午後十時二十五分	廿一日	己丑	火	危	破	
二十六日	火	中伏	月出午後十時五十七分	廿二日	庚寅	木	室	危	宜開市納財修倉
二十七日	水		月出午後十一時三十一分	廿三日	辛卯	木	壁	成	
二十八日	木	◑下弦午前十一時二十分		廿四日	壬辰	水	奎	收	宜納財
二十九日	金		月出午前零時八分	廿五日	癸巳	水	婁	開	
三十日	土		月出午前零時五十一分	廿六日	甲午	金	胃	閉	宜裁衣安葬
三十一日	日		月出午前一時四十分	廿七日	乙未	金	昴	建	

八月大三十一日

白菜·蘿蔔의 播種, 果樹園의 耕耘, 桑天牛卵의 取除, 秋蠶의 掃立

日	曜	月相	月出入	舊曆	干支	納音	宿	直	宜
一日	月		月出午前二時三十六分	廿八日	丙申	火	畢	除	
二日	火		月出午前三時三十九分	廿九日	丁酉	火	觜	滿	
三日	水		月出午前四時四十七分	三十日	戊戌	木	參	平	
四日	木	● 合朔午前五時十八分	七月小	初一日	己亥	木	井	定	宜祭祀冠帶 宜開市 移徙裁衣上樑 納財
五日	金		月入午後八時三十分	初二日	庚子	土	鬼	執	
六日	土		月入午後九時零分	初三日	辛丑	土	柳	破	
七日	日		月入午後九時三十分	初四日	壬寅	金	星	危	
八日	月		月入午後十時十分	初五日	癸卯	金	張	危	立秋七月節

立秋午前十一時四十四分 舊七月節

日出午前五時四十三分 晝間十三時五十三分
日入午後七時三十六分 夜間十時七分

日	曜	月相	月出入	舊曆	干支	納音	宿	直	宜
九日	火		月入午後十時五十三分	初六日	甲辰	火	翼	成	
十日	水	◐ 上弦午後十時四十分	月入午後十一時三十三分	初七日	乙巳	火	軫	收	
十一日	木			初八日	丙午	水	角	開	
十二日	金		月入午前零時十六分	初九日	丁未	水	亢	閉	
十三日	土		月入午前一時一分	初十日	戊申	土	氐	建	宜嫁娶移徙裁衣上樑 宜開市 納財安葬
十四日	日		月入午前一時四十分	十一日	己酉	土	房	除	宜安葬

天長節

日	曜	節候·月相	月出入	陰曆	干支	納音	宿	建除	宜
十五日	月	末伏	月入午前二時三十九分	十二日	庚戌	金	心	滿	宜裁衣
十六日	火		月入午前三時三十一分	十三日	辛亥	金	尾	平	
十七日	水		月入午前四時二十四分	十四日	壬子	木	箕	定	
十八日	木		月入午前五時十九分	十五日	癸丑	木	斗	執	宜裁衣動土上樑(宜用巳時)納財安葬
十九日	金	○望午前零時二十八分	月出午後七時二十七分	十六日	甲寅	水	牛	破	
二十日	土		月出午後七時五十八分	十七日	乙卯	水	女	危	
二十一日	日		月出午後八時二十八分	十八日	丙辰	土	虛	成	
二十二日	月		月出午後九時零分	十九日	丁巳	土	危	收	宜嫁娶移徙裁衣上樑(宜用辰時)開市納財
二十三日	火		月出午後九時三十三分	二十日	戊午	火	室	開	宜嫁娶移徙裁衣動土上樑(宜用卯時)開市
二十四日	水		月出午後十時九分	廿一日	己未	火	壁	閉	處暑七月中
處暑午前二時十五分 舊七月中		日出午前五時五十六分 晝間十三時十九分 日入午後七時十五分 夜間十時四十一分							
二十五日	木		月出午後十時四十八分	廿二日	庚申	木	奎	建	
二十六日	金	◑下弦午後九時五十一分	月出午後十一時三十三分	廿三日	辛酉	木	婁	除	
二十七日	土			廿四日	壬戌	水	胃	滿	宜嫁娶移徙裁衣動土上樑(宜用巳時)開市納財安葬
二十八日	日		月出午前零時二十四分	廿五日	癸亥	水	昴	平	
二十九日	月		月出午前一時二十二分	廿六日	甲子	金	畢	定	宜[illegible]嫁娶移徙裁衣動土上樑(宜用[illegible]時)開市納財
三十日	火		月出午前二時二十五分	廿七日	乙丑	金	觜	執	
三十一日	水		月出午前三時三十四分	廿八日	丙寅	火	參	破	

九月小三十日

蝗蟲被害稻의 拔除燒却、小麥의 播種

日	曜	月相	月出入	陰曆	干支	宜
一日	木		月出 午前四時四十五分	二十九日	丁卯火井危	
二日	金	● 合朔午後零時三十五分	八月小	初一日	戊辰木鬼成	宜裁衣動土上樑 宜用辰時 開市納財安葬
三日	土		月入 午後七時三十一分	初二日	己巳木柳收	宜嫁娶移徙動土上樑 宜用巳時
四日	日		月入 午後八時十分	初三日	庚午土星開	
五日	月		月入 午後八時四十九分	初四日	辛未土張閉	
六日	火		月入 午後九時二十九分	初五日	壬申金翼建	
七日	水		月入 午後十時十三分	初六日	癸酉金軫除	宜裁衣動土上樑 宜用辰時 納財安葬
八日	木		月入 午後十時五十七分	初七日	甲戌火角除	白露八月節

白露午後二時十分　舊八月節

日出午前六時九分　晝間十二時四十五分
日入午後六時五十四分　夜間十一時十五分

日	曜	月相	月出入	陰曆	干支	宜
九日	金	◐ 上弦午後零時五十分	月入 午後十一時四十四分	初八日	乙亥火亢滿	宜移徙裁衣動土上樑 宜用辰時 開市納財
十日	土			初九日	丙子水氐平	
十一日	日		月入 午前零時三十四分	初十日	丁丑水房定	宜嫁娶裁衣動土上樑 宜用巳時 納財
十二日	月		月入 午前一時三十六分	十一日	戊寅土心執	
十三日	火		月入 午前二時十九分	十二日	己卯土尾破	
十四日	水		月入 午前三時十三分	十三日	庚辰金箕危	宜嫁娶移徙裁衣動土上樑 宜用巳時 開市納財安葬

日	曜	記事	月出入	陰曆	干支	納音	宿	直	宜
十五日	木		月入午前四時八分	十四日	辛巳	金	斗	成	
十六日	金		月入午前五時五十分	十五日	壬午	木	牛	收	
十七日	土	○望午後四時二十分	月出午後六時三十一分	十六日	癸未	木	女	開	宜嫁娶移徙裁衣上樑 宜用卯時
十八日	日		月出午後七時五分	十七日	甲申	水	虛	閉	宜裁衣納財安葬
十九日	月		月出午後七時三十五分	十八日	乙酉	水	危	建	
二十日	火		月出午後八時十分	十九日	丙戌	土	室	除	
二十一日	水		月出午後八時四十九分	二十日	丁亥	土	壁	滿	
二十二日	木	社	月出午後九時三十三分	二十一日	戊子	火	奎	平	
二十三日	金	秋季皇靈祭	月出午後十時二十分	二十二日	己丑	火	婁	定	秋分八月中

秋分午後十一時二十分 舊八月中

日出午前六時二十二分 晝間十二時九分

日入午後六時三十一分 夜間十一時五十一分

日	曜	記事	月出入	陰曆	干支	納音	宿	直	宜
二十四日	土		月出午後十一時十四分	二十三日	庚寅	木	胃	執	
二十五日	日	◐下弦午前六時十八分		二十四日	辛卯	木	昴	破	
二十六日	月		月出午前零時十三分	二十五日	壬辰	水	畢	危	
二十七日	火		月出午前一時十七分	二十六日	癸巳	水	觜	成	宜嫁娶移徙裁衣動土上樑 宜用辰時 開市納財
二十八日	水		月出午前二時二十五分	二十七日	甲午	金	參	收	
二十九日	木		月出午前三時三十四分	二十八日	乙未	金	井	開	宜嫁娶移徙裁衣上樑 宜用卯時 開市納財
三十日	金		月出午前四時四十五分	二十九日	丙申	火	鬼	閉	

十月大三十一日

大麥의播種、桑園의害蟲驅除、果實의貯藏、種籾의選種

日	曜	月	舊曆	宜
一日	土	●合朔午後九時三十六分 九月大	初一日丁酉火柳建	
二日	日	月入午後六時四十一分	初二日戊戌木星除	
三日	月	月入午後七時二十一分	初三日己亥木張滿	宜移徙
四日	火	月入午後八時 四分	初四日庚子土翼平	
五日	水	月入午後八時四十九分	初五日辛丑土軫定	
六日	木	月入午後九時三十七分	初六日壬寅金角執	
七日	金	月入午後十時二十七分	初七日癸卯金亢破	
八日	土	月入午後十一時 十八分	初八日甲辰火氐危	
九日	日	◐上弦午前五時十三分	初九日乙巳火房危	寒露九月節

寒露午前五時十一分　舊曆九月節

日出午前六時二十五分　晝間十一時三十一分
日入午後六時六分　夜間十二時二十九分

日	曜	月	舊曆	宜
十日	月	月入午前零時 十三分	初十日丙午水心成	宜嫁娶移徙裁衣動土上樑[illegible]開市納財安葬
十一日	火	月入午前一時 五分	十一日丁未水尾收	
十二日	水	月入午前二時 零分	十二日戊申土箕開	宜嫁娶移徙裁衣動土上樑[illegible]
十三日	木	月入午前二時五十五分	十三日己酉土斗閉	
十四日	金	月入午前三時五十 分	十四日庚戌金牛建	

日	曜	祝祭日	月相	月出入	陰曆	干支	納音	宿	建除	宜
十五日	土			入月 午前 四時四十六分	十五日	辛亥	金	女	除	宜移徙裁衣上樑 宜用午時
十六日	日			入月 午前 五時四十三分	十六日	壬子	木	虛	滿	
十七日	月	神嘗祭	○望午前八時零分 月食	出月 午後 六時 十二分	十七日	癸丑	木	危	平	
十八日	火			出月 午後 六時四十八分	十八日	甲寅	水	室	定	
十九日	水			出月 午後 七時三十 分	十九日	乙卯	水	壁	執	
二十日	木			出月 午後 八時 十七分	二十日	丙辰	土	奎	破	宜破屋
二十一日	金			出月 午後 九時 十 分	廿一日	丁巳	土	婁	危	土王用事
二十二日	土			出月 午後 十時 七分	廿二日	戊午	火	胃	成	宜嫁娶移徙裁衣上樑 宜用卯時 開市納財
二十三日	日			出月 午後 十一時 九分	廿三日	己未	火	昴	收	
二十四日	月		◑下弦午後一時三十三分		廿四日	庚申	木	畢	開	霜降九月中 宜移徙裁衣上樑 宜用辰時 開市

霜降 午前八時三分　**舊九月中** 日出午前六時四十九分 晝間十時五十六分 日入午後五時四十六分 夜間十三時三分

日	曜	祝祭日	月相	月出入	陰曆	干支	納音	宿	建除	宜
二十五日	火			出月 午前 零時 十四分	廿五日	辛酉	木	觜	閉	宜裁衣
二十六日	水			出月 午前 一時二十 分	廿六日	壬戌	水	參	建	宜移徙裁衣上樑 宜用巳時 納財
二十七日	木			出月 午前 二時二十七分	廿七日	癸亥	水	井	除	
二十八日	金			出月 午前 三時三十五分	廿八日	甲子	金	鬼	滿	
二十九日	土			出月 午前 四時四十三分	廿九日	乙丑	金	柳	平	
三十日	日			出月 午前 五時五十 分	三十日	丙寅	火	星	定	
三十一日	月	天長節祝日	●合朔午前八時三十九分	十月小	初一日	丁卯	火	張	執	宜取魚葬啓欑

十一月小三十日

田畓의秋耕、果樹園의落葉燒却、蠶種의洗滌

日	曜	月	月入	舊曆	干支	納音	宿	直	宜
一日	火		月入午後六時三十九分	初一日	戊辰	木	翼	破	
二日	水		月入午後七時二十六分	初二日	己巳	木	軫	危	
三日	木		月入午後八時十五分	初三日	庚午	土	角	成	宜嫁娶移徙裁衣上樑[illegible]開市納財安葬
四日	金		月入午後九時八分	初四日	辛未	土	亢	收	
五日	土		月入午後十時一分	初五日	壬申	金	氐	開	
六日	日		月入午後十時五十五分	初六日	癸酉	金	房	閉	宜裁衣
七日	月		月入午後十一時五十分	初七日	甲戌	火	心	建	
八日	火	◐上弦午前零時五十四分		初八日	乙亥	火	尾	建	立冬十月節
九日	水		月入午前零時四十四分	初九日	丙子	水	箕	除	宜移徙修[illegible]
十日	木		月入午前一時三十九分	初十日	丁丑	水	斗	滿	
十一日	金		月入午前二時三十四分	十一日	戊寅	土	牛	平	宜嫁娶移徙裁衣上樑[illegible]開市納財安葬
十二日	土		月入午前三時三十一分	十二日	己卯	土	女	定	宜[illegible]嫁娶移徙裁衣動土上樑[illegible]開市納財安葬
十三日	日		月入午前四時二十八分	十三日	庚辰	金	虛	執	
十四日	月		月入午前五時二十八分	十四日	辛巳	金	危	破	宜破屋

立冬午前七時四十六分　舊十月節

日出午前七時五分　晝間十時二十五分
日入午後五時三十分　夜間十三時三十五分

Date	Moon phase	Moonrise / moonset	Lunar date	Ganzhi	Element	Mansion	Day officer	Recommended
十五日 火	○望午後七時三十九分	月出午後五時二十五分	十六日	壬午	木	室	危	宜裁衣
十六日 水		月出午後六時十一分	十七日	癸未	木	壁	成	宜裁衣動土上樑宜用申時開市納財
十七日 木		月出午後七時三分	十八日	甲申	水	奎	收	宜裁衣動土上樑宜用辰時納財安葬
十八日 金		月出午後八時零分	十九日	乙酉	水	婁	開	宜嫁娶移徙裁衣動土上樑宜用寅時開市納財
十九日 土		月出午後九時二分	二十日	丙戌	土	胃	閉	
二十日 日		月出午後十時六分	廿一日	丁亥	土	昴	建	
二十一日 月		月出午後十一時十二分	廿二日	戊子	火	畢	除	
二十二日 火	◑下弦午後八時四十一分		廿三日	己丑	火	觜	滿	
二十三日 水 (新嘗祭)		月出午前零時十九分	廿四日	庚寅	木	參	平	小雪十月中宜嫁娶移徙裁衣動土上樑[illegible]開市納財安葬破土啓欑
二十四日 木		月出午前一時二十五分	廿五日	辛卯	木	井	定	宜冠帶[illegible]結婚姻[illegible]嫁娶移徙裁衣動土上樑宜用卯時開市納財啓欑
二十五日 金		月出午前二時三十一分	廿六日	壬辰	水	鬼	執	宜裁衣
二十六日 土		月出午前三時三十六分	廿七日	癸巳	水	柳	破	宜破屋
二十七日 日		月出午前四時四十一分	廿八日	甲午	金	星	危	宜嫁娶移徙裁衣動土上樑宜用卯時納財安葬
二十八日 月		月出午前五時四十五分	廿九日	乙未	金	張	成	
二十九日 火	●合朔午後七時二十六分	十一月大	初一日	丙申	火	翼	收	
三十日 水		月入午後六時五分	初二日	丁酉	火	軫	開	

小雪 午前五時五分 舊十月中

日出午前七時二十分 晝間九時五十七分

日入午後五時十九分 夜間十四時二分

十二月大三十一日

收穫物의整理、農器具의修理整頓

日	曜	月相	月入	舊曆					宜
一日	木		月入午後六時五十六分	初三日	戊戌	木	角	閉	
二日	金		月入午後七時四十九分	初四日	己亥	木	亢	建	
三日	土		月入午後八時四十四分	初五日	庚子	土	氐	除	
四日	日		月入午後九時三十九分	初六日	辛丑	土	房	滿	
五日	月		月入午後十時三十五分	初七日	壬寅	金	心	平	宜移徙裁衣動土上樑(宜用未時)開市納財
六日	火		月入午後十一時三十八分	初八日	癸卯	金	尾	定	宜冠帶結婚姻嫁娶移徙裁衣動土上樑(宜用卯時)開市納財啓攢
七日	水	◐上弦午後十時二十分		初九日	甲辰	火	箕	執	宜移徙裁衣上樑(宜用巳時)納財安葬
八日	木		月入午前零時三十三分	初十日	乙巳	火	斗	執	大雪十一月節

大雪午前零時十二分　舊十一月節

日出午前七時三十五分　晝間九時四十分
日入午後五時十五分　夜間十四時十九分

日	曜	月相	月入	舊曆					宜
九日	金		月入午前一時十八分	十一日	丙午	水	牛	破	
十日	土		月入午前二時十四分	十二日	丁未	水	女	危	
十一日	日		月入午前三時十三分	十三日	戊申	土	虛	成	宜嫁娶移徙裁衣上樑(宜用巳時)開市納財
十二日	月		月入午前四時十一分	十四日	己酉	土	危	收	
十三日	火		月入午前五時十三分	十五日	庚戌	金	室	開	宜裁衣動土上樑(宜用巳時)
十四日	水		月入午前六時十四分	十六日	辛亥	金	壁	閉	宜裁衣

日	曜	月相	月出入	陰曆	干支	納音·宿·建除	宜
十五日	木	○望午前十時五十一分	月出午後五時四十七分	十七日	壬子	木奎建	
十六日	金		月出午後六時四十八分	十八日	癸丑	木婁除	宜嫁娶移徙裁衣動土上樑(宜用巳時)開市納財
十七日	土		月出午後七時五十四分	十九日	甲寅	水胃滿	宜裁衣動土上樑(宜用辰時)開市納財啓攢
十八日	日		月出午後九時二分	二十日	乙卯	水昴平	
十九日	月		月出午後十時十一分	廿一日	丙辰	土畢定	宜冠帶(宜用寅時)嫁娶裁衣動土上樑(宜用午時)納財
二十日	火		月出午後十一時十七分	廿二日	丁巳	土觜執	
二十一日	水			廿三日	戊午	火參破	
二十二日	木	◑下弦午前四時五十四分	月出午前零時二十四分	廿四日	己未	火井危	冬至十一月中

冬至午後六時八分　舊十一月中

日出午前七時四十五分　晝間九時三十五分
日入午後五時十九分　夜間十四時二十五分

日	曜	月相	月出入	陰曆	干支	納音·宿·建除	宜
二十三日	金		月出午前一時二十九分	廿五日	庚申	木鬼成	宜移徙裁衣上樑(宜用巳時)開市納財安葬
二十四日	土		月出午前二時三十三分	廿六日	辛酉	木柳收	
二十五日	日		月出午前三時三十六分	廿七日	壬戌	水星開	宜裁衣動土上樑(宜用巳時)開市
二十六日	月		月出午前四時三十七分	廿八日	癸亥	水張閉	
二十七日	火		月出午前五時三十六分	廿九日	甲子	金翼建	
二十八日	水		月出午前六時三十一分	三十日	乙丑	金軫除	
二十九日	木	●合朔午後二時三十九分	十二月大	初一日	丙寅	火角滿	宜裁衣動土上樑(宜用未時)開市納財啓攢
三十日	金		月入午後六時三十四分	初二日	丁卯	火亢平	
三十一日	土		月入午後七時二十八分	初三日	戊辰	木氐定	宜冠帶(宜用卯時)嫁娶裁衣動土上樑(宜用辰時)納財

年歳對照

文政五年	壬午	一百歳
文政六年	癸未	九十九歳
文政七年	甲申	九十八歳
文政八年	乙酉	九十七歳
文政九年	丙戌	九十六歳
文政十年	丁亥	九十五歳
文政十一年	戊子	九十四歳
文政十二年	己丑	九十三歳
天保元年	庚寅	九十二歳
天保二年	辛卯	九十一歳
天保三年	壬辰	九十歳
天保四年	癸巳	八十九歳
天保五年	甲午	八十八歳
天保六年	乙未	八十七歳
天保七年	丙申	八十六歳
天保八年	丁酉	八十五歳
天保九年	戊戌	八十四歳
天保十年	己亥	八十三歳
天保十一年	庚子	八十二歳
天保十二年	辛丑	八十一歳
天保十三年	壬寅	八十歳
天保十四年	癸卯	七十九歳
弘化元年	甲辰	七十八歳
弘化二年	乙巳	七十七歳
弘化三年	丙午	七十六歳
弘化四年	丁未	七十五歳
嘉永元年	戊申	七十四歳
嘉永二年	己酉	七十三歳
嘉永三年	庚戌	七十二歳
嘉永四年	辛亥	七十一歳
嘉永五年	壬子	七十歳
嘉永六年	癸丑	六十九歳
安政元年	甲寅	六十八歳
安政二年	乙卯	六十七歳
安政三年	丙辰	六十六歳
安政四年	丁巳	六十五歳
安政五年	戊午	六十四歳
安政六年	己未	六十三歳
萬延元年	庚申	六十二歳
文久元年	辛酉	六十一歳
文久二年	壬戌	六十歳
文久三年	癸亥	五十九歳
元治元年	甲子	五十八歳
慶應元年	乙丑	五十七歳
慶應二年	丙寅	五十六歳
慶應三年	丁卯	五十五歳
明治元年	戊辰	五十四歳
明治二年	己巳	五十三歳
明治三年	庚午	五十二歳
明治四年	辛未	五十一歳
明治五年	壬申	五十歳
明治六年	癸酉	四十九歳
明治七年	甲戌	四十八歳
明治八年	乙亥	四十七歳
明治九年	丙子	四十六歳
明治十年	丁丑	四十五歳
明治十一年	戊寅	四十四歳
明治十二年	己卯	四十三歳
明治十三年	庚辰	四十二歳
明治十四年	辛巳	四十一歳
明治十五年	壬午	四十歳
明治十六年	癸未	三十九歳
明治十七年	甲申	三十八歳
明治十八年	乙酉	三十七歳
明治十九年	丙戌	三十六歳
明治二十年	丁亥	三十五歳
明治二十一年	戊子	三十四歳
明治二十二年	己丑	三十三歳
明治二十三年	庚寅	三十二歳
明治二十四年	辛卯	三十一歳
明治二十五年	壬辰	三十歳
明治二十六年	癸巳	二十九歳
明治二十七年	甲午	二十八歳
明治二十八年	乙未	二十七歳
明治二十九年	丙申	二十六歳
明治三十年	丁酉	二十五歳
明治三十一年	戊戌	二十四歳
明治三十二年	己亥	二十三歳
明治三十三年	庚子	二十二歳
明治三十四年	辛丑	二十一歳
明治三十五年	壬寅	二十歳
明治三十六年	癸卯	十九歳
明治三十七年	甲辰	十八歳
明治三十八年	乙巳	十七歳
明治三十九年	丙午	十六歳
明治四十年	丁未	十五歳
明治四十一年	戊申	十四歳
明治四十二年	己酉	十三歳
明治四十三年	庚戌	十二歳
明治四十四年	辛亥	十一歳
明治四十五年 大正元年	壬子	十歳
大正二年	癸丑	九歳
大正三年	甲寅	八歳
大正四年	乙卯	七歳
大正五年	丙辰	六歳
大正六年	丁巳	五歳
大正七年	戊午	四歳
大正八年	己未	三歳
大正九年	庚申	二歳
大正十年	辛酉	一歳

本邦의面積、人口

土地	面積	人口
本州	一四六九一方里	四一五〇六〇〇〇
四國	一一八一方里	三二九三〇〇〇
九州	二八二八方里	八五一四〇〇〇
北海道	六〇九五方里	一八一八〇〇〇

土地	面積	人口
朝鮮	一四三一二方里	一六九六九〇〇〇
臺灣	二三三二方里	三五四四〇〇〇
樺太	二二〇九方里	四四〇〇〇
計	四三六四八方里	七五六八八〇〇〇

(備考) 本州、四國、九州、北海道、臺灣及樺太의人口는大正三年十二月末調、朝鮮의人口는大正六年十二月末調에依홈

本邦行政區劃及廳所在地

行政區劃	廳所在地
朝鮮總督府	京城
臺灣總督府	臺北
關東廳	旅順
樺太廳	豊原
北海道廳	札幌區
東京府	東京市
京都府	京都市
大阪府	大阪市
神奈川縣	橫濱市
兵庫縣	神戶市
長崎縣	長崎市
新潟縣	新潟市
埼玉縣	浦和町
群馬縣	前橋市
千葉縣	千葉町
茨城縣	水戶市
栃木縣	宇都宮市
奈良縣	奈良市
三重縣	津市
愛知縣	名古屋市
靜岡縣	靜岡市
山梨縣	甲府市
滋賀縣	大津市
岐阜縣	岐阜市
長野縣	長野市
宮城縣	仙臺市
福島縣	福島市
岩手縣	盛岡市
青森縣	青森市
山形縣	山形市
秋田縣	秋田市
福井縣	福井市
石川縣	金澤市
富山縣	富山市
鳥取縣	鳥取市
島根縣	松江市
岡山縣	岡山市
廣島縣	廣島市
山口縣	山口町
和歌山縣	和歌山市
德島縣	德島市
香川縣	高松市
愛媛縣	松山市
高知縣	高知市
福岡縣	福岡市
大分縣	大分市
佐賀縣	佐賀市
熊本縣	熊本市
宮崎縣	宮崎市
鹿兒島縣	鹿兒島市
沖繩縣	那覇區

本邦陸軍常備團隊配備

團隊	司令部所在地
近衛師團	東京(東京府)
第一師團	東京(東京府)
第二師團	仙臺(宮城縣)
第三師團	名古屋(愛知縣)
第四師團	大阪(大阪府)
第五師團	廣島(廣島縣)
第六師團	熊本(熊本縣)
第七師團	旭川(北海道)
第八師團	弘前(青森縣)
第九師團	金澤(石川縣)
第十師團	姬路(兵庫縣)
第十一師團	善通寺(香川縣)
第十二師團	小倉(福岡縣)
第十三師團	高田(新潟縣)
第十四師團	宇都宮(栃木縣)
第十五師團	豐橋(愛知縣)
第十六師團	京都(京都府)
第十七師團	岡山(岡山縣)
第十八師團	久留米(福岡縣)
第十九師團	羅南(朝鮮)
第二十師團	龍山(朝鮮)
守備隊	臺北(臺灣)
朝鮮軍	龍山(朝鮮)
駐屯部隊	旅順(關東州)

本邦海軍鎭守府所在地

軍港	鎭守府所在地
橫須賀	橫須賀
吳	吳
佐世保	佐世保
舞鶴	舞鶴

本邦主要市街地人口（百位에서四捨五入）

本州地方（大正二年十二月末現在）

市街地	人口
東京市	二、〇五〇、〇〇〇
大阪市	一、三九六、〇〇〇
京都市	五〇九、〇〇〇
名古屋市	四五二、〇〇〇
神戸市	四四二、〇〇〇
横濱市	三九八、〇〇〇
廣島市	一六七、〇〇〇
金澤市	一三〇、〇〇〇
呉市	一二八、〇〇〇
仙臺市	一〇四、〇〇〇
岡山市	八七、〇〇〇
横須賀市	八五、〇〇〇
和歌山市	七八、〇〇〇
下關市	七二、〇〇〇
堺市	六八、〇〇〇
新潟市	六七、〇〇〇
富山市	六五、〇〇〇
靜岡市	六四、〇〇〇
福井市	五六、〇〇〇
豐橋市	五五、〇〇〇
宇都宮市	五四、〇〇〇
甲府市	五四、〇〇〇
岐阜市	五二、〇〇〇
前橋市	五〇、〇〇〇
青森市	四七、〇〇〇
津市	四七、〇〇〇
山形市	四五、〇〇〇
高崎市	四四、〇〇〇
大津市	四四、〇〇〇
盛岡市	四三、〇〇〇
水戸市	四三、〇〇〇
濱松市	四二、〇〇〇
若松市	四二、〇〇〇
奈良市	四一、〇〇〇
長野市	四一、〇〇〇
姫路市	四〇、〇〇〇
松本市	四〇、〇〇〇
松江市	三九、〇〇〇
米澤市	三八、〇〇〇
鳥取市	三七、〇〇〇
秋田市	三七、〇〇〇
千葉町	三五、〇〇〇
福島市	三四、〇〇〇
山口町	二四、〇〇〇
浦和町	一一、〇〇〇

四國地方（大正二年十二月末現在）

市街地	人口
德島市	七〇、〇〇〇
松山市	四五、〇〇〇
高松市	四二、〇〇〇
高知市	三九、〇〇〇
丸龜市	二九、〇〇〇

九州地方（大正二年十二月末現在）

市街地	人口
長崎市	一六一、〇〇〇
福岡市	九七、〇〇〇
佐世保市	九五、〇〇〇
鹿兒島市	七六、〇〇〇
門司市	七三、〇〇〇
熊本市	六八、〇〇〇
那覇區	五六、〇〇〇
久留米市	三九、〇〇〇
大分市	三九、〇〇〇
小倉市	三八、〇〇〇
佐賀市	三七、〇〇〇
首里區	二四、〇〇〇
宮崎町	一七、〇〇〇

臺灣地方（大正四年十二月末現在）

市街地	人口
臺北	一〇〇、〇〇〇
臺南	六一、〇〇〇
嘉義	二二、〇〇〇
基隆	一七、〇〇〇
打狗	一四、〇〇〇

北海道地方（大正二年十二月末現在）

市街地	人口
函館區	一〇〇、〇〇〇
札幌區	九七、〇〇〇
小樽區	九三、〇〇〇
室蘭町	三一、〇〇〇

樺太地方（大正四年六月末現在）

市街地	人口
眞岡	二六、〇〇〇
大泊	二〇、〇〇〇
豐原	一五、〇〇〇

朝鮮地方（大正六年十二月末現在）

市街地	人口
京城	二五三、〇〇〇
釜山	六二、〇〇〇
平壤	五八、〇〇〇
開城	三九、〇〇〇
大邱	三九、〇〇〇
仁川	三二、〇〇〇
鎭南浦	二五、〇〇〇
元山	二四、〇〇〇
咸興	一七、〇〇〇
馬山	一六、〇〇〇
木浦	一五、〇〇〇
海州	一五、〇〇〇
全州	一四、〇〇〇
群山	一二、〇〇〇
光州	一一、〇〇〇
晉州	一一、〇〇〇
清津	九、〇〇〇
新義州	八、〇〇〇
公州	七、〇〇〇
清州	六、〇〇〇
羅南	五、〇〇〇
鏡城	五、〇〇〇
城津	五、〇〇〇
義州	四、〇〇〇
春川	三、〇〇〇

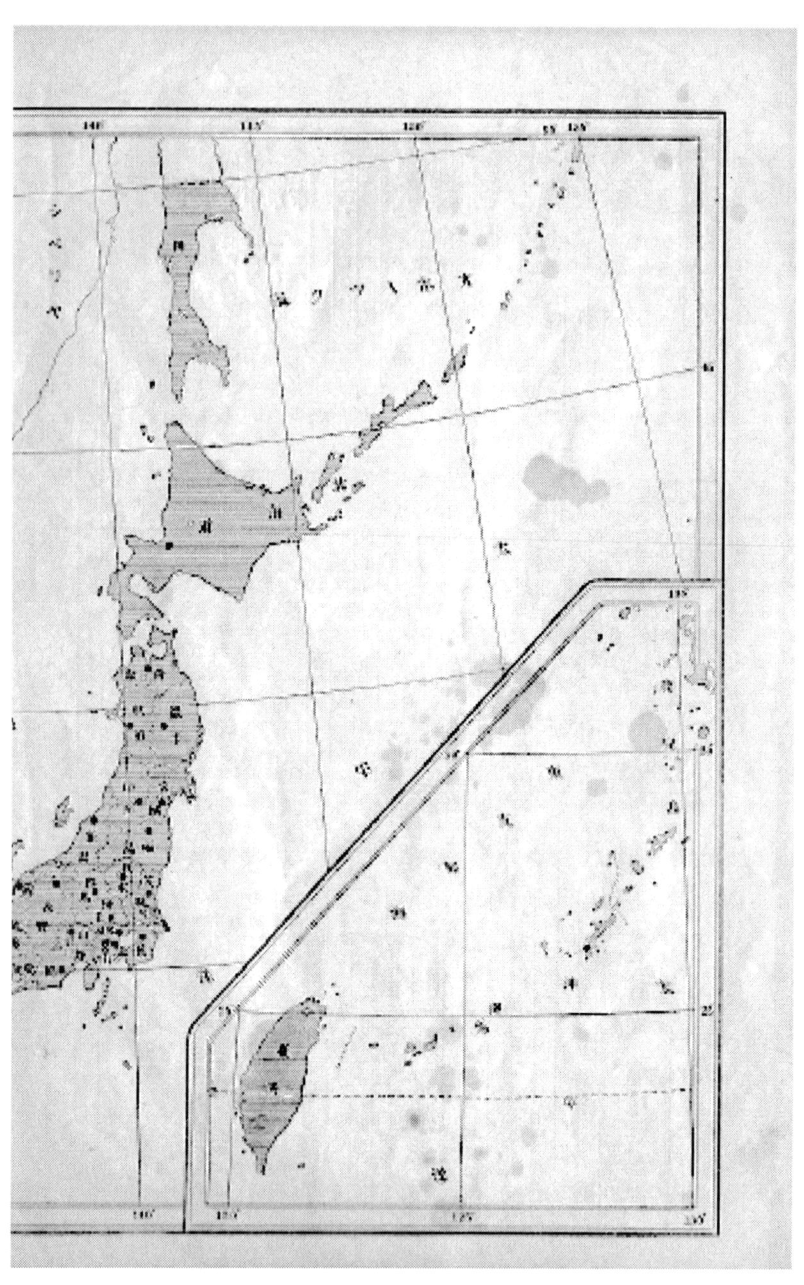

本邦行政區劃圖
凡例

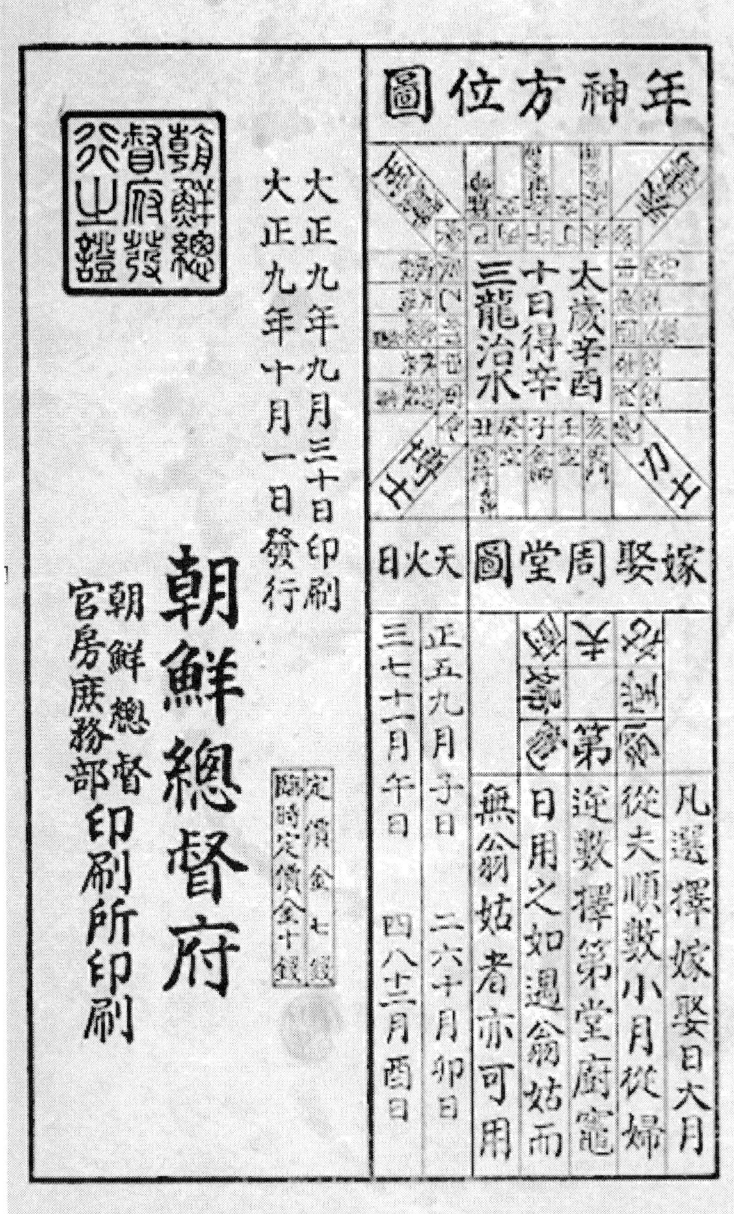

年神方位圖

太歲辛酉
十日得辛
三龍治水

嫁娶周堂圖　天火日

凡選擇嫁娶日大月
從夫順數小月從婦
逆數擇第堂廚竈
日用之如遇翁姑而
無翁姑者亦可用

正五九月子日　二六十月卯日
三七十一月午日　四八十二月酉日

大正九年九月三十日印刷
大正九年十月一日發行

定價金七錢
臨時定價金十錢

朝鮮總督府

朝鮮總督官房庶務部印刷所印刷

朝鮮總督府發行之證

 9. 大正十年朝鮮民曆(1921)

10 大正十一年朝鮮民曆（1922）

朝鮮總督府編製

大正十一年朝鮮民曆

神武天皇即位紀元二千五百八十二年 **大正十一年朝鮮民暦** 壬戌平年 三百六十五日 朝鮮總督府觀測所推算

四方拜	一月 一日
元始祭	一月 三日
紀元節	二月 十一日
春季皇靈祭	三月二十一日
神武天皇祭	四月 三日
明治天皇祭	七月三十日
天長節	八月三十一日
秋季皇靈祭	九月二十四日
神嘗祭	十月 十七日
天長節祝日	十月三十一日
新嘗祭	十一月二十三日

月表

一月大	三月大	五月大	七月大	九月小	十一月小
二月平	四月小	六月小	八月大	十月大	十二月大

說明

本民曆에揭載혼時刻은本邦中央標準時를用ᄒᆞ고日月出沒은朝鮮總督府觀測所에付보이는時刻을揭홈

日曜表

月	日
一月	一
二月	五
三月	五
四月	二
五月	七
六月	四
七月	二
八月	六日
九月	三日 十日 十七日 二十四日
十月	一日 八日 十五日 二十二日 二十九日
十一月	五日 十二日 十九日 二十六日
十二月	三日 十日 十七日 二十四日 三十一日

大正十一年中陰曆歲次壬戌年月表及節候表

月及月之大小	朔日	節氣		入節日		時刻	陽曆	節氣		入節日		時刻	陽曆
正月大	丙申	立春	正月節	初八日	癸卯	子初初刻七分	二月四日	雨水	正月中	廿三日	戊戌	戌初一刻一分	二月十九日
二月小	丙寅	驚蟄	二月節	初八日	癸酉	酉初二刻四分	三月六日	春分	二月中	廿三日	戊子	酉正三刻四分	三月二十一日
三月大	乙未	淸明	三月節	初九日	癸卯	亥正三刻十三分	四月五日	穀雨	三月中	廿五日	己未	卯正一刻十四分	四月二十一日
四月大	乙丑	立夏	四月節	初十日	甲戌	申正三刻八分	五月六日	小滿	四月中	廿六日	庚寅	卯正初刻十分	五月二十二日
五月小	乙未	芒種	五月節	十一日	乙巳	亥初二刻零分	六月六日	夏至	五月中	廿七日	辛酉	未正一刻十二分	六月二十二日
閏五月小	甲子	小暑	六月節	十四日	丁丑	辰初三刻十三分	七月八日						
六月大	癸巳	大暑	六月中	初一日	癸巳	丑初一刻五分	七月二十四日	立秋	七月節	十六日	戊申	酉初二刻八分	八月八日
七月小	癸亥	處暑	七月中	初二日	甲子	辰正初刻五分	八月二十四日	白露	八月節	十七日	己卯	戌正初刻七分	九月八日
八月小	壬辰	秋分	八月中	初四日	乙未	卯初初刻十分	九月二十四日	寒露	九月節	十九日	庚戌	午初初刻十分	十月九日
九月大	辛酉	霜降	九月中	初五日	乙丑	未初三刻八分	十月二十四日	立冬	十月節	二十日	庚辰	未初三刻一分	十一月八日
十月小	辛卯	小雪	十月中	初五日	乙未	巳正三刻十一分	十一月二十三日	大雪	十一月節	二十日	庚戌	卯正初刻十一分	十二月八日
十一月大	庚申	冬至	十一月中	初五日	甲子	子初三刻十三分	十二月二十二日	小寒	十二月節	二十日	己卯	酉初一刻零分	一月六日
十二月大	庚寅	大寒	十二月中	初五日	甲午	巳正三刻五分	一月二十一日	立春	正月節	二十日	己酉	卯初初刻一分	二月五日

一月大三十一日

辛酉十二月大

繩叺·藁具·莚等의 製造, 種稻의 赤米除却, 大豆의 選粒

日	曜	祝祭日	月相	月出入	舊曆	宜
一日	日	四方拜		月入午後八時二十三分	初四日己巳木房執	
二日	月			月入午後九時十六分	初五日庚午土心破	
三日	火	元始祭		月入午後十時十三分	初六日辛未土尾危	
四日	水			月入午後十一時 十分	初七日壬申金箕成	宜移徙裁衣上樑豎柱開市納財安葬
五日	木	新年宴會			初八日癸酉金斗收	
六日	金		◐上弦午後七時二十[illegible]分	月入午前零時二分	初九日甲戌火牛收	小寒十二月節
七日	土			月入午前零時五十八分	初十日乙亥火女開	宜裁衣動土上樑豎柱開市納財
八日	日			月入午前一時五十五分	十一日丙子水虛閉	宜安葬啓攢
九日	月			月入午前二時五十四分	十二日丁丑水危建	
十日	火			月入午前三時五十五分	十三日戊寅土室除	
十一日	水			月入午前四時五十五分	十四日己卯土壁滿	
十二日	木			月入午前五時五十六分	十五日庚辰金奎平	
十三日	金		○望午後十一時[illegible]分	月出午後五時三十二分	十六日辛巳金婁定	宜冠帶結婚[illegible]移徙裁衣動土上樑[illegible]納財
十四日	土			月出午後六時四十一分	十七日壬午木胃執	

小寒午前十一時十七分　舊十二月節

日出午前七時四十[illegible]分　晝間九時四十一分

日入午後五時二十分　夜間十四時十九分

日	曜	記事	月出入	舊曆	干支	納音	宿	建除	宜忌
十五日	日	臘	月出 午後 七時五十三分	十八日	癸未	木	昴	破	宜破屋
十六日	月		月出 午後 九時 三分	十九日	甲申	水	畢	危	宜移徙裁衣動土上樑宜用巳時開市納財安葬
十七日	火		月出 午後 十時 十二分	二十日	乙酉	水	觜	成	宜嫁娶移徙裁衣動土上樑宜用寅時開市納財安葬
十八日	水		月出 午後 十一時 二十 分	廿一日	丙戌	土	參	收	土王用事
十九日	木			廿二日	丁亥	土	井	開	
二十日	金	下弦 午後 三時 零分	月出 午前 零時 二十六分	廿三日	戊子	火	鬼	閉	
二十一日	土		月出 午前 一時 二十九分	廿四日	己丑	火	柳	建	大寒 十二月中

大寒 午前 四時 四十八分 舊十二月中

日出 午前 七時 四十五分 晝間 九時 五十九分
日入 午後 五時 四十四分 夜間 十四時 一分

日	曜	記事	月出入	舊曆	干支	納音	宿	建除	宜忌
二十二日	日		月出 午前 二時 三十一分	廿五日	庚寅	木	星	除	宜移徙上樑宜用巳時開市安葬[illegible]債
二十三日	月		月出 午前 三時 三十 分	廿六日	辛卯	木	張	滿	
二十四日	火		月出 午前 四時 二十六分	廿七日	壬辰	水	翼	平	
二十五日	水		月出 午前 五時 十七分	廿八日	癸巳	水	軫	定	宜冠帶宜用巳時出行東南裁衣上樑宜用辰時納財
二十六日	木		月出 午前 六時 五分	廿九日	甲午	金	角	執	宜裁衣
二十七日	金		月出 午前 六時 四十七分	三十日	乙未	金	亢	破	
二十八日	土	合朔 午前 八時 四十八分	壬戌正月大	初一日	丙申	火	氐	危	
二十九日	日		月入 午後 七時 十一分	初二日	丁酉	火	房	成	宜嫁娶移徙裁衣上樑宜用午時開市納財安葬
三十日	月		月入 午後 八時 五分	初三日	戊戌	木	心	收	
三十一日	火		月入 午後 九時 零分	初四日	己亥	木	尾	閉	

二月平二十八日

一月과 同홈

日	曜	月相	月出入	陰曆	干支	五行	宿	建除	宜
一日	水		月入午後九時五十四分	初五日	庚子	土	箕	閉	
二日	木		月入午後十時四十九分	初六日	辛丑	土	斗	建	宜裁衣上樑 宜用卯時 納財
三日	金		月入午後十一時四十五分	初七日	壬寅	金	牛	除	
四日	土			初八日	癸卯	金	女	除	立春正月節

立春午後十一時七分　舊正月節

日出午前七時三十六分　晝間十時二十四分
日入午後六時零分　夜間十三時三十六分

日	曜	月相	月出入	陰曆	干支	五行	宿	建除	宜
五日	日	◐上弦午後一時五十三分	月入午前零時四十三分	初九日	甲辰	火	虛	滿	宜裁衣
六日	月		月入午前一時四十分	初十日	乙巳	火	危	平	
七日	火		月入午前二時三十八分	十一日	丙午	水	室	定	宜冠帶[illegible]嫁娶移徙裁衣動土上樑[illegible]開市納財[illegible]
八日	水		月入午前三時三十七分	十二日	丁未	水	壁	執	宜移徙裁衣動土上樑 宜用巳時 納財安葬
九日	木		月入午前四時三十四分	十三日	戊申	土	奎	破	宜破屋
十日	金		月入午前五時二十九分	十四日	己酉	土	婁	危	
十一日	土		月入午前六時二十分	十五日	庚戌	金	胃	成	
十二日	日	○望午前十時十八分	月出午後六時三十七分	十六日	辛亥	金	昴	收	
十三日	月		月出午後七時五十分	十七日	壬子	木	畢	開	宜移徙裁衣動土上樑 宜用申時 開市納財
十四日	火		月出午後九時一分	十八日	癸丑	木	觜	閉	

紀元節 (十一日)

日	曜	月相	月出入	陰曆	干支	納音	宿	建除	宜
十五日	水		月出午後十時十分	十九日	甲寅	水	參	建	宜裁衣納財
十六日	木		月出午後十一時十七分	二十日	乙卯	水	井	除	宜啓攢
十七日	金			廿一日	丙辰	土	鬼	滿	宜嫁娶移徙動土上樑 宜用寅時 安葬
十八日	土		月出午前零時二十二分	廿二日	丁巳	土	柳	平	
十九日	日	◐下弦午前三時十八分	月出午前一時二十三分	廿三日	戊午	火	星	定	雨水正月中

雨水午後七時十六分 舊正月中

日出午前七時二十分 晝間十時五十七分
日入午後六時十七分 夜間十三時三分

日	曜	月相	月出入	陰曆	干支	納音	宿	建除	宜
二十日	月		月出午前二時二十二分	廿四日	己未	火	張	執	
二十一日	火		月出午前三時十四分	廿五日	庚申	木	翼	破	
二十二日	水		月出午前四時六分	廿六日	辛酉	木	軫	危	
二十三日	木		月出午前四時四十六分	廿七日	壬戌	水	角	成	宜裁衣動土上樑 宜用巳時 開市納財安葬
二十四日	金		月出午前五時二十六分	廿八日	癸亥	水	亢	收	
二十五日	土		月出午前六時三分	廿九日	甲子	金	氐	開	
二十六日	日		月出午前六時三十六分	三十日	乙丑	金	房	閉	
二十七日	月	●合朔午前三時四十八分	二月小	初一日	丙寅	火	心	建	宜裁衣上樑 宜用未時 納財安葬啓攢
二十八日	火		月入午後七時四十九分	初二日	丁卯	火	尾	除	宜嫁娶移徙裁衣動土上樑 宜用午時 納財安葬啓攢

三月大三十一日

苗板의作製、果樹의剪定、桑園果樹園의病蟲害防除、麥類의播種、果樹園의施肥、果樹類의接木

一日	水		月入午後八時四十四分	初一日戊辰木箕滿	宜裁衣
二日	木		月入午後九時三十九分	初二日己巳木斗平	
三日	金		月入午後十時三十五分	初三日庚午土牛定	
四日	土		月入午後十一時三十一分	初四日辛未土女執	宜嫁娶移徙裁衣動土上樑(宜用巳時)安葬
五日	日			初五日壬申金虛破	宜破屋
六日	月		月入午前零時二十八分	初六日癸酉金危破	驚蟄二月節
七日	火	◐下弦午前四時三十分	月入午前一時二十六分	初七日甲戌火室危	宜移徙裁衣動土上樑(宜用巳時)開市納財安葬
八日	水		月入午前二時二十一分	初八日乙亥火壁成	宜移徙裁衣動土上樑(宜用辰時)
九日	木		月入午前三時十五分	初九日丙子水奎收	
十日	金		月入午前四時六分	初十日丁丑水婁開	宜嫁娶移徙裁衣動土上樑(宜用巳時)
十一日	土		月入午前四時五十四分	十一日戊寅土胃閉	宜裁衣納財安葬
十二日	日		月入午前五時三十八分	十二日己卯土昴建	
十三日	月	○望午後八時十四分	月出午後六時三十四分	十三日庚辰金畢除	
十四日	火		月出午後七時四十五分	十四日辛巳金觜滿	

驚蟄午後五時三十四分 舊二月節

日出午前七時零分 晝間十一時三十二分

日入午後六時三十二分 夜間十二時二十八分

春季皇靈祭

日	曜	月象	月出入	舊曆	干支	納音	宿	建除	宜
十五日	水		月出 午後八時五十六分	十七日	壬午	木	參	平	
十六日	木		月出 午後十時四分	十八日	癸未	木	井	定	宜冠帶宜用卯時未刻乘南嫁娶裁衣動土上樑宜用卯時納財
十七日	金		月出 午後十一時九分	十九日	甲申	水	鬼	執	
十八日	土			二十日	乙酉	水	柳	破	
十九日	日		月出 午前零時十一分	廿一日	丙戌	土	星	危	
二十日	月	◑下弦午後五時四十三分	月出 午前一時七分	廿二日	丁亥	土	張	成	
二十一日	火 社		月出 午前一時五十八分	廿三日	戊子	火	翼	收	春分二月中

春分午後六時四十九分 舊曆二月中

日出午前六時三十二分 日入午後六時四十分 晝間十二時八分 夜間十一時五十二分

日	曜	月象	月出入	舊曆	干支	納音	宿	建除	宜
二十二日	水		月出 午前二時四十四分	廿四日	己丑	火	軫	開	
二十三日	木		月出 午前三時二十六分	廿五日	庚寅	木	角	閉	宜裁衣納財修慣
二十四日	金		月出 午前四時 三分	廿六日	辛卯	木	亢	建	
二十五日	土		月出 午前四時三十八分	廿七日	壬辰	水	氐	除	
二十六日	日		月出 午前五時 十分	廿八日	癸巳	水	房	滿	宜裁衣開市納財
二十七日	月		月出 午前五時四十三分	廿九日	甲午	金	心	平	
二十八日	火	●合朔午後十時三分	三月大	初一日	乙未	金	尾	定	宜裁衣納財
二十九日	水		月入 午後七時三十三分	初二日	丙申	火	箕	執	
三十日	木		月入 午後八時三十分	初三日	丁酉	火	斗	破	
三十一日	金		月入 午後九時三十六分	初四日	戊戌	木	牛	危	

四月小三十日

甘藷의床植, 馬鈴薯及瓜類의播種, 苗木類의植付, 桑園의耕耘
施肥, 蠶의催靑, 種稻의精選, 秧板의整地

一日	土		月入午後十時二十三分	初五日	己亥	木	女	成
二日	日		月入午後十一時二十分	初六日	庚子	土	虛	收
三日	月	神武天皇祭		初七日	辛丑	土	危	開 宜移徙裁衣動土上樑宜用卯時
四日	火		月入午前零時十五分	初八日	壬寅	金	室	閉 宜裁衣納財啓攢
五日	水	◐上弦午後一時四十六分	月入午前一時九分	初九日	癸卯	金	壁	閉 清明三月節

清明午後十時五十八分　舊三月節

日出午前六時十五分　晝間十二時四十四分
日入午後六時五十九分　夜間十一時十六分

六日	木	寒食	月入午前一時五十九分	初十日	甲辰	火	奎	建
七日	金		月入午前二時四十六分	十一日	乙巳	火	婁	除
八日	土		月入午前三時三十分	十二日	丙午	水	胃	滿
九日	日		月入午前四時十二分	十三日	丁未	水	昴	平
十日	月		月入午前四時五十三分	十四日	戊申	土	畢	定
十一日	火		月入午前五時三十三分	十五日	己酉	土	觜	執 宜安葬
十二日	水	○望午前五時四十六分	月出午後七時四十分	十六日	庚戌	金	參	破 宜破屋
十三日	木		月出午後八時四十八分	十七日	辛亥	金	井	危
十四日	金		月出午後九時五十三分	十八日	壬子	木	鬼	成 宜嫁娶裁衣動土上樑宜用申時開市納財安葬啓攢

日	曜	弦望	月出入	陰曆	干支	納音	宿	建除	記事
十五日	土		月出午後十時五十四分	十九日	癸丑	木	柳	收	宜納財
十六日	日		月出午後十一時四十九分	二十日	甲寅	水	星	開	宜移徙裁衣動土上樑宜用辰時開市
十七日	月			廿一日	乙卯	水	張	閉	
十八日	火		月出午前零時三十九分	廿二日	丙辰	土	翼	建	土王用事
十九日	水	◑下弦午前九時五十四分	月出午前一時二十三分	廿三日	丁巳	土	軫	除	
二十日	木		月出午前二時　三分	廿四日	戊午	火	角	滿	
二十一日	金		月出午前二時三十八分	廿五日	己未	火	亢	平	穀雨三月中

穀雨午前六時二十九分　舊三月中

日出午前五時五十二分　晝間十三時二十一分
日入午後七時十三分　夜間十時三十九分

日	曜	弦望	月出入	陰曆	干支	納音	宿	建除	記事
二十二日	土		月出午前三時十一分	廿六日	庚申	木	氐	定	
二十三日	日		月出午前三時四十三分	廿七日	辛酉	木	房	執	
二十四日	月		月出午前四時十三分	廿八日	壬戌	水	心	破	
二十五日	火		月出午前四時四十四分	廿九日	癸亥	水	尾	危	
二十六日	水		月出午前五時十六分	三十日	甲子	金	箕	成	
二十七日	木	●合朔午後二時四分	四月大	初一日	乙丑	金	斗	收	
二十八日	金		月入午後八時十七分	初二日	丙寅	火	牛	開	宜移徙裁衣動土上樑宜用未時開市納財
二十九日	土		月入午後九時十五分	初三日	丁卯	火	女	閉	宜裁衣
三十日	日		月入午後十時十二分	初四日	戊辰	木	虛	建	

五月大三十一日

水稻、棉、粟、大小豆의播種、春蠶의掃立、麥의黑穗拔除、甘藷苗의移植、果樹園의除草

日	曜	月相	月出入	舊曆	干支·納音·宿·直	宜
一日	月		月入午後十一時 六分	初五日	己巳木危除	
二日	火		月入午後十一時五十七分	初六日	庚午土室滿	
三日	水			初七日	辛未土壁平	
四日	木	◐上弦午後九時五十六分	月入午前零時四十四分	初八日	壬申金奎定	
五日	金		月入午前一時二十八分	初九日	癸酉金婁執	
六日	土		月入午前二時 九分	初十日	甲戌火胃執	立夏四月節

立夏午後四時五十三分　舊四月節　日出午前五時三十三分　晝間十三時五十三分　日入午後七時二十六分　夜間十時七分

日	曜	月相	月出入	舊曆	干支·納音·宿·直	宜
七日	日		月入午前二時四十八分	十一日	乙亥火昴破	宜破屋
八日	月		月入午前三時二十七分	十二日	丙子水畢危	宜移徙裁衣動土上樑[illegible]
九日	火		月入午前四時 五分	十三日	丁丑水觜成	宜裁衣動土上樑[illegible]開市納財
十日	水		月入午前四時四十六分	十四日	戊寅土參收	
十一日	木	○望午後三時六分	月出午後七時五十五分	十五日	己卯土井開	
十二日	金		月出午後八時四十七分	十六日	庚辰金鬼閉	
十三日	土		月出午後九時三十六分	十七日	辛巳金柳建	宜裁衣上樑[illegible]
十四日	日		月出午後十時二十九分	十八日	壬午木星除	宜安葬

日	曜	月相	月出入	陰曆	干支	納音	宿	建除	宜
十五日	月		月出 午後十一時 十七分	十九日	癸未	木	張	滿	
十六日	火		月出 午後十一時五十九分	二十日	甲申	水	翼	平	
十七日	水			廿一日	乙酉	水	軫	定	宜[illegible]嫁娶移徙裁衣動土上樑宜用寅時開市納財安葬
十八日	木		月出 午前零時三十七分	廿二日	丙戌	土	角	執	宜裁衣
十九日	金	◑下弦午前三時十七分	月出 午前一時 十二分	廿三日	丁亥	土	亢	破	
二十日	土		月出 午前一時四十四分	廿四日	戊子	火	氐	危	宜裁衣
二十一日	日		月出 午前二時 十四分	廿五日	己丑	火	房	成	
二十二日	月		月出 午前二時四十五分	廿六日	庚寅	木	心	收	小滿四月中 宜嫁娶移徙裁衣上樑宜用辰時納財安葬啓攅

小滿午前六時十分　舊四月中

日出午前五時二十分　晝間十四時二十一分

日入午後七時四十一分　夜間九時三十九分

日	曜	月相	月出入	陰曆	干支	納音	宿	建除	宜
二十三日	火		月出 午前三時 十六分	廿七日	辛卯	木	尾	開	宜嫁娶移徙裁衣動土上樑宜用卯時開市納財
二十四日	水		月出 午前三時四十八分	廿八日	壬辰	水	箕	閉	
二十五日	木		月出 午前四時二十四分	廿九日	癸巳	水	斗	建	宜裁衣
二十六日	金		月出 午前五時 四分	三十日	甲午	金	牛	除	
二十七日	土	●合朔午前三時四分	五月小	初一日	乙未	金	女	滿	
二十八日	日		月入 午後九時 一分	初二日	丙申	火	虛	平	宜嫁娶移徙裁衣動土上樑宜用未時開市納財
二十九日	月		月入 午後九時五十四分	初三日	丁酉	火	危	定	宜[illegible]嫁娶移徙裁衣動土上樑宜用[illegible]時開市納財安葬
三十日	火		月入 午後十時四十四分	初四日	戊戌	木	室	執	宜嫁娶移徙裁衣動土上樑宜用[illegible]時
三十一日	水		月入 午後十一時二十九分	初五日	己亥	木	壁	破	

六月小三十日

麥收 馬鈴薯의 堀上 桑의 株刈 桑圃의 耕耘施肥 果實의 袋掛 繭의 乾燥

日	曜	月相	月出入	陰曆	日辰	納音	宿	建除	宜
一日	木			初九日	庚子	土	奎	危	宜嫁娶移徙裁衣動土上樑納畜安葬啓攢
二日	金		月入午前零時十二分	初十日	辛丑	土	婁	成	宜祭祀裁衣動土上樑修倉庫開市納財安葬
三日	土	◐上弦午前二時十分	月入午前零時五十分	十一日	壬寅	金	胃	收	
四日	日		月入午前一時二十六分	十二日	癸卯	金	昴	開	
五日	月		月入午前二時 三分	十三日	甲辰	火	畢	閉	
六日	火		月入午前二時四十五分	十四日	乙巳	火	觜	閉	芒種五月節

芒種午後九時三十分　舊五月節　日出午前五時十一分　晝間十四時三十八分　日入午後七時四十九分　夜間九時二十二分

日	曜	月相	月出入	陰曆	日辰	納音	宿	建除	宜
七日	水		月入午前三時二十三分	十五日	丙午	水	參	建	
八日	木		月入午前四時 六分	十六日	丁未	水	井	除	宜嫁娶移徙裁衣動土上樑修倉庫開市納財
九日	金		月入午前四時五十五分	十七日	戊申	土	鬼	滿	
十日	土	○望午前零時五十八分	月出午後八時十六分	十八日	己酉	土	柳	平	
十一日	日		月出午後九時 九分	十九日	庚戌	金	星	定	宜冠帶嫁娶移徙裁衣動土上樑修倉庫開市納財
十二日	月		月出午後九時五十四分	二十日	辛亥	金	張	執	
十三日	火		月出午後十時三十五分	二十一日	壬子	木	翼	破	
十四日	水		月出午後十一時十二分	二十二日	癸丑	木	軫	危	

日	曜	弦望	月出入	舊曆	納音	宿	建除	宜
十五日	木		月出午後十一時四十四分	二十日甲寅	水	角	成	宜裁衣動土上樑(宜用辰時)開市納財修横
十六日	金			廿一日乙卯	水	亢	收	
十七日	土	◐下弦午後九時三分	月出午前零時十五分	廿二日丙辰	土	氐	開	宜嫁娶移徙裁衣動土上樑(宜用巳時)開市納財
十八日	日		月出午前零時四十六分	廿三日丁巳	土	房	閉	
十九日	月		月出午前一時十六分	廿四日戊午	火	心	建	
二十日	火		月出午前一時四十八分	廿五日己未	火	尾	除	宜移徙動土上樑(宜用卯時)安葬
二十一日	水		月出午前二時二十一分	廿六日庚申	木	箕	滿	
二十二日	木		月出午前二時五十九分	廿七日辛酉	木	斗	平	夏至五月中

夏至午後三時二十七分　舊五月中

日出午前五時十二分　晝間十四時四十五分
日入午後七時五十八分　夜間九時十五分

日	曜	弦望	月出入	舊曆	納音	宿	建除	宜
二十三日	金		月出午前三時四十一分	廿八日壬戌	水	牛	定	宜[illegible]嫁娶裁衣上樑(宜用巳時)納財
二十四日	土		月出午前四時二十八分	廿九日癸亥	水	女	執	
二十五日	日	●合朔午後一時二十分	閏五月小	初一日甲子	金	虛	破	
二十六日	月		月入午後八時三十八分	初二日乙丑	金	危	危	
二十七日	火		月入午後九時二十七分	初三日丙寅	火	室	成	宜嫁娶裁衣動土上樑(宜用巳時)開市納財安葬修横
二十八日	水		月入午後十時十一分	初四日丁卯	火	壁	收	
二十九日	木		月入午後十時五十二分	初五日戊辰	木	奎	開	
三十日	金		月入午後十一時三十分	初六日己巳	木	婁	閉	宜裁衣納財

七月大三十一日

畓의除草 蕎麥의播種 甘藷의反芟 夏蠶의掃立 桑園의除草

日	曜	月相	月出入	陰曆	干支	五行	宿	直	宜
一日	土			初七日	庚午	土	胃	建	
二日	日	◐上弦午前七時三十三分	月入午前零時七分	初八日	辛未	土	昴	除	宜嫁娶移徙裁衣動土上樑(宜用[illegible]時)納財安葬
三日	月		月入午前零時四十六分	初九日	壬申	金	畢	滿	
四日	火		月入午前一時二十三分	初十日	癸酉	金	觜	平	
五日	水		月入午前二時四分	十一日	甲戌	火	參	定	宜冠帶(宜用巳時)嫁娶裁衣動土上樑(宜用巳時)納財
六日	木		月入午前二時四十九分	十二日	乙亥	火	井	執	
七日	金		月入午前三時三十六分	十三日	丙子	水	鬼	破	
八日	土		月入午前四時二十八分	十四日	丁丑	水	柳	破	小暑六月節

小暑午前七時五十八分 舊六月節

日出午前五時十九分 晝間十四時三十九分
日入午後七時五十八分 夜間九時二十一分

日	曜	月相	月出入	陰曆	干支	五行	宿	直	宜
九日	日	○望午後零時七分	月出午後七時四十九分	十五日	戊寅	土	星	危	宜移徙裁衣動土上樑(宜用[illegible]時)開市納財
十日	月		月出午後八時三十一分	十六日	己卯	土	張	成	宜嫁娶移徙裁衣動土上樑(宜用[illegible]時)開市納財
十一日	火		月出午後九時九分	十七日	庚辰	金	翼	收	
十二日	水		月出午後九時四十四分	十八日	辛巳	金	軫	開	
十三日	木		月出午後十時十六分	十九日	壬午	木	角	閉	宜安葬
十四日	金		月出午後十時四十七分	二十日	癸未	木	亢	建	宜嫁娶

日	曜	記事	月出入	舊曆	宜
十五日	土		月出午後十一時十七分	廿一日甲申水氐除	宜祭祀嫁娶移徙裁衣動土上樑[illegible]安葬
十六日	日		月出午後十一時四十八分	廿二日乙酉水房滿	
十七日	月	◑下弦午後三時十一分		廿三日丙戌土心平	
十八日	火		月出午前零時二十分	廿四日丁亥土尾定	
十九日	水		月出午前零時五十五分	廿五日戊子火箕執	宜裁衣
二十日	木		月出午前一時三十四分	廿六日己丑火斗破	土王用事
二十一日	金	初伏	月出午前二時十八分	廿七日庚寅木牛危	宜開市納財啓攢
二十二日	土		月出午前三時七分	廿八日辛卯木女成	宜嫁娶移徙裁衣上樑[illegible]開市納財啓攢
二十三日	日		月出午前四時三分	廿九日壬辰水虛收	
二十四日	月	●合朔午後九時四十分	六月大	初一日癸巳水危開	大暑六月中

大暑午前一時二十分　舊六月中

日出午前五時二十分　晝間十四時二十分
日入午後七時四十分　夜間九時四十分

日	曜	記事	月出入	舊曆	宜
二十五日	火		月入午後八時五分	初二日甲午金室閉	宜裁衣安葬
二十六日	水		月入午後八時四十九分	初三日乙未金壁建	宜嫁娶
二十七日	木		月入午後九時二十九分	初四日丙申火奎除	
二十八日	金		月入午後十時八分	初五日丁酉火婁滿	
二十九日	土		月入午後十時四十七分	初六日戊戌木胃平	
三十日	日	明治天皇祭	月入午後十一時二十五分	初七日己亥木昴定	宜冠帶[illegible]移徙裁衣上樑[illegible]納財
三十一日	月	◐上弦午後一時三十三分　中伏		初八日庚子土畢執	

八月大三十一日

白菜、蘿蔔의播種、果樹園의耕耘、桑天牛卵의取除、秋蠶의掃立

日	曜		月出入	陰曆	日辰		宿		宜
一日	火		月入午前零時六分	初九日	辛丑	土	觜	破	
二日	水		月入午前零時四十八分	初十日	壬寅	金	參	危	宜啓攢
三日	木		月入午前一時三十五分	十一日	癸卯	金	井	成	宜嫁娶移徙裁衣上樑(宜用卯時)開市納財啓攢
四日	金		月入午前二時二十四分	十二日	甲辰	火	鬼	收	宜嫁娶移徙裁衣上樑(宜用[illegible]時)納財安葬
五日	土		月入午前三時十六分	十三日	乙巳	火	柳	開	
六日	日		月入午前四時十一分	十四日	丙午	水	星	閉	
七日	月		月入午前五時七分	十五日	丁未	水	張	建	
八日	火	○望午前一時十九分	月出午後七時四十四分	十六日	戊申	土	翼	建	立秋七月節
九日	水		月出午後八時十八分	十七日	己酉	土	軫	除	宜安葬
十日	木	末伏	月出午後八時四十九分	十八日	庚戌	金	角	滿	宜裁衣
十一日	金		月出午後九時十九分	十九日	辛亥	金	亢	平	
十二日	土		月出午後九時五十分	二十日	壬子	木	氐	定	宜[illegible]嫁娶移徙裁衣動土上樑(宜用[illegible]時)開市納財安葬啓攢
十三日	日		月出午後十時三十一分	廿一日	癸丑	木	房	執	宜裁衣動土上樑(宜用巳時)納財安葬
十四日	月		月出午後十一時五十四分	廿二日	甲寅	水	心	破	

立秋午後五時三十八分

舊七月節

日出午前五時四十三分 晝間十三時五十三分
日入午後七時三十六分 夜間十時七分

天長節

日	曜	弦望	月出入	陰曆	干支	納音	宿	建除	宜
十五日	火		月出午後十一時三十分	廿三日	乙卯	水	尾	危	
十六日	水	◐下弦午前零時四十六分		廿四日	丙辰	土	箕	成	
十七日	木		月出午前零時十一分	廿五日	丁巳	土	斗	收	宜移徙裁衣動土上樑(宜用[illegible]時)開市納財
十八日	金		月出午前零時五十七分	廿六日	戊午	火	牛	開	宜嫁娶移徙裁衣動土上樑(宜用[illegible]時)開市
十九日	土		月出午前一時四十八分	廿七日	己未	火	女	閉	
二十日	日		月出午前二時四十六分	廿八日	庚申	木	虛	建	宜裁衣納財
二十一日	月		月出午前三時五十分	廿九日	辛酉	木	危	除	宜安葬
二十二日	火		月出午前四時五十八分	三十日	壬戌	水	室	滿	
二十三日	水	●合朔午前九時二十四分	七月小	初一日	癸亥	水	壁	平	
二十四日	木		月入午後八時三分	初二日	甲子	金	奎	定	處暑七月中 宜[illegible]嫁娶移徙裁衣動土上樑[illegible]開市納財

處暑午前八時五分　舊七月中

日出午前五時五十六分　晝間十三時二十分
日入午後七時十六分　夜間十時四十分

日	曜	弦望	月出入	陰曆	干支	納音	宿	建除	宜
二十五日	金		月入午後八時四十三分	初三日	乙丑	金	婁	執	
二十六日	土		月入午後九時二十三分	初四日	丙寅	火	胃	破	
二十七日	日		月入午後十時四分	初五日	丁卯	火	昴	危	
二十八日	月		月入午後十時四十七分	初六日	戊辰	木	畢	成	宜裁衣動土上樑(宜用辰時)開市納財安葬
二十九日	火	◐上弦午後八時五十五分	月入午後十一時三十三分	初七日	己巳	木	觜	收	宜移徙裁衣動土上樑(宜用辰時)開市納財
三十日	水			初八日	庚午	土	參	開	
三十一日	木		月入午前零時二十二分	初九日	辛未	土	井	閉	

九月小三十日

螟蟲被害稻의 後除燒却、小麥의 播種

日	曜	月相	月出入	曆注	宜
一日	金		月入午前一時十三分	初十日壬申金鬼建	宜嫁娶移徙裁衣上樑(宜用辰時)納財安葬
二日	土		月入午前二時七分	十一日癸酉金柳除	宜裁衣動土上樑(宜用午時)納財安葬
三日	日		月入午前三時二分	十二日甲戌火星滿	宜裁衣
四日	月		月入午前三時五十七分	十三日乙亥火張平	
五日	火		月入午前四時五十二分	十四日丙子水翼定	
六日	水	○望午後四時四十七分	月出午後六時五十一分	十五日丁丑水軫執	宜裁衣動土上樑(宜用巳時)納財安葬
七日	木		月出午後七時二十二分	十六日戊寅土角破	
八日	金		月出午後七時五十二分	十七日己卯土亢破	白露八月節
九日	土		月出午後八時二十三分	十八日庚辰金氐危	宜嫁娶移徙動土上樑([illegible])納財安葬
十日	日		月出午後八時五十五分	十九日辛巳金房成	宜嫁娶移徙動土上樑(宜用午時)
十一日	月		月出午後九時三十分	二十日壬午木心收	
十二日	火		月出午後十時八分	廿一日癸未木尾開	宜嫁娶移徙裁衣上樑([illegible])
十三日	水		月出午後十時五十一分	廿二日甲申水箕閉	宜裁衣納財安葬
十四日	木	◐下弦午後七時二十分	月出午後十一時三十八分	廿三日乙酉水斗建	

白露午後八時七分

舊八月節

日出午前六時八分 晝間十二時四十四分

日入午後六時五十二分 夜間十一時十六分

秋季皇靈祭

日	曜	月相	月出入	陰曆	干支	納音	宿	直	宜
十五日	金			廿四日	丙戌	土	牛	除	
十六日	土		月出 午前零時三十三分	廿五日	丁亥	土	女	滿	
十七日	日		月出 午前一時三十一分	廿六日	戊子	火	虛	平	
十八日	月		月出 午前二時三十五分	廿七日	己丑	火	危	定	
十九日	火		月出 午前三時四十三分	廿八日	庚寅	木	室	執	
二十日	水		月出 午前四時五十三分	廿九日	辛卯	木	壁	破	
二十一日	木	● 合朔午後一時三十八分	八月小	初一日	壬辰	水	奎	危	
二十二日	金		月入 午後七時十五分	初二日	癸巳	水	婁	成	宜嫁娶移徙動土上樑 宜用戌時
二十三日	土		月入 午後七時五十七分	初三日	甲午	金	胃	收	
二十四日	日		月入 午後八時四十一分	初四日	乙未	金	昴	開	秋分八月中 宜裁衣上樑 宜用卯時 納財

秋分午前五時七分　舊八月中

日出午前六時三十一分　晝間十二時八分

日入午後六時三十九分　夜間十一時五十二分

日	曜	月相	月出入	陰曆	干支	納音	宿	直	宜
二十五日	月		月入 午後九時二十七分	初五日	丙申	火	畢	閉	
二十六日	火		月入 午後十時十六分	初六日	丁酉	火	觜	建	
二十七日	水	社	月入 午後十一時八分	初七日	戊戌	木	參	除	
二十八日	木	◐ 上弦午前七時四十分		初八日	己亥	木	井	滿	宜移徙裁衣開市納財
二十九日	金		月入 午前零時二分	初九日	庚子	土	鬼	平	
三十日	土		月入 午前零時五十七分	初十日	辛丑	土	柳	定	宜裁衣納財

十月大三十一日

大麥의播種, 桑園의害蟲驅除, 果實의貯藏, 種稻의選穗

日	曜	月相	月出入	陰曆	干支	納音	宿	建除	宜
一日	日		月入午前一時五十二分	十一日	壬寅	金	星	執	
二日	月		月入午前二時四十七分	十二日	癸卯	金	張	破	
三日	火		月入午前三時四十二分	十三日	甲辰	火	翼	危	
四日	水		月入午前四時三十七分	十四日	乙巳	火	軫	成	
五日	木		月入午前五時三十一分	十五日	丙午	水	角	收	
六日	金	○望午前九時五十八分	月出午後六時二十五分	十六日	丁未	水	亢	開	宜移徙裁衣上樑 上樑宜用巳時
七日	土		月出午後六時五十七分	十七日	戊申	土	氐	閉	宜裁衣納財安葬
八日	日		月出午後七時三十一分	十八日	己酉	土	房	建	
九日	月		月出午後八時 八分	十九日	庚戌	金	心	建	寒露九月節 宜移徙
寒露午前十一時十分 舊九月節									日出午前六時三十六分 晝間十一時三十二分 日入午後六時八分 夜間十二時二十八分
十日	火		月出午後八時四十九分	二十日	辛亥	金	尾	除	
十一日	水		月出午後九時三十四分	二十一日	壬子	木	箕	滿	
十二日	木		月出午後十時二十五分	二十二日	癸丑	木	斗	平	
十三日	金		月出午後十一時二十 分	二十三日	甲寅	水	牛	定	
十四日	土	◑下弦午前六時五十五分		二十四日	乙卯	水	女	執	

神嘗祭（十七日） 天長節祝日（三十一日）

日	曜	朔弦	月出入	陰曆	干支	五行	宿	直	宜忌
十五日	日		月出午前零時二十分	廿五日	丙辰	土	虛	破	宜破屋
十六日	月		月出午前一時二十四分	廿六日	丁巳	土	危	危	
十七日	火		月出午前二時三十一分	廿七日	戊午	火	室	成	宜嫁娶移徙裁衣動土上樑(宜用巳時)開市納財
十八日	水		月出午前三時四十分	廿八日	己未	火	壁	收	
十九日	木		月出午前四時五十一分	廿九日	庚申	木	奎	開	
二十日	金	● 合朔午後十時四十七分	九月大	初一日	辛酉	木	婁	閉	宜裁衣
二十一日	土		月入午後六時二十九分	初二日	壬戌	水	胃	建	土王用事 宜移徙裁衣上樑(宜用巳時)納財
二十二日	日		月入午後七時十五分	初三日	癸亥	水	昴	除	
二十三日	月		月入午後八時四分	初四日	甲子	金	畢	滿	
二十四日	火		月入午後八時五十七分	初五日	乙丑	金	觜	平	霜降九月中
二十五日	水		月入午後九時五十二分	初六日	丙寅	火	參	定	
二十六日	木		月入午後十時四十八分	初七日	丁卯	火	井	執	宜安葬啓攢
二十七日	金	◐ 弦午後十時二十六分	月入午後十一時四十四分	初八日	戊辰	木	鬼	破	
二十八日	土			初九日	己巳	木	柳	危	
二十九日	日		月入午前零時四十分	初十日	庚午	土	星	成	宜嫁娶移徙裁衣上樑(宜用巳時)開市納財安葬
三十日	月		月入午前一時三十六分	十一日	辛未	土	張	收	
三十一日	火		月入午前二時三十分	十二日	壬申	金	翼	開	

霜降午後一時五十三分 舊九月中

日出午前六時四十九分 晝間十時五十七分

日入午後五時四十六分 夜間十三時三分

十一月小三十日

田畓의秋耕、果樹園의落葉燒却、菜種의洗條

日	曜	弦望	月出入	舊曆·日辰	宜忌
一日	水		月入午前三時二十五分	十四日癸酉金軫閉	宜裁衣
二日	木		月入午前四時十九分	十五日甲戌火角建	
三日	金		月入午前五時十四分	十六日乙亥火亢除	
四日	土		月入午前六時九分	十七日丙子水氐滿	宜上樑 宜用申時 安葬啓攢
五日	日	○望午前三時三十七分	月出午後六時八分	十八日丁丑水房平	
六日	月		月出午後六時四十八分	十九日戊寅土心定	
七日	火		月出午後七時三十三分	二十日己卯土尾執	
八日	水		月出午後八時二十一分	二十一日庚辰金箕執	立冬十月節

立冬午後一時四十六分 舊十月節

日出午前七時四分 晝間十時二十五分

日入午後五時二十九分 夜間十三時三十五分

日	曜	弦望	月出入	舊曆·日辰	宜忌
九日	木		月出午後九時十四分	二十二日辛巳金斗破	宜破屋
十日	金		月出午後十時十三分	二十三日壬午木牛危	宜裁衣
十一日	土		月出午後十一時十三分	二十四日癸未木女成	
十二日	日	◑下弦午後四時五十三分		二十五日甲申水虛收	宜嫁娶移徙裁衣動土上樑 宜用巳時 納財安葬
十三日	月		月出午前零時十七分	二十六日乙酉水危開	宜移徙裁衣動土上樑 宜用巳時 開市納財
十四日	火		月出午前一時二十三分	二十七日丙戌土室閉	

日	曜	月相	月出入	舊曆	干支	納音	宿	建除	宜
十五日	水		月出午前二時三十一分	廿七日	丁亥	土	壁	建	
十六日	木		月出午前三時三十九分	廿八日	戊子	火	奎	除	
十七日	金		月出午前四時四十九分	廿九日	己丑	火	婁	滿	
十八日	土		月出午前五時五十九分	三十日	庚寅	木	胃	平	
十九日	日	●合朔午前九時六分	十月小	初一日	辛卯	木	昴	定	宜冠帶(宜用卯時)嫁娶移徙動土穰(宜用卯時)啓攢
二十日	月		月入午後六時四十一分	初二日	壬辰	水	畢	執	宜裁衣
二十一日	火		月入午後七時三十六分	初三日	癸巳	水	觜	破	宜破屋
二十二日	水		月入午後八時三十三分	初四日	甲午	金	參	危	宜嫁娶移徙裁衣動土穰(宜用卯時)納財安葬
二十三日（新嘗祭）	木		月入午後九時三十一分	初五日	乙未	金	井	成	小雪十月中

小雪午前十時五十六分　舊十月中

日出午前七時二十分　晝間九時五十九分

日入午後五時十九分　夜間十四時一分

日	曜	月相	月出入	舊曆	干支	納音	宿	建除	宜
二十四日	金		月入午後十時二十九分	初六日	丙申	火	鬼	收	
二十五日	土		月入午後十一時二十六分	初七日	丁酉	火	柳	開	
二十六日	日	◐上弦午後五時十五分		初八日	戊戌	木	星	閉	
二十七日	月		月入午前零時二十一分	初九日	己亥	木	張	建	
二十八日	火		月入午前一時十六分	初十日	庚子	土	翼	除	宜嫁娶移徙裁衣動土穰(宜用卯時)安葬啓攢
二十九日	水		月入午前二時十一分	十一日	辛丑	土	軫	滿	
三十日	木		月入午前三時五分	十二日	壬寅	金	角	平	宜嫁娶移徙裁衣動土穰(宜用未時)開市納財

十二月大三十一日

收穫物의 整理、農具의 修理整頓

日	曜	月相	月出入	舊曆	干支	納音	宿	建除	宜
一日	金		月入午前四時零分	十三日	癸卯	金	亢	定	宜冠帶[illegible]嫁娶移徙裁衣動土上樑[illegible]納財[illegible]
二日	土		月入午前四時五十六分	十四日	甲辰	火	氐	執	
三日	日		月入午前五時五十二分	十五日	乙巳	火	房	破	宜破屋
四日	月	○望午後八時三十四分	月出午後五時二十八分	十六日	丙午	水	心	危	
五日	火		月出午後六時十六分	十七日	丁未	水	尾	成	宜裁衣動土上樑宜用巳時開市納財
六日	水		月出午後七時九分	十八日	戊申	土	箕	收	
七日	木		月出午後八時六分	十九日	己酉	土	斗	開	宜嫁娶移徙裁衣動土上樑宜用午時開市納財
八日	金		月出午後九時七分	二十日	庚戌	金	牛	閉	大雪十一月節

大雪午前六時十二分　舊十一月節

日出午前七時三十一分　晝間九時四十一分
日入午後五時十二分　夜間十四時十九分

日	曜	月相	月出入	舊曆	干支	納音	宿	建除	宜
九日	土		月出午後十時十分	廿一日	辛亥	金	女	閉	
十日	日		月出午後十一時十五分	廿二日	壬子	木	虛	建	
十一日	月			廿三日	癸丑	木	危	除	
十二日	火	◐下弦午前時四十一分	月出午前零時二十一分	廿四日	甲寅	水	室	滿	宜裁衣動土上樑宜用辰時開市納財[illegible]櫃
十三日	水		月出午前一時二十七分	廿五日	乙卯	水	壁	平	
十四日	木		月出午前二時三十四分	廿六日	丙辰	土	奎	定	宜冠帶[illegible]嫁娶裁衣動土上樑宜用[illegible]時納財

日	曜	月相	月出入	陰曆·干支·納音·宿·建除	宜
十五日	金		月出午前三時四十一分	廿七日丁巳土婁執	
十六日	土		月出午前四時四十九分	廿八日戊午火胃破	
十七日	日		月出午前五時五十五分	廿九日己未火昴危	
十八日	月	●合朔午後九時二十分	十一月大	初一日庚申木畢成	宜移徙裁衣上樑(宜用辰時)開市納財安葬
十九日	火		月入午後六時十六分	初二日辛酉木觜收	
二十日	水		月入午後七時十四分	初三日壬戌水參開	宜裁衣動土上樑(宜用巳時)開市
二十一日	木		月入午後八時十三分	初四日癸亥水井閉	
二十二日	金		月入午後九時十二分	初五日甲子金鬼建	冬至十一月中

冬至午後十一時五十七分　舊十一月中

日出午前七時四十四分　晝間九時三十五分
日入午後五時十九分　夜間十四時二十五分

日	曜	月相	月出入	陰曆·干支·納音·宿·建除	宜
二十三日	土		月入午後十時九分	初六日乙丑金柳除	宜嫁娶移徙裁衣動土上樑(宜用卯時)納財安葬
二十四日	日		月入午後十一時五分	初七日丙寅火星滿	宜裁衣動土上樑(宜用未時)開市納財啓攢
二十五日	月			初八日丁卯火張平	
二十六日	火	◐上弦午後一時五十三分	月入午前零時零分	初九日戊辰木翼定	宜冠帶(宜用吉時)裁衣動土上樑(宜用未時)納財
二十七日	水		月入午前零時五十五分	初十日己巳木軫執	
二十八日	木		月入午前一時四十九分	十一日庚午土角破	
二十九日	金		月入午前二時四十四分	十二日辛未土亢危	
三十日	土		月入午前三時四十分	十三日壬申金氐成	宜嫁娶移徙裁衣上樑(宜用辰時)開市納財安葬
三十一日	日		月入午前四時三十六分	十四日癸酉金房收	

年歲對照

文政六年	癸未	一百歲
文政七年	甲申	九十九歲
文政八年	乙酉	九十八歲
文政九年	丙戌	九十七歲
文政十年	丁亥	九十六歲
文政十一年	戊子	九十五歲
文政十二年	己丑	九十四歲
天保元年	庚寅	九十三歲
天保二年	辛卯	九十二歲
天保三年	壬辰	九十一歲
天保四年	癸巳	九十歲
天保五年	甲午	八十九歲
天保六年	乙未	八十八歲
天保七年	丙申	八十七歲
天保八年	丁酉	八十六歲
天保九年	戊戌	八十五歲
天保十年	己亥	八十四歲
天保十一年	庚子	八十三歲
天保十二年	辛丑	八十二歲
天保十三年	壬寅	八十一歲
天保十四年	癸卯	八十歲
弘化元年	甲辰	七十九歲
弘化二年	乙巳	七十八歲
弘化三年	丙午	七十七歲
弘化四年	丁未	七十六歲
嘉永元年	戊申	七十五歲
嘉永二年	己酉	七十四歲
嘉永三年	庚戌	七十三歲
嘉永四年	辛亥	七十二歲
嘉永五年	壬子	七十一歲
嘉永六年	癸丑	七十歲
安政元年	甲寅	六十九歲
安政二年	乙卯	六十八歲
安政三年	丙辰	六十七歲
安政四年	丁巳	六十六歲
安政五年	戊午	六十五歲
安政六年	己未	六十四歲
萬延元年	庚申	六十三歲
文久元年	辛酉	六十二歲
文久二年	壬戌	六十一歲
文久三年	癸亥	六十歲
元治元年	甲子	五十九歲
慶應元年	乙丑	五十八歲
慶應二年	丙寅	五十七歲
慶應三年	丁卯	五十六歲
明治元年	戊辰	五十五歲
明治二年	己巳	五十四歲
明治三年	庚午	五十三歲
明治四年	辛未	五十二歲
明治五年	壬申	五十一歲
明治六年	癸酉	五十歲
明治七年	甲戌	四十九歲
明治八年	乙亥	四十八歲
明治九年	丙子	四十七歲
明治十年	丁丑	四十六歲
明治十一年	戊寅	四十五歲
明治十二年	己卯	四十四歲
明治十三年	庚辰	四十三歲
明治十四年	辛巳	四十二歲
明治十五年	壬午	四十一歲
明治十六年	癸未	四十歲
明治十七年	甲申	三十九歲
明治十八年	乙酉	三十八歲
明治十九年	丙戌	三十七歲
明治二十年	丁亥	三十六歲
明治二十一年	戊子	三十五歲
明治二十二年	己丑	三十四歲
明治二十三年	庚寅	三十三歲
明治二十四年	辛卯	三十二歲
明治二十五年	壬辰	三十一歲
明治二十六年	癸巳	三十歲
明治二十七年	甲午	二十九歲
明治二十八年	乙未	二十八歲
明治二十九年	丙申	二十七歲
明治三十年	丁酉	二十六歲
明治三十一年	戊戌	二十五歲
明治三十二年	己亥	二十四歲
明治三十三年	庚子	二十三歲
明治三十四年	辛丑	二十二歲
明治三十五年	壬寅	二十一歲
明治三十六年	癸卯	二十歲
明治三十七年	甲辰	十九歲
明治三十八年	乙巳	十八歲
明治三十九年	丙午	十七歲
明治四十年	丁未	十六歲
明治四十一年	戊申	十五歲
明治四十二年	己酉	十四歲
明治四十三年	庚戌	十三歲
明治四十四年	辛亥	十二歲
大正元年	壬子	十一歲
大正二年	癸丑	十歲
大正三年	甲寅	九歲
大正四年	乙卯	八歲
大正五年	丙辰	七歲
大正六年	丁巳	六歲
大正七年	戊午	五歲
大正八年	己未	四歲
大正九年	庚申	三歲
大正十年	辛酉	二歲
大正十一年	壬戌	一歲

本邦主要市街地人口（百位에서四捨五入）

本州地方（大正七年十二月末現在）

市名	人口	市名	人口	市名	人口	市名	人口	市名	人口
東京市	二三四七〇〇〇	仙臺市	一三二〇〇〇	豐橋市	六六〇〇〇	松本市	五〇〇〇〇	長野市	四一〇〇〇
大阪市	一六四一〇〇〇	新潟市	九七〇〇〇	濱松市	六一〇〇〇	盛岡市	四八〇〇〇	秋田市	四一〇〇〇
京都市	六七〇〇〇〇	岡山市	九六〇〇〇	福井市	五九〇〇〇	山形市	四七〇〇〇	米澤市	四〇〇〇〇
神戸市	五九二〇〇〇	横須賀市	八八〇〇〇	甲府市	五八〇〇〇	若松市	四七〇〇〇	松江市	三六〇〇〇
横濱市	四四七〇〇〇	和歌山市	八四〇〇〇	前橋市	五八〇〇〇	奈良市	四七〇〇〇	福島市	三五〇〇〇
名古屋市	四三六〇〇〇	堺市	七五〇〇〇	宇都宮市	五七〇〇〇	青森市	四五〇〇〇	鳥取市	三四〇〇〇
廣島市	一六二〇〇〇	富山市	七三〇〇〇	岐阜市	五七〇〇〇	姫路市	四五〇〇〇	千葉町	三二〇〇〇
金澤市	一五八〇〇〇	靜岡市	七三〇〇〇	津市	五四〇〇〇	高崎市	四三〇〇〇	山口町	二九〇〇〇
呉市	一五四〇〇〇	下關市	六七〇〇〇	水戸市	五三〇〇〇	大津市	四三〇〇〇	浦和町	一四〇〇〇

四國地方（大正七年十二月末現在）

市名	人口
德島市	七三〇〇〇
松山市	五八〇〇〇
高知市	五〇〇〇〇
高松市	四八〇〇〇
丸龜市	二三〇〇〇

九州地方（大正七年十二月末現在）

市名	人口	市名	人口	市名	人口	市名	人口	市名	人口
長崎市	一九八〇〇〇	鹿兒島市	九三〇〇〇	那覇區	五九〇〇〇	佐賀市	三八〇〇〇	宮崎町	二一〇〇〇
佐世保市	一二三〇〇〇	門司市	七三〇〇〇	久留米市	四八〇〇〇	小倉市	三三〇〇〇		
福岡市	九八〇〇〇	熊本市	七三〇〇〇	大分市	四三〇〇〇	首里區	二八〇〇〇		

臺灣地方（大正六年十二月末現在）

市名	人口
臺北	一〇〇〇〇〇
臺南	六一〇〇〇
嘉義	二三〇〇〇
基隆	一七〇〇〇
高雄	一四〇〇〇

北海道地方（大正七年十二月末現在）

市名	人口
函館區	一三四〇〇〇
小樽區	一〇三〇〇〇
札幌區	九五〇〇〇
室蘭區	五八〇〇〇

樺太地方（大正四年六月末現在）

市名	人口
眞岡	二八〇〇〇
大泊	二〇〇〇〇
豐原	一五〇〇〇

朝鮮地方（大正九年十月一日現在）

市名	人口	市名	人口	市名	人口	市名	人口	市名	人口
京城	二四五〇〇〇	仁川	三五〇〇〇	木浦	一六〇〇〇	光州	一三〇〇〇	公州	七〇〇〇
釜山	七三〇〇〇	元山	二七〇〇〇	全州	一六〇〇〇	新義州	一一〇〇〇	城津	六〇〇〇
平壤	五八〇〇〇	鎭南浦	二一〇〇〇	海州	一五〇〇〇	清津	一〇〇〇〇	清州	五〇〇〇
大邱	四四〇〇〇	咸興	一八〇〇〇	晉州	一四〇〇〇	義州	八〇〇〇	春川	五〇〇〇
開城	三六〇〇〇	馬山	一六〇〇〇	群山	一三〇〇〇	羅南	八〇〇〇		

本邦主要市街地人口（百位에付四捨五入）

本州地方（大正七年十二月末現在）

東京市	二三四七〇〇〇
大阪市	一六四一〇〇〇
京都市	六七〇〇〇〇
神戸市	五九二〇〇〇
横濱市	四四七〇〇〇
名古屋市	四三六〇〇〇
廣島市	一六二〇〇〇
金澤市	一五八〇〇〇
呉市	一五四〇〇〇
仙臺市	一二二〇〇〇
新潟市	九七〇〇〇
岡山市	九六〇〇〇
横須賀市	八八〇〇〇
和歌山市	八四〇〇〇
堺市	七五〇〇〇
富山市	七三〇〇〇
静岡市	七三〇〇〇
下關市	六七〇〇〇
豊橋市	六六〇〇〇
濱松市	六一〇〇〇
福井市	五九〇〇〇
甲府市	五八〇〇〇
前橋市	五八〇〇〇
宇都宮市	五七〇〇〇
岐阜市	五七〇〇〇
津市	五四〇〇〇
水戸市	五三〇〇〇
松本市	五〇〇〇〇
盛岡市	四八〇〇〇
山形市	四七〇〇〇
若松市	四七〇〇〇
奈良市	四七〇〇〇
青森市	四五〇〇〇
姫路市	四五〇〇〇
高崎市	四三〇〇〇
大津市	四三〇〇〇
長野市	四一〇〇〇
秋田市	四一〇〇〇
米澤市	四〇〇〇〇
松江市	三六〇〇〇
福島市	三五〇〇〇
鳥取市	三四〇〇〇
千葉町	三二〇〇〇
山口町	二九〇〇〇
浦和町	一四〇〇〇

四國地方（大正七年十二月末現在）

徳島市	七三〇〇〇
松山市	五八〇〇〇
高知市	五〇〇〇〇
高松市	四八〇〇〇
丸龜市	二三〇〇〇

九州地方（大正七年十二月末現在）

長崎市	一九八〇〇〇
佐世保市	一二三〇〇〇
福岡市	九八〇〇〇
鹿兒島市	九二〇〇〇
門司市	七三〇〇〇
熊本市	七三〇〇〇
那覇區	五九〇〇〇
久留米市	四八〇〇〇
大分市	四三〇〇〇
佐賀市	三八〇〇〇
小倉市	三三〇〇〇
首里區	二八〇〇〇
宮崎町	二一〇〇〇

臺灣地方（大正六年十二月末現在）

臺北	一〇〇〇〇〇
臺南	六一〇〇〇
嘉義	二二〇〇〇
基隆	一七〇〇〇
高雄	一四〇〇〇

北海道地方（大正七年十二月末現在）

函館區	一三四〇〇〇
小樽區	一〇二〇〇〇
札幌區	九五〇〇〇
室蘭區	五八〇〇〇

樺太地方（大正四年六月末現在）

眞岡	二六〇〇〇
大泊	二〇〇〇〇
豊原	一五〇〇〇

朝鮮地方（大正九年十月一日現在）

京城	二四五〇〇〇
釜山	七三〇〇〇
平壤	五八〇〇〇
大邱	四四〇〇〇
開城	三六〇〇〇
仁川	三五〇〇〇
元山	二七〇〇〇
鎭南浦	二一〇〇〇
咸興	一八〇〇〇
馬山	一六〇〇〇
木浦	一六〇〇〇
全州	一六〇〇〇
海州	一五〇〇〇
晋州	一四〇〇〇
群山	一三〇〇〇
光州	一三〇〇〇
新義州	一一〇〇〇
清津	一〇〇〇〇
義州	八〇〇〇
羅南	八〇〇〇
公州	七〇〇〇
城津	六〇〇〇
清州	五〇〇〇
春川	五〇〇〇

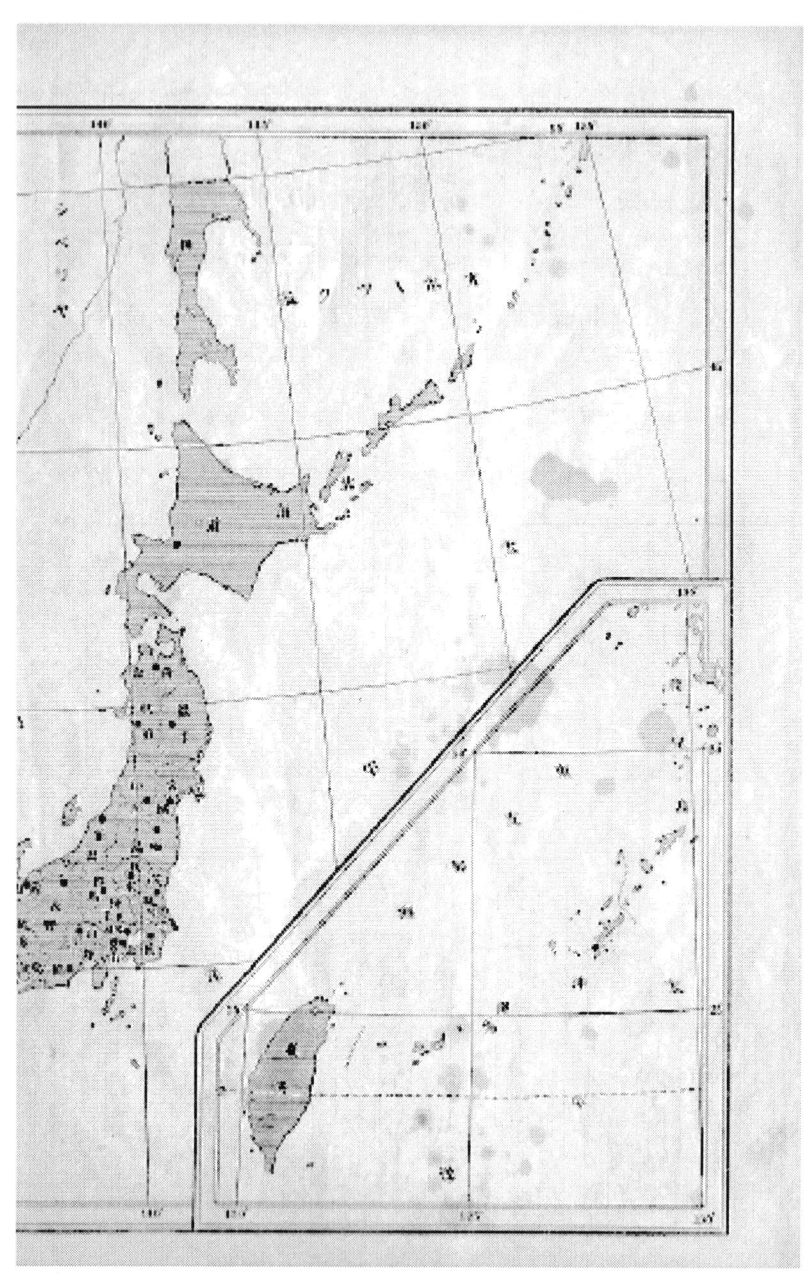

本邦行政區劃圖
凡例
師團司令部所在地

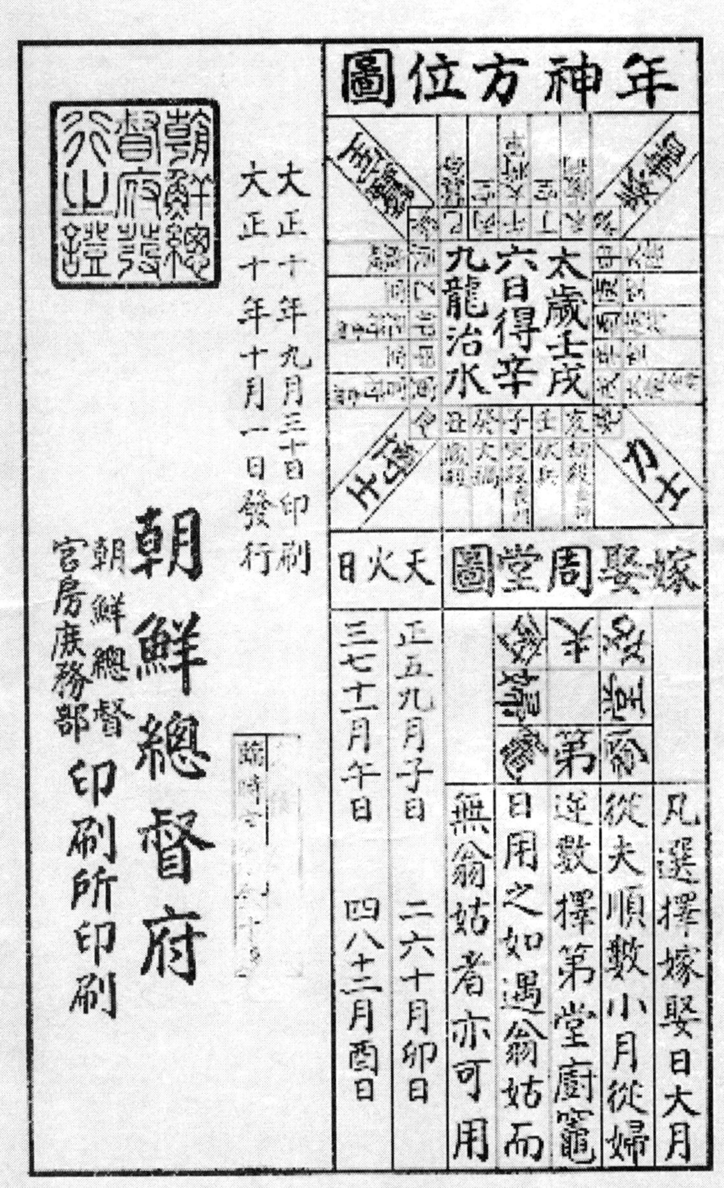

年神方位圖
太歲壬戌
六白得辛
九龍治水
嫁娶周堂圖
天火日
凡選擇嫁娶日大月從夫順數小月從婦逆數擇第堂廚竈日用之如遇翁姑而無翁姑者亦可用
正五九月子日 二六十月卯日
三七十一月午日 四八十二月酉日
大正十年九月三十日印刷
大正十年十月一日發行
朝鮮總督府
朝鮮總督官房庶務部印刷所印刷

11　大正十二年朝鮮民暦（1923）

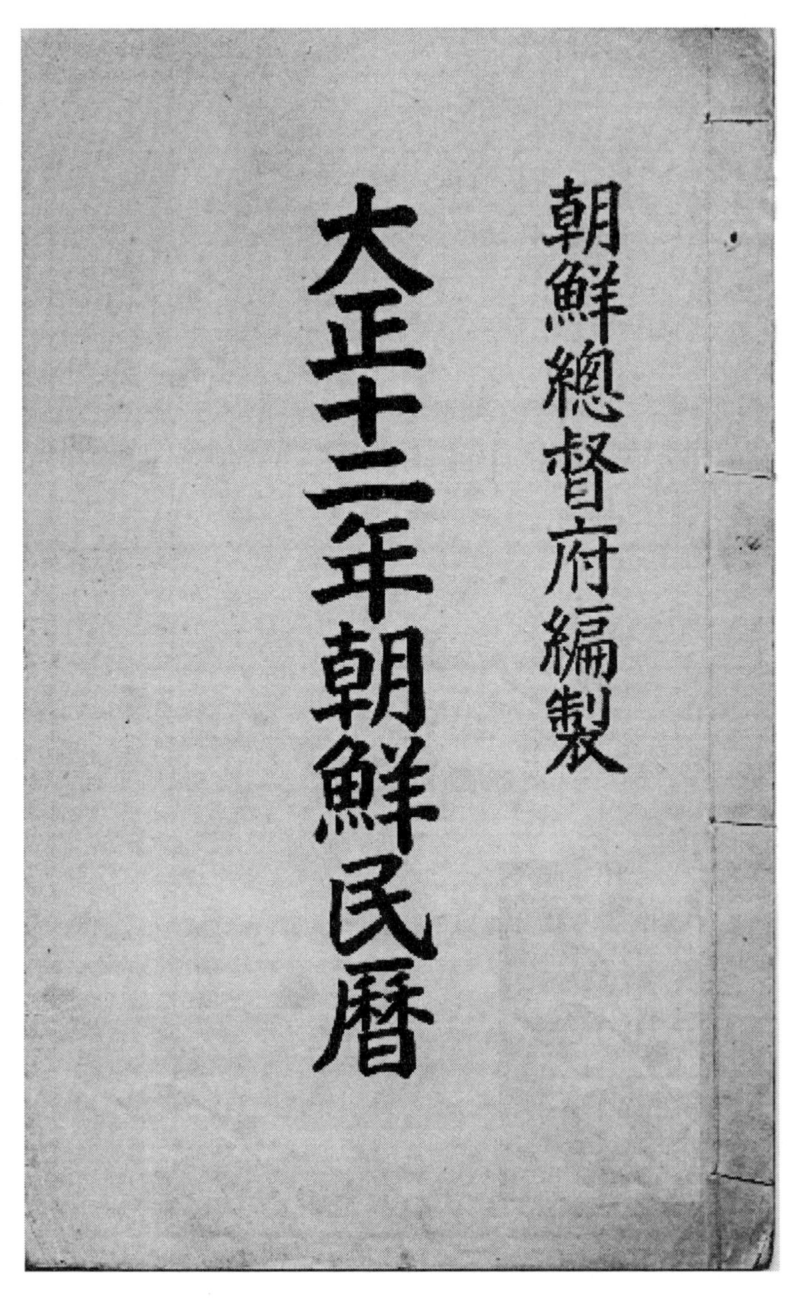

 11. 大正十二年朝鮮民曆(1923)

神武天皇即位紀元二千五百八十三年 大正十二年朝鮮民曆 癸亥平年月數十二 三百五十五日 朝鮮總督府觀測所推算

四方拜	元始祭	紀元節	春季皇靈祭	神武天皇祭	明治天皇祭	天長節	秋季皇靈祭	神嘗祭	天長節祝日	新嘗祭
一月一日	一月三日	二月十一日	三月二十二日	四月三日	七月三十日	八月三十一日	九月二十四日	十月十七日	十月三十一日	十一月二十三日

月表

一月大	二月平	三月大	
四月小	五月大	六月小	
七月大	八月大	九月小	
十月大	十一月小	十二月大	

日曜表

一月	七日	十四日	二十一日	二十八日	
二月	四日	十一日	十八日	二十五日	
三月	四日	十一日	十八日	二十五日	
四月	一日	八日	十五日	二十二日	二十九日
五月	六日	十三日	二十日	二十七日	
六月	三日	十日	十七日	二十四日	
七					
八					
九					
十					
十一					
十二					

月食八月二十六日

食分	一分七厘	
月出	午後七時七分	
帶食分	九厘	下偏右
食甚	午後七時四十分	右下之間
復圓	午後八時二十七分	右下之間

本…

은

用ᄒᆞᆫ 日月出沒及月食은 朝鮮總督府觀測所에서 보이ᄂᆞᆫ 時刻을 揭ᄒᆞᆷ

大正十二年中陰曆歲次癸亥年月表及節候表

月及月之大小	月朔日	節氣		入日	干支	時刻	陽曆	節氣		入日	干支	時刻	陽曆
正月小	庚申	雨水	正月中	初五日	甲子	子初初刻零分	二月二十日	驚蟄	二月節	十九日	戊寅	子初一刻十分	三月六日
二月大	己丑	春分	二月中	初六日	甲午	子正一刻十四分	三月二十二日	清明	三月節	廿一日	己酉	寅正三刻一分	四月五日
三月大	己未	穀雨	三月中	初六日	甲子	午正初刻六分	四月二十一日	立夏	四月節	廿一日	己卯	亥正三刻九分	五月六日
四月小	己丑	小滿	四月中	初七日	乙未	午初三刻一分	五月二十二日	芒種	五月節	廿三日	辛亥	寅初初刻零分	六月七日
五月大	戊午	夏至	五月中	初九日	丙寅	戌正初刻十三分	六月二十二日	小暑	六月節	廿五日	壬午	未初一刻十三分	七月八日
六月小	戊子	大暑	六月中	十一日	戊戌	辰初初刻一分	七月二十四日	立秋	七月節	廿六日	癸丑	子初一刻七分	八月八日
七月大	丁巳	處暑	七月中	十三日	己巳	未初三刻七分	八月二十四日	白露	八月節	廿九日	乙酉	丑初三刻十二分	九月九日
八月小	丁亥	秋分	八月中	十四日	庚子	午初初刻四分	九月二十四日	寒露	九月節	廿九日	乙卯	酉初初刻四分	十月九日
九月大	丙辰	霜降	九月中	十五日	庚午	戌初三刻六分	十月二十四日	立冬	十月節	三十日	乙酉	戌初三刻十二分	十一月八日
十月小	丙戌	小雪	十月中	十五日	庚子	申正三刻九分	十一月二十三日						
十一月小	乙卯	大雪	十一月節	初一日	乙卯	午正初刻五分	十二月八日	冬至	十一月中	十六日	庚午	卯初三刻九分	十二月二十三日
十二月大	甲申	小寒	十二月節	初一日	甲申	子初初刻六分	一月六日	大寒	十二月中	十六日	乙亥	申正一刻十四分	一月二十一日

一月大三十一日

壬戌十二月大

繩、叺、蓆具、袋等의製造、種稻의赤米除却、大豆의選粒

日	曜	祝祭日	弦望	月出入	陰曆	干支	納音	宿	建除	宜忌
一日	月	四方拜		月入午前五時三十三分	十五日	甲戌	火	心	開	宜裁衣動土上樑巳時宜用
二日	火			月入午前六時二十九分	十六日	乙亥	火	尾	閉	宜裁衣納財
三日	水	元始祭	○望午前十一時二十三分	月出午後五時五十五分	十七日	丙子	水	箕	建	
四日	木			月出午後六時五十六分	十八日	丁丑	水	斗	除	宜嫁娶移徙裁衣動土上樑巳時宜用納財安葬
五日	金	新年宴會		月出午後八時一分	十九日	戊寅	土	牛	滿	宜裁衣動土上樑宜用辰時開市納財
六日	土			月出午後九時七分	二十日	己卯	土	女	滿	小寒十二月節

小寒午後五時十五分　舊十二月節　日出午前七時四十七分　晝間九時四十二分　日入午後五時二十九分　夜間十四時十八分

日	曜	祝祭日	弦望	月出入	陰曆	干支	納音	宿	建除	宜忌
七日	日			月出午後十時十三分	二十一日	庚辰	金	虛	平	
八日	月			月出午後十一時二十分	二十二日	辛巳	金	危	定	
九日	火				二十三日	壬午	木	室	執	
十日	水		◐下弦午前九時五十五分	月出午前零時二十六分	二十四日	癸未	木	壁	破	
十一日	木			月出午前一時三十二分	二十五日	甲申	水	奎	危	宜移徙裁衣動土上樑宜用辰時開市納財安葬
十二日	金			月出午前二時三十八分	二十六日	乙酉	水	婁	成	宜嫁娶移徙裁衣動土上樑宜用辰時開市納財安葬
十三日	土			月出午前三時四十三分	二十七日	丙戌	土	胃	收	
十四日	日			月出午前四時四十六分	二十八日	丁亥	土	昴	開	

日	曜	月相	月入	舊曆	干支	納音	宿	建除	宜
十五日	月		月入午前五時四十五分	廿九日	戊子	火	畢	閉	
十六日	火		月入午前六時三十九分	三十日	己丑	火	觜	建	
十七日	水	● 合朔午前十一時四十二分	十二月大	初一日	庚寅	木	參	除	宜移徙裁衣動土上樑豎柱開市納財安葬啓攢
十八日	木		月入午後六時五十八分	初二日	辛卯	木	井	滿	土王用事
十九日	金		月入午後七時五十六分	初三日	壬辰	水	鬼	平	
二十日	土		月入午後八時五十三分	初四日	癸巳	水	柳	定	宜冠帶結婚會親友移徙裁衣上樑豎柱開市納財
二十一日	日		月入午後九時四十九分	初五日	甲午	金	星	執	大寒十二月中

大寒午前十一時三十五分　舊十二月中

日出午前七時四十五分　晝間九時五十九分

日入午後五時四十四分　夜間十四時一分

日	曜	月相	月入	舊曆	干支	納音	宿	建除	宜
二十二日	月	朏	月入午後十時四十四分	初六日	乙未	金	張	破	
二十三日	火		月入午後十一時三十八分	初七日	丙申	火	翼	危	
二十四日	水			初八日	丁酉	火	軫	成	宜嫁娶移徙裁衣上樑豎柱開市納財安葬
二十五日	木	◑ 上弦午後零時五十九分	月入午前零時三十三分	初九日	戊戌	木	角	收	
二十六日	金		月入午前一時二十七分	初十日	己亥	木	亢	開	
二十七日	土		月入午前二時二十三分	十一日	庚子	土	氐	閉	宜裁衣安葬啓攢
二十八日	日		月入午前三時十九分	十二日	辛丑	土	房	建	宜裁衣上樑豎柱開市納財
二十九日	月		月入午前四時十四分	十三日	壬寅	金	心	除	
三十日	火		月入午前五時九分	十四日	癸卯	金	尾	滿	
三十一日	水		月入午前六時一分	十五日	甲辰	火	箕	平	

二月平二十八日

一月과同喜

日	曜	月相	月出入	陰曆	干支	納音	宿	建除	宜
一日	木		月入午前六時五十一分	二十六日	乙巳	火	斗	定	
二日	金	○望午前零時五十三分	月出午後六時五十分	二十七日	丙午	水	牛	執	
三日	土		月出午後七時五十八分	二十八日	丁未	水	女	破	
四日	日		月出午後九時 七分	二十九日	戊申	土	虛	危	
五日	月		月出午後十時十六分	三十日	己酉	土	危	危	立春正月節
立春午前五時一分 舊正月節			日出午前七時五十五分 日入午後六時一分						晝間十時二十六分 夜間十三時三十四分
六日	火		月出午後十一時二十四分	正月一日	庚戌	金	室	成	
七日	水			初二日	辛亥	金	壁	收	宜祈福移徙裁衣動土上樑修倉開市納財
八日	木	◑下弦午後六時十六分	月出午前零時五十一分	初三日	壬子	木	奎	開	
九日	金		月出午前一時五十六分	初四日	癸丑	木	婁	閉	
十日	土		月出午前二時五十九分	初五日	甲寅	水	胃	建	
十一日（紀元節）	日		月出午前三時五十八分	初六日	乙卯	水	昴	除	宜啓欑
十二日	月		月出午前四時三十三分	初七日	丙辰	土	畢	滿	宜祭祀移徙裁衣動土上樑修倉開市納財安葬
十三日	火		月出午前五時二十三分	初八日	丁巳	土	觜	平	
十四日	水		月出午前六時 八分	初九日	戊午	火	參	定	宜祭祀祈福求嗣嫁娶移徙裁衣動土上樑修倉開市納財

日	曜	月相	月出入	陰曆	干支	納音	宿	建除	宜忌
十五日	木		月出前六時四十[illegible]分	二十九日	己未	火	[illegible]	執	
十六日	金	● 合朔午前四時七分	蝕皆旣	正月小 初一日	庚申	木	[illegible]	破	
十七日	土		月入後七時五十九分	初二日	辛酉	木	[illegible]	危	
十八日	日		月入後八時三十四分	初三日	壬戌	水	[illegible]	成	宜[illegible]裁衣動土上樑[illegible]開市納財安葬
十九日	月		月入後九時二十九分	初四日	癸亥	水	[illegible]	收	
二十日	火		月入後十時二十三分	初五日	甲子	金	[illegible]	開	雨水正月中
二十一日	水		月入後十一時十八分	初六日	乙丑	金	[illegible]	閉	
二十二日	木			初七日	丙寅	火	[illegible]	建	宜上樑[illegible]安葬
二十三日	金		月入前零時十二分	初八日	丁卯	火	亢	除	宜[illegible]移徙裁衣動土上樑[illegible]納財安葬
二十四日	土	◐ 上弦午前九時[illegible]分	月入前一時七分	初九日	戊辰	木	氐	滿	宜裁衣
二十五日	日		月入前二時一分	初十日	己巳	木	房	平	
二十六日	月		月入前二時五十[illegible]分	十一日	庚午	土	心	定	宜[illegible]移徙裁衣上樑[illegible]開市納財安葬
二十七日	火		月入前三時四十[illegible]分	十二日	辛未	土	尾	執	宜[illegible]移徙裁衣動土上樑[illegible]安葬
二十八日	水		月入前四時三十八分	十三日	壬申	金	箕	破	宜破屋

雨水 午前一時零分 舊正月中

日出午前七時十九分 晝間十時五十八分
日入午後六時十七分 夜間十三時二分

三月大三十一日

苗板의作製, 果樹의剪定, 桑園果樹園의病虫害防除, 麥類의播種, 果樹園의施肥, 果樹類의接木

日	曜	月相	月出入	陰曆	干支	納音	宿	直	宜
一日	木		月入午前五時二十五分	十四日	癸酉	金	斗	危	
二日	金		月入午前六時十分	十五日	甲戌	火	牛	成	
三日	土	○望午後零時三十四分	月出午後六時四十五分	十六日	乙亥	火	女	收	宜移徙裁衣動土種植開市納財
四日	日		月出午後七時五十六分	十七日	丙子	水	虛	開	宜移徙裁衣動土種植開市納財
五日	月		月出午後九時七分	十八日	丁丑	水	危	閉	
六日	火		月出午後十時十七分	十九日	戊寅	土	室	閉	驚蟄二月節 宜裁衣納財安葬

驚蟄午後十一時三十五分 舊二月節

日出午前七時零分 晝間十一時五十一分 日入午後六時五十一分 夜間十二時九分

日	曜	月相	月出入	陰曆	干支	納音	宿	直	宜
七日	水		月出午後十一時二十五分	二十日	己卯	土	壁	建	
八日	木			二十一日	庚辰	金	奎	除	
九日	金		月出午前零時三十二分	二十二日	辛巳	金	婁	滿	
十日	土	◐下弦午前五時五十一分	月出午前一時三十五分	二十三日	壬午	木	胃	平	
十一日	日		月出午前二時三十分	二十四日	癸未	木	昴	定	宜祭祀冠帶[illegible]裁衣動土種植開市納財
十二日	月		月出午前三時二十一分	二十五日	甲申	水	畢	執	
十三日	火		月出午前四時七分	二十六日	乙酉	水	觜	破	
十四日	水		月出午前四時四十九分	二十七日	丙戌	土	參	危	

十五日	木		月出午前五時二十六分	廿八日	丁亥	土	井	成	
十六日	金		月出午前六時零分	廿九日	戊子	火	鬼	收	
十七日	土	● 合朔午後九時五十三分	二月大	初一日	己丑	火	柳	開	
十八日	日		月入午後七時二十二分	初二日	庚寅	木	星	閉	宜救災納財啓攢
十九日	月		月入午後八時十六分	初三日	辛卯	木	張	建	
二十日	火		月入午後九時十一分	初四日	壬辰	水	翼	除	
二十一日	水		月入午後十時五分	初五日	癸巳	水	軫	滿	
二十二日	木		月入午後十時五十九分	初六日	甲午	金	角	平	春分二月中

春分 午前零時二十九分　舊二月中

日出午前六時三十六分　晝間十二時十分
日入午後六時四十六分　夜間十一時五十分

二十三日	金		月入午後十一時五十三分	初七日	乙未	金	亢	定	宜裁衣納財
二十四日	土			初八日	丙申	火	氐	執	
二十五日	日		月入午前零時四十六分	初九日	丁酉	火	房	破	
二十六日	月	◐ 上弦午前一時四十五分 社	月入午前一時三十八分	初十日	戊戌	木	心	危	
二十七日	火		月入午前二時二十八分	十一日	己亥	木	尾	成	宜祭移徙裁衣動土上樑碓磑開市納財
二十八日	水		月入午前三時十五分	十二日	庚子	土	箕	收	
二十九日	木		月入午前四時零分	十三日	辛丑	土	斗	開	宜祭移徙裁衣動土上樑碓磑
三十日	金		月入午前四時四十一分	十四日	壬寅	金	牛	閉	
三十一日	土		月入午前五時二十三分	十五日	癸卯	金	女	建	

神武天皇祭

四月小三十日

甘藷의 床播, 馬鈴薯及瓜類의 播種, 苗木類의 植付, 桑園의 耕耘施肥, 蠶具의 準備, 種稻의 精選, 秧板의 整地

日	曜		月出	陰曆					
一日	日	○望午後十時十分	午後六時四十一分	十六日	甲辰	火	虛	除	宜祭祀嫁娶移徙裁衣動土上樑開市安葬
二日	月		午後七時五十四分	十七日	乙巳	火	危	滿	宜裁衣開市納財
三日	火		午後九時五分	十八日	丙午	水	室	平	
四日	水		午後十時十五分	十九日	丁未	水	壁	定	宜冠笄[illegible]移徙動土上樑[illegible]
五日	木		午後十一時二十一分	二十日	戊申	土	奎	執	
六日	金	寒食		廿一日	己酉	土	婁	執	清明三月節 宜嫁娶安葬

清明午前四時四十六分 舊三月節 日出午前[illegible] 晝間[illegible] 日入午後[illegible] 夜間[illegible]

日	曜		月出	陰曆					
七日	土		午前零時二十二分	廿二日	庚戌	金	胃	破	宜破屋
八日	日	◑下弦午後二時三十三分	午前一時十七分	廿三日	辛亥	金	昴	危	
九日	月		午前二時六分	廿四日	壬子	木	畢	成	宜嫁娶裁衣動土上樑開市納財安葬[illegible]
十日	火		午前二時四十九分	廿五日	癸丑	木	觜	收	宜納財
十一日	水		午前三時二十七分	廿六日	甲寅	水	參	開	宜移徙裁衣動土上樑開市
十二日	木		午前四時二分	廿七日	乙卯	水	井	閉	
十三日	金		午前四時三十五分	廿八日	丙辰	土	鬼	建	
十四日	土		午前五時六分	廿九日	丁巳	土	柳	除	

日	曜	月相	日出·月入	陰曆	干支	納音	宿	建除	記事
十五日	日		日出午前五時三十六分	三十日	戊午	火	星	滿	
十六日	月	● 合朔午後三時二十七分	三月大	初一日	己未	火	張	平	
十七日	火		月入午後八時零分	初二日	庚申	木	翼	定	
十八日	水		月入午後八時五十四分	初三日	辛酉	木	軫	執	土王用事
十九日	木		月入午後九時四十八分	初四日	壬戌	水	角	破	
二十日	金		月入午後十時四十三分	初五日	癸亥	水	亢	危	
二十一日	土		月入午後十一時三十四分	初六日	甲子	金	氐	成	穀雨三月中 宜裁衣上樑[illegible]開市納財

穀雨午後零時六分　舊三月中

日出午前五時五十三分　晝間十三時二十分

日入午後七時十三分　夜間十時四十分

日	曜	月相	月入	陰曆	干支	納音	宿	建除	記事
二十二日	日			初七日	乙丑	金	房	收	宜納財
二十三日	月		月入午前零時二十三分	初八日	丙寅	火	心	開	宜移徙裁衣上樑[illegible]開市納財
二十四日	火	◐ 上弦午後二時二十分	月入午前一時十分	初九日	丁卯	火	尾	閉	宜裁衣
二十五日	水		月入午前一時五十四分	初十日	戊辰	木	箕	建	
二十六日	木		月入午前二時三十六分	十一日	己巳	木	斗	除	
二十七日	金		月入午前三時十六分	十二日	庚午	土	牛	滿	
二十八日	土		月入午前三時五十五分	十三日	辛未	土	女	平	
二十九日	日		月入午前四時三十四分	十四日	壬申	金	虛	定	
三十日	月		月入午前五時十五分	十五日	癸酉	金	危	執	宜安葬

五月大三十一日

水稻播種、大小豆의播種、春蠶의掃立、麥의黑穗拔除、甘藷苗의移植、果樹園의除草

日	曜	月相	月出	陰曆	干支	納音	宿	建除	宜
一日	火	○望午前六時三十分	午後七時五十二分	十六日	甲戌	火	室	破	
二日	水		午後九時一分	十七日	乙亥	火	壁	危	
三日	木		午後十時二分	十八日	丙子	水	奎	成	宜嫁娶收養裁衣上樑作廁開市納財牧養
四日	金		午後十一時二分	十九日	丁丑	水	婁	收	宜嫁娶移徙裁衣上樑安碓磑納財安葬
五日	土			二十日	戊寅	土	胃	開	
六日	日		午前零時零分	廿一日	己卯	土	昴	閉	立夏四月節
七日	月		午前零時四十五分	廿二日	庚辰	金	畢	閉	
八日	火	◐下弦午前三時十八分	午前一時二十六分	廿三日	辛巳	金	觜	建	
九日	水		午前二時四分	廿四日	壬午	木	參	除	宜祭祀安葬
十日	木		午前二時三十七分	廿五日	癸未	木	井	滿	
十一日	金		午前三時九分	廿六日	甲申	水	鬼	平	
十二日	土		午前三時三十九分	廿七日	乙酉	水	柳	定	宜祭祀[illegible]嫁娶移徙裁衣動土上樑[illegible]開市納財安葬
十三日	日		午前四時九分	廿八日	丙戌	土	星	執	宜裁衣
十四日	月		午前四時四十一分	廿九日	丁亥	土	張	破	宜破屋

立夏午後十時三十九分 舊四月節

日出午前五時二十四分 晝間十四時五十二分 日入午後七時二十分 夜間九時八分

日	曜	月相	月出入	陰曆	干支	納音	宿	建除	宜
十五日	火		月出午前五時四十分	二十九日	戊子	[illegible]	[illegible]	[illegible]	
十六日	水	● 合朔午前七時三十分	四月小	初一日	己丑	火	軫	成	
十七日	木		月入午後八時三十六分	初二日	庚寅	木	角	收	宜嫁娶移徙裁衣動土上樑 [illegible] 納財安葬啓攢
十八日	金		月入午後九時三十一分	初三日	辛卯	木	亢	開	宜嫁娶移徙裁衣動土上樑 宜用卯時 開市納財
十九日	土		月入午後十時三十六分	初四日	壬辰	水	氐	閉	
二十日	日		月入午後十一時九分	初五日	癸巳	水	房	建	
二十一日	月		月入午後十一時五十四分	初六日	甲午	金	心	除	宜嫁娶移徙裁衣動土上樑 宜用卯時 安葬
二十二日	火			初七日	乙未	金	尾	滿	小滿四月中

小滿午前十一時四十六分 舊四月中

日出午前五時二十分 晝間十四時三十分
日入午後七時四十六分 夜間九時四十六分

日	曜	月相	月出入	陰曆	干支	納音	宿	建除	宜
二十三日	水	◐ 上弦午後十一時二十五分	月入午前零時二十五分	初八日	丙申	火	箕	平	宜嫁娶移徙裁衣動土上樑 宜用未時 開市納財
二十四日	木		月入午前一時十五分	初九日	丁酉	火	斗	定	宜冠帶 宜用午時 坐向正南 移徙動土上樑 宜用午時 安葬
二十五日	金		月入午前一時五十三分	初十日	戊戌	木	牛	執	宜嫁娶移徙裁衣動土上樑 宜用巳時
二十六日	土		月入午前二時三十分	十一日	己亥	木	女	破	宜破屋
二十七日	日		月入午前三時八分	十二日	庚子	土	虛	危	宜嫁娶安移徙裁衣動土上樑 宜用卯時 安葬啓攢
二十八日	月		月入午前三時四十九分	十三日	辛丑	土	危	成	宜嫁娶裁衣動土上樑 宜用卯時 開市納財安葬
二十九日	火		月入午前四時三十二分	十四日	壬寅	金	室	收	
三十日	水	○ 望午後二時七分	月出午後七時四十五分	十五日	癸卯	金	壁	開	
三十一日	木		月出午後八時五十分	十六日	甲辰	火	奎	閉	

六月小三十日

移秧、馬鈴薯의 培土、桑의 株直、桑園의 耕耘施肥、果實의 被袋、繭의 乾燥

日	曜	月相	月出	陰曆	干支		宿		宜
一日	金		午後 九時四十八分	二十七日	乙巳	火	婁	建	
二日	土		午後 十時三十九分	二十八日	丙午	水	胃	除	
三日	日		午後十一時二十四分	二十九日	丁未	水	昴	滿	
四日	月			三十日	戊申	土	畢	平	
五日	火		午前零時 三分	五月一日	己酉	土	觜	定	宜祭祀[illegible]嫁娶移徙裁衣[illegible]開市納財安葬
六日	水	下弦 午後六時十九分	午前零時三十九分	二日	庚戌	金	參	執	宜嫁娶移徙裁衣動土[illegible]安葬
七日	木		午前 一時 十一分	三日	辛亥	金	井	執	芒種五月節

芒種 午前三時十五分

舊五月節

日出 午前五時十一分　晝間 十四時三十九分

日入 午後七時五十分　夜間 九時二十一分

日	曜	月相	月出	陰曆	干支		宿		宜
八日	金		午前 一時四十二分	四日	壬子	木	鬼	破	
九日	土		午前 二時 十二分	五日	癸丑	木	柳	危	
十日	日		午前 二時四十二分	六日	甲寅	水	星	成	宜裁衣動土[illegible]開市納財[illegible]
十一日	月		午前 三時 十五分	七日	乙卯	水	張	收	
十二日	火		午前 三時四十九分	八日	丙辰	土	翼	開	宜嫁娶移徙裁衣動土[illegible]開市納財
十三日	水		午前 四時二十六分	九日	丁巳	土	軫	閉	
十四日	木	合朔 午後九時四十二分		五月大 初一日	戊午	火	角	建	

日	曜	月相	月出入	陰曆	干支	納音	宿	建除	宜
十五日	金		月入午後八時十八分	初二日	己未	火	亢	除	宜移徙裁衣動土上樑(宜用卯時)納財安葬
十六日	土		月入午後九時八分	初三日	庚申	木	氐	滿	宜移徙裁衣開市納財安葬
十七日	日		月入午後九時五十四分	初四日	辛酉	木	房	平	
十八日	月		月入午後十時三十七分	初五日	壬戌	水	心	定	
十九日	火		月入午後十一時十七分	初六日	癸亥	水	尾	執	
二十日	水		月入午後十一時五十五分	初七日	甲子	金	箕	破	
二十一日	木			初八日	乙丑	金	斗	危	
二十二日	金	◐ 下弦午前五時四十六分	月入午前零時三十二分	初九日	丙寅	火	牛	成	夏至五月中 宜裁衣動土上樑(宜用[illegible]時)納財安葬啓攢

夏至午後八時三分　舊五月中

日出午前五時十二分　晝間十四時四十五分
日入午後七時五十七分　夜間九時十五分

日	曜	月相	月出入	陰曆	干支	納音	宿	建除	宜
二十三日	土		月入午前一時八分	初十日	丁卯	火	女	收	
二十四日	日		月入午前一時四十六分	十一日	戊辰	木	虛	開	宜移徙裁衣動土上樑(宜用辰時)
二十五日	月		月入午前二時二十六分	十二日	己巳	木	危	閉	宜裁衣納財
二十六日	火		月入午前三時十分	十三日	庚午	土	室	建	
二十七日	水		月入午前三時五十九分	十四日	辛未	土	壁	除	
二十八日	木	○ 望午後十時四分	月出午後七時三十二分	十五日	壬申	金	奎	滿	宜移徙安葬
二十九日	金		月出午後八時二十八分	十六日	癸酉	金	婁	平	
三十日	土		月出午後九時十六分	十七日	甲戌	火	胃	定	宜冠帶(宜用巳時)[illegible]裁衣動土上樑(宜用巳時)納財

七月大三十一日

畓의除草、蕎麥의播種、甘藷의反蔓、夏蠶의掃立、桑園의除草

日	曜	月相	月出	陰曆	干支	納音	宿	建除	宜
一日	日		月出午後九時五十九分	十八日	乙亥	火	昴	執	
二日	月		月出午後十時三十六分	十九日	丙子	水	畢	破	
三日	火		月出午後十一時十一分	二十日	丁丑	水	觜	危	
四日	水		月出午後十一時四十三分	廿一日	戊寅	土	參	成	宜嫁娶裁衣動土上樑宜用辰時開市納財
五日	木			廿二日	己卯	土	井	收	
六日	金	◑下弦午前七時五十六分	月出午前零時十四分	廿三日	庚辰	金	鬼	開	
七日	土		月出午前零時四十四分	廿四日	辛巳	金	柳	閉	
八日	日		月出午前一時十五分	廿五日	壬午	木	星	閉	小暑六月節
九日	月		月出午前一時四十八分	廿六日	癸未	木	張	建	宜嫁娶
十日	火		月出午前二時二十四分	廿七日	甲申	水	翼	除	宜嫁娶移徙裁衣動土上樑宜用巳時安葬
十一日	水		月出午前三時四分	廿八日	乙酉	水	軫	滿	
十二日	木		月出午前三時四十八分	廿九日	丙戌	土	角	平	
十三日	金		月出午前四時三十六分	三十日	丁亥	土	亢	定	
十四日	土	●合朔午前九時四十五分		六月小 初一日	戊子	火	氐	執	宜裁衣

小暑午後一時四十二分　舊六月節

日出午前五時九分　晝間十四時三十九分

日入午後七時四十八分　夜間九時二十一分

日	曜	記事	月出入	陰曆	干支	五行	宿	建除	宜忌
十五日	日		月入午後八時三十六分	初二日	己丑	火	房	破	
十六日	月	初伏	月入午後九時十六分	初三日	庚寅	木	心	危	宜開市納財啓攢
十七日	火		月入午後九時五十七分	初四日	辛卯	木	尾	成	宜嫁娶移徙裁衣動土上樑[illegible]開市納財啓攢
十八日	水		月入午後十時三十四分	初五日	壬辰	水	箕	收	
十九日	木		月入午後十一時十一分	初六日	癸巳	水	斗	開	
二十日	金		月入午後十一時四十八分	初七日	甲午	金	牛	閉	宜裁衣安葬
二十一日	土	◐上弦午前十一時三十二分		初八日	乙未	金	女	建	土王用事宜嫁娶
二十二日	日		月入午前零時二十六分	初九日	丙申	火	虛	除	
二十三日	月		月入午前一時八分	初十日	丁酉	火	危	滿	
二十四日	火		月入午前一時五十三分	十一日	戊戌	木	室	平	大暑六月中

大暑午前七時一分　舊六月中

日出午前五時三十分　晝間十四時二十分
日入午後七時五十分　夜間九時四十分

日	曜	記事	月出入	陰曆	干支	五行	宿	建除	宜忌
二十五日	水		月入午前二時四十四分	十二日	己亥	木	壁	定	宜冠帶[illegible]嫁娶移徙裁衣上樑[illegible]納財
二十六日	木	中伏	月入午前三時三十九分	十三日	庚子	土	奎	執	
二十七日	金		月入午前四時三十七分	十四日	辛丑	土	婁	破	
二十八日	土	○望午前七時三十三分	月出午後七時五十三分	十五日	壬寅	金	胃	危	宜開市納財啓攢
二十九日	日		月出午後八時三十三分	十六日	癸卯	金	昴	成	宜嫁娶移徙裁衣上樑[illegible]開市納財啓攢
三十日	月	明治天皇祭	月出午後九時九分	十七日	甲辰	火	畢	收	宜嫁娶移徙裁衣上樑[illegible]納財安葬
三十一日	火		月出午後九時四十二分	十八日	乙巳	火	觜	開	

八月大三十一日

白菜, 蘿蔔의播種, 果樹園의耕耘, 桑天牛卵의取除, 秋蠶의掃立

一日	水		月出午後十時十四分	十九日	丙午	水	參	閉	
二日	木		月出午後十時四十四分	二十日	丁未	水	井	建	
三日	金		月出午後十一時十五分	廿一日	戊申	土	鬼	除	
四日	土		月出午後十一時四十八分	廿二日	己酉	土	柳	滿	宜嫁娶移徙裁衣上樑修倉庫開市納財
五日	日	◑ 下弦午前四時三十三分		廿三日	庚戌	金	星	平	
六日	月		月出午前零時二十二分	廿四日	辛亥	金	張	定	宜冠帶會親友用午時嫁娶移徙裁衣上樑修倉庫用午時納財
七日	火		月出午前一時零分	廿五日	壬子	木	翼	執	
八日	水		月出午前一時四十一分	廿六日	癸丑	木	軫	執	立秋七月節
立秋午後十一時二十五分 舊七月節			日出午前五時四十五分 晝間十三時五十四分 日入午後七時三十九分 夜間十時六分						
九日	木		月出午前二時二十八分	廿七日	甲寅	水	角	破	
十日	金		月出午前三時二十分	廿八日	乙卯	水	亢	危	
十一日	土		月出午前四時十七分	廿九日	丙辰	土	氐	成	
十二日	日	● 合朔午後八時十七分		七月大初一日	丁巳	土	房	收	
十三日	月		月入午後七時五十四分	初二日	戊午	火	心	開	宜嫁娶移徙裁衣動土上樑修倉庫開市
十四日	火		月入午後八時三十三分	初三日	己未	火	尾	閉	

日	曜	記事	月出入	陰曆	干支	納音	宿	建除	宜
十五日	水	末伏	月入午後九時十一分	初四日	庚申	木	箕	建	宜祭祀裁衣納財
十六日	木		月入午後九時四十九分	初五日	辛酉	木	斗	除	
十七日	金		月入午後十時二十六分	初六日	壬戌	水	牛	滿	宜祭祀嫁娶移徙裁衣動土上樑修倉開市納財安葬
十八日	土		月入午後十一時八分	初七日	癸亥	水	女	平	
十九日	日	◑弦午後三時七分	月入午後十一時五十三分	初八日	甲子	金	虛	定	宜祭祀上冊受封嫁娶移徙動土上樑修倉
二十日	月			初九日	乙丑	金	危	執	
二十一日	火		月入午前零時四十一分	初十日	丙寅	火	室	破	
二十二日	水		月入午前一時三十三分	十一日	丁卯	火	壁	危	宜祭祀嫁娶移徙裁衣上樑修倉開市安葬啓攢
二十三日	木		月入午前二時二十九分	十二日	戊辰	木	奎	成	宜祭祀裁衣動土上樑修倉開市納財安葬
二十四日	金		月入午前三時二十八分	十三日	己巳	木	婁	收	處暑七月中 宜祭祀嫁娶移徙裁衣動土上樑修倉開市納財

處暑午後一時五十二分　舊七月中

日出午前五時五十六分　晝間十三時二十分
日入午後七時十六分　夜間十時四十分

日	曜	記事	月出入	陰曆	干支	納音	宿	建除	宜
二十五日	土		月入午前四時二十八分	十四日	庚午	土	胃	開	
二十六日	日	○望午後七時三十九分月食	月出午後七時七分	十五日	辛未	土	昴	閉	
二十七日	月		月出午後七時四十一分	十六日	壬申	金	畢	建	宜祭祀嫁娶移徙裁衣上樑修倉開市納財安葬
二十八日	火		月出午後八時十三分	十七日	癸酉	金	觜	除	宜祭祀裁衣動土上樑修倉開市納財安葬
二十九日	水		月出午後八時四十四分	十八日	甲戌	火	參	滿	宜沐浴裁衣
三十日	木		月出午後九時十五分	十九日	乙亥	火	井	平	
三十一日	金	天長節	月出午後九時四十七分	二十日	丙子	水	鬼	定	宜祭祀上冊受封嫁娶移徙裁衣動土上樑修倉開市納財啓攢

九月小三十日

螟蟲, 被害稻의 拔除焼却 小麥의 播種

日	曜	月象	月出入	陰曆	干支	納音	宿	建除	宜
一日	土		月出午後十時二十分	廿一日	丁丑	水	柳	執	宜祭祀嫁娶裁衣動土上樑開市納財安葬
二日	日		月出午後十一時五十六分	廿二日	戊寅	土	星	破	
三日	月	下弦午後九時四十七分	月出午後十二時二十六分	廿三日	己卯	土	張	危	
四日	火			廿四日	庚辰	金	翼	成	
五日	水		月出午前零時二十一分	廿五日	辛巳	金	軫	收	
六日	木		月出午前一時八分	廿六日	壬午	木	角	開	宜嫁娶栽植移徙裁衣動土上樑開市納財
七日	金		月出午前二時二分	廿七日	癸未	木	亢	閉	
八日	土		月出午前三時一分	廿八日	甲申	水	氐	建	宜祭祀栽植裁衣納財
九日	日		月出午前四時四分	廿九日	乙酉	水	房	建	白露八月節

白露午前一時五十分 舊八月節

日出午前五時五十九分 晝間十二時四十四分

日入午後六時四十三分 夜間十一時十六分

日	曜	月象	月出入	陰曆	干支	納音	宿	建除	宜
十日	月		月出午前五時十分	三十日	丙戌	土	心	除	
十一日	火	合朔午前五時五十二分	八月小	初一日	丁亥	土	尾	滿	
十二日	水		月入午後七時四十六分	初二日	戊子	火	箕	平	
十三日	木		月入午後八時二十五分	初三日	己丑	火	斗	定	
十四日	金		月入午後九時六分	初四日	庚寅	木	牛	執	

秋季皇靈祭

日	曜	弦望	月出入	陰曆	干支	納音	宿	建除	宜
十五日	土		月入午後九時五十分	初五日	辛卯	木	女	破	
十六日	日		月入午後十時三十八分	初六日	壬辰	水	虛	危	
十七日	月	◐上弦午後九時四分	月入午後十一時二十九分	初七日	癸巳	水	危	成	宜移徙裁衣動土上樑[illegible]開市納財
十八日	火			初八日	甲午	金	室	收	
十九日	水		月入午前零時二十四分	初九日	乙未	金	壁	開	宜移徙裁衣上樑[illegible]開市納財
二十日	木		月入午前一時二十三分	初十日	丙申	火	奎	閉	宜裁衣納財安葬
二十一日	金		月入午前二時二十一分	十一日	丁酉	火	婁	建	
二十二日	土	社	月入午前三時二十分	十二日	戊戌	木	胃	除	
二十三日	日		月入午前四時十九分	十三日	己亥	木	昴	滿	
二十四日	月		月入午前五時十七分	十四日	庚子	土	畢	平	秋分八月中

秋分午前十一時四分　舊八月中

日出午前六時二十二分　晝間十二時八分
日入午後六時三十分　夜間十一時五十二分

日	曜	弦望	月出入	陰曆	干支	納音	宿	建除	宜
二十五日	火	○望午前七時十六分	月出午後六時四十五分	十五日	辛丑	土	觜	定	宜裁衣納財
二十六日	水		月出午後七時十六分	十六日	壬寅	金	參	執	
二十七日	木		月出午後七時四十七分	十七日	癸卯	金	井	破	
二十八日	金		月出午後八時二十分	十八日	甲辰	火	鬼	危	
二十九日	土		月出午後八時五十五分	十九日	乙巳	火	柳	成	
三十日	日		月出午後九時三十二分	二十日	丙午	水	星	收	

十月大 三十一日

大麥의播種, 桑園의害蟲驅除, 果實의貯藏, 種稻의選種

日	曜	月相	月出入	陰曆	干支	納音	宿	建除	宜
一日	月		月出午後十時十四分	廿一日	丁未	水	張	開	宜移徙裁衣上樑[illegible]
二日	火		月出午後十一時零分	廿二日	戊申	土	翼	閉	宜裁衣納財安葬
三日	水	◐下弦午後七時三十九分	月出午後十一時五十一分	廿三日	己酉	土	軫	建	
四日	木			廿四日	庚戌	金	角	除	宜嫁娶移徙裁衣動土上樑開市納財安葬
五日	金		月出午前零時四十六分	廿五日	辛亥	金	亢	滿	宜移徙裁衣
六日	土		月出午前一時四十五分	廿六日	壬子	木	氐	平	
七日	日		月出午前二時四十八分	廿七日	癸丑	木	房	定	宜移徙裁衣動土上樑開市納財
八日	月		月出午前三時五十五分	廿八日	甲寅	水	心	執	
九日	火		月出午前五時 三分	廿九日	乙卯	水	尾	執	寒露九月節

寒露午後五時四分 舊九月節 日出午前六時二十三分 晝間十一時四十四分 日入午後六時 七分 夜間十二時十六分

日	曜	月相	月出入	陰曆	干支	納音	宿	建除	宜
十日	水	●合朔午後三時六分	九月大	初一日	丙辰	土	箕	破	宜破屋
十一日	木		月入午後六時五十八分	初二日	丁巳	土	斗	危	
十二日	金		月入午後七時四十二分	初三日	戊午	火	牛	成	宜嫁娶移徙動土上樑開市
十三日	土		月入午後八時三十 分	初四日	己未	火	女	收	
十四日	日		月入午後九時二十三分	初五日	庚申	木	虛	開	

神嘗祭（十七日）　天長節祝日（三十一日）

日	曜	月相	月出入	陰曆	干支	納音	宿	建除	宜
十五日	月		月入後十時十七分	初六日	辛酉	木	危	閉	宜裁衣
十六日	火		月入後十一時十五分	初七日	壬戌	水	室	建	宜移徙裁衣上樑巳時宜開市納財
十七日	水	◐上弦午前五時五十四分		初八日	癸亥	水	壁	除	
十八日	木		月入前零時十五分	初九日	甲子	金	奎	滿	
十九日	金		月入前一時十四分	初十日	乙丑	金	婁	平	
二十日	土		月入前二時十三分	十一日	丙寅	火	胃	定	
二十一日	日		月入前三時十一分	十二日	丁卯	火	昴	執	土王用事宜嫁娶安葬啓攢
二十二日	月		月入前四時八分	十三日	戊辰	木	畢	破	
二十三日	火		月入前五時三分	十四日	己巳	木	觜	危	
二十四日	水		月入前五時五十九分	十五日	庚午	土	參	成	霜降九月中宜移徙裁衣上樑巳時開市納財安葬

霜降後七時五十一分　舊九月中

日出午前六時四十九分　晝間十時五十八分
日入後五時四十七分　夜間十三時二分

日	曜	月相	月出入	陰曆	干支	納音	宿	建除	宜
二十五日	木	○望午前三時二十六分	月出後六時二十一分	十六日	辛未	土	井	收	
二十六日	金		月出後六時五十五分	十七日	壬申	金	鬼	開	宜移徙上樑巳時宜開市
二十七日	土		月出後七時三十一分	十八日	癸酉	金	柳	閉	宜裁衣
二十八日	日		月出後八時十一分	十九日	甲戌	火	星	建	
二十九日	月		月出後八時五十五分	二十日	乙亥	火	張	除	
三十日	火		月出後九時四十三分	廿一日	丙子	水	翼	滿	宜嫁娶裁衣上樑巳時開市納財安葬啓攢
三十一日	水		月出後十時三十六分	廿二日	丁丑	水	軫	平	

十一月小三十日　畓의秋耕，果樹園의落葉燒却，蠶種의洗滌

日	曜	月相	月出入	陰曆	干支	納音	宿	建除	宜忌
一日	木		月出 午後十一時三十二分	廿三日	戊寅	土	角	定	
二日	金	◑ 下弦午前五時四十九分		廿四日	己卯	土	亢	執	宜[illegible]嫁娶安葬
三日	土		月出 午前零時三十二分	廿五日	庚辰	金	氐	破	
四日	日		月出 午前一時三十五分	廿六日	辛巳	金	房	危	
五日	月		月出 午前二時四十分	廿七日	壬午	木	心	成	宜[illegible]嫁娶[illegible]移徙裁衣[illegible]療病開市納財安葬
六日	火		月出 午前三時四十八分	廿八日	癸未	木	尾	收	
七日	水		月出 午前四時五十八分	廿九日	甲申	水	箕	開	
八日	木		月出 午前六時十分	三十日	乙酉	水	斗	閉	立冬十月節
九日	金	● 合朔午前零時三十七分	十月小	初一日	丙戌	土	牛	閉	
十日	土		月入 午後七時七分	初二日	丁亥	土	女	建	
十一日	日		月入 午後八時三分	初三日	戊子	火	虛	除	
十二日	月		月入 午後九時三分	初四日	己丑	火	危	滿	
十三日	火		月入 午後十時四分	初五日	庚寅	木	室	平	
十四日	水		月入 午後十一時五分	初六日	辛卯	木	壁	定	宜[illegible]嫁娶[illegible]移徙裁衣動土[illegible]開市納財栽植

立冬午後七時四十一分

舊十月節

日出午前七時四分　晝間十時三十六分

日入午後五時四十分　夜間十三時二十四分

新書景

日	曜	節氣·弦望	月出入	陰曆	干支	納音	宿	建除	宜
十五日	木	◐上弦午後六時四十一分		初七日	壬辰	水	奎	執	宜裁衣
十六日	金		月入午前零時六分	初八日	癸巳	水	婁	破	宜破屋
十七日	土		月入午前一時五分	初九日	甲午	金	胃	危	宜裁衣動土上樑修倉開市納財安葬
十八日	日		月入午前二時二分	初十日	乙未	金	昴	成	宜裁衣動土上樑修倉開市納財安葬
十九日	月		月入午前二時五十八分	十一日	丙申	火	畢	收	
二十日	火		月入午前三時五十三分	十二日	丁酉	火	觜	開	
二十一日	水		月入午前四時四十八分	十三日	戊戌	木	參	閉	
二十二日	木		月入午前五時四十三分	十四日	己亥	木	井	建	
二十三日	金	○望午後九時五十八分	月出午後五時三十一分	十五日	庚子	土	鬼	除	小雪十月中 宜祭祀裁衣動土上樑修倉開市安葬啓攢
		小雪午後四時五十四分　舊十月中　日出午前七時二十分　日入午後五時十九分　晝間九時五十九分　夜間十四時一分							
二十四日	土		月出午後六時十分	十六日	辛丑	土	柳	滿	
二十五日	日		月出午後六時五十二分	十七日	壬寅	金	星	平	宜祭祀移徙裁衣動土上樑修倉開市納財
二十六日	月		月出午後七時三十九分	十八日	癸卯	金	張	定	宜祭祀婚姻移徙裁衣動土上樑修倉開市納財安葬啓攢
二十七日	火		月出午後八時三十分	十九日	甲辰	火	翼	執	宜裁衣移徙裁衣動土上樑修倉開市納財安葬
二十八日	水		月出午後九時二十五分	二十日	乙巳	火	軫	破	宜破屋
二十九日	木		月出午後十時二十三分	廿一日	丙午	水	角	危	
三十日	金		月出午後十一時二十三分	廿二日	丁未	水	亢	成	宜裁衣動土上樑修倉開市納財

十二月大三十一日

收穫物의 整理·農蠶具의 修理整頓

日	曜	月象	月出·月入	陰曆	干支	納音	宿	直	宜
一日	土	◐下弦午後七時九分		廿三日	戊申	土	氐	收	
二日	日		月出午前零時二十五分	廿四日	己酉	土	房	開	宜祭祀嫁娶移徙裁衣動土栽種宜用開市納財
三日	月		月出午前一時二十分	廿五日	庚戌	金	心	閉	
四日	火		月出午前二時三十六分	廿六日	辛亥	金	尾	建	
五日	水		月出午前三時四十五分	廿七日	壬子	木	箕	除	
六日	木		月出午前四時五十六分	廿八日	癸丑	木	斗	滿	
七日	金		月出午前六時七分	廿九日	甲寅	水	牛	平	
八日	土	●合朔午前七時三十分	十一月小	初一日	乙卯	水	女	平	大雪十一月節

大雪午後零時五分 舊十一月節

日出午前七時三十四分 晝間九時四十一分
日入午後五時十五分 夜間十四時十九分

日	曜	月象	月出·月入	陰曆	干支	納音	宿	直	宜
九日	日		月入午後六時四十二分	初二日	丙辰	土	虛	定	宜冠帶嫁娶宜用祭祀移徙裁衣動土栽種宜用開市納財
十日	月		月入午後七時四十五分	初三日	丁巳	土	危	執	
十一日	火		月入午後八時四十八分	初四日	戊午	火	室	破	
十二日	水		月入午後九時五十二分	初五日	己未	火	壁	危	
十三日	木		月入午後十時五十三分	初六日	庚申	木	奎	成	宜祭祀移徙裁衣上樑宜用開市納財安葬
十四日	金		月入午後十一時五十三分	初七日	辛酉	木	婁	收	

日	曜	月相	月出入	陰暦	干支	五行	宿	建除	宜
十五日	土	◐上弦午前十一時二十八分		初八日	壬戌	水	胃	開	宜裁衣動土上樑立券開市
十六日	日		月入午前零時五十 分	初九日	癸亥	水	昴	閉	
十七日	月		月入午前一時四十六分	初十日	甲子	金	畢	建	
十八日	火		月入午前二時四十一分	十一日	乙丑	金	觜	除	宜嫁娶移徙裁衣動土上樑立券納財安葬
十九日	水		月入午前三時三十六分	十二日	丙寅	火	參	滿	宜動土上樑立券栽種
二十日	木		月入午前四時三十一分	十三日	丁卯	火	井	平	
二十一日	金		月入午前五時二十五分	十四日	戊辰	木	鬼	定	
二十二日	土		月入午前六時十九分	十五日	己巳	木	柳	執	
二十三日	日	○望午後四時三十二分	月出午後五時三十六分	十六日	庚午	土	星	破	冬至十一月中

冬至午前五時五十四分　舊十一月中

日出午前七時四十五分　晝間九時三十五分
日入午後五時十九分　夜間十四時二十五分

日	曜	月相	月出入	陰暦	干支	五行	宿	建除	宜
二十四日	月		月出午後六時二十六分	十七日	辛未	土	張	危	
二十五日	火		月出午後七時二十 分	十八日	壬申	金	翼	成	宜嫁娶移徙裁衣上樑立券開市納財安葬
二十六日	水		月出午後八時十七分	十九日	癸酉	金	軫	收	
二十七日	木		月出午後九時十七分	二十日	甲戌	火	角	開	宜裁衣動土上樑立券
二十八日	金		月出午後十時十八分	廿一日	乙亥	火	亢	閉	宜裁衣納財
二十九日	土		月出午後十一時二十一分	廿二日	丙子	水	氐	建	
三十日	日			廿三日	丁丑	水	房	除	
三十一日	月	◑下弦午前六時七分	月出午前零時二十四分	廿四日	戊寅	土	心	滿	宜裁衣動土上樑立券開市納財

年歳對照

文政七年	甲申	一百歳
文政八年	乙酉	九十九歳
文政九年	丙戌	九十八歳
文政十年	丁亥	九十七歳
文政十一年	戊子	九十六歳
文政十二年	己丑	九十五歳
天保元年	庚寅	九十四歳
天保二年	辛卯	九十三歳
天保三年	壬辰	九十二歳
天保四年	癸巳	九十一歳
天保五年	甲午	九十歳
天保六年	乙未	八十九歳
天保七年	丙申	八十八歳
天保八年	丁酉	八十七歳
天保九年	戊戌	八十六歳
天保十年	己亥	八十五歳
天保十一年	庚子	八十四歳
天保十二年	辛丑	八十三歳
天保十三年	壬寅	八十二歳
天保十四年	癸卯	八十一歳
弘化元年	甲辰	八十歳
弘化二年	乙巳	七十九歳
弘化三年	丙午	七十八歳
弘化四年	丁未	七十七歳
嘉永元年	戊申	七十六歳
嘉永二年	己酉	七十五歳
嘉永三年	庚戌	七十四歳
嘉永四年	辛亥	七十三歳
嘉永五年	壬子	七十二歳
嘉永六年	癸丑	七十一歳
安政元年	甲寅	七十歳
安政二年	乙卯	六十九歳

安政三年	丙辰	六十八歳
安政四年	丁巳	六十七歳
安政五年	戊午	六十六歳
安政六年	己未	六十五歳
萬延元年	庚申	六十四歳
文久元年	辛酉	六十三歳
文久二年	壬戌	六十二歳
文久三年	癸亥	六十一歳
元治元年	甲子	六十歳
慶應元年	乙丑	五十九歳
慶應二年	丙寅	五十八歳
慶應三年	丁卯	五十七歳
明治元年	戊辰	五十六歳
明治二年	己巳	五十五歳
明治三年	庚午	五十四歳
明治四年	辛未	五十三歳
明治五年	壬申	五十二歳
明治六年	癸酉	五十一歳
明治七年	甲戌	五十歳
明治八年	乙亥	四十九歳
明治九年	丙子	四十八歳
明治十年	丁丑	四十七歳
明治十一年	戊寅	四十六歳
明治十二年	己卯	四十五歳
明治十三年	庚辰	四十四歳
明治十四年	辛巳	四十三歳
明治十五年	壬午	四十二歳
明治十六年	癸未	四十一歳
明治十七年	甲申	四十歳
明治十八年	乙酉	三十九歳
明治十九年	丙戌	三十八歳
明治二十年	丁亥	三十七歳
明治二十一年	戊子	三十六歳
明治二十二年	己丑	三十五歳

明治二十三年	庚寅	三十四歳
明治二十四年	辛卯	三十三歳
明治二十五年	壬辰	三十二歳
明治二十六年	癸巳	三十一歳
明治二十七年	甲午	三十歳
明治二十八年	乙未	二十九歳
明治二十九年	丙申	二十八歳
明治三十年	丁酉	二十七歳
明治三十一年	戊戌	二十六歳
明治三十二年	己亥	二十五歳
明治三十三年	庚子	二十四歳
明治三十四年	辛丑	二十三歳
明治三十五年	壬寅	二十二歳
明治三十六年	癸卯	二十一歳
明治三十七年	甲辰	二十歳
明治三十八年	乙巳	十九歳
明治三十九年	丙午	十八歳
明治四十年	丁未	十七歳
明治四十一年	戊申	十六歳
明治四十二年	己酉	十五歳
明治四十三年	庚戌	十四歳
明治四十四年	辛亥	十三歳
大正元年	壬子	十二歳
大正二年	癸丑	十一歳
大正三年	甲寅	十歳
大正四年	乙卯	九歳
大正五年	丙辰	八歳
大正六年	丁巳	七歳
大正七年	戊午	六歳
大正八年	己未	五歳
大正九年	庚申	四歳
大正十年	辛酉	三歳
大正十一年	壬戌	二歳
大正十二年	癸亥	一歳

本邦의面積、人口 (人口는百位에서四捨五入)

土地	面積	人口
本州	一四、六九一方里	四二、六三一、〇〇〇
四國	一、二八一方里	三、二二四、〇〇〇
九州	二、八二八方里	八、七八六、〇〇〇
北海道	六、〇九五方里	二、二三一、〇〇〇
朝鮮	一四、三一二方里	一七、二八九、〇〇〇
臺灣	二、三三二方里	三、七一五、〇〇〇
樺太	二、三四〇方里	八五、〇〇〇
計	四三、七八〇方里	七七、九五一、〇〇〇

(備考) 本州、四國、九州、北海道、朝鮮의人口는大正九年十二月末調、臺灣、樺太의人口는大正八年十二月末調

本邦行政區劃及廳所在地

行政區劃	廳所在地
朝鮮總督府	京城
臺灣總督府	臺北
關東廳	旅順
樺太廳	豊原
北海道廳	札幌區
東京府	東京市
京都府	京都市
大阪府	大阪市
神奈川縣	橫濱市
兵庫縣	神戶市
長崎縣	長崎市
新潟縣	新潟市
埼玉縣	浦和町
群馬縣	前橋市
千葉縣	千葉町
茨城縣	水戶市
栃木縣	宇都宮市
奈良縣	奈良市
三重縣	津市
愛知縣	名古屋市
靜岡縣	靜岡市
山梨縣	甲府市
滋賀縣	大津市
岐阜縣	岐阜市
長野縣	長野市
宮城縣	仙臺市
福島縣	福島市
岩手縣	盛岡市
青森縣	青森市
山形縣	山形市
秋田縣	秋田市
福井縣	福井市
石川縣	金澤市
富山縣	富山市
鳥取縣	鳥取市
島根縣	松江市
岡山縣	岡山市
廣島縣	廣島市
山口縣	山口町
和歌山縣	和歌山市
德島縣	德島市
香川縣	高松市
愛媛縣	松山市
高知縣	高知市
福岡縣	福岡市
大分縣	大分市
佐賀縣	佐賀市
熊本縣	熊本市
宮崎縣	宮崎町
鹿兒島縣	鹿兒島市
沖繩縣	那覇區

本邦陸軍常備團隊配備

團隊	司令部所在地
近衛師團	東京(東京府)
第一師團	東京(東京府)
第二師團	仙臺(宮城縣)
第三師團	名古屋(愛知縣)
第四師團	大阪(大阪府)
第五師團	廣島(廣島縣)
第六師團	熊本(熊本縣)
第七師團	旭川(北海道)
第八師團	弘前(青森縣)
第九師團	金澤(石川縣)
第十師團	姬路(兵庫縣)
第十一師團	善通寺(香川縣)
第十二師團	小倉(福岡縣)
第十三師團	高田(新潟縣)
第十四師團	宇都宮(栃木縣)
第十五師團	豊橋(愛知縣)
第十六師團	京都(京都府)
第十七師團	岡山(岡山縣)
第十八師團	久留米(福岡縣)
第十九師團	羅南(朝鮮)
第二十師團	龍山(朝鮮)
守備隊	臺北(臺灣)
朝鮮軍	龍山(朝鮮)
駐屯軍隊	旅順(關東州)

本邦海軍鎭守府所在地

軍港	鎭守府所在地
橫須賀	橫須賀
吳	吳
佐世保	佐世保
舞鶴	舞鶴

本邦主要市街地人口（百位에서 四捨五入）

本州地方（大正九年十月一日現在）

市街地	人口
東京市	二一七三〇〇〇
大阪市	一二五三〇〇〇
神戸市	六〇九〇〇〇
京都市	五九一〇〇〇
名古屋市	四三〇〇〇〇
横濱市	四二三〇〇〇
廣島市	一六一〇〇〇
呉市	一三〇〇〇〇
金澤市	一二九〇〇〇
仙臺市	一一九〇〇〇
岡山市	九五〇〇〇
新潟市	九二〇〇〇
横須賀市	九〇〇〇〇
堺市	八五〇〇〇
和歌山市	八四〇〇〇
静岡市	七四〇〇〇
下関市	七二〇〇〇
豊橋市	六五〇〇〇
濱松市	六九〇〇〇
宇都宮市	六四〇〇〇
岐阜市	六三〇〇〇
前橋市	六二〇〇〇
富山市	六二〇〇〇
福井市	五七〇〇〇
甲府市	五六〇〇〇
松本市	五〇〇〇〇
若松市	四九〇〇〇
青森市	四九〇〇〇
山形市	四八〇〇〇
津市	四八〇〇〇
姫路市	四六〇〇〇
米澤市	四三〇〇〇
盛岡市	四二〇〇〇
奈良市	四〇〇〇〇
水戸市	三九〇〇〇
松江市	三八〇〇〇
長野市	三七〇〇〇
高崎市	三七〇〇〇
秋田市	三六〇〇〇
福島市	三六〇〇〇
大津市	三一〇〇〇
鳥取市	二九〇〇〇
千葉町	三三〇〇〇
山口町	二五〇〇〇
浦和町	一二〇〇〇

四國地方（大正九年十月一日現在）

市街地	人口
德島市	六八〇〇〇
松山市	五一〇〇〇
高知市	四九〇〇〇
高松市	四七〇〇〇
丸龜市	二四〇〇〇

九州地方（大正九年十月一日現在）

市街地	人口
長崎市	一七六〇〇〇
鹿兒島市	一〇三〇〇〇
福岡市	九五〇〇〇
佐世保市	八七〇〇〇
門司市	七二〇〇〇
熊本市	七〇〇〇〇
那覇區	五四〇〇〇
久留米市	四四〇〇〇
大分市	四三〇〇〇
小倉市	三四〇〇〇
佐賀市	三四〇〇〇
首里區	二三〇〇〇
宮崎町	二一〇〇〇

北海道地方（大正九年十月一日現在）

市街地	人口
函館區	一四五〇〇〇
小樽區	一〇八〇〇〇
札幌區	一〇三〇〇〇
室蘭區	五六〇〇〇

臺灣地方（大正九年十月一日現在）

市街地	人口
臺北	一六[illegible]〇〇〇
臺南	七七〇〇〇
基隆	四三〇〇〇
嘉義	三七〇〇〇
高雄	三五〇〇〇

樺太地方（大正八年六月末現在）

市街地	人口
大泊	一〇〇〇〇
眞岡	八〇〇〇
豊原	六〇〇〇

朝鮮地方（大正九年十二月末現在）

市街地	人口
京城	二五〇〇〇〇
釜山	七四〇〇〇
平壤	七二〇〇〇
大邱	四五〇〇〇
開城	三六〇〇〇
仁川	三六〇〇〇
元山	二八〇〇〇
鎭南浦	二一〇〇〇
咸興	一八〇〇〇
木浦	一七〇〇〇
馬山	一六〇〇〇
全州	一六〇〇〇
光州	一六〇〇〇
海州	一四〇〇〇
群山	一四〇〇〇
新義州	一四〇〇〇
晉州	一三〇〇〇
清津	一一〇〇〇
義州	九〇〇〇
公州	七〇〇〇
羅南	七〇〇〇
城津	六〇〇〇
清州	五〇〇〇
春川	四〇〇〇

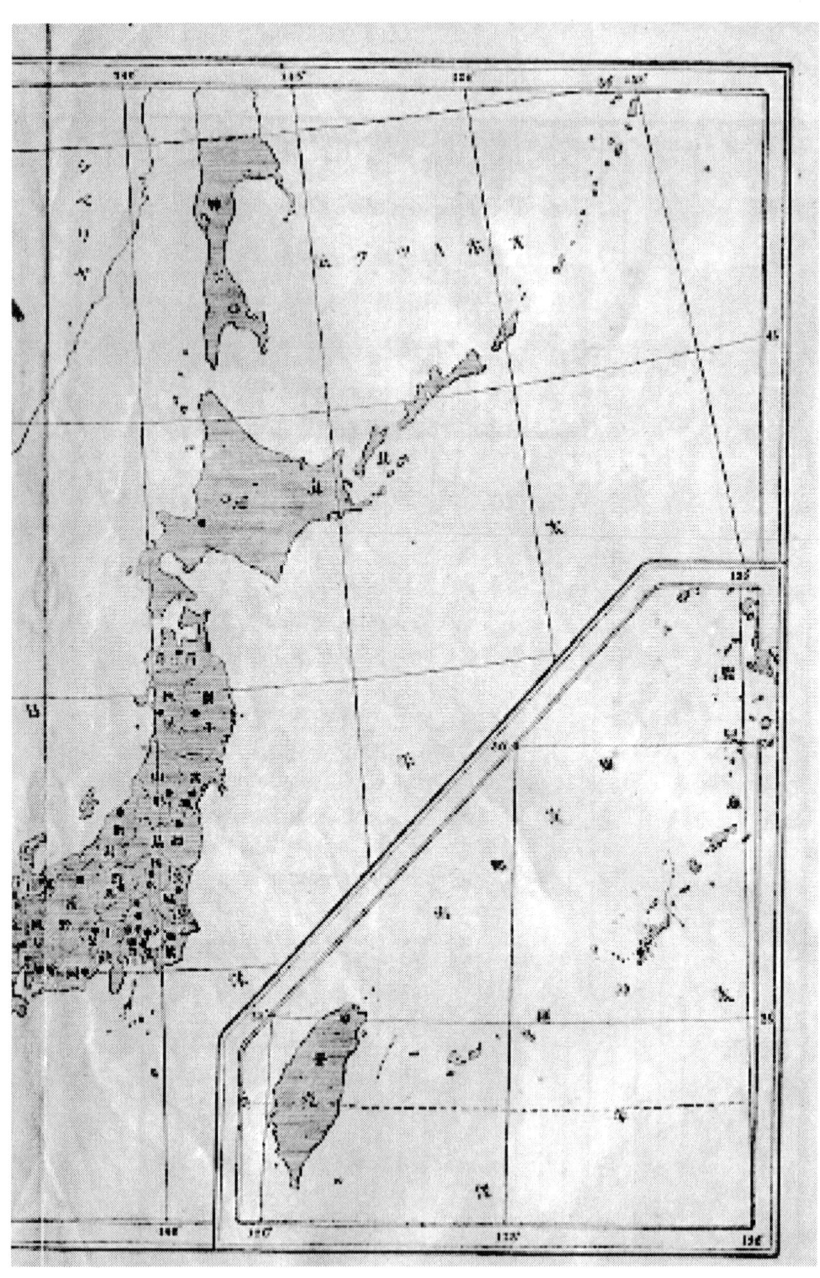

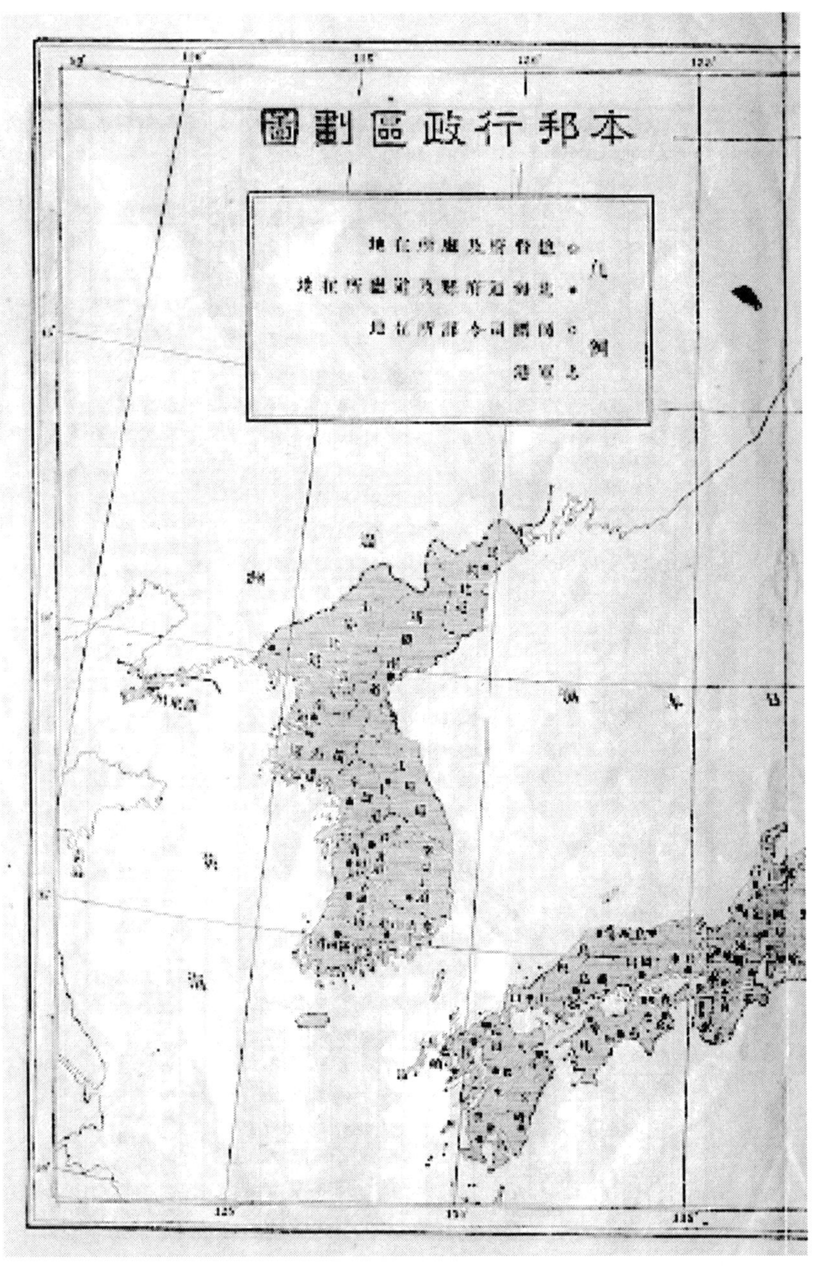

本邦行政區劃圖
凡例
○總督府及廳所在地
●北海道府縣及支廳所在地
○師團司令部所在地
要塞地

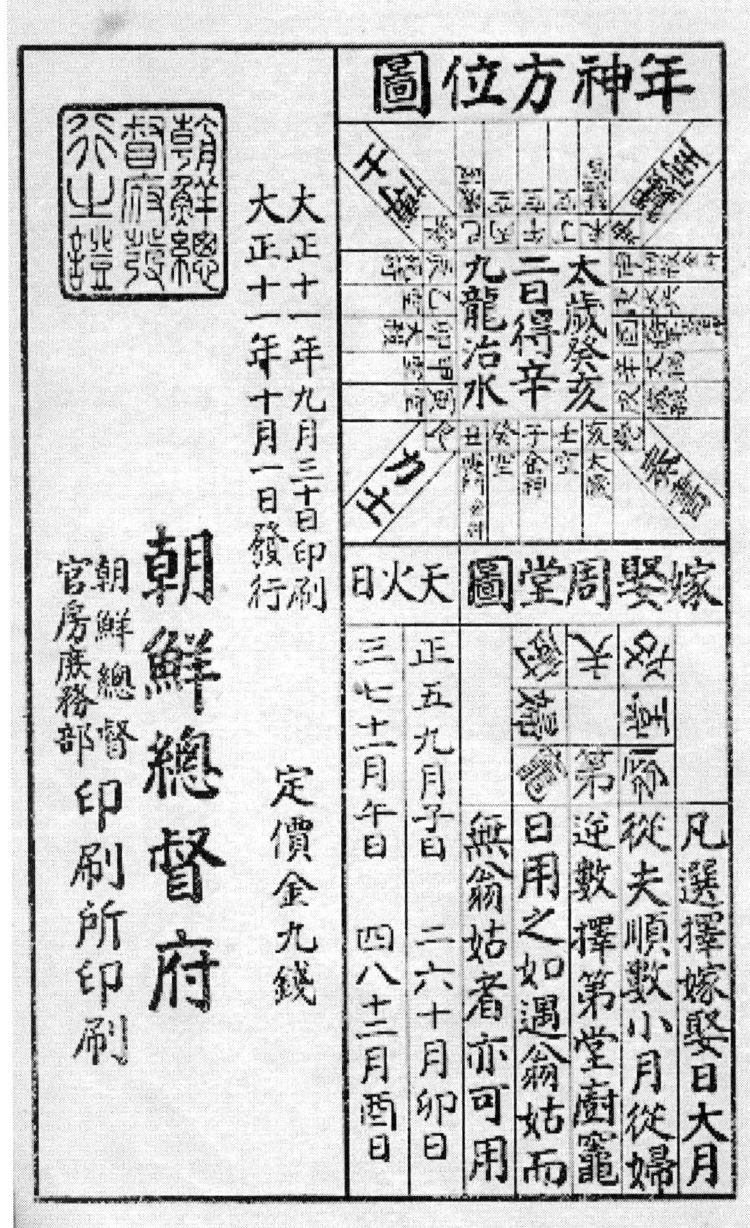

年神方位圖

太歲癸亥
三日得辛
九龍治水

嫁娶周堂圖

凡選擇嫁娶日大月從夫順數小月從婦逆數擇第堂廚竈日用之如遇翁姑而無翁姑者亦可用

天火日

正五九月子日 二六十月卯日
三七十一月午日 四八十二月酉日

大正十一年九月三十日印刷
大正十一年十月一日發行

定價金九錢

朝鮮總督府

朝鮮總督官房庶務部印刷所印刷

朝鮮總督府發行之證

12 大正十三年朝鮮民曆（1924）

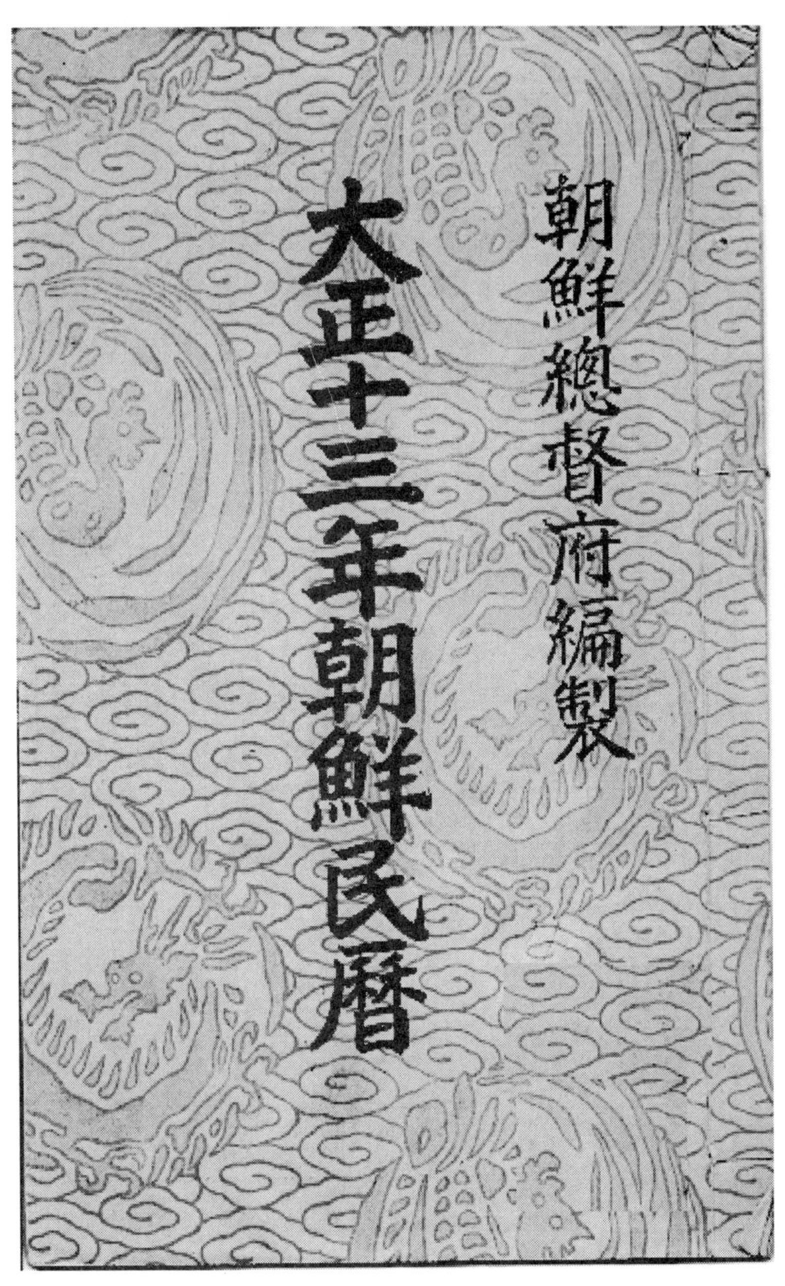

457 12. 大正十三年朝鮮民曆(1924)

神武天皇卽位紀元二千五百八十四年

大正十三年朝鮮民曆

甲子閏年 三百六十六日

朝鮮總督府觀測所推算

月表

一月大 二月閏 三月大 四月小
五月大 六月小 七月大 八月大
九月小 十月大 十一月小 十二月大

祭日·祝日	月日
四方拜	一月一日
元始祭	一月三日
紀元節	二月十一日
春季皇靈祭	三月二十一日
神武天皇祭	四月三日
明治天皇祭	七月三十日
天長節	八月三十一日
秋季皇靈祭	九月二十三日
神嘗祭	十月十七日
天長節祝日	十月三十一日
新嘗祭	十一月二十三日

說明

本民曆에揭載한時刻은本邦中央標準時를用하고日月出沒及日月食은朝鮮總督府觀測所에서보이는時刻을揭喜

日食 八月三十日

食分	六厘	
初虧	午後六時十二分	右上方間
食甚	午後六時三十三分	上偏右
復圓	午後六時五十三分	上偏右

月食 二月二十日

食分	皆旣	
初虧	午後十一時十八分	左上方間
食旣	翌日午前零時二十分	右
食甚	翌日午前一時九分	
生光	翌日午前一時五十六分	左
復圓	翌日午前二時五十九分	右偏下

月食 八月十五日

食分	皆旣	
初虧	午前三時三十一分	左上方間
食旣	午前四時三十一分	右上方間
食甚	午前五時二十分	
月入	午前五時五十三分	
帶食分	皆旣	

日曜表

月	日
一月	
二月	
三月	
四月	
五月	
六月	
七月	
八月	
九月	
十月	五日 十二日 十九日 二十六日
十一月	二日 九日 十六日 二十三日 三十日
十二月	七日 十四日 二十一日 二十八日

大正十三年中陰曆歲次甲子年月表及節候表

月及月之大小	朔日	節氣	入節日	入節時刻	陽曆	節氣	入節日	入節時刻	陽曆
正月大	甲寅	立春 正月節	初一日 甲寅	巳正三刻五分	二月五日	雨水 正月中	十六日 己巳	卯正三刻七分	二月二十日
二月小	甲申	驚蟄 二月節	初一日 甲申	卯初三刻十三分	三月六日	春分 二月中	十六日 己亥	卯正一刻五分	三月二十一日
三月大	癸丑	清明 三月節	初二日 甲寅	巳正三刻四分	四月五日	穀雨 三月中	十七日 己巳	酉初三刻十四分	四月二十日
四月小	癸未	立夏 四月節	初三日 乙酉	寅正三刻十一分	五月六日	小滿 四月中	十八日 庚子	酉初三刻十一分	五月二十一日
五月大	壬子	芒種 五月節	初五日 丙辰	巳初初刻八分	六月六日	夏至 五月中	廿一日 壬申	丑正初刻六分	六月二十二日
六月大	壬午	小暑 六月節	初六日 丁亥	戌初三刻七分	七月七日	大暑 六月中	廿二日 癸卯	午正三刻十三分	七月二十三日
七月小	壬子	立秋 七月節	初八日 己未	卯初初刻十二分	八月八日	處暑 七月中	廿三日 甲戌	戌初三刻三分	八月二十三日
八月大	辛巳	白露 八月節	初十日 庚寅	辰初三刻四分	九月八日	秋分 八月中	廿五日 乙巳	申正三刻四分	九月二十三日
九月小	辛亥	寒露 九月節	初十日 庚申	亥正三刻八分	十月八日	霜降 九月中	廿六日 丙子	丑初三刻六分	十月二十四日
十月大	庚辰	立冬 十月節	十二日 辛卯	丑初一刻六分	十一月八日	小雪 十月中	廿六日 乙巳	亥正三刻二分	十一月二十三日
十一月小	庚戌	大雪 十一月節	十一日 庚申	酉初三刻九分	十二月七日	冬至 十一月中	廿六日 乙亥	午初三刻一分	十二月二十二日
十二月小	己卯	小寒 十二月節	十二日 庚寅	寅正三刻九分	一月六日	大寒 十二月中	廿六日 甲辰	亥正一刻六分	一月二十一日

一月大三十一日

[illegible]叺[illegible]等의製造 種稻와赤米除却大豆의選粒

日	曜	記事	月出入	陰曆
一日	火	四方拜 癸亥十一月小	月入午前一時三十分	廿五日己卯 土 [illegible]
二日	水		月入午前二時[illegible]分	廿六日庚辰 金 [illegible]
三日	木	元始祭	月入午前三時[illegible]分	廿七日辛巳 金 [illegible]
四日	金		月入午前四時五十四分	廿八日壬午 木 [illegible]
五日	土	新年宴會	月入午前六時[illegible]分	廿九日癸未 木 [illegible]
六日	日	● 合朔午後九時四[illegible]分 十二月大		初一日甲申 水 [illegible] 小寒十二月節 [illegible]
七日	月		月入午後六時二十七分	初二日乙酉 水 [illegible] [illegible]
八日	火		月入午後七時[illegible]分	初三日丙戌 土 [illegible]
九日	水		月入午後八時[illegible]分	初四日丁亥 土 [illegible]
十日	木		月入午後九時[illegible]分	初五日戊子 火 [illegible]
十一日	金		月入午後十時[illegible]分	初六日己丑 火 [illegible]
十二日	土		月入午後十一時[illegible]分	初七日庚寅 木 [illegible] [illegible]
十三日	日			初八日辛卯 木 [illegible]
十四日	月	◐ 上弦午前[illegible]時四十五分	月入午前零時[illegible]分	初九日壬辰 水 [illegible]

小寒午後十一時六分 舊十二月節

日出午前七時四十[illegible]分 晝間九時[illegible]分

日入午後五時二十九分 夜間十四時九分

日	月相	月出入	陰曆	干支	納音	宿	建除	宜
十五日火		月入午前一時二十七分	初十日	癸巳	水	觜	定	宜冠帶[illegible]嫁娶裁衣動土上樑[illegible]納財
十六日水		月入午前二時二十三分	十一日	甲午	金	參	執	宜裁衣
十七日木	臘	月入午前三時十六分	十二日	乙未	金	井	破	宜破屋
十八日金		月入午前四時十分	十三日	丙申	火	鬼	危	土王用事
十九日土		月入午前五時四分	十四日	丁酉	火	柳	成	
二十日日		月入午前五時五十五分	十五日	戊戌	木	星	收	
二十一日月		月入午前六時四十五分	十六日	己亥	木	張	開	大寒十二月中

大寒午後四時二十九分　舊十二月中

日出午前七時四十五分　晝間九時五十九分
日入午後五時四十四分　夜間十四時一分

日	月相	月出入	陰曆	干支	納音	宿	建除	宜
二十二日火	○望午前九時五十七分	月出午後六時八分	十七日	庚子	土	翼	閉	宜裁衣冠帶結婚啓攢
二十三日水		月出午後七時八分	十八日	辛丑	土	軫	建	宜裁衣動土上樑[illegible]納財
二十四日木		月出午後八時十分	十九日	壬寅	金	角	除	
二十五日金		月出午後九時十三分	二十日	癸卯	金	亢	滿	
二十六日土		月出午後十時十七分	廿一日	甲辰	火	氐	平	
二十七日日		月出午後十一時二十三分	廿二日	乙巳	火	房	定	
二十八日月			廿三日	丙午	水	心	執	
二十九日火	◐下弦午後二時五十三分	月出午前零時二十八分	廿四日	丁未	水	尾	破	
三十日水		月出午前一時三十四分	廿五日	戊申	土	箕	危	
三十一日木		月出午前二時四十一分	廿六日	己酉	土	斗	成	宜嫁娶移徙裁衣上樑午時開市納財

二月閏二十九日 、一月과同音

日	曜		月出入	陰曆					
一日	金		月出午前三時四十七分	廿七日	庚戌	金	牛	收	
二日	土		月出午前四時五十一分	廿八日	辛亥	金	女	開	
三日	日		月出午前五時四十九分	廿九日	壬子	木	虛	閉	
四日	月		月出午前六時四十三分	三十日	癸丑	木	危	建	
五日	火	●合朔午前七時三十六分		甲子正月大初一日	甲寅	水	室	建	立春正月節
六日	水		月入午後七時二十分	初二日	乙卯	水	壁	除	宜除服
七日	木		月入午後八時二十一分	初三日	丙辰	土	奎	滿	宜[illegible]
八日	金		月入午後九時二十一分	初四日	丁巳	土	婁	平	
九日	土		月入午後十時二十九分	初五日	戊午	火	胃	定	
十日	日		月入午後十一時二十六分	初六日	己未	火	昴	執	
十一日 紀元節	月			初七日	庚申	木	畢	破	
十二日	火		月入午前零時十一分	初八日	辛酉	木	觜	危	
十三日	水	◐上弦午前五時九分	月入午前一時六分	初九日	壬戌	水	參	成	宜裁衣動土上樑臨官開市納財安葬
十四日	木		月入午前二時零分	初十日	癸亥	水	井	收	

立春 午前十時五十分

舊正月節 日出午前七時[illegible]分 晝間十時[illegible]分 日入午後六時 零分 夜間十三時[illegible]分

日	記事	月出入	陰曆	干支	納音	宿	建除	宜
十五日金		月入午前二時五十二分	十一日	甲子	金	鬼	開	
十六日土		月入午前三時四十四分	十二日	乙丑	金	柳	閉	
十七日日		月入午前四時三十六分	十三日	丙寅	火	星	建	宜裁衣上樑(宜用未時)納財安葬啓攢
十八日月		月入午前五時二十三分	十四日	丁卯	火	張	除	
十九日火		月入午前六時八分	十五日	戊辰	木	翼	滿	宜裁衣
二十日水	月食	月入午前六時五十分	十六日	己巳	木	軫	平	雨水正月中
雨水午前六時五十二分 舊正月中	日出午前七時十九分 晝間十時五十八分 日入午後六時十七分 夜間十三時二分							
二十一日木	○望午前一時七分	月出午後七時一分	十七日	庚午	土	角	定	宜冠帶結婚(宜用卯時)嫁娶移徙裁衣上樑(宜用卯時)開市納財安葬
二十二日金		月出午後八時六分	十八日	辛未	土	亢	執	宜嫁娶移徙裁衣動土上樑(宜用卯時)安葬
二十三日土		月出午後九時十三分	十九日	壬申	金	氐	破	宜破屋
二十四日日		月出午後十時二十分	二十日	癸酉	金	房	危	宜安葬
二十五日月		月出午後十一時二十七分	廿一日	甲戌	火	心	成	
二十六日火			廿二日	乙亥	火	尾	收	宜移徙裁衣動土上樑(宜用卯時)開市納財
二十七日水	◐下弦午後十時十五分	月出午前零時三十四分	廿三日	丙子	水	箕	開	
二十八日木		月出午前一時四十分	廿四日	丁丑	水	斗	閉	
二十九日金		月出午前二時四十五分	廿五日	戊寅	土	牛	建	宜裁衣上樑(宜用辰時)納財安葬

三月大三十一日

苗板의作製、果樹의剪定、桑園果樹園의病蟲害防除、麥類의播種、果樹園의施肥、果樹類의接木

日	月相	月出	陰曆	宜
一日土		月出前三時四十二分	廿六日己卯土昴除	宜嫁娶
二日日		月出前四時三十五分	廿七日庚辰金畢滿	
三日月		月出前五時二十三分	廿八日辛巳金觜平	
四日火		月出前六時　六分	廿九日壬午木參定	宜祭祀結婚姻會親友嫁娶移徙裁衣動土上樑開市納財安葬
五日水		月出前六時四十四分	三十日癸未木井執	
六日木	●合朔午前零時五十六分	二月小	初一日甲申水鬼執　驚蟄二月節	

驚蟄午前五時十三分　舊二月節　日出午前六時五十九分　晝間十一時五十三分　日入午後六時五十二分　夜間十二時七分

日	月相	月出	陰曆	宜
七日金		月出後八時　六分	初二日乙酉水柳破	
八日土		月出後九時　四分	初三日丙戌土星危	
九日日		月出後十時　零分	初四日丁亥土張成	
十日月		月出後十時五十六分	初五日戊子火翼收	
十一日火		月出後十一時五十分	初六日己丑火軫開	宜嫁娶移徙裁衣動土上樑開市納財
十二日水			初七日庚寅木角閉	宜栽種牧養納財啓攢
十三日木		月出前零時四十三分	初八日辛卯木亢建	
十四日金	◐上弦午前一時五十分	月出前一時三十六分	初九日壬辰水氐除	

春季皇靈祭

日	月相	月出入	陰曆	宜
十五日土		月入午前二時二十六分	初十日 癸巳 水 柳 滿	宜裁衣開市納財
十六日日		月入午前三時十四分	十一日 甲午 金 星 平	
十七日月		月入午前四時零分	十二日 乙未 金 張 定	宜裁衣納財
十八日火		月入午前四時四十三分	十三日 丙申 火 翼 執	
十九日水		月入午前五時二十三分	十四日 丁酉 火 軫 破	
二十日木 社		月入午前六時二分	十五日 戊戌 木 角 危	
二十一日金	○望午後一時三十分	月出午後六時五十五分	十六日 己亥 木 亢 成	春分二月中 宜移徙裁衣動土楔(宜用午時)納財
春分午前六時二十分 舊二月中				日出午前六時三十七分 晝間十二時九分 日入午後六時四十六分 夜間十一時五十一分
二十二日土		月出午後八時四分	十七日 庚子 土 氐 收	
二十三日日		月出午後九時十三分	十八日 辛丑 土 房 開	宜移徙裁衣動土楔(宜用卯時)
二十四日月		月出午後十時二十三分	十九日 壬寅 金 心 閉	宜[illegible]
二十五日火		月出午後十一時三十一分	二十日 癸卯 金 尾 建	
二十六日水			廿一日 甲辰 火 箕 除	宜嫁娶移徙裁衣動土楔(宜用卯時)安葬
二十七日木		月出午前零時二十七分	廿二日 乙巳 火 斗 滿	宜裁衣開市納財
二十八日金	◐下弦午前五時三十四分	月出午前一時三十八分	廿三日 丙午 水 牛 平	
二十九日土		月出午前二時三十四分	廿四日 丁未 水 女 定	宜冠帶(宜用巳時 坐向正南)移徙裁衣動土楔(宜用巳時)納財
三十日日		月出午前三時二十二分	廿五日 戊申 土 虛 執	
三十一日月		月出午前四時五分	廿六日 己酉 土 危 破	

四月小三十日

甘藷의床植、馬鈴薯及瓜類의播種、苗木類의植付、桑園의耕耘施肥、蠶의催靑、種稻의精選、秧板의整地

日	曜	記事	月出入	陰曆	干支	納音	宿	建除	宜忌
一日	火		月出午前四時四十四分	廿七日	庚戌	金	壁	危	
二日	水		月出午前五時二十分	廿八日	辛亥	金	奎	成	宜移徙裁衣動土上樑[illegible]開市納財
三日	木	神武天皇祭	月出午前五時五十三分	廿九日	壬子	木	婁	收	
四日	金	●合朔午後四時二十七分		三月大 初一日	癸丑	木	胃	開	宜移徙上樑[illegible]
五日	土		月入午後七時五十一分	初二日	甲寅	水	昴	開	淸明三月節 宜裁衣
六日	日	寒食	月入午後八時四十七分	初三日	乙卯	水	畢	閉	
七日	月		月入午後九時四十三分	初四日	丙辰	土	觜	建	
八日	火		月入午後十時三十六分	初五日	丁巳	土	參	除	
九日	水		月入午後十一時二十八分	初六日	戊午	火	井	滿	
十日	木			初七日	己未	火	鬼	平	
十一日	金		月入午前零時十九分	初八日	庚申	木	柳	定	
十二日	土	◐上弦午後八時十二分	月入午前一時八分	初九日	辛酉	木	星	執	
十三日	日		月入午前一時五十三分	初十日	壬戌	水	張	破	宜破屋
十四日	月		月入午前二時三十七分	十一日	癸亥	水	翼	危	

淸明午前十時三十三分 舊三月節 日出午前六時十四分 晝間十二時四十五分 日入午後六時五十九分 夜間十一時十五分

十五日	火		月入午前三時十七分	十二日	甲子金翼成	宜裁衣上樑宜柱卯時開市納財
十六日	水		月入午前三時五十五分	十三日	乙丑金軫收	宜納財
十七日	木		月入午前四時三十二分	十四日	丙寅火角開	土王用事
十八日	金		月入午前五時九分	十五日	丁卯火亢閉	宜裁衣
十九日	土	○望午後十一時十一分	月出午後六時五十二分	十六日	戊辰木氐建	
二十日	日		月出午後八時二分	十七日	己巳木房除	穀雨三月中

穀雨午後五時五十九分 舊三月中

日出午前五時五十三分 晝間十三時二十分

日入午後七時十三分 夜間十時四十分

二十一日	月		月出午後九時十四分	十八日	庚午土心滿	
二十二日	火		月出午後十時二十四分	十九日	辛未土尾平	
二十三日	水		月出午後十一時三十九分	二十日	壬申金箕定	
二十四日	木			廿一日	癸酉金斗執	宜嫁娶安葬
二十五日	金		月出午前零時二十八分	廿二日	甲戌火牛破	
二十六日	土	◐下弦午後一時二十八分	月出午前一時十三分	廿三日	乙亥火女危	
二十七日	日		月出午前二時 六分	廿四日	丙子水虛成	宜嫁娶裁衣上樑宜柱卯時開市納財啓攢
二十八日	月		月出午前二時四十七分	廿五日	丁丑水危收	宜移徙裁衣上樑宜柱巳時納財安葬
二十九日	火		月出午前三時二十二分	廿六日	戊寅土室開	宜嫁娶移徙裁衣上樑宜柱辰時開市
三十日	水		月出午前三時五十五分	廿七日	己卯土壁閉	

五月大三十一日

水稻、棉、粟、大小豆의播種、春蠶의掃立、麥의黑穗拔除、甘藷苗의移植、果樹園의除草

日	曜		月出入	陰曆	干支				
一日	木		月出午前四時二十七分	廿八日	庚辰	金	奎	建	
二日	金		月出午前四時五十六分	廿九日	辛巳	金	婁	除	
三日	土		月出午前五時二十八分	晦日	壬午	木	胃	滿	
四日	日	●合朔午前八時零分	四月小	初一日	癸未	木	昴	平	
五日	月		月入午後八時三十分	初二日	甲申	水	畢	定	
六日	火		月入午後九時三十三分	初三日	乙酉	水	觜	定	立夏四月節[illegible]
七日	水		月入午後十時十五分	初四日	丙戌	土	參	執	宜裁衣
八日	木		月入午後十一時四分	初五日	丁亥	土	井	破	
九日	金		月入午後十一時五十二分	初六日	戊子	火	鬼	危	宜裁衣
十日	土			初七日	己丑	火	柳	成	
十一日	日		月入午前零時三十四分	初八日	庚寅	木	星	收	宜裁衣移徙裁衣上樑豎柱經絡醞釀開倉
十二日	月	◐上弦午前十一時四十分	月入午前一時十四分	初九日	辛卯	木	張	開	宜移徙動土上樑(立柱卯時)
十三日	火		月入午前一時五十一分	初十日	壬辰	水	翼	閉	
十四日	水		月入午前二時二十八分	十一日	癸巳	水	軫	建	宜裁衣

立夏午前四時二十六分 舊四月節

日出午前五時三十四分 晝間十三時五十三分

日入午後七時二十七分 夜間十時 六分

日	月相	月出入	陰曆	干支	納音	宿	建除	宜
十五日木		月入午前三時二分	十二日	甲午	金	角	除	宜嫁娶移徙裁衣動土上樑修倉安葬
十六日金		月入午前三時四十分	十三日	乙未	金	亢	滿	
十七日土		月入午前四時十一分	十四日	丙申	火	氐	平	
十八日日		月入午前四時三十八分	十五日	丁酉	火	房	定	宜祭祀移徙裁衣動土上樑修倉開市納財安葬
十九日月	○望午前八時五十二分	月出午後八時一分	十六日	戊戌	木	心	執	宜嫁娶移徙裁衣動土上樑修倉
二十日火		月出午後九時十一分	十七日	己亥	木	尾	破	宜破屋
二十一日水		月出午後十時十六分	十八日	庚子	土	箕	危	小滿四月中 宜嫁娶移徙裁衣動土上樑修倉[illegible]

小滿午後五時四十分　舊四月中

日出午前五時二十分　晝間十四時二十分
日入午後七時四十分　夜間九時四十分

日	月相	月出入	陰曆	干支	納音	宿	建除	宜
二十二日木		月出午後十一時十四分	十九日	辛丑	土	斗	成	宜嫁娶裁衣動土上樑修倉開市納財安葬
二十三日金			二十日	壬寅	金	牛	收	
二十四日土		月出午前零時四分	廿一日	癸卯	金	女	開	
二十五日日	◑下弦午後十一時十六分	月出午前零時四十七分	廿二日	甲辰	火	虛	閉	
二十六日月		月出午前一時二十三分	廿三日	乙巳	火	危	建	
二十七日火		月出午前一時五十八分	廿四日	丙午	水	室	除	
二十八日水		月出午前二時三十二分	廿五日	丁未	水	壁	滿	
二十九日木		月出午前三時一分	廿六日	戊申	土	奎	平	
三十日金		月出午前三時三十二分	廿七日	己酉	土	婁	定	宜祭祀移徙裁衣上樑修倉開市納財安葬
三十一日土		月出午前四時二分	廿八日	庚戌	金	胃	執	宜嫁娶移徙裁衣動土上樑修倉安葬

六月小三十日

移秧馬鈴薯의培土 桑의株苴 果園의耕耘施肥 果實의袋掛 繭의乾燥

日	曜	月相	月出入	陰曆	干支	納音	宿	建除	宜
一日	日		月出午前四時三十六分	廿九日	辛亥	金	房	破	宜破屋
二日	月	● 合朔午後一時三十四分		五月大 初一日	壬子	木	心	危	
三日	火		月入午後八時十一分	初二日	癸丑	木	尾	成	宜裁衣動土上樑立柱開市納財
四日	水		月入午後九時二分	初三日	甲寅	水	箕	收	
五日	木		月入午後九時四十九分	初四日	乙卯	水	斗	開	宜嫁娶移徙裁衣動土上樑立柱開市納財
六日	金		月入午後十時三十四分	初五日	丙辰	土	牛	開	芒種五月節
七日	土		月入午後十一時十五分	初六日	丁巳	土	女	閉	宜裁衣
八日	日		月入午後十一時五十三分	初七日	戊午	火	虛	建	
九日	月			初八日	己未	火	危	除	宜移徙裁衣動土上樑立柱納財安葬
十日	火	◐ 上弦午後十時三十七分	月入午前零時二十九分	初九日	庚申	木	室	滿	宜移徙裁衣開市納財安葬
十一日	水		月入午前一時三分	初十日	辛酉	木	壁	平	
十二日	木		月入午前一時三十八分	十一日	壬戌	水	奎	定	宜[illegible]嫁娶裁衣上樑立柱納財
十三日	金		月入午前二時十三分	十二日	癸亥	水	婁	執	
十四日	土		月入午前二時五十一分	十三日	甲子	金	胃	破	

芒種午前九時二分

舊五月節 日出午前五時十二分 晝間十四時三十九分 日入午後七時五十一分 夜間九時二十一分

日	曜	月相	月出入	陰曆	日辰	納音	宿	建除	宜
十五日	日		月入午前三時三十三分	十四日	乙丑	金	房	危	
十六日	月		月入午前四時六分	十五日	丙寅	火	心	成	宜動土上樑[illegible]
十七日	火	○望午後一時四十一分	月出午後七時五十五分	十六日	丁卯	火	尾	收	
十八日	水		月出午後八時五十八分	十七日	戊辰	木	箕	開	宜移徙裁衣動土上樑安門
十九日	木		月出午後九時五十四分	十八日	己巳	木	斗	閉	宜裁衣納財
二十日	金		月出午後十時四十二分	十九日	庚午	土	牛	建	
二十一日	土		月出午後十一時二十三分	二十日	辛未	土	女	除	
二十二日	日			廿一日	壬申	金	虛	滿	夏至五月中

夏至午前三時零分 舊五月中

日出午前五時十三分 晝間十四時四十五分

日入午後七時五十八分 夜間九時十五分

日	曜	月相	月出入	陰曆	日辰	納音	宿	建除	宜
二十三日	月		月出午前零時零分	廿二日	癸酉	金	危	平	
二十四日	火	◑下弦午前十一時十六分	月出午前零時三十三分	廿三日	甲戌	火	室	定	
二十五日	水		月出午前一時四分	廿四日	乙亥	火	壁	執	
二十六日	木		月出午前一時三十五分	廿五日	丙子	水	奎	破	
二十七日	金		月出午前二時六分	廿六日	丁丑	水	婁	危	
二十八日	土		月出午前二時三十八分	廿七日	戊寅	土	胃	成	宜嫁娶裁衣動土上樑安碓磑開市納財
二十九日	日		月出午前三時十三分	廿八日	己卯	土	昴	收	
三十日	月		月出午前三時五十一分	廿九日	庚辰	金	畢	開	

七月大三十一日

畓의除草、蕎麥의播種、甘藷의又夏蠶의掃立、桑園의除草

日	曜	朔望	月出入	曆注
一日	火		月出午前四時三十二分	三十日辛巳金觜閉
二日	水	●合朔午後一時三十五分		六月大 初一日壬午木參建
三日	木		月入午後八時三十三分	初二日癸未木井除宜嫁娶納財安葬
四日	金		月入午後九時十六分	初三日甲申水鬼滿宜祭祀嫁娶移徙裁衣開市納財安葬
五日	土		月入午後九時五十五分	初四日乙酉水柳平
六日	日		月入午後十時三十二分	初五日丙戌土星定
七日	月		月入午後十一時 六分	初六日丁亥土張定小暑六月節
小暑午後七時三十分		舊六月節	日出午前五時十六分 日入午後七時五十五分	晝間十四時三十九分 夜間 九時二十一分
八日	火		月入午後十一時四十一分	初七日戊子火翼執宜裁衣
九日	水			初八日己丑火軫破
十日	木	◐上弦午前六時四十六分	月入午前零時十三分	初九日庚寅木角危宜開市納財啓攢
十一日	金		月入午前零時四十九分	初十日辛卯木亢成宜嫁娶移徙動土上樑開市啓攢
十二日	土		月入午前一時二十七分	十一日壬辰水氐收宜納財
十三日	日		月入午前二時 九分	十二日癸巳水房開
十四日	月		月入午前二時五十六分	十三日甲午金心閉宜裁衣安葬

明治天皇祭

日	曜	記事	月出入	陰曆	干支	納音	宿	建除	宜
十五日	火		月入午前三時五十五分	十四日	乙未	金	尾	建	
十六日	水	○望午後八時四十九分	月出午後七時三十八分	十五日	丙申	火	箕	除	
十七日	木		月出午後八時三十一分	十六日	丁酉	火	斗	滿	
十八日	金		月出午後九時十六分	十七日	戊戌	木	牛	平	
十九日	土		月出午後九時五十六分	十八日	己亥	木	女	定	宜嫁娶宜結婚午時向東北移徙裁衣動土探宜開納財
二十日	日	初伏	月出午後十時三十三分	十九日	庚子	土	虛	執	土王用事
二十一日	月		月出午後十一時五分	二十日	辛丑	土	危	破	
二十二日	火		月出午後十一時三十六分	廿一日	壬寅	金	室	危	宜開市納財營積
二十三日	水			廿二日	癸卯	金	壁	成	大暑六月中 宜嫁娶移徙裁衣上樑宜開市納財營積

大暑午後零時五十六分 舊六月中

日出午前五時二十九分 晝間十四時二十分

日入午後七時五十分 夜間九時四十分

日	曜	記事	月出入	陰曆	干支	納音	宿	建除	宜
二十四日	木	◑下弦午前一時三十六分	月出午前零時七分	廿三日	甲辰	火	奎	收	
二十五日	金		月出午前零時三十九分	廿四日	乙巳	火	婁	開	
二十六日	土		月出午前一時十三分	廿五日	丙午	水	胃	閉	
二十七日	日		月出午前一時四十九分	廿六日	丁未	水	昴	建	
二十八日	月		月出午前二時二十九分	廿七日	戊申	土	畢	除	
二十九日	火		月出午前三時十三分	廿八日	己酉	土	觜	滿	宜嫁娶移徙裁衣上樑宜開市納財
三十日	水	中伏	月出午前四時一分	廿九日	庚戌	金	參	平	
三十一日	木		月出午前四時五十三分	三十日	辛亥	金	井	定	

八月大三十一日

白菜蘿蔔의播種果樹園의耕耘桑天牛卵의取除秋蠶의掃立

日	曜	月象	月出入	陰曆	干支	納音	宿	建除	宜
一日	金	●合朔午前四時四十二分	七月小	初一日	壬子	木	鬼	執	
二日	土		月入午後八時三十三分	初二日	癸丑	木	柳	破	
三日	日		月入午後九時九分	初三日	甲寅	水	星	危	宜移徙裁衣上樑宜用巳時開市納財安葬啓欑
四日	月		月入午後九時四十三分	初四日	乙卯	水	張	成	宜嫁娶移徙裁衣上樑宜用巳時開市納財啓欑
五日	火		月入午後十時十六分	初五日	丙辰	土	翼	收	
六日	水		月入午後十時五十二分	初六日	丁巳	土	軫	開	
七日	木		月入午後十一時三十七分	初七日	戊午	火	角	閉	
八日	金	◐上弦午後零時四十二分		初八日	己未	火	亢	閉	立秋七月節
九日	土	末伏	月入午前零時七分	初九日	庚申	木	氐	建	宜裁衣納財
十日	日		月入午前零時五十一分	初十日	辛酉	木	房	除	宜安葬
十一日	月		月入午前一時四十一分	十一日	壬戌	水	心	滿	宜嫁娶移徙裁衣動土上樑宜用巳時開市納財安葬
十二日	火		月入午前二時三十八分	十二日	癸亥	水	尾	平	
十三日	水		月入午前三時四十一分	十三日	甲子	金	箕	定	宜冠帶宜用卯時嫁娶移徙裁衣動土上樑宜用卯時開市納財
十四日	木		月入午前四時四十五分	十四日	乙丑	金	斗	執	

立秋午前五時十三分

舊七月節

日出午前五時四十三分 晝間十三時五十二分

日入午後七時三十五分 夜間十時八分

天長節

날짜	요일	月相	月出入	日辰	宜忌
十五日	金	○望午前五時十九分月食	月出午後七時四十九分	十五日丙寅火牛破	
十六日	土		月出午後八時二十七分	十六日丁卯火女危	宜裁衣上樑[illegible]啓攢
十七日	日		月出午後九時二分	十七日戊辰木虛成	宜裁衣動土上樑[illegible]開市納財安葬
十八日	月		月出午後九時三十五分	十八日己巳木危收	宜嫁娶移徙裁衣動土上樑[illegible]開市納財
十九日	火		月出午後十時六分	十九日庚午土室開	
二十日	水		月出午後十時三十九分	二十日辛未土壁閉	
二十一日	木		月出午後十一時十三分	二十一日壬申金奎建	宜嫁娶移徙裁衣上樑[illegible]納財破土安葬
二十二日	金	◐下弦午後六時十分	月出午後十一時四十七分	二十二日癸酉金婁除	宜動土上樑[illegible]安葬
二十三日	土			二十三日甲戌火胃滿	處暑七月中

處暑午後七時四十七分　舊七月中

日出午前五時五十五分　晝間十三時二十一分

日入午後七時十六分　夜間十時三十九分

날짜	요일	月相	月出入	日辰	宜忌
二十四日	日		月出午前零時二十六分	二十四日乙亥火昴平	
二十五日	月		月出午前一時八分	二十五日丙子水畢定	宜冠帶[illegible]移徙裁衣動土上樑[illegible]納財啓攢
二十六日	火		月出午前一時五十四分	二十六日丁丑水觜執	宜嫁娶裁衣動土上樑[illegible]納財安葬
二十七日	水		月出午前二時四十五分	二十七日戊寅土參破	
二十八日	木		月出午前三時三十九分	二十八日己卯土井危	
二十九日	金		月出午前四時三十六分	二十九日庚辰金鬼成	
三十日	土	●合朔午後五時三十七分日食	八月大	初一日辛巳金柳收	
三十一日	日		月入午後七時四十三分	初二日壬午木星開	宜嫁娶移徙動土上樑[illegible]

九月小三十日

螟蟲被害稻의拔除燒却 小麥의播種

日	曜	月相	月入·月出	陰曆	宜
一日	月		入月午後八時十六分	初三日癸未木張閉	
二日	火		入月午後八時五十三分	初四日甲申水翼建	宜祭祀嫁娶裁衣納財
三日	水		入月午後九時三十八分	初五日乙酉水軫除	
四日	木		入月午後十時二十分	初六日丙戌土角滿	宜裁衣
五日	金		入月午後十一時四十九分	初七日丁亥土亢平	
六日	土	◐上弦午後五時四十六分	入月午後十一時五十七分	初八日戊子火氐定	宜祭祀上冊受封上表章會親友冠帶結婚姻納采問名嫁娶移徙裁衣動土上樑修倉開市納財栽種牧養
七日	日			初九日己丑火房執	
八日	月		入月午前零時三十分	初十日庚寅木心執	白露八月節
			白露午前七時四十六分 舊八月節		
			日出午前六時九分 晝間十二時四十四分		
			日入午後六時五十三分 夜間十一時十六分		
九日	火		入月午前一時十八分	十一日辛卯木尾破	
十日	水		入月午前二時三十二分	十二日壬辰水箕危	
十一日	木		入月午前三時五十六分	十三日癸巳水斗成	宜嫁娶移徙裁衣動土上樑修倉開市納財
十二日	金		入月午前四時四十三分	十四日甲午金牛收	
十三日	土	○望午後四時零分	出月午後六時五十八分	十五日乙未金女開	宜嫁娶移徙裁衣上樑修倉開市納財
十四日	日		出月午後七時三十二分	十六日丙申火虛閉	宜裁衣納財安葬

秋季皇靈祭

日	曜	月相	月出入	陰曆	日辰	五行	宿	直	宜
十五日	月		月出午後八時四分	十七日	丁酉	火	危	建	
十六日	火		月出午後八時三十六分	十八日	戊戌	木	室	除	
十七日	水		月出午後九時九分	十九日	己亥	木	壁	滿	宜移徙
十八日	木		月出午後九時四十四分	二十日	庚子	土	奎	平	
十九日	金		月出午後十時二十二分	廿一日	辛丑	土	婁	定	宜裁衣納財
二十日	土		月出午後十一時二分	廿二日	壬寅	金	胃	執	
二十一日	日	下弦午後零時三十五分	月出午後十一時四十六分	廿三日	癸卯	金	昴	破	
二十二日	月			廿四日	甲辰	火	畢	危	
二十三日	火		月出午前零時三十五分	廿五日	乙巳	火	觜	成	秋分八月中

秋分午後四時五十九分　舊八月中

日出午前六時二十分　晝間十二時　九分

日入午後六時三十分　夜間十一時五十一分

日	曜	月相	月出入	陰曆	日辰	五行	宿	直	宜
二十四日	水		月出午前一時二十七分	廿六日	丙午	水	參	收	
二十五日	木		月出午前二時二十六分	廿七日	丁未	水	井	開	宜裁衣上樑 巳時
二十六日	金 社		月出午前三時三十分	廿八日	戊申	土	鬼	閉	宜裁衣納財安葬
二十七日	土		月出午前四時三十六分	廿九日	己酉	土	柳	建	
二十八日	日		月出午前五時二十七分	三十日	庚戌	金	星	除	
二十九日	月	合朔午前五時五十六分	九月小	初一日	辛亥	金	張	滿	宜移徙裁衣
三十日	火		月入午後七時二十七分	初二日	壬子	木	翼	平	

十月大三十一日

大麥의播種、桑園의害蟲驅除、果實의貯藏、種稻의選種

日	曜		月出入	陰曆	
一日	水		月入午後八時五分	初三日癸丑木軫定	宜移徙動土上樑[illegible]
二日	木		月入午後八時四十七分	初四日甲寅水角執	
三日	金		月入午後九時三十四分	初五日乙卯水亢破	
四日	土		月入午後十時二十六分	初六日丙辰土氐危	
五日	日	◐上弦午後十一時三十分	月入午後十一時二十三分	初七日丁巳土房成	宜移徙裁衣動土上樑[illegible]開市納財
六日	月			初八日戊午火心收	
七日	火		月入午前零時二十四分	初九日己未火尾開	宜移徙裁衣上樑[illegible]
八日	水		月入午前一時二十七分	初十日庚申木箕閉	寒露九月節宜裁衣

寒露午後十時五十三分 舊九月節 日出午前六時二十七分 晝間十一時三十三分 日入午後六時　分 夜間十二時二十七分

日	曜		月出入	陰曆	
九日	木		月入午前二時四十一分	十一日辛酉木斗閉	宜裁衣
十日	金		月入午前三時三十五分	十二日壬戌水牛建	宜移徙裁衣上樑[illegible]納財
十一日	土		月入午前四時三十八分	十三日癸亥水女除	
十二日	日		月入午前五時三十九分	十四日甲子金虛滿	
十三日	月	○望午前五時二十一分	月出午後六時二十五分	十五日乙丑金危平	
十四日	火		月出午後七時六分	十六日丙寅火室定	

日	曜	弦望	月出入	陰曆	干支	納音	宿	建除	宜
十五日	水		月出午後七時四十一分	十七日	丁卯	火	壁	執	宜安葬啓攢
十六日	木		月出午後八時十三分	十八日	戊辰	木	奎	破	宜破屋
十七日 神嘗祭	金		月出午後八時五十二分	十九日	己巳	木	婁	危	
十八日	土		月出午後九時三十九分	二十日	庚午	土	胃	成	宜嫁娶移徙裁衣動土上樑開市納財安葬
十九日	日		月出午後十時三十六分	二十一日	辛未	土	昴	收	
二十日	月		月出午後十一時十六分	二十二日	壬申	金	畢	開	
二十一日	火	◐下弦午前七時五十四分		二十三日	癸酉	金	觜	閉	土王用事
二十二日	水		月出午前零時十分	二十四日	甲戌	火	參	建	
二十三日	木		月出午前一時七分	二十五日	乙亥	火	井	除	
二十四日	金		月出午前二時六分	二十六日	丙子	水	鬼	滿	霜降九月中宜嫁娶裁衣[illegible]啓攢

霜降午前一時四十五分 舊九月中

日出午前六時四十九分 晝間十時五十六分

日入午後五時四十六分 夜間十三時 四分

日	曜	弦望	月出入	陰曆	干支	納音	宿	建除	宜
二十五日	土		月出午前三時八分	二十七日	丁丑	水	柳	平	
二十六日	日		月出午前四時十三分	二十八日	戊寅	土	星	定	
二十七日	月		月出午前五時十六分	二十九日	己卯	土	張	執	
二十八日	火	●合朔午後三時五十七分	十月大	初一日	庚辰	金	翼	破	
二十九日	水		月入午後六時四十分	初二日	辛巳	金	軫	危	
三十日	木		月入午後七時三十六分	初三日	壬午	木	角	成	宜嫁娶移徙裁衣上樑開市納財安葬
三十一日 天長節祝日	金		月入午後八時十六分	初四日	癸未	木	亢	收	

十一月小三十日 田畓의秋耕 果樹園의落葉掃却 蠶種의洗滌

日	曜	弦望	月出入	陰曆	宜忌
一日	土		月入午後九時十五分	初五日甲申水鬼開	
二日	日		月入午後十時十六分	初六日乙酉水柳閉	
三日	月		月入午後十一時二十分	初七日丙戌土星建	宜裁衣上樑 [illegible] 納財安葬
四日	火	◐上弦午前七時十九分		初八日丁亥土張除	
五日	水		月入午前零時二十四分	初九日戊子火翼滿	
六日	木		月入午前一時十八分	初十日己丑火軫平	
七日	金		月入午前二時三十一分	十一日庚寅木角定	
八日	土		月入午前三時三十二分	十二日辛卯木亢定	立冬十月節 [illegible]

立冬午前一時三十分　舊十月節　日出午前七時五分　晝間十時二十四分　日入午後五時二十九分　夜間十三時三十六分

日	曜	弦望	月出入	陰曆	宜忌
九日	日		月入午前四時三十一分	十三日壬辰水氐執	宜藏
十日	月		月入午前五時三十九分	十四日癸巳水房破	
十一日	火	○望午後九時三十一分	月出午後五時四十一分	十五日甲午金心危	宜移徙裁衣動土上樑 [illegible] 納財安葬
十二日	水		月出午後六時五分	十六日乙未金尾成	宜裁衣動土上樑 [illegible] 開市納財安葬
十三日	木		月出午後六時五十四分	十七日丙申火箕收	
十四日	金		月出午後七時三十四分	十八日丁酉火斗開	

新舊曆

日	曜	月相	月出入	陰曆	干支	納音	宿	建除	宜
十五日	土		月出午後八時二十分	十九日	戊戌	木	胃	開	
十六日	日		月出午後九時八分	二十日	己亥	木	昴	建	
十七日	月		月出午後十時零分	廿一日	庚子	土	畢	除	宜裁衣動土上樑宜用卯時安葬啓攢
十八日	火		月出午後十時五十五分	廿二日	辛丑	土	觜	滿	
十九日	水		月出午後十一時五十二分	廿三日	壬寅	金	參	平	
二十日	木	◐下弦午前二時二十九分		廿四日	癸卯	金	井	定	宜嫁娶[illegible]移徙裁衣動土上樑宜用卯時開市納財啓攢
二十一日	金		月出午前零時五十一分	廿五日	甲辰	火	鬼	執	宜移徙裁衣上樑宜用巳時納財安葬
二十二日	土		月出午前一時五十二分	廿六日	乙巳	火	柳	破	小雪十月中 宜破屋

小雪午後十時四十七分

舊十月中

日出午前七時二十分 晝間九時五十九分

日入午後五時十九分 夜間十四時一分

日	曜	月相	月出入	陰曆	干支	納音	宿	建除	宜
二十三日	日		月出午前二時五十六分	廿七日	丙午	水	星	危	
二十四日	月		月出午前四時二分	廿八日	丁未	水	張	成	宜裁衣動土上樑宜用巳時開市納財
二十五日	火		月出午前五時十二分	廿九日	戊申	土	翼	收	
二十六日	水		月出午前六時二十三分	三十日	己酉	土	軫	開	
二十七日	木	●合朔午前二時十六分	十一月小	初一日	庚戌	金	角	閉	
二十八日	金		月入午後六時五十六分	初二日	辛亥	金	亢	建	
二十九日	土		月入午後八時一分	初三日	壬子	木	氐	除	
三十日	日		月入午後九時七分	初四日	癸丑	木	房	滿	

十二月大三十一日 收穫物의整理, 農器具의修理整頓

日	曜	記事	月出入	陰曆	干支	五行	宿	直	宜
一日	月		月入午後十時十四分	初五日	甲寅	水	心	平	
二日	火		月入午後十一時十九分	初六日	乙卯	水	尾	定	宜[illegible]移徙裁衣動土上樑[illegible]納財[illegible]
三日	水	◐上弦午後六時十分		初七日	丙辰	土	箕	執	
四日	木		月入午前零時二十三分	初八日	丁巳	土	斗	破	
五日	金		月入午前一時二十五分	初九日	戊午	火	牛	危	
六日	土		月入午前二時二十五分	初十日	己未	火	女	成	宜裁衣動土上樑立柱開市納財安葬
七日	日		月入午前三時二十三分	十一日	庚申	木	虛	成	大雪十一月節 宜移徙[illegible]納財安葬
八日	月		月入午前四時二十分	十二日	辛酉	木	危	收	
九日	火		月入午前五時十七分	十三日	壬戌	水	室	開	宜裁衣動土上樑立柱開市
十日	水		月入午前六時十三分	十四日	癸亥	水	壁	閉	
十一日	木	○望午後四時三分	月出午後五時三十二分	十五日	甲子	金	奎	建	
十二日	金		月出午後六時三十六分	十六日	乙丑	金	婁	除	宜祭祀嫁娶移徙裁衣動土上樑立柱開市納財安葬
十三日	土		月出午後七時四十分	十七日	丙寅	火	胃	滿	宜裁衣動土上樑立柱開市納財放債
十四日	日		月出午後八時五十四分	十八日	丁卯	火	昴	平	

大雪午後五時五十四分 舊十一月節

日出午前七時三十四分 晝間九時四十一分 日入午後五時十五分 夜間十四時十九分

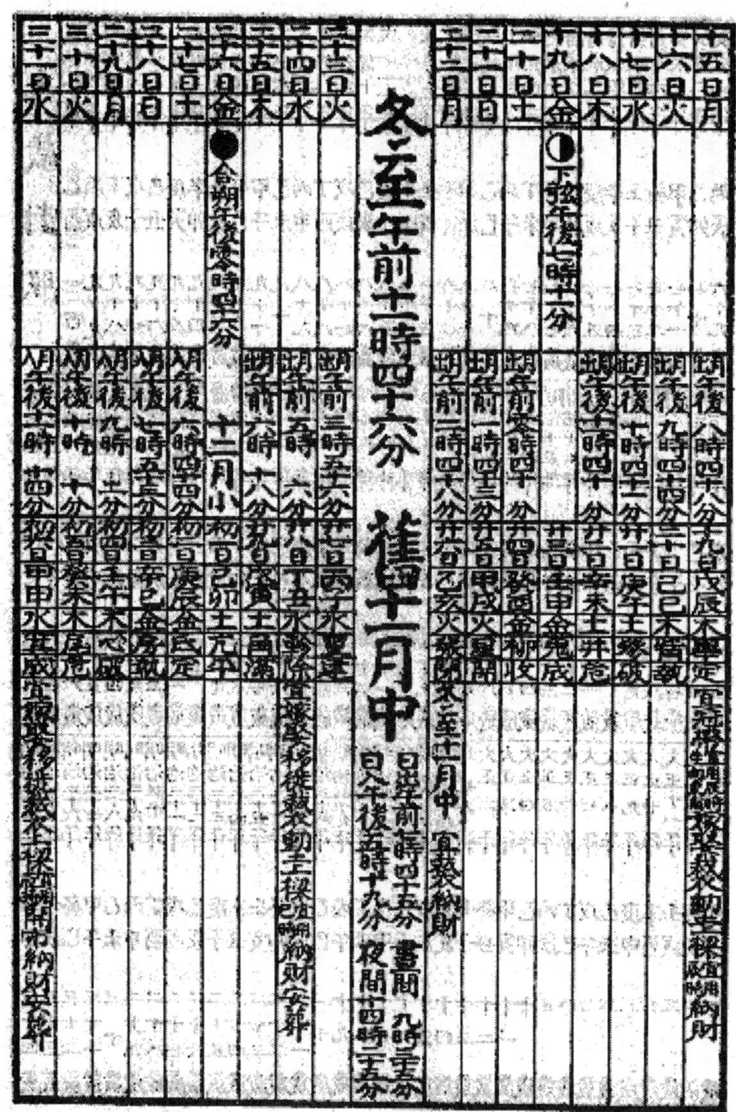

十五日 月 月出午後八時四十六分 十九日戊辰木畢定 宜冠帶[illegible]移徙裁衣動土梁[illegible]納財

十六日 火 月出午後九時四十四分 二十日己巳木觜執

十七日 水 月出午後十時四十一分 廿一日庚午土參破

十八日 木 月出午後十一時四十一分 廿二日辛未土井危

十九日 金 ◑下弦午後七時十一分 廿三日壬申金鬼成

二十日 土 月出午前零時四十一分 廿四日癸酉金柳收

二十一日 日 月出午前一時四十三分 廿五日甲戌火星開

二十二日 月 月出午前二時四十八分 廿六日乙亥火張閉 冬至十一月中 宜裁衣納財

冬至午前十一時四十六分 舊十一月中 日出午前七時四十五分 晝間九時三十四分 日入午後五時十九分 夜間十四時二十五分

二十三日 火 月出午前三時五十六分 廿七日丙子水翼建

二十四日 水 月出午前五時六分 廿八日丁丑水軫除 宜嫁娶移徙裁衣動土梁[illegible]納財安葬

二十五日 木 月出午前六時十六分 廿九日戊寅土角滿

二十六日 金 ●合朔午後零時四十六分 十二月小 初一日己卯土亢平

二十七日 土 月入午後六時四十四分 初二日庚辰金氐定

二十八日 日 月入午後七時五十三分 初三日辛巳金房執

二十九日 月 月入午後九時十二分 初四日壬午木心破

三十日 火 月入午後十時十分 初五日癸未木尾危

三十一日 水 月入午後十一時十四分 初六日甲申水箕成 宜嫁娶移徙裁衣動土梁[illegible]開市納財安葬

年歲對照

文政八年	乙酉	一百歲
文政九年	丙戌	九十九歲
文政十年	丁亥	九十八歲
文政十一年	戊子	九十七歲
文政十二年	己丑	九十六歲
天保元年	庚寅	九十五歲
天保二年	辛卯	九十四歲
天保三年	壬辰	九十三歲
天保四年	癸巳	九十二歲
天保五年	甲午	九十一歲
天保六年	乙未	九十歲
天保七年	丙申	八十九歲
天保八年	丁酉	八十八歲
天保九年	戊戌	八十七歲
天保十年	己亥	八十六歲
天保十一年	庚子	八十五歲
天保十二年	辛丑	八十四歲
天保十三年	壬寅	八十三歲
天保十四年	癸卯	八十二歲
弘化元年	甲辰	八十一歲
弘化二年	乙巳	八十歲
弘化三年	丙午	七十九歲
弘化四年	丁未	七十八歲
嘉永元年	戊申	七十七歲
嘉永二年	己酉	七十六歲
嘉永三年	庚戌	七十五歲
嘉永四年	辛亥	七十四歲
嘉永五年	壬子	七十三歲
嘉永六年	癸丑	七十二歲
安政元年	甲寅	七十一歲
安政二年	乙卯	七十歲
安政三年	丙辰	六十九歲
安政四年	丁巳	六十八歲
安政五年	戊午	六十七歲
安政六年	己未	六十六歲
萬延元年	庚申	六十五歲
文久元年	辛酉	六十四歲
文久二年	壬戌	六十三歲
文久三年	癸亥	六十二歲
元治元年	甲子	六十一歲
慶應元年	乙丑	六十歲
慶應二年	丙寅	五十九歲
慶應三年	丁卯	五十八歲
明治元年	戊辰	五十七歲
明治二年	己巳	五十六歲
明治三年	庚午	五十五歲
明治四年	辛未	五十四歲
明治五年	壬申	五十三歲
明治六年	癸酉	五十二歲
明治七年	甲戌	五十一歲
明治八年	乙亥	五十歲
明治九年	丙子	四十九歲
明治十年	丁丑	四十八歲
明治十一年	戊寅	四十七歲
明治十二年	己卯	四十六歲
明治十三年	庚辰	四十五歲
明治十四年	辛巳	四十四歲
明治十五年	壬午	四十三歲
明治十六年	癸未	四十二歲
明治十七年	甲申	四十一歲
明治十八年	乙酉	四十歲
明治十九年	丙戌	三十九歲
明治二十年	丁亥	三十八歲
明治二十一年	戊子	三十七歲
明治二十二年	己丑	三十六歲
明治二十三年	庚寅	三十五歲
明治二十四年	辛卯	三十四歲
明治二十五年	壬辰	三十三歲
明治二十六年	癸巳	三十二歲
明治二十七年	甲午	三十一歲
明治二十八年	乙未	三十歲
明治二十九年	丙申	二十九歲
明治三十年	丁酉	二十八歲
明治三十一年	戊戌	二十七歲
明治三十二年	己亥	二十六歲
明治三十三年	庚子	二十五歲
明治三十四年	辛丑	二十四歲
明治三十五年	壬寅	二十三歲
明治三十六年	癸卯	二十二歲
明治三十七年	甲辰	二十一歲
明治三十八年	乙巳	二十歲
明治三十九年	丙午	十九歲
明治四十年	丁未	十八歲
明治四十一年	戊申	十七歲
明治四十二年	己酉	十六歲
明治四十三年	庚戌	十五歲
明治四十四年	辛亥	十四歲
明治四十五年 大正元年	壬子	十三歲
大正二年	癸丑	十二歲
大正三年	甲寅	十一歲
大正四年	乙卯	十歲
大正五年	丙辰	九歲
大正六年	丁巳	八歲
大正七年	戊午	七歲
大正八年	己未	六歲
大正九年	庚申	五歲
大正十年	辛酉	四歲
大正十一年	壬戌	三歲
大正十二年	癸亥	二歲
大正十三年	甲子	一歲

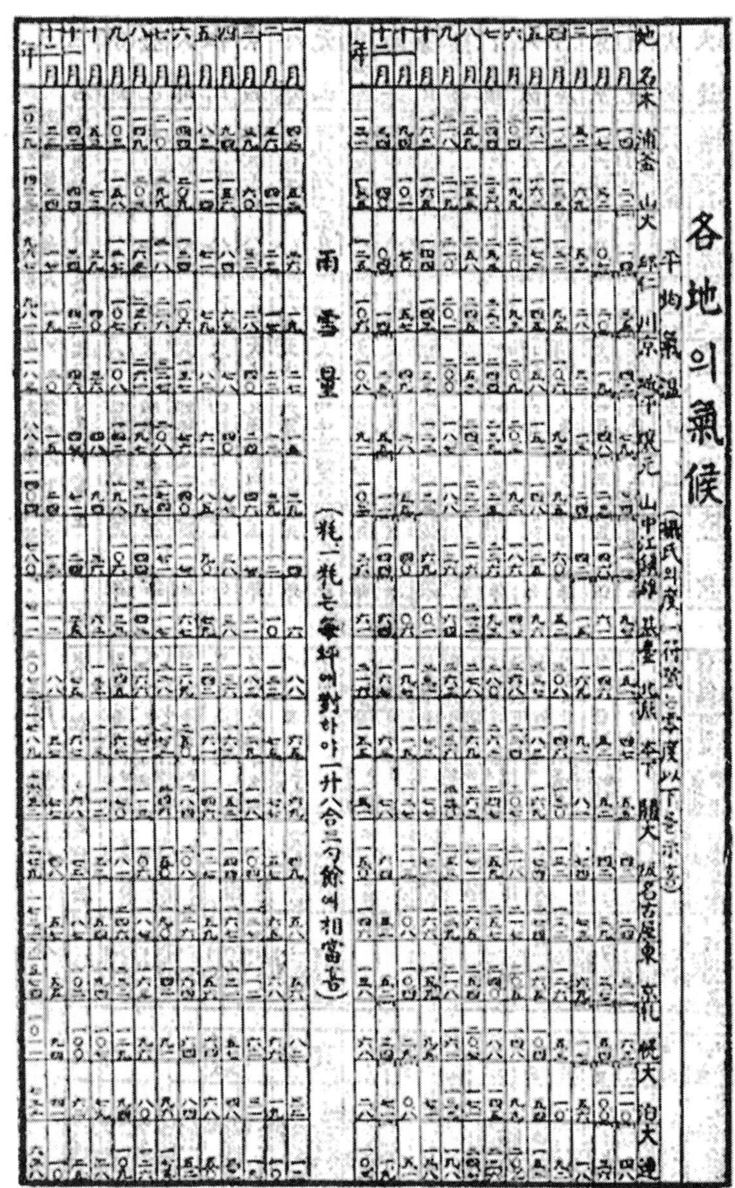

各地의氣候

平均氣溫 (攝氏의度 一符號는零度以下를示함)

地名	一月	二月	三月	四月	五月	六月	七月	八月	九月	十月	十一月	十二月	年
木浦	[illegible]	[illegible]	[illegible]	[illegible]	[illegible]	[illegible]	[illegible]	[illegible]	[illegible]	[illegible]	[illegible]	[illegible]	[illegible]
釜山	[illegible]	[illegible]	[illegible]	[illegible]	[illegible]	[illegible]	[illegible]	[illegible]	[illegible]	[illegible]	[illegible]	[illegible]	[illegible]
大邱	[illegible]	[illegible]	[illegible]	[illegible]	[illegible]	[illegible]	[illegible]	[illegible]	[illegible]	[illegible]	[illegible]	[illegible]	[illegible]
仁川	[illegible]	[illegible]	[illegible]	[illegible]	[illegible]	[illegible]	[illegible]	[illegible]	[illegible]	[illegible]	[illegible]	[illegible]	[illegible]
京城	[illegible]	[illegible]	[illegible]	[illegible]	[illegible]	[illegible]	[illegible]	[illegible]	[illegible]	[illegible]	[illegible]	[illegible]	[illegible]
平壤	[illegible]	[illegible]	[illegible]	[illegible]	[illegible]	[illegible]	[illegible]	[illegible]	[illegible]	[illegible]	[illegible]	[illegible]	[illegible]
元山	[illegible]	[illegible]	[illegible]	[illegible]	[illegible]	[illegible]	[illegible]	[illegible]	[illegible]	[illegible]	[illegible]	[illegible]	[illegible]
中江鎭	[illegible]	[illegible]	[illegible]	[illegible]	[illegible]	[illegible]	[illegible]	[illegible]	[illegible]	[illegible]	[illegible]	[illegible]	[illegible]
雄基	[illegible]	[illegible]	[illegible]	[illegible]	[illegible]	[illegible]	[illegible]	[illegible]	[illegible]	[illegible]	[illegible]	[illegible]	[illegible]
臺北	[illegible]	[illegible]	[illegible]	[illegible]	[illegible]	[illegible]	[illegible]	[illegible]	[illegible]	[illegible]	[illegible]	[illegible]	[illegible]
[illegible]本	[illegible]	[illegible]	[illegible]	[illegible]	[illegible]	[illegible]	[illegible]	[illegible]	[illegible]	[illegible]	[illegible]	[illegible]	[illegible]
下關	[illegible]	[illegible]	[illegible]	[illegible]	[illegible]	[illegible]	[illegible]	[illegible]	[illegible]	[illegible]	[illegible]	[illegible]	[illegible]
大阪	[illegible]	[illegible]	[illegible]	[illegible]	[illegible]	[illegible]	[illegible]	[illegible]	[illegible]	[illegible]	[illegible]	[illegible]	[illegible]
名古屋	[illegible]	[illegible]	[illegible]	[illegible]	[illegible]	[illegible]	[illegible]	[illegible]	[illegible]	[illegible]	[illegible]	[illegible]	[illegible]
東京	[illegible]	[illegible]	[illegible]	[illegible]	[illegible]	[illegible]	[illegible]	[illegible]	[illegible]	[illegible]	[illegible]	[illegible]	[illegible]
札幌	[illegible]	[illegible]	[illegible]	[illegible]	[illegible]	[illegible]	[illegible]	[illegible]	[illegible]	[illegible]	[illegible]	[illegible]	[illegible]
大泊	[illegible]	[illegible]	[illegible]	[illegible]	[illegible]	[illegible]	[illegible]	[illegible]	[illegible]	[illegible]	[illegible]	[illegible]	[illegible]
大連	[illegible]	[illegible]	[illegible]	[illegible]	[illegible]	[illegible]	[illegible]	[illegible]	[illegible]	[illegible]	[illegible]	[illegible]	[illegible]

雨雪量 (粍一粍은每坪에對하야一升八合三勺餘에相當함)

	一月	二月	三月	四月	五月	六月	七月	八月	九月	十月	十一月	十二月	年
	[illegible]	[illegible]	[illegible]	[illegible]	[illegible]	[illegible]	[illegible]	[illegible]	[illegible]	[illegible]	[illegible]	[illegible]	[illegible]
	[illegible]	[illegible]	[illegible]	[illegible]	[illegible]	[illegible]	[illegible]	[illegible]	[illegible]	[illegible]	[illegible]	[illegible]	[illegible]
	[illegible]	[illegible]	[illegible]	[illegible]	[illegible]	[illegible]	[illegible]	[illegible]	[illegible]	[illegible]	[illegible]	[illegible]	[illegible]
	[illegible]	[illegible]	[illegible]	[illegible]	[illegible]	[illegible]	[illegible]	[illegible]	[illegible]	[illegible]	[illegible]	[illegible]	[illegible]
	[illegible]	[illegible]	[illegible]	[illegible]	[illegible]	[illegible]	[illegible]	[illegible]	[illegible]	[illegible]	[illegible]	[illegible]	[illegible]
	[illegible]	[illegible]	[illegible]	[illegible]	[illegible]	[illegible]	[illegible]	[illegible]	[illegible]	[illegible]	[illegible]	[illegible]	[illegible]
	[illegible]	[illegible]	[illegible]	[illegible]	[illegible]	[illegible]	[illegible]	[illegible]	[illegible]	[illegible]	[illegible]	[illegible]	[illegible]
	[illegible]	[illegible]	[illegible]	[illegible]	[illegible]	[illegible]	[illegible]	[illegible]	[illegible]	[illegible]	[illegible]	[illegible]	[illegible]
	[illegible]	[illegible]	[illegible]	[illegible]	[illegible]	[illegible]	[illegible]	[illegible]	[illegible]	[illegible]	[illegible]	[illegible]	[illegible]
	[illegible]	[illegible]	[illegible]	[illegible]	[illegible]	[illegible]	[illegible]	[illegible]	[illegible]	[illegible]	[illegible]	[illegible]	[illegible]
	[illegible]	[illegible]	[illegible]	[illegible]	[illegible]	[illegible]	[illegible]	[illegible]	[illegible]	[illegible]	[illegible]	[illegible]	[illegible]
	[illegible]	[illegible]	[illegible]	[illegible]	[illegible]	[illegible]	[illegible]	[illegible]	[illegible]	[illegible]	[illegible]	[illegible]	[illegible]
	[illegible]	[illegible]	[illegible]	[illegible]	[illegible]	[illegible]	[illegible]	[illegible]	[illegible]	[illegible]	[illegible]	[illegible]	[illegible]
	[illegible]	[illegible]	[illegible]	[illegible]	[illegible]	[illegible]	[illegible]	[illegible]	[illegible]	[illegible]	[illegible]	[illegible]	[illegible]
	[illegible]	[illegible]	[illegible]	[illegible]	[illegible]	[illegible]	[illegible]	[illegible]	[illegible]	[illegible]	[illegible]	[illegible]	[illegible]
	[illegible]	[illegible]	[illegible]	[illegible]	[illegible]	[illegible]	[illegible]	[illegible]	[illegible]	[illegible]	[illegible]	[illegible]	[illegible]
	[illegible]	[illegible]	[illegible]	[illegible]	[illegible]	[illegible]	[illegible]	[illegible]	[illegible]	[illegible]	[illegible]	[illegible]	[illegible]
	[illegible]	[illegible]	[illegible]	[illegible]	[illegible]	[illegible]	[illegible]	[illegible]	[illegible]	[illegible]	[illegible]	[illegible]	[illegible]

氣溫의 最高最低及雨雪量의 最大日量

(氣溫中一科數는 零度以下를 示홈)

地名	最高氣溫(攝氏)及	年	最低氣溫(攝氏)及	年	雨雪量(粍)	年
木浦	三六·一	大正八年	一四·二	大正四年	二〇〇·二	大正六年
釜山	三五·〇	大正九年	一四·〇	大正四年	二五〇·九	大正四年
大邱	三九·〇	大正四年	一八·六	大正四年	一二一·五	大正四年
仁川	三六·一	大正八年	二〇·九	大正四年	二二九·九	大正四年
京城	三七·五	大正八年	二三·三	大正九年	三五四·七	大正九年
平壤	三六·四	大正八年	二八·五	大正六年	三一〇·九	大正九年
元山	三九·六	明治三十九年	二一·九	大正四年	二四三·〇	明治三十八年
中江鎭	三六·七	大正八年	四三·六	大正十一年	九三·〇	大正九年
雄基	三六·四	大正八年	二四·三	大正四年	二〇八·五	大正四年
臺北	三七·五	大正四年	〇·二	明治三十四年	二八七·五	明治四十四年
熊本	三八·三	明治三十六年	九·二	明治三十七年	一八六·五	大正六年
下關	三五·九	明治三十七年	六·五	明治[illegible]年	三三六·八	明治三十七年
大阪	三七·六	明治四十二年	七·一	明治二十四年	一七四·七	明治二十九年
名古屋	三六·八	明治四十二年	九·五	明治二十八年	一四〇·一	明治二十九年
東京	三六·六	明治十九年	八·二	大正七年	九三·七	大正九年
札幌	三三·四	明治二十七年	二五·六	明治二十六年	一二三·五	明治三十七年
大泊	二八·五	大正九年	三二·七	明治四十二年	八三·七	大正四年
大連	三五·七	大正八年	一九·二	大正四年	一八九·六	大正九年

度量衡表

系	度	面積	量	衡
米突法	[illegible]	土地 [illegible]	[illegible]	[illegible]
尺貫法	[illegible]	[illegible]	[illegible]	[illegible]
對一法	[illegible]	[illegible]	[illegible]	[illegible]

尺	間	町	里	海里	段	升	貫	斤	米突	鯨尺	[illegible]	[illegible]	[illegible]	[illegible]	[illegible]	[illegible]	英噸
[illegible]	[illegible]	[illegible]	[illegible]	[illegible]	[illegible]	[illegible]	[illegible]	[illegible]	[illegible]	[illegible]	[illegible]	[illegible]	[illegible]	[illegible]	[illegible]	[illegible]	[illegible]

本邦의面積、人口 (人口는百位에付四捨五入)

土地	面積	人口
本州	一四、六九一方里	四一、八〇七、〇〇〇
四國	一、一八一方里	三、〇六六、〇〇〇
九州	二、八二八方里	八、七二九、〇〇〇
北海道	六、〇九五方里	二、三五九、〇〇〇

土地	面積	人口
朝鮮	一四、三一二方里	一七、四二七、〇〇〇
臺灣	二、三五二方里	三、六四八、〇〇〇
樺太	二、三四〇方里	九一、〇〇〇
計	四三、七七九方里	七七、一二七、〇〇〇

(備考) 本州四國九州北海道의人口는大正九年十月一日調, 朝鮮의人口는大正十一年十二月末調, 臺灣樺太의人口는大正九年十二月末調

本邦行政區劃及廳所在地

行政區劃	廳所在地	行政區劃	廳所在地	行政區劃	廳所在地	行政區劃	廳所在地	行政區劃	廳所在地	行政區劃	廳所在地
朝鮮總督府	京城	兵庫縣	神戶市	三重縣	津市	岩手縣	盛岡市	岡山縣	岡山市	大分縣	大分市
臺灣總督府	臺北	長崎縣	長崎市	愛知縣	名古屋市	青森縣	青森市	廣島縣	廣島市	佐賀縣	佐賀市
關東廳	旅順	新潟縣	新潟市	靜岡縣	靜岡市	山形縣	山形市	山口縣	山口町	熊本縣	熊本市
樺太廳	豊原	埼玉縣	浦和町	山梨縣	甲府市	秋田縣	秋田市	和歌山縣	和歌山市	宮崎縣	宮崎町
北海道廳	札幌區	群馬縣	前橋市	滋賀縣	大津市	福井縣	福井市	德島縣	德島市	鹿兒島縣	鹿兒島市
東京府	東京市	千葉縣	千葉市	岐阜縣	岐阜市	石川縣	金澤市	香川縣	高松市	沖繩縣	那覇區
京都府	京都市	茨城縣	水戶市	長野縣	長野市	富山縣	富山市	愛媛縣	松山市		
大阪府	大阪市	栃木縣	宇都宮市	宮城縣	仙臺市	鳥取縣	鳥取市	高知縣	高知市		
神奈川縣	橫濱市	奈良縣	奈良市	福島縣	福島市	島根縣	松江市	福岡縣	福岡市		

本邦陸軍常備團隊配置

團隊	司令部所在地	團隊	司令部所在地	團隊	司令部所在地	團隊	司令部所在地
近衛師團	東京(東京府)	第六師團	熊本(熊本縣)	第十二師團	小倉(福岡縣)	第十八師團	久留米(福岡縣)
第一師團	東京(東京府)	第七師團	旭川(北海道)	第十三師團	高田(新潟縣)	第十九師團	羅南(朝鮮)
第二師團	仙臺(宮城縣)	第八師團	弘前(青森縣)	第十四師團	宇都宮(栃木縣)	第二十師團	龍山(朝鮮)
第三師團	名古屋(愛知縣)	第九師團	金澤(石川縣)	第十五師團	豊橋(愛知縣)	守備隊	臺北(臺灣)
第四師團	大阪(大阪府)	第十師團	姬路(兵庫縣)	第十六師團	京都(京都府)	朝鮮軍	龍山(朝鮮)
第五師團	廣島(廣島縣)	第十一師團	善通寺(香川縣)	第十七師團	岡山(岡山縣)	駐屯部隊	旅順(關東州)

本邦海軍鎮守府所在地

軍港	鎮守府所在地	軍港	鎮守府所在地	軍港	鎮守府所在地
橫須賀	橫須賀	吳	吳	佐世保	佐世保

本邦主要市街地人口（百位에서四捨五入）

本州地方（大正九年十月一日現在）

市名	人口
東京市	二一七三○○○
大阪市	一二五三○○○
神戸市	六○九○○○
京都市	五九一○○○
名古屋市	四三○○○○
横濱市	四二三○○○
廣島市	一六○○○○
呉市	一三○○○○
金澤市	一二九○○○
仙台市	一一九○○○
岡山市	九五○○○
新潟市	九二○○○
横須賀市	九○○○○
堺市	八五○○○
和歌山市	八四○○○
静岡市	七四○○○
下関市	七二○○○
豊橋市	六五○○○
濱松市	六五○○○
宇都宮市	六四○○○
岐阜市	六三○○○
前橋市	六二○○○
富山市	六二○○○
福井市	五七○○○
甲府市	五六○○○
松本市	五○○○○
青森市	四九○○○
山形市	四八○○○
津市	四八○○○
姫路市	四六○○○
米澤市	四二○○○
盛岡市	四二○○○
長岡市	四二○○○
奈良市	四○○○○
水戸市	三九○○○
宇治山田市	三九○○○
八王子市	三九○○○
岡崎市	三九○○○
尼崎市	三八○○○
若松市	三八○○○
松江市	三八○○○
長野市	三七○○○
高崎市	三七○○○
高岡市	三七○○○
秋田市	三六○○○
福島市	三六○○○
四日市市	三五○○○
明石市	三三○○○
弘前市	三三○○○
千葉市	三三○○○
大津市	三一○○○
福山市	三○○○○
鳥取市	三九○○○
岸和田市	三九○○○
高田市	三八○○○
大垣市	三八○○○
尾道市	三六○○○
上田市	三六○○○
川越市	三五○○○
山口町	三五○○○
浦和町	一二○○○

四國地方（大正九年十月一日現在）

市名	人口
徳島市	六八○○○
松山市	五一○○○
高知市	四九○○○
高松市	四七○○○
今治市	三○○○○
丸龜市	二五○○○

九州地方（大正九年十月一日現在）

市名	人口
長崎市	一七七○○○
鹿兒島市	一○三○○○
八幡市	一○○○○○
福岡市	九五○○○
佐世保市	八七○○○
門司市	七二○○○
熊本市	七○○○○
大牟田市	六九○○○
那覇區	五四○○○
若松市	四九○○○
久留米市	四四○○○
大分市	四三○○○
小倉市	三四○○○
佐賀市	三四○○○
首里區	三三○○○
宮崎町	三一○○○

北海道地方（大正九年十月一日現在）

市名	人口
函館區	一四五○○○
小樽區	一○八○○○
札幌區	一○三○○○
旭川區	六二○○○
室蘭區	五六○○○
釧路區	三九○○○

臺灣地方（大正九年十月一日現在）

市名	人口
臺北	一六三○○○
臺南	七七○○○
基隆	四八○○○
嘉義	二七○○○
高雄	二五○○○

樺太地方（大正八年十二月末現在）

市名	人口
大泊	一○○○○
眞岡	八○○○
豊原	七○○○

朝鮮地方（大正十年十二月末現在）

市名	人口
京城	二五八○○○
平壤	七八○○○
釜山	七六○○○
大邱	四六○○○
仁川	三九○○○
開城	三七○○○
元山	二九○○○
鎭南浦	二三○○○
咸興	二○○○○
木浦	一八○○○
馬山	一七○○○
全州	一六○○○
光州	一六○○○
群山	一六○○○
海州	一五○○○
新義州	一二○○○
晉州	一三○○○
清津	一三○○○
羅南	一○○○○
義州	九○○○
公州	七○○○
城津	五○○○
清州	五○○○
春川	四○○○

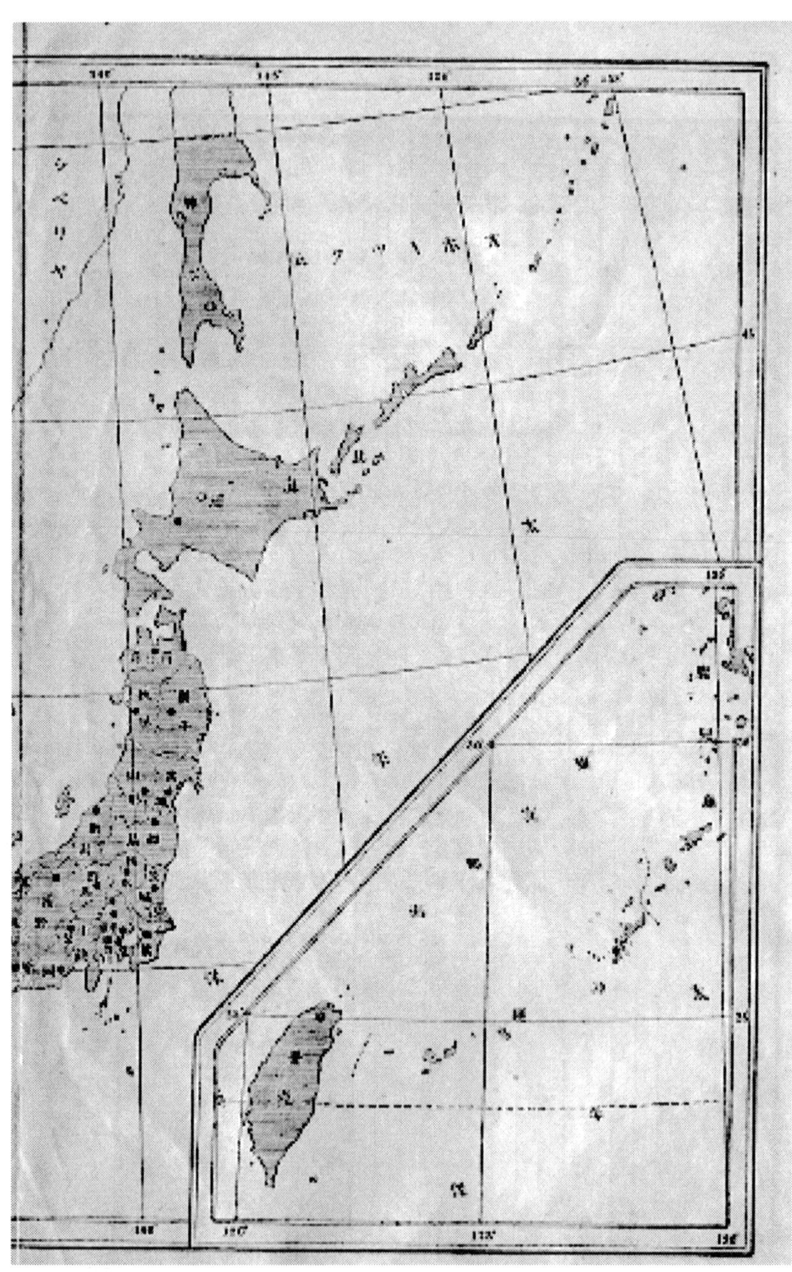

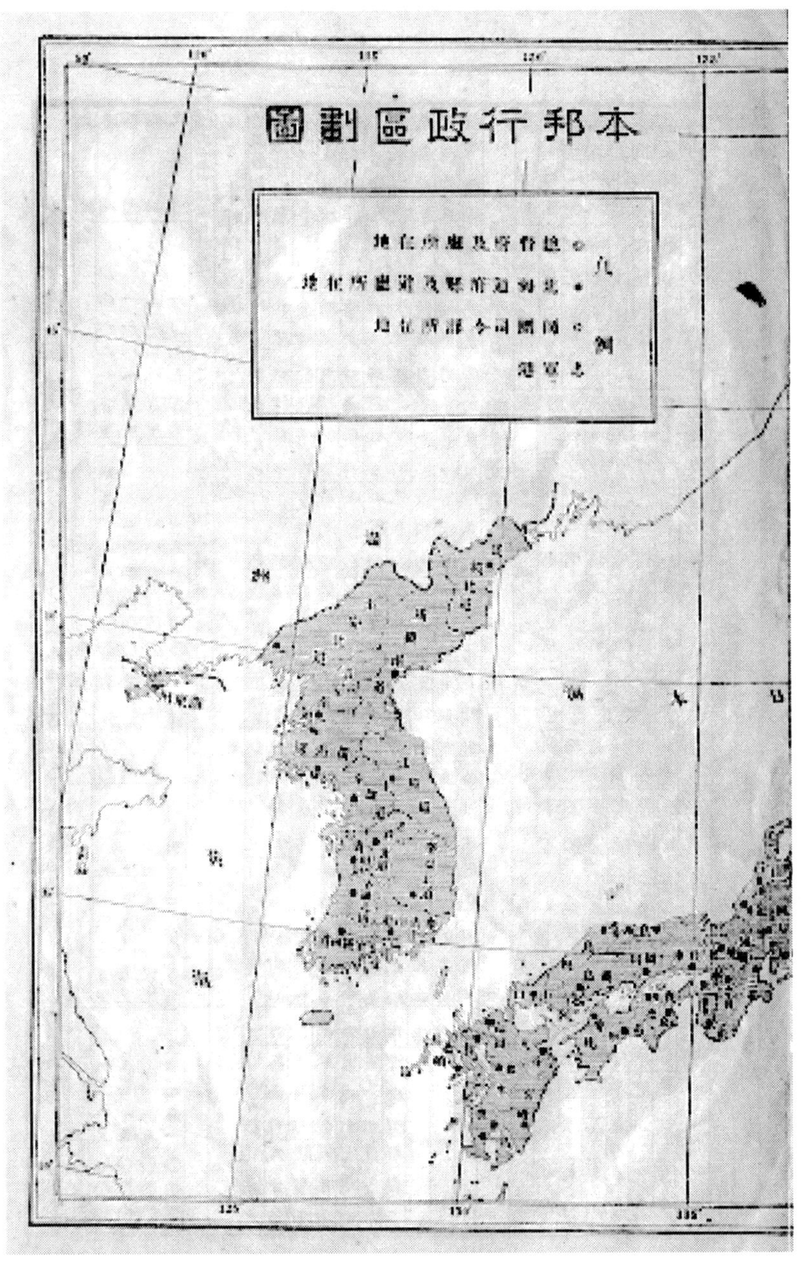
本邦行政區劃圖
凡例
總督府及廳所在地
師團司令部所在地

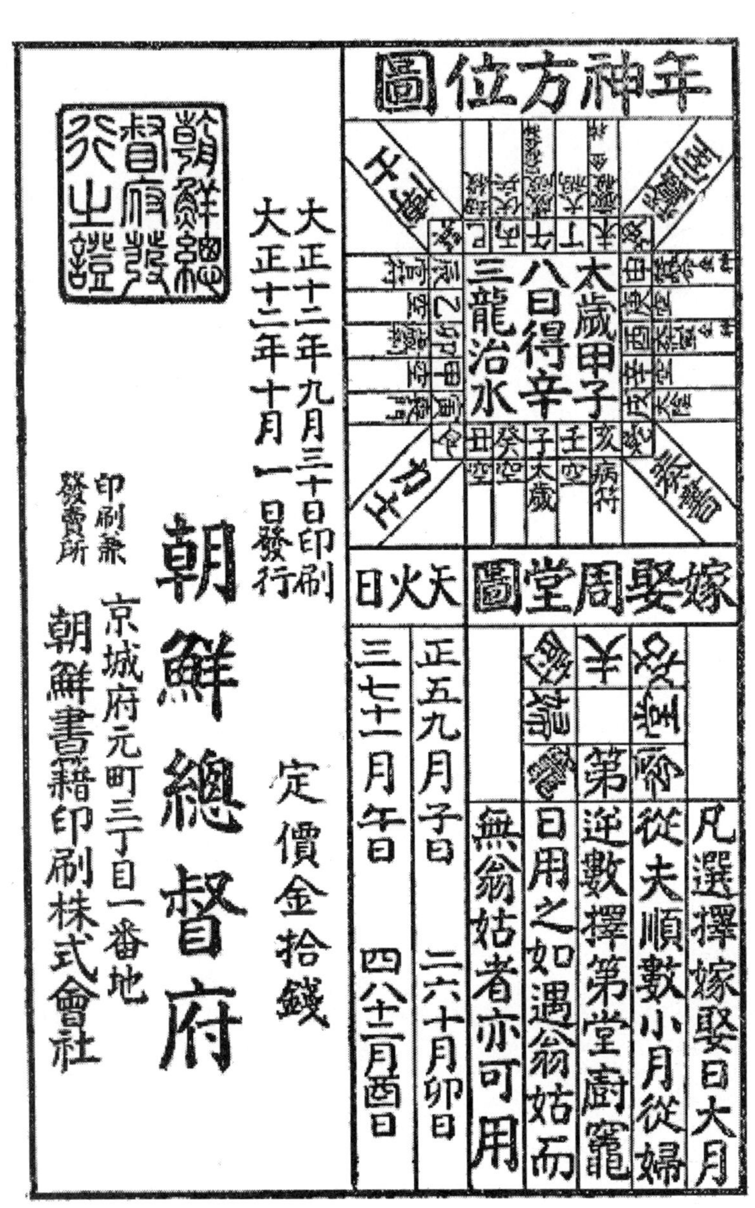

年神方位圖

太歲甲子
八日得辛
三龍治水

嫁娶周堂圖

凡選擇嫁娶日大月從夫順數小月從婦逆數擇第堂廚竈日用之如遇翁姑而無翁姑者亦可用

天火日

正五九月子日　二六十月卯日
三七十一月午日　四八十二月酉日

大正十二年九月三十日印刷
大正十二年十月一日發行

定價金拾錢

朝鮮總督府

印刷兼發行所　京城府元町三丁目一番地
朝鮮書籍印刷株式會社

13　大正十四年朝鮮民曆（1925）

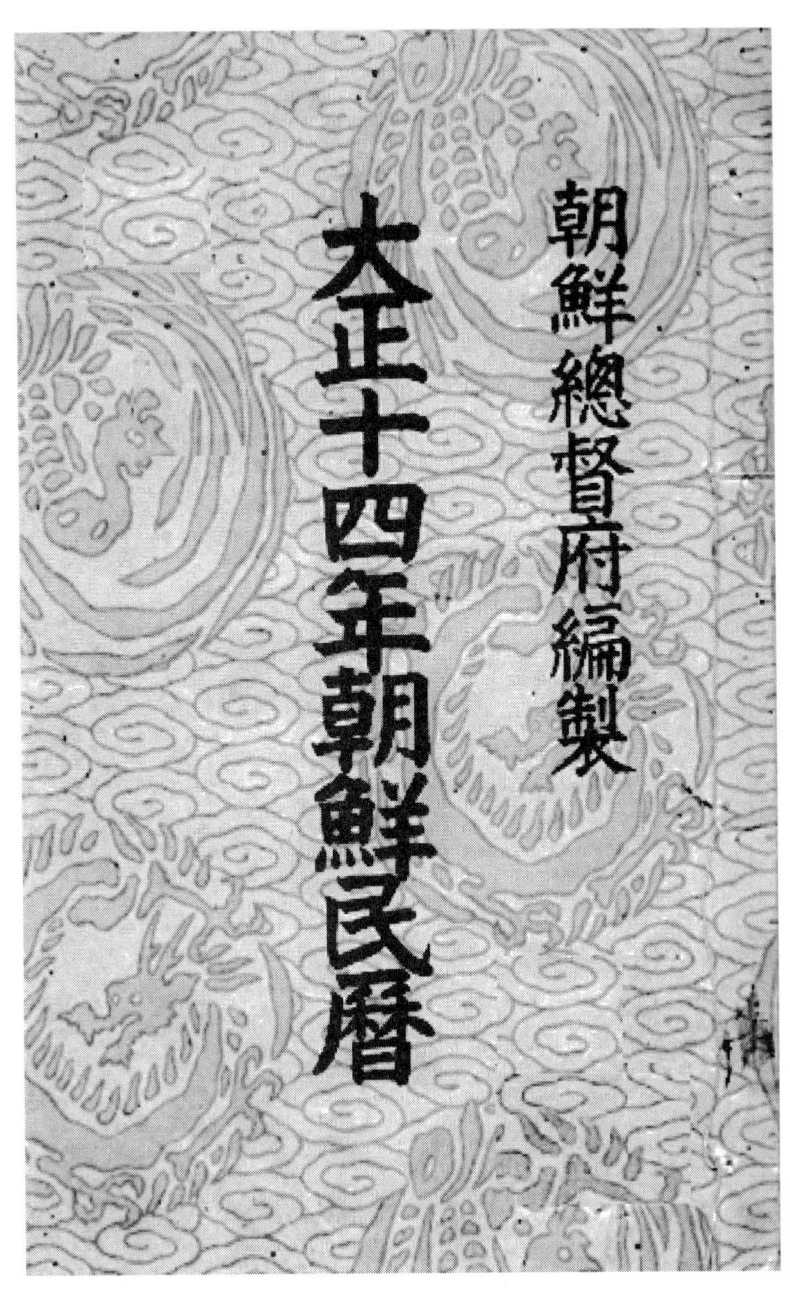

 13. 大正十四年朝鮮民曆(1925)

神武天皇卽位紀元二千五百八十五年

大正十四年朝鮮民曆

乙丑年

大正十三年十二月朝鮮總督府觀測所推算

月表

一月大 二月平 三月大 四月小
五月大 六月小 七月大 八月大
九月小 十月大 十一月小 十二月大

四方拜	一月一日
元始祭	一月三日
紀元節	二月十一日
春季皇靈祭	三月二十一日
神武天皇祭	四月三日
明治天皇祭	七月三十日
天長節	八月三十一日
秋季皇靈祭	九月二十三日
神嘗祭	十月十七日
天長節祝日	十月三十一日
新嘗祭	十一月二十三日

說明

本民曆에揭載한時刻은本邦中央標準時를用하고日月出入及月食은朝鮮總督府觀測所에서보이는時刻을揭홈

月食 二月九日

食分	七分四厘	
初虧	午前五時 九分	左
食甚	午前六時四十二分	左下
月入	午前七時二十七分	
帶食分	四分四厘	下

月食 八月四日

食分	七分五厘	
月出	午後七時二十七分	
帶食分	一分四厘	左
食甚	午後八時五十三分	上偏左
復圓	午後十時 十八分	上偏右

日曜表

一月	
二月	
三月	
四月	
五月	
六月	
七月	
八月	
九月	六日 十三日 二十日 二十七日
十月	四日 十一日 十八日 二十五日
十一月	一日 八日 十五日 二十二日 二十九日
十二月	六日 十三日 二十日 二十七日

大正十四年中陰曆歲次乙丑年月表及節候表

月及月之大小	月朔日	節氣		入節日	好時刻	陽曆
正月大	戊申	立春	正月節	十二日	己未申正三刻七分	二月四日
二月小	戊寅	驚蟄	二月節	十二日	己丑午初初刻十分	三月六日
三月大	丁未	清明	三月節	十三日	己未申正一刻八分	四月五日
四月大	丁丑	立夏	四月節	十四日	庚寅巳正一刻三分	五月六日
閏四月小	丁未	芒種	五月節	十五日	辛酉未正三刻十三分	六月六日
五月大	丙子	夏至	五月中	初二日	丁丑辰初三刻五分	六月二十二日
六月小	丙午	大暑	六月中	初三日	戊申酉正三刻六分	七月二十三日
七月大	乙亥	處暑	七月中	初六日	庚辰子初二刻四分	八月二十四日
八月大	乙巳	秋分	八月中	初六日	庚戌亥正一刻四分	九月二十三日
九月小	乙亥	霜降	九月中	初七日	辛巳辰初一刻一分	十月二十四日
十月大	甲辰	小雪	十月中	初八日	辛亥寅正三刻八分	十一月二十三日
十一月小	甲戌	冬至	十一月中	初七日	庚辰酉初一刻七分	十二月二十二日
十二月大	癸卯	大寒	十二月中	初八日	庚戌寅正初刻十二分	一月二十一日

節氣		入節日	好時刻	陽曆
雨水	正月中	廿七日	甲戌午正三刻十三分	二月十九日
春分	二月中	廿七日	甲辰午初初刻十三分	三月二十一日
穀雨	三月中	廿八日	甲戌子初三刻六分	四月二十一日
小滿	四月中	廿九日	乙巳子初一刻三分	五月二十二日
小暑	六月節	十八日	癸巳丑初一刻十分	七月八日
立秋	七月節	十九日	甲子午初初刻八分	八月八日
白露	八月節	廿一日	乙未未初一刻十一分	九月八日
寒露	九月節	廿二日	丙寅寅正三刻十三分	十月九日
立冬	十月節	廿二日	丙申辰初一刻十二分	十一月八日
大雪	十一月節	廿二日	乙丑子初三刻八分	十二月七日
小寒	十二月節	廿二日	乙未巳正三刻十分	一月六日
立春	正月節	廿二日	甲子亥正二刻九分	二月四日

四方拜		元始祭		新年宴會									
一日木	二日金	三日土	四日日	五日月	六日火	七日水	八日木	九日金	十日土	十一日日	十二日月	十三日火	十四日水
甲子十二月小	◐上弦午前零時十六分								○望午前十一時四十七分				
	月入午前零時十六分	月入午前一時十六分	月入午前二時十四分	月入午前三時十二分	月入午前四時七分	月入午前五時二分	月入午前五時五十五分	月入午前六時四十六分	月出午後五時五十分	月出午後六時四十三分	月出午後七時三十八分	月出午後八時三十五分	月出午後九時三十三分
初七日乙酉水斗收	初八日丙戌土牛開	初九日丁亥土女閉	初十日戊子火虛建	十一日己丑火危除	十二日庚寅木室除	十三日辛卯木壁滿	十四日壬辰水奎平	十五日癸巳水婁定	十六日甲午金胃執	十七日乙未金昴破	十八日丙申火畢危	十九日丁酉火觜成	二十日戊戌木參收
	宜裁衣動土探病 宜開市納財				小寒十二月節 宜裁衣移徙栽種動土[illegible]			宜嫁娶[illegible]裁衣動土探病 宜開市納財	宜裁衣	宜破屋		宜嫁娶移徙裁衣動土耕種開市納財安葬	

一月大三十一日

繩、叺、蠶具、蓆等의製造、種稻의赤米除却、大豆의選粒

小寒午前四時五十四分 舊十二月節

日出午前七時四十七分 晝間九時四十三分
日入午後五時三十分 夜間十四時十七分

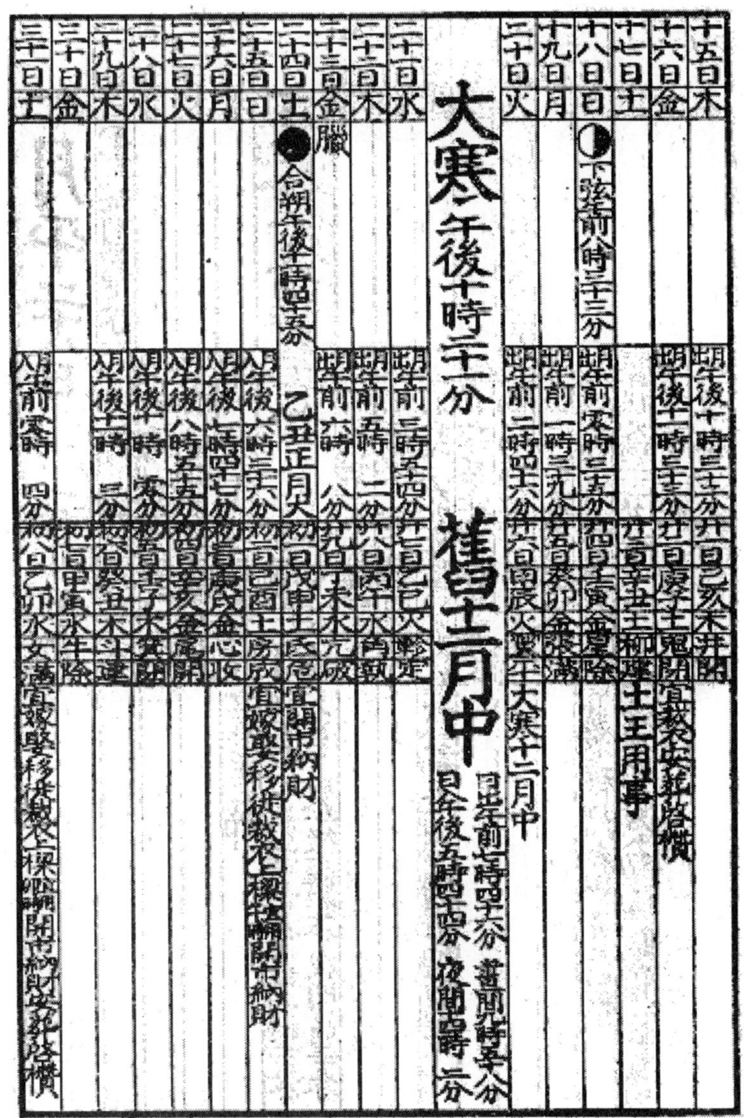

日	曜	弦望	月出入	曆日	宜
十五日	木		月出午後十時三十七分	廿一日己亥木井開	
十六日	金		月出午後十一時三十五分	廿二日庚子土鬼閉	宜裁衣安葬啓攢
十七日	土			廿三日辛丑土柳建	土王用事
十八日	日	◐下弦午前八時三十三分	月出午前零時二十五分	廿四日壬寅金星除	
十九日	月		月出午前一時三十九分	廿五日癸卯金張滿	
二十日	火		月出午前二時四十六分	廿六日甲辰火翼平	大寒十二月中

大寒午後十時二十一分　舊十二月中

日出午前七時四十六分　晝間九時五十八分
日入午後五時四十四分　夜間十四時二分

日	曜	弦望	月出入	曆日	宜
二十一日	水		月出午前三時五十四分	廿七日乙巳火軫定	
二十二日	木		月出午前五時二分	廿八日丙午水角執	
二十三日	金	臘	月出午前六時八分	廿九日丁未水亢破	
二十四日	土	●合朔午後十時四十分	乙丑正月大	初一日戊申土氐危	宜開市納財
二十五日	日		月入午後六時三十六分	初二日己酉土房成	宜嫁娶移徙裁衣上樑經絡開市納財
二十六日	月		月入午後七時四十七分	初三日庚戌金心收	
二十七日	火		月入午後八時五十五分	初四日辛亥金尾開	
二十八日	水		月入午後十時零分	初五日壬子木箕閉	
二十九日	木		月入午後十一時三分	初六日癸丑木斗建	
三十日	金			初七日甲寅水牛除	
三十一日	土		月入午前零時四分	初八日乙卯水女滿	宜嫁娶移徙裁衣上樑經絡開市納財安葬啓攢

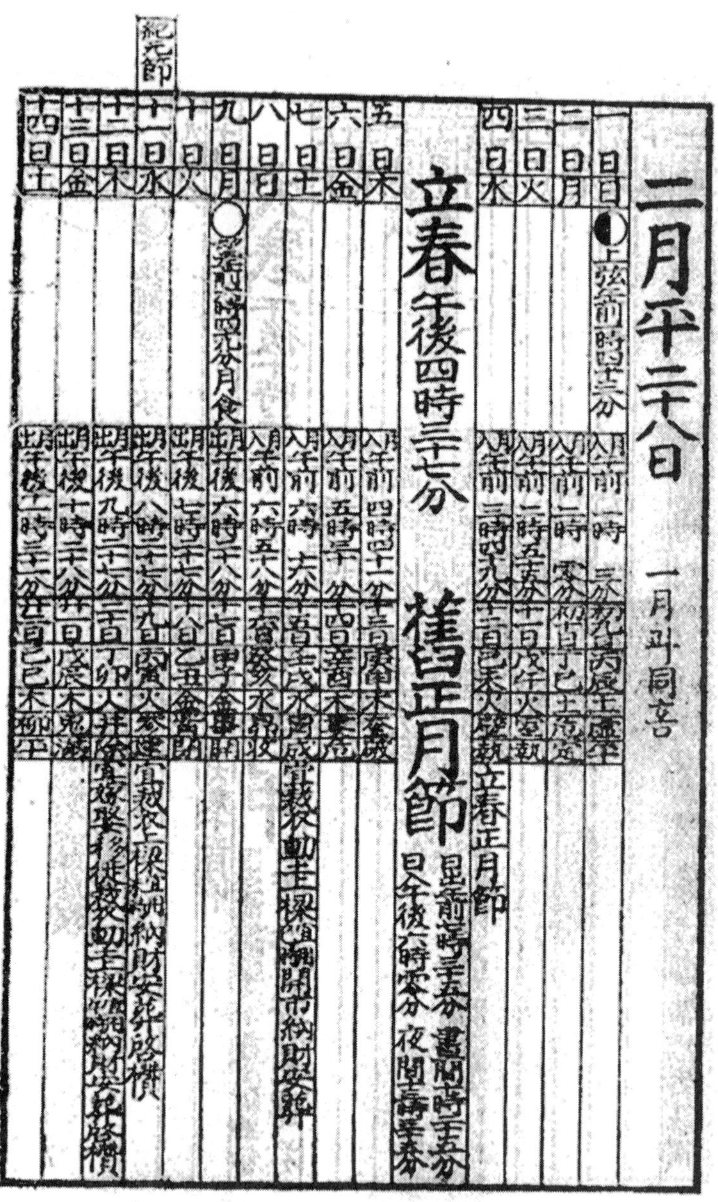

二月平二十八日　一月과同홈

一日日 ◐上弦午前四時四十三分 月入午前一時三十六分 初九日丙辰土虛平
二日月 月入午前二時零分 初十日丁巳土危定
三日火 月入午前二時五十三分 十一日戊午火室執
四日水 月入午前三時四十九分 十二日己未火壁執 立春正月節

立春午後四時三十七分　舊正月節
日出午前七時三十三分 晝間時十三分
日入午後六時零分 夜間十三時四十七分

五日木 月入午前四時四十一分 十三日庚申木奎破
六日金 月入午前五時三十一分 十四日辛酉木婁危
七日土 月入午前六時十六分 十五日壬戌水胃成 宜裁衣動土探(?)開市納財安(?)
八日日 月入午前六時五十六分 十六日癸亥水昴收
九日月 ○望午後四時四十八分月食 月出午後六時十八分 十七日甲子金畢開
十日火 月出午後七時二十七分 十八日乙丑金觜閉
十一日水 紀元節 月出午後八時四十一分 十九日丙寅火參建 宜裁衣探(?)納財安(?)啓攢
十二日木 月出午後九時五十二分 二十日丁卯火井除 宜(?)移徙裁衣動土探(?)納財安(?)啓攢
十三日金 月出午後十時二十六分 廿一日戊辰木鬼滿
十四日土 月出午後十一時三十一分 廿二日己巳木柳平

日	曜	弦望	月出入	舊曆	宜
十五日	日			二十三日庚午土星定	
十六日	月	◐下弦午後六時四十二分	月出午前零時三十六分	二十四日辛未土張執	宜嫁娶移徙裁衣動土上樑宜用卯時安葬
十七日	火		月出午前一時四十一分	二十五日壬申金翼破	宜破屋
十八日	水		月出午前二時四十七分	二十六日癸酉金軫危	宜安葬
十九日	木		月出午前三時五十三分	二十七日甲戌火角成	雨水正月中

雨水午後零時四十三分 舊正月中

日出午前七時十九分 晝間十一時五十七分
日入午後六時十六分 夜間十二時三分

日	曜	弦望	月出入	舊曆	宜
二十日	金		月出午前四時五十三分	二十八日乙亥火亢收	宜移徙裁衣動土上樑宜用辰時開市納財
二十一日	土		月出午前五時四十九分	二十九日丙子水氐開	宜嫁娶移徙裁衣動土上樑宜用卯時開市納財
二十二日	日		月出午前六時三十九分	三十日丁丑水房閉	
二十三日	月	●合朔午前十一時十一分	二月小	初一日戊寅土心建	宜裁衣上樑宜用戌時納財安葬
二十四日	火		月入午後七時三十九分	初二日己卯土尾除	宜嫁娶
二十五日	水		月入午後八時四十四分	初三日庚辰金箕滿	
二十六日	木		月入午後九時四十八分	初四日辛巳金斗平	
二十七日	金		月入午後十時四十九分	初五日壬午木牛定	
二十八日	土		月入午後十一時四十八分	初六日癸未木女執	

三月大三十一日

苗板의作製、果樹의剪定、桑園果樹園의病蟲害防除、麥類의播種、果樹園의施肥、果樹類의接木

日	曜	月相	月出入	干支·宜忌
一日	日			初七日甲申水虛破 宜破屋
二日	月	◐上弦午後九時[illegible]分	月入午前零時四十五分	初八日乙酉水危 宜安葬
三日	火		月入午前一時四十一分	初九日丙戌土室成 宜裁衣動土嫁娶開市納財安葬
四日	水		月入午前二時三十五分	初十日丁亥土壁收 宜移徙裁衣動土栽種開市納財
五日	木		月入午前三時二十四分	十一日戊子火奎開
六日	金		月入午前四時十一分	十二日己丑火婁閉 驚蟄二月節

驚蟄午前十一時零分　舊二月節　日出午前六時五十九分 晝間十一時三十二分 日入午後六時三十一分 夜間十二時二十八分

日	曜	月相	月出入	干支·宜忌
七日	土		月入午前四時五十五分	十三日庚寅木胃除 宜裁衣納財除[illegible]
八日	日		月入午前五時三十五分	十四日辛卯木昴建
九日	月		月入午前六時十一分	十五日壬辰水畢除
十日	火	○望午後十一時二十分	月出午後六時十一分	十六日癸巳水觜滿 宜裁衣開市納財
十一日	水		月出午後七時十六分	十七日甲午金參平
十二日	木		月出午後八時二十分	十八日乙未金井定 宜裁衣納財
十三日	金		月出午後九時二十四分	十九日丙申火鬼執
十四日	土		月出午後十時二十九分	二十日丁酉火柳破

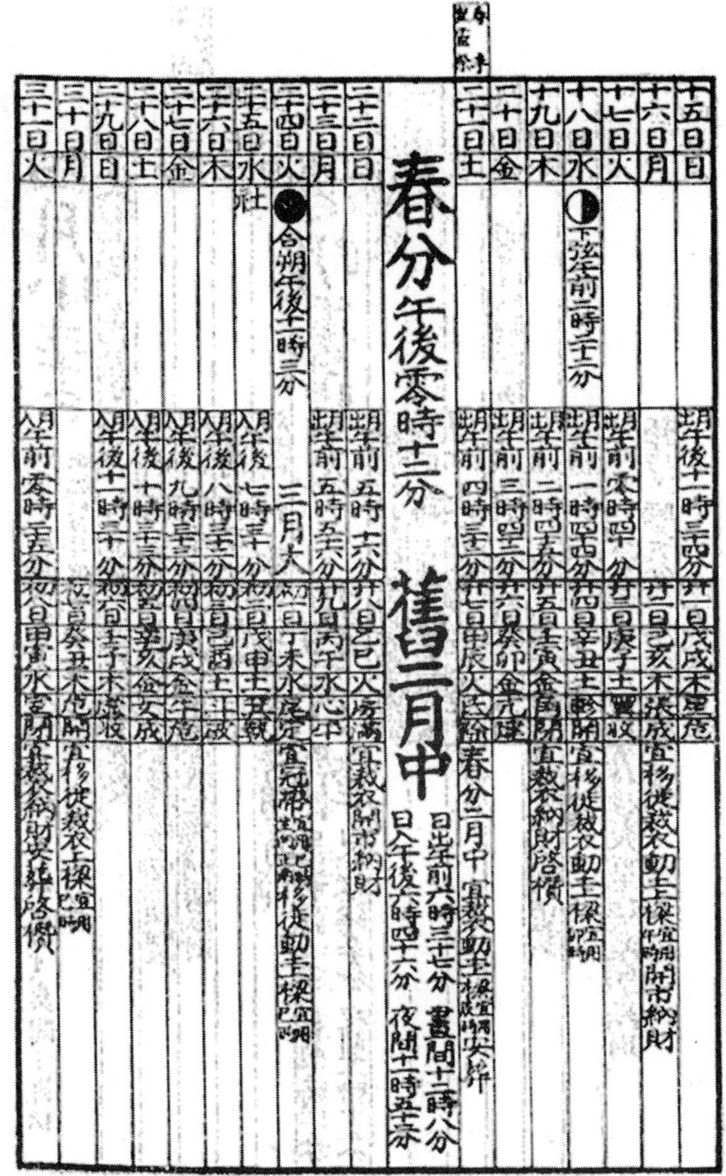

春季皇靈祭

日	曜	月相	月出入	曆日	宜
十五日	日		月出午後十一時三十四分	廿一日戊戌木室危	
十六日	月			廿二日己亥木壁成	宜移徙裁衣動土上樑開市納財
十七日	火		月出午前零時四十一分	廿三日庚子土奎收	
十八日	水	◐下弦午前二時二十三分	月出午前一時四十四分	廿四日辛丑土婁開	宜移徙裁衣動土上樑
十九日	木		月出午前二時四十六分	廿五日壬寅金胃閉	宜裁衣納財啓攢
二十日	金		月出午前三時四十二分	廿六日癸卯金昴建	
二十一日	土		月出午前四時二十一分	廿七日甲辰火畢除	春分二月中 宜裁衣動土上樑
二十二日	日		月出午前五時十六分	廿八日乙巳火觜滿	宜裁衣開市納財
二十三日	月		月出午前五時五十六分	廿九日丙午水參平	
二十四日	火	●合朔午後十一時三分	三月大	初一日丁未水井定	宜冠帶移徙動土上樑
二十五日	水 社		月入午後七時十分	初二日戊申土鬼執	
二十六日	木		月入午後八時二十七分	初三日己酉土柳破	
二十七日	金		月入午後九時三十二分	初四日庚戌金星危	
二十八日	土		月入午後十時三十三分	初五日辛亥金張成	
二十九日	日		月入午後十一時三十分	初六日壬子木翼收	
三十日	月			初七日癸丑木軫開	宜移徙裁衣上樑
三十一日	火		月入午前零時二十五分	初八日甲寅水角閉	宜裁衣納財啓攢

春分午後零時十二分 舊二月中

日出午前六時三十七分 晝間十二時八分

日入午後六時四十六分 夜間十一時五十二分

四月小三十日

甘藷의床植、馬鈴薯及瓜類의播種、苗木類의植付、桑園의耕耘
施肥、蠶의催青、種稻의精選、秧板의整地

日	曜	記事	月出入	陰曆	干支	納音	宿	建除	宜
一日	水	◑上弦午後五時十二分	月入午前一時十七分	初九日	乙卯	水	壁	建	宜裁衣
二日	木		月入午前二時五分	初十日	丙辰	土	奎	除	宜移徙裁衣動土上樑
三日	金	神武天皇祭	月入午前二時五十分	十一日	丁巳	土	婁	滿	宜裁衣上樑開市納財
四日	土		月入午前三時三十分	十二日	戊午	火	胃	平	
五日	日		月入午前四時九分	十三日	己未	火	昴	平	清明三月節
六日	月	寒食	月入午前四時四十分	十四日	庚申	木	畢	定	
七日	火		月入午前五時十七分	十五日	辛酉	木	觜	執	
八日	水		月入午前五時五十分	十六日	壬戌	水	參	破	宜破屋
九日	木	○望午後零時三十分	月出午後七時十一分	十七日	癸亥	水	井	危	
十日	金		月出午後八時十分	十八日	甲子	金	鬼	成	宜裁衣上樑開市納財
十一日	土		月出午後九時十四分	十九日	乙丑	金	柳	收	宜納財
十二日	日		月出午後十時十三分	二十日	丙寅	火	星	開	宜移徙裁衣動土上樑開市納財
十三日	月		月出午後十一時二十九分	廿一日	丁卯	火	張	閉	宜裁衣
十四日	火			廿二日	戊辰	木	翼	建	

清明 午後四時二十三分

舊三月節

日出午前六時十五分 晝間十二時四十五分
日入午後六時五十九分 夜間十一時十五分

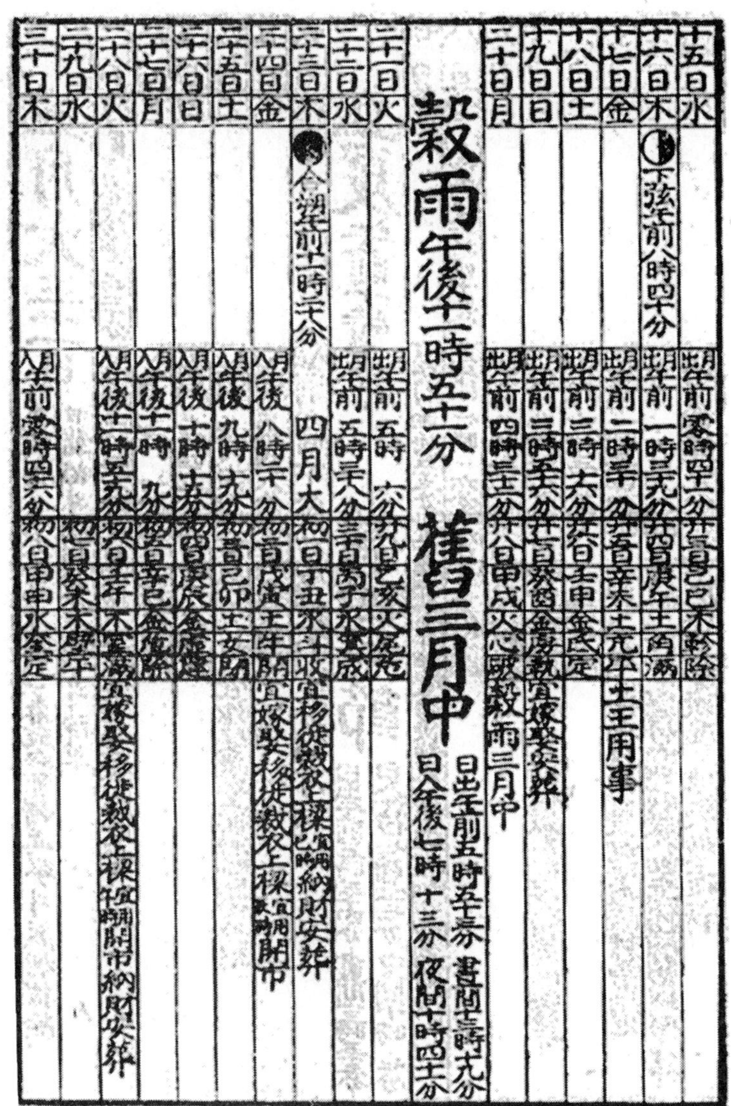

日	月相	月出入	干支	事
十五日水		月出午前零時四十一分	廿三日己巳木軫除	
十六日木	◑下弦午前八時四十分	月出午前一時三十九分	廿四日庚午土角滿	
十七日金		月出午前二時二十分	廿五日辛未土亢平	土王用事
十八日土		月出午前三時十六分	廿六日壬申金氐定	
十九日日		月出午前三時五十六分	廿七日癸酉金房執	宜嫁娶安葬
二十日月		月出午前四時三十三分	廿八日甲戌火心破	穀雨三月中

穀雨午後十一時五十一分 舊三月中

日出午前五時五十四分 晝間十三時十九分

日入午後七時十三分 夜間十時四十一分

日	月相	月出入	干支	事
二十一日火		月出午前五時六分	廿九日乙亥火尾危	
二十二日水		月出午前五時三十八分	三十日丙子水箕成	
二十三日木	●合朔午前十一時二十分	四月大	初一日丁丑水斗收	宜移徙裁衣上樑宜開市納財安葬
二十四日金		月入午後八時二十分	初二日戊寅土牛開	宜嫁娶移徙裁衣上樑宜開市
二十五日土		月入午後九時十六分	初三日己卯土女閉	
二十六日日		月入午後十時十三分	初四日庚辰金虛建	
二十七日月		月入午後十一時九分	初五日辛巳金危除	
二十八日火		月入午後十一時五十九分	初六日壬午木室滿	宜嫁娶移徙裁衣上樑宜開市納財安葬
二十九日水			初七日癸未木壁平	
三十日木		月入午前零時四十六分	初八日甲申水奎定	

五月大三十一日

水稻,棉,粟,大小豆의播種,春蠶의掃立,麥의黑穗拔除,
甘藷苗의移植,果樹園의除草

日	曜	月象	月出入	舊曆	宜
一日	金	◐上弦午後零時二十六分	月入午前一時二十六分	初九日乙酉水婁執	宜移徙上樑[illegible]安葬
二日	土		月入午前二時 七分	初十日丙戌土胃破	
三日	日		月入午前二時四十五分	十一日丁亥土昴危	
四日	月		月入午前三時十六分	十二日戊子火畢成	宜嫁娶裁衣上樑竪柱開市納財
五日	火		月入午前三時四十八分	十三日己丑火觜收	
六日	水		月入午前四時二十分	十四日庚寅木參收	立夏四月節

立夏午前十時十八分　舊四月節

日出午前五時二十四分　晝間十三時五十二分
日入午後七時十六分　夜間十時 八分

日	曜	月象	月出入	舊曆	宜
七日	木		月入午前四時五十三分	十五日辛卯木井開	宜移徙裁衣動土上樑竪柱開市納財
八日	金	○望午後十一時四十三分	月出午後七時 六分	十六日壬辰水鬼閉	
九日	土		月出午後八時十六分	十七日癸巳水柳建	宜裁衣
十日	日		月出午後九時二十六分	十八日甲午金星除	宜嫁娶移徙裁衣動土上樑竪柱安葬
十一日	月		月出午後十時三十三分	十九日乙未金張滿	
十二日	火		月出午後十一時三十四分	二十日丙申火翼平	宜嫁娶移徙裁衣動土上樑竪柱開市納財
十三日	水			廿一日丁酉火軫定	宜[illegible]裁衣動土上樑竪柱開市納財安葬
十四日	木		月出午前零時二十九分	廿二日戊戌木角執	宜嫁娶移徙裁衣動土上樑竪柱[illegible]

日	曜	月象	月出入	陰曆	干支	納音	宿	建除	宜
十五日	金	◑下弦午後二時四十六分	月出午前一時十七分	二十三日	己亥	木	亢	破	
十六日	土		月出午前一時三十八分	二十四日	庚子	土	氐	危	宜嫁娶移徙裁衣動土上樑開市安葬破土啓欑
十七日	日		月出午前二時三十二分	二十五日	辛丑	土	房	成	宜動土上樑安葬破土
十八日	月		月出午前三時 八分	二十六日	壬寅	金	心	收	
十九日	火		月出午前三時四十一分	二十七日	癸卯	金	尾	開	
二十日	水		月出午前四時 十二分	二十八日	甲辰	火	箕	閉	
二十一日	木		月出午前四時四十四分	二十九日	乙巳	火	斗	建	小滿四月中 宜嫁娶移徙裁衣上樑

小滿午後十一時三十三分　舊四月中

日出午前五時二十分　晝間十四時二十分
日入午後七時四十分　夜間九時四十分

日	曜	月象	月出入	陰曆	干支	納音	宿	建除	宜
二十二日	金		月出午前五時十七分	三十日	丙午	水	牛	除	
二十三日	土	●合朔午前零時四十六分	閏四月小	初一日	丁未	水	女	滿	
二十四日	日		月入午後九時 二分	初二日	戊申	土	虛	平	
二十五日	月		月入午後九時五十四分	初三日	己酉	土	危	定	宜冠帶嫁娶移徙裁衣上樑開市納財安葬
二十六日	火		月入午後十時四十二分	初四日	庚戌	金	室	執	宜嫁娶移徙裁衣動土上樑安葬破土
二十七日	水		月入午後十一時三十五分	初五日	辛亥	金	壁	破	
二十八日	木			初六日	壬子	木	奎	危	
二十九日	金		月入午前零時 五分	初七日	癸丑	木	婁	成	宜裁衣動土上樑開市納財
三十日	土		月入午前零時四十三分	初八日	甲寅	水	胃	收	
三十一日	日	◐上弦午前五時四分	月入午前一時十五分	初九日	乙卯	水	昴	開	宜移徙動土上樑

六月小三十日

移秧爲終幕의 桑葉의 採摘, 桑園의 耕耘施肥, 果實의 採收, 繭의 乾燥

日	曜		月出入	陰曆	干支	納音	宿	建除	宜
一日	月		月入午前一時四十二分	初十日	丙辰	土	畢	閉	
二日	火		月入午前二時十六分	十一日	丁巳	土	觜	建	宜葬
三日	水		月入午前二時五十分	十二日	戊午	火	參	除	
四日	木		月入午前三時二十五分	十三日	己未	火	井	滿	
五日	金		月入午前三時五十九分	十四日	庚申	木	鬼	平	
六日	土		月入午前四時四十一分	十五日	辛酉	木	柳	平	芒種五月節
七日	日	○望午前六時四十八分	月出午後八時十四分	十六日	壬戌	水	星	定	宜冠帶上官赴任臨政親民結婚姻納采嫁娶上樑[illegible]
八日	月		月出午後九時二十分	十七日	癸亥	水	張	執	
九日	火		月出午後十時二十分	十八日	甲子	金	翼	破	
十日	水		月出午後十一時二十六分	十九日	乙丑	金	軫	危	
十一日	木		月出午後十一時五十八分	二十日	丙寅	火	角	成	宜嫁娶裁衣動土上樑[illegible]開市納財[illegible]起造修倉
十二日	金			廿一日	丁卯	火	亢	收	
十三日	土	◐下弦午後九時四十四分	月出午前零時二十七分	廿二日	戊辰	木	氐	開	宜移徙裁衣動土上樑[illegible]
十四日	日		月出午前一時十二分	廿三日	己巳	木	房	閉	

芒種午後三時五十一分

舊五月節

日出午前五時十三分　晝間十四時三十二分

日入午後七時五十一分　夜間九時二十八分

日	曜	月相	月出入	陰曆	干支	宜
十五日	月		月出午前一時四十五分	廿四日	庚午土心建	
十六日	火		月出午前二時十六分	廿五日	辛未土尾除	宜移徙動土栽種開倉安葬
十七日	水		月出午前二時四十七分	廿六日	壬申金箕滿	
十八日	木		月出午前三時十九分	廿七日	癸酉金斗平	
十九日	金		月出午前三時五十四分	廿八日	甲戌火牛定	宜冠帶[illegible]裁衣動土栽種開倉納財
二十日	土		月出午前四時三十二分	廿九日	乙亥火女執	
二十一日	日	● 合朔午後三時十七分		初一日	丙子水虛破	
二十二日	月		月入午後八時三十六分	初二日	丁丑水危危	夏至五月中

夏至午前七時五十分

五月大

舊五月中

日出午前五時十三分　晝間十四時四十五分

日入午後七時五十六分　夜間九時十五分

日	曜	月相	月出入	陰曆	干支	宜
二十三日	火		月入午後九時二十四分	初三日	戊寅土室成	宜嫁娶裁衣動土栽種開倉開市納財
二十四日	水		月入午後十時五分	初四日	己卯土壁收	
二十五日	木		月入午後十時三十二分	初五日	庚辰金奎開	
二十六日	金		月入午後十一時十六分	初六日	辛巳金婁閉	
二十七日	土		月入午後十一時四十六分	初七日	壬午木胃建	
二十八日	日			初八日	癸未木昴除	宜嫁娶[illegible]納[illegible]開倉安葬
二十九日	月	◐ 上弦午後六時四十三分	月入午前零時十九分	初九日	甲申水畢滿	宜移徙裁衣開市納財安葬
三十日	火		月入午前零時四十六分	初十日	乙酉水觜平	

七月大三十一日

沓의除草, 蕎麥의播種, 甘藷의反蔓, 夏蠶의掃立, 桑園의除草

日	曜	月相	月出入	陰曆	干支	五行	宿	建除	宜
一日	水		月入午前一時二十一分	十一日	丙戌	土	參	定	宜祭祀[illegible]移徙裁衣動土上樑宜嫁娶納財開市
二日	木		月入午前一時五十四分	十二日	丁亥	土	井	執	
三日	金		月入午前二時三十二分	十三日	戊子	火	鬼	破	
四日	土		月入午前三時十五分	十四日	己丑	火	柳	危	
五日	日		月入午前四時六分	十五日	庚寅	木	星	成	宜動土上樑宜嫁娶納畜破土
六日	月	○望午後一時五十四分	月出午後八時三分	十六日	辛卯	木	張	收	
七日	火		月出午後九時一分	十七日	壬辰	水	翼	開	宜移徙裁衣動土上樑宜開市
八日	水		月出午後九時五十二分	十八日	癸巳	水	軫	開	小暑六月節
九日	木		月出午後十時二十四分	十九日	甲午	金	角	閉	宜裁衣安葬
十日	金		月出午後十一時十三分	二十日	乙未	金	亢	建	宜嫁娶
十一日	土		月出午後十一時四十六分	二十一日	丙申	火	氐	除	
十二日	日			二十二日	丁酉	火	房	滿	
十三日	月	◐下弦午前六時二十四分	月出午前零時十九分	二十三日	戊戌	木	心	平	
十四日	火		月出午前零時五十分	二十四日	己亥	木	尾	定	宜祭祀[illegible]移徙裁衣動土上樑宜開市納財

小暑午前一時二十五分 舊六月節

日出午前五時九分 晝間十四時二十四分

日入午後七時三十三分 夜間九時三十六分

朝[illegible] 天[illegible]臺 發[illegible]

十五日	水	初伏	月出午前一時二十二分	二十五日庚子土	室執	
十六日	木		月出午前一時五十六分	二十六日辛丑土	壁破	
十七日	金		月出午前二時三十二分	二十七日壬寅金	奎危	宜開市納財啓攢
十八日	土		月出午前三時十二分	二十八日癸卯金	婁成	宜嫁娶移徙裁衣動土上樑開市納財啓攢
十九日	日		月出午前三時五十六分	二十九日甲辰火	胃收	宜嫁娶移徙裁衣動土上樑納財安葬
二十日	月		月出午前四時四十三分	三十日乙巳火	昴開	土王用事
二十一日	火	●合朔午前八時四十六分	六月小	初一日丙午水	畢閉	
二十二日	水		月入午後八時四十四分	初二日丁未水	觜建	
二十三日	木		月入午後九時十九分	初三日戊申土	參除	大暑六月中
大暑午後六時四十五分 舊六月中			日出午前五時三十九分 晝間十四時二十一分	日入午後七時五十八分 夜間九時三十九分		
二十四日	金		月入午後九時五十一分	初四日己酉土	井滿	宜嫁娶移徙裁衣上樑開市納財
二十五日	土	中伏	月入午後十時二十一分	初五日庚戌金	鬼平	
二十六日	日		月入午後十時五十二分	初六日辛亥金	柳定	宜冠帶移徙裁衣上樑納財
二十七日	月		月入午後十一時二十二分	初七日壬子木	星執	
二十八日	火		月入午後十一時五十三分	初八日癸丑木	張破	
二十九日	水	◐上弦午前九時十三分		初九日甲寅水	翼危	宜移徙裁衣上樑開市納財安葬啓攢
三十日	木		月入午前零時二十八分	初十日乙卯水	軫成	宜嫁娶移徙上樑啓攢
三十一日	金		月入午前一時 七分	十一日丙辰土	角收	宜納財

八月大三十一日

白菜·蘿蔔의播種, 果樹園의耕耘, 桑天牛卯의取除, 秋蠶의掃立

日	曜	記事	月出入	陰曆	干支	納音	宿	直	宜忌
一日	土		月入 午前一時五十二分	十二日	丁巳	土	柳	開	
二日	日		月入 午前二時四十五分	十三日	戊午	火	星	閉	
三日	月		月入 午前三時四十六分	十四日	己未	火	張	建	
四日	火	○望午後[illegible]時[illegible]分月食	月出 午後七時五十六分	十五日	庚申	木	翼	除	
五日	水		月出 午後八時二十五分	十六日	辛酉	木	軫	滿	
六日	木		月出 午後九時六分	十七日	壬戌	水	角	平	
七日	金		月出 午後九時四十三分	十八日	癸亥	水	亢	定	
八日	土		月出 午後十時十七分	十九日	甲子	金	氐	定	立秋七月節 宜嫁娶裁衣動土移徙[illegible]
九日	日		月出 午後十時五十分	二十日	乙丑	金	房	執	
十日	月		月出 午後十一時二十三分	廿一日	丙寅	火	心	破	
十一日	火	◐下弦午後六時十一分	月出 午後十一時五十七分	廿二日	丁卯	火	尾	危	宜嫁娶移徙裁衣上樑 宜用[illegible]時 安床[illegible]橫
十二日	水			廿三日	戊辰	木	箕	成	
十三日	木		月出 午前零時三十三分	廿四日	己巳	木	斗	收	
十四日	金	末伏	月出 午前一時十一分	廿五日	庚午	土	牛	開	

立秋 午前十一時分

舊七月節 日出午前五時四十三分 晝間十三時[illegible]分 日入午後七時[illegible]分 夜間十時[illegible]分

天長節

日	曜	弦望	月出入	舊曆	干支	納音	宿	建除	宜
十五日	土		月出午前一時五十四分	廿六日	辛未	土	女	開	
十六日	日		月出午前二時四十分	廿七日	壬申	金	虛	建	宜裁衣上樑[illegible]納財安葬
十七日	月		月出午前三時二十九分	廿八日	癸酉	金	危	除	宜裁衣動土上樑[illegible]納財安葬
十八日	火		月出午前四時二十二分	廿九日	甲戌	火	室	滿	
十九日	水	● 合朔午後七時十五分	七月大	初一日	乙亥	火	壁	平	
二十日	木		月入午後七時五十四分	初二日	丙子	水	奎	定	宜[illegible]嫁娶移徙裁衣動土上樑[illegible]納財[illegible]
二十一日	金		月入午後八時二十五分	初三日	丁丑	水	婁	執	宜嫁娶裁衣動土上樑[illegible]納財安葬
二十二日	土		月入午後八時五十五分	初四日	戊寅	土	胃	破	
二十三日	日		月入午後九時二十五分	初五日	己卯	土	昴	危	
二十四日	月		月入午後九時五十六分	初六日	庚辰	金	畢	成	處暑七月中

處暑午前一時三十四分

舊七月中

日出午前五時五十六分　晝間十三時十九分

日入午後七時　十五分　夜間十時四十一分

日	曜	弦望	月出入	舊曆	干支	納音	宿	建除	宜
二十五日	火		月入午後十時二十九分	初七日	辛巳	金	觜	收	
二十六日	水		月入午後十一時　五分	初八日	壬午	木	參	開	宜嫁娶移徙動土上樑[illegible]
二十七日	木	◐ 上弦午後一時四十六分	月入午後十一時四十六分	初九日	癸未	木	井	閉	
二十八日	金			初十日	甲申	水	鬼	建	宜冠帶裁衣納財
二十九日	土		月入午前零時三十四分	十一日	乙酉	水	柳	除	宜安葬
三十日	日		月入午前一時三十分	十二日	丙戌	土	星	滿	宜裁衣
三十一日	月		月入午前二時三十三分	十三日	丁亥	土	張	平	

九月小三十日

螟蟲被害稻의拔除焼却、小麥의播種

日	曜	月相	月出入	舊曆	干支	納音	宿	直	宜
一日	火		月入午前三時四十三分	十四日	戊子	火	翼	定	
二日	水		月入午前四時五十四分	十五日	己丑	火	軫	執	
三日	木	○望午前四時五十三分	月出午後七時三十六分	十六日	庚寅	木	角	破	
四日	金		月出午後八時十三分	十七日	辛卯	木	亢	危	宜啓櫕
五日	土		月出午後八時四十七分	十八日	壬辰	水	氐	成	宜裁衣動土探[illegible]開市納財安葬
六日	日		月出午後九時二十分	十九日	癸巳	水	房	收	宜嫁娶移徙裁衣動土探[illegible]開市納財
七日	月		月出午後九時五十四分	二十日	甲午	金	心	開	
八日	火		月出午後十時三十一分	廿一日	乙未	金	尾	閉	白露八月節

白露午後一時四十一分　舊八月節

日出午前六時　九分　晝間十二時四十五分
日入午後六時五十四分　夜間十一時十五分

日	曜	月相	月出入	舊曆	干支	納音	宿	直	宜
九日	水		月出午後十一時　八分	廿二日	丙申	火	箕	閉	宜安葬
十日	木	◐下弦午前九時十二分	月出午後十一時四十九分	廿三日	丁酉	火	斗	建	
十一日	金			廿四日	戊戌	木	牛	除	
十二日	土		月出午前零時三十五分	廿五日	己亥	木	女	滿	宜移徙裁衣開市納財
十三日	日		月出午前一時二十三分	廿六日	庚子	土	虚	平	
十四日	月		月出午前二時十五分	廿七日	辛丑	土	危	定	宜裁衣納財

日	曜	朔望	月出入	陰曆	干支	納音	宿	建除	宜
十五日	火		月出午前三時十分	廿八日	壬寅	金	室	執	
十六日	水		月出午前四時六分	廿九日	癸卯	金	壁	破	
十七日	木		月出午前五時三分	三十日	甲辰	火	奎	危	
十八日	金	● 合朔午後一時十二分	八月大	初一日	乙巳	火	婁	成	宜移徙裁衣動土上樑(宜用巳時)開市納財
十九日	土		月入午後七時二十七分	初二日	丙午	水	胃	收	
二十日	日		月入午後七時五十八分	初三日	丁未	水	昴	開	宜移徙裁衣上樑(宜用巳時)
二十一日	月 社		月入午後八時三十分	初四日	戊申	土	畢	閉	宜裁衣納財安葬
二十二日	火		月入午後九時六分	初五日	己酉	土	觜	建	
二十三日	水		月入午後九時四十五分	初六日	庚戌	金	參	除	秋分八月中 宜裁衣動土上樑(宜用巳時)納財安葬

秋分午後十時四十四分　舊八月中

日出午前六時二十一分　晝間十二時九分
日入午後六時三十分　夜間十一時五十一分

日	曜	朔望	月出入	陰曆	干支	納音	宿	建除	宜
二十四日	木		月入午後十時三十分	初七日	辛亥	金	井	滿	宜移徙裁衣
二十五日	金	◐ 上弦午後八時五十二分	月入午後十一時二十三分	初八日	壬子	木	鬼	平	
二十六日	土			初九日	癸丑	木	柳	定	宜移徙裁衣動土上樑(宜用巳時)納財
二十七日	日		月入午前零時二十一分	初十日	甲寅	水	星	執	
二十八日	月		月入午前一時二十五分	十一日	乙卯	水	張	破	
二十九日	火		月入午前二時三十四分	十二日	丙辰	土	翼	危	
三十日	水		月入午前三時四十四分	十三日	丁巳	土	軫	成	宜嫁娶移徙裁衣動土上樑(宜用巳時)開市納財

十月大三十一日 大麥의播種、桑園의害蟲驅除、果實의貯藏、種稻의選穗

日	月相	月出入	陰曆	干支	納音	宿	十二直	宜忌
一日木		月入前四時五十四分	十四日	戊午	火	角	收	
二日金	○望午後二時二十三分	月出後六時四十一分	十五日	己未	火	亢	開	宜移徙裁衣動土栽種醞釀
三日土		月出後七時十五分	十六日	庚申	木	氐	閉	宜裁衣納財安葬
四日日		月出後七時四十九分	十七日	辛酉	木	房	建	
五日月		月出後八時二十四分	十八日	壬戌	水	心	除	宜移徙動土栽種醞釀
六日火		月出後九時一分	十九日	癸亥	水	尾	滿	
七日水		月出後九時四十三分	二十日	甲子	金	箕	平	
八日木		月出後十時二十七分	二十一日	乙丑	金	斗	定	宜嫁娶移徙裁衣動土栽種醞釀納財安葬
九日金		月出後十一時十五分	二十二日	丙寅	火	牛	定	寒露九月節
寒露午前四時四十八分 舊九月節	日出午前六時二十五分 晝間十一時二十一分	日入午後五時四十六分 夜間十二時三十九分						
十日土	◑下弦午前三時三十四分		二十三日	丁卯	火	女	執	
十一日日		月出前零時六分	二十四日	戊辰	木	虛	破	宜破屋
十二日月		月出前一時零分	二十五日	己巳	木	危	危	
十三日火		月出前一時五十五分	二十六日	庚午	土	室	成	宜嫁娶移徙裁衣動土栽種醞釀開市納財安葬
十四日水		月出前二時五十二分	二十七日	辛未	土	壁	收	

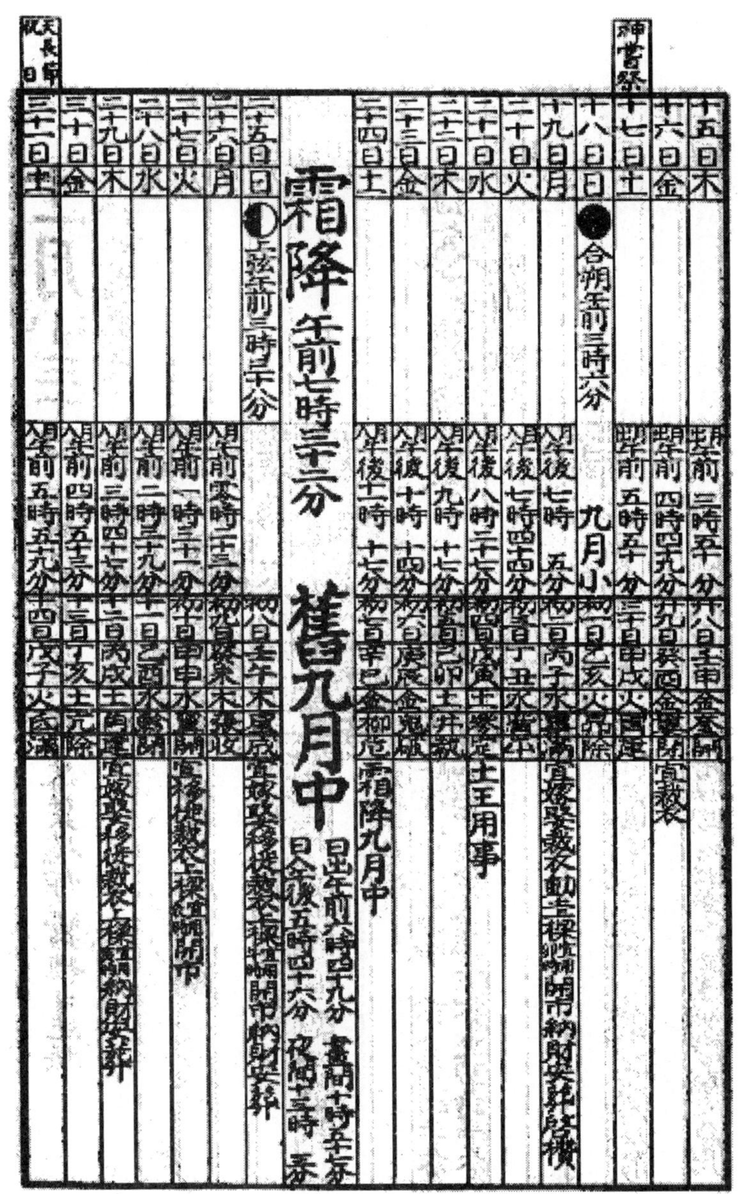

日	曜	朔弦	月出入	陰曆	干支	五行	宿	十二直	記事
十五日	木		月出午前三時五十分	廿八日	壬申	金	奎	開	
十六日	金		月出午前四時四十九分	廿九日	癸酉	金	婁	閉	宜裁衣
十七日	土		月出午前五時五十分	三十日	甲戌	火	胃	建	神嘗祭
十八日	日	● 合朔午前三時六分	九月小	初一日	乙亥	火	昴	除	
十九日	月		月入午後七時五分	初二日	丙子	水	畢	滿	宜嫁娶裁衣動土豎柱上樑開市納財安葬[illegible]
二十日	火		月入午後七時四十四分	初三日	丁丑	水	觜	平	
二十一日	水		月入午後八時二十六分	初四日	戊寅	土	參	定	土王用事
二十二日	木		月入午後九時十七分	初五日	己卯	土	井	執	
二十三日	金		月入午後十時十四分	初六日	庚辰	金	鬼	破	
二十四日	土		月入午後十一時十七分	初七日	辛巳	金	柳	危	霜降九月中
二十五日	日	◑ 上弦午前三時二十分		初八日	壬午	木	星	成	宜嫁娶移徙裁衣豎柱上樑開市納財安葬
二十六日	月		月入午前零時二十三分	初九日	癸未	木	張	收	
二十七日	火		月入午前一時二十一分	初十日	甲申	水	翼	開	宜移徙裁衣上樑開市
二十八日	水		月入午前二時二十九分	十一日	乙酉	水	軫	閉	
二十九日	木		月入午前三時四十七分	十二日	丙戌	土	角	建	宜嫁娶移徙裁衣上樑開市納財安葬
三十日	金		月入午前四時五十三分	十三日	丁亥	土	亢	除	
三十一日	土		月入午前五時五十九分	十四日	戊子	火	氐	滿	天長節祝日

霜降 午前七時三十二分 舊九月中

日出午前六時四十九分 晝間十時五十七分

日入午後五時四十六分 夜間十三時 三分

十一月小三十日 田畓의秋耕、果樹園의落葉焼却、蠶種의洗滌

日	曜	月相	月出	舊曆	宜
一日	日	○望午前一時十七分	午後六時十九分	十五日己丑火房平	
二日	月		午後六時五十六分	十六日庚寅木心定	
三日	火		午後七時三十五分	十七日辛卯木尾執	宜移徙裁衣上樑開市安葬啓攢
四日	水		午後八時十九分	十八日壬辰水箕破	
五日	木		午後九時六分	十九日癸巳水斗危	宜嫁娶移徙裁衣上樑開市納財
六日	金		午後九時五十六分	二十日甲午金牛成	宜嫁娶移徙裁衣上樑立柱開市納財安葬
七日	土		午後十時四十九分	二十一日乙未金女收	
八日	日		午後十一時四十四分	二十二日丙申火虛收	立冬十月節
九日	月	◐下弦午前零時十三分		二十三日丁酉火危開	
十日	火		午前零時四十分	二十四日戊戌木室閉	
十一日	水		午前一時三十七分	二十五日己亥木壁建	
十二日	木		午前二時三十五分	二十六日庚子土奎除	宜嫁娶移徙裁衣動土上樑立柱開市安葬啓攢
十三日	金		午前三時三十四分	二十七日辛丑土婁滿	
十四日	土		午前四時三十六分	二十八日壬寅金胃平	宜嫁娶移徙裁衣動土上樑立柱開市納財

立冬午前七時二十七分

舊十月節

日出午前七時四分 晝間十時二十五分

日入午後五時二十九分 夜間十三時三十五分

新嘗祭

小雪午前四時三十六分 舊十月中

日出午前七時三十分 晝間九時五十分
日入午後五時十九分 夜間十四時十分

日	曜	月相	月出入	陰曆	干支	納音	宿	建除	宜
十五日	日		月出午前五時五十九分	卄九日	癸卯	金	昴	定	
十六日	月	合朔午後三時五十分	十月大	初一日	甲辰	火	畢	執	宜移徙上樑宜用辰時安葬
十七日	火		月入午後六時三十一分	初二日	乙巳	火	觜	破	宜破屋
十八日	水		月入午後七時十分	初三日	丙午	水	參	危	
十九日	木		月入午後八時六分	初四日	丁未	水	井	成	宜裁衣動土上樑宜用巳時開市納財
二十日	金		月入午後九時八分	初五日	戊申	土	鬼	收	
二十一日	土		月入午後十時十五分	初六日	己酉	土	柳	開	宜嫁娶移徙裁衣動土上樑宜用午時開市納財
二十二日	日		月入午後十一時二十三分	初七日	庚戌	金	星	閉	
二十三日	月	上弦午前十一時六分		初八日	辛亥	金	張	建	小雪十月中
二十四日	火		月入午前零時三十二分	初九日	壬子	木	翼	除	
二十五日	水		月入午前一時三十八分	初十日	癸丑	木	軫	滿	
二十六日	木		月入午前二時四十三分	十一日	甲寅	水	角	平	宜移徙裁衣動土上樑宜用卯時開市納財安葬啓攢
二十七日	金		月入午前三時四十七分	十二日	乙卯	水	亢	定	宜[illegible]嫁娶移徙裁衣動土上樑宜用[illegible]開市納財安葬啓攢
二十八日	土		月入午前四時五十一分	十三日	丙辰	土	氐	執	
二十九日	日		月入午前五時五十三分	十四日	丁巳	土	房	破	
三十日	月	望午後五時十一分	月出午後五時三十分	十五日	戊午	火	心	危	

十二月大三十一日

收穫物의整理 農具의修理整頓

日	曜	記事	月出	陰曆	干支	納音	建除	宜
一日	火		月出午後六時十三分	十六日	己未	火	成	[illegible]裁衣動土[illegible]開市納財安葬
二日	水		月出午後六時五十六分	十七日	庚申	木	收	[illegible]裁衣動土[illegible]納財安葬
三日	木		月出午後七時四十五分	十八日	辛酉	木	開	
四日	金		月出午後八時三十八分	十九日	壬戌	水	閉	
五日	土		月出午後九時三十五分	二十日	癸亥	水	建	
六日	日		月出午後十時二十九分	二十一日	甲子	金	除	嫁娶移徙裁衣動土[illegible]開市納財安葬
七日	月		月出午後十一時二十三分	二十二日	乙丑	金	除	大雪十一月節

大雪 午後十一時五十三分　舊十一月節

日出午前七時二十四分　晝間九時四十一分
日入午後五時十五分　夜間十四時十九分

日	曜	記事	月出	陰曆	干支	納音	建除	宜
八日	火	◐下弦午後九時十分		二十三日	丙寅	火	滿	
九日	水		月出午前零時二十一分	二十四日	丁卯	火	平	
十日	木		月出午前一時十六分	二十五日	戊辰	木	定	嫁娶移徙裁衣動土[illegible]開市納財
十一日	金		月出午前二時十八分	二十六日	己巳	木	執	
十二日	土		月出午前三時二十分	二十七日	庚午	土	破	
十三日	日		月出午前四時二十四分	二十八日	辛未	土	危	
十四日	月		月出午前五時三十一分	二十九日	壬申	金	成	嫁娶移徙裁衣動土[illegible]開市納財安葬

日	月相	月出入	陰曆	干支	五行	宿	建除	宜
十五日火		月入午前六時四十[illegible]分	三十日	癸酉	金	觜	收	
十六日水	合朔午前四時[illegible]分	十一月小	初一日	甲戌	火	參	開	宜裁衣動土上樑 宜用[illegible]時
十七日木		月出午後六時五十六分	初二日	乙亥	火	井	閉	宜裁衣納[illegible]
十八日金		月出午後八時零分	初三日	丙子	水	鬼	建	
十九日土		月出午後九時十一分	初四日	丁丑	水	柳	除	宜[illegible]移徙裁衣動土上樑 宜用[illegible]時 納財安葬
二十日日		月出午後十時二十二分	初五日	戊寅	土	星	滿	
二十一日月		月出午後十一時三十[illegible]分	初六日	己卯	土	張	平	
二十二日火	上弦午後八時[illegible]分		初七日	庚辰	金	翼	定	冬至十一月中

冬至午後五時三十七分 舊十一月中

日出午前七時四十五分 晝間九時三十四分

日入午後五時十九分 夜間十四時二十六分

日	月相	月出入	陰曆	干支	五行	宿	建除	宜
二十三日水		月入午前零時三十六分	初八日	辛巳	金	軫	執	
二十四日木		月入午前一時四十分	初九日	壬午	木	角	破	
二十五日金		月入午前二時四十三分	初十日	癸未	木	亢	危	
二十六日土		月入午前三時四十五分	十一日	甲申	水	氐	成	宜裁衣上樑 宜用[illegible]時 開市納財安葬
二十七日日		月入午前四時四十六分	十二日	乙酉	水	房	收	
二十八日月		月入午前五時四十六分	十三日	丙戌	土	心	開	宜裁衣動土上樑 宜用[illegible]時
二十九日火		月入午前六時四十三分	十四日	丁亥	土	尾	閉	
三十日水	望午前十一時一分	月出午後五時四十分	十五日	戊子	火	箕	建	
三十一日木		月出午後六時三十一分	十六日	己丑	火	斗	除	

年歳對照

文政九年	丙戌	一百歳
文政十年	丁亥	九十九歳
文政十一年	戊子	九十八歳
文政十二年	己丑	九十七歳
天保元年	庚寅	九十六歳
天保二年	辛卯	九十五歳
天保三年	壬辰	九十四歳
天保四年	癸巳	九十三歳
天保五年	甲午	九十二歳
天保六年	乙未	九十一歳
天保七年	丙申	九十歳
天保八年	丁酉	八十九歳
天保九年	戊戌	八十八歳
天保十年	己亥	八十七歳
天保十一年	庚子	八十六歳
天保十二年	辛丑	八十五歳
天保十三年	壬寅	八十四歳
天保十四年	癸卯	八十三歳
弘化元年	甲辰	八十二歳
弘化二年	乙巳	八十一歳
弘化三年	丙午	八十歳
弘化四年	丁未	七十九歳
嘉永元年	戊申	七十八歳
嘉永二年	己酉	七十七歳
嘉永三年	庚戌	七十六歳
嘉永四年	辛亥	七十五歳
嘉永五年	壬子	七十四歳
嘉永六年	癸丑	七十三歳
安政元年	甲寅	七十二歳
安政二年	乙卯	七十一歳
安政三年	丙辰	七十歳
安政四年	丁巳	六十九歳
安政五年	戊午	六十八歳
安政六年	己未	六十七歳
萬延元年	庚申	六十六歳
文久元年	辛酉	六十五歳
文久二年	壬戌	六十四歳
文久三年	癸亥	六十三歳
元治元年	甲子	六十二歳
慶應元年	乙丑	六十一歳
慶應二年	丙寅	六十歳
慶應三年	丁卯	五十九歳
明治元年	戊辰	五十八歳
明治二年	己巳	五十七歳
明治三年	庚午	五十六歳
明治四年	辛未	五十五歳
明治五年	壬申	五十四歳
明治六年	癸酉	五十三歳
明治七年	甲戌	五十二歳
明治八年	乙亥	五十一歳
明治九年	丙子	五十歳
明治十年	丁丑	四十九歳
明治十一年	戊寅	四十八歳
明治十二年	己卯	四十七歳
明治十三年	庚辰	四十六歳
明治十四年	辛巳	四十五歳
明治十五年	壬午	四十四歳
明治十六年	癸未	四十三歳
明治十七年	甲申	四十二歳
明治十八年	乙酉	四十一歳
明治十九年	丙戌	四十歳
明治二十年	丁亥	三十九歳
明治二十一年	戊子	三十八歳
明治二十二年	己丑	三十七歳
明治二十三年	庚寅	三十六歳
明治二十四年	辛卯	三十五歳
明治二十五年	壬辰	三十四歳
明治二十六年	癸巳	三十三歳
明治二十七年	甲午	三十二歳
明治二十八年	乙未	三十一歳
明治二十九年	丙申	三十歳
明治三十年	丁酉	二十九歳
明治三十一年	戊戌	二十八歳
明治三十二年	己亥	二十七歳
明治三十三年	庚子	二十六歳
明治三十四年	辛丑	二十五歳
明治三十五年	壬寅	二十四歳
明治三十六年	癸卯	二十三歳
明治三十七年	甲辰	二十二歳
明治三十八年	乙巳	二十一歳
明治三十九年	丙午	二十歳
明治四十年	丁未	十九歳
明治四十一年	戊申	十八歳
明治四十二年	己酉	十七歳
明治四十三年	庚戌	十六歳
明治四十四年	辛亥	十五歳
明治四十五年 大正元年	壬子	十四歳
大正二年	癸丑	十三歳
大正三年	甲寅	十二歳
大正四年	乙卯	十一歳
大正五年	丙辰	十歳
大正六年	丁巳	九歳
大正七年	戊午	八歳
大正八年	己未	七歳
大正九年	庚申	六歳
大正十年	辛酉	五歳
大正十一年	壬戌	四歳
大正十二年	癸亥	三歳
大正十三年	甲子	二歳
大正十四年	乙丑	一歳

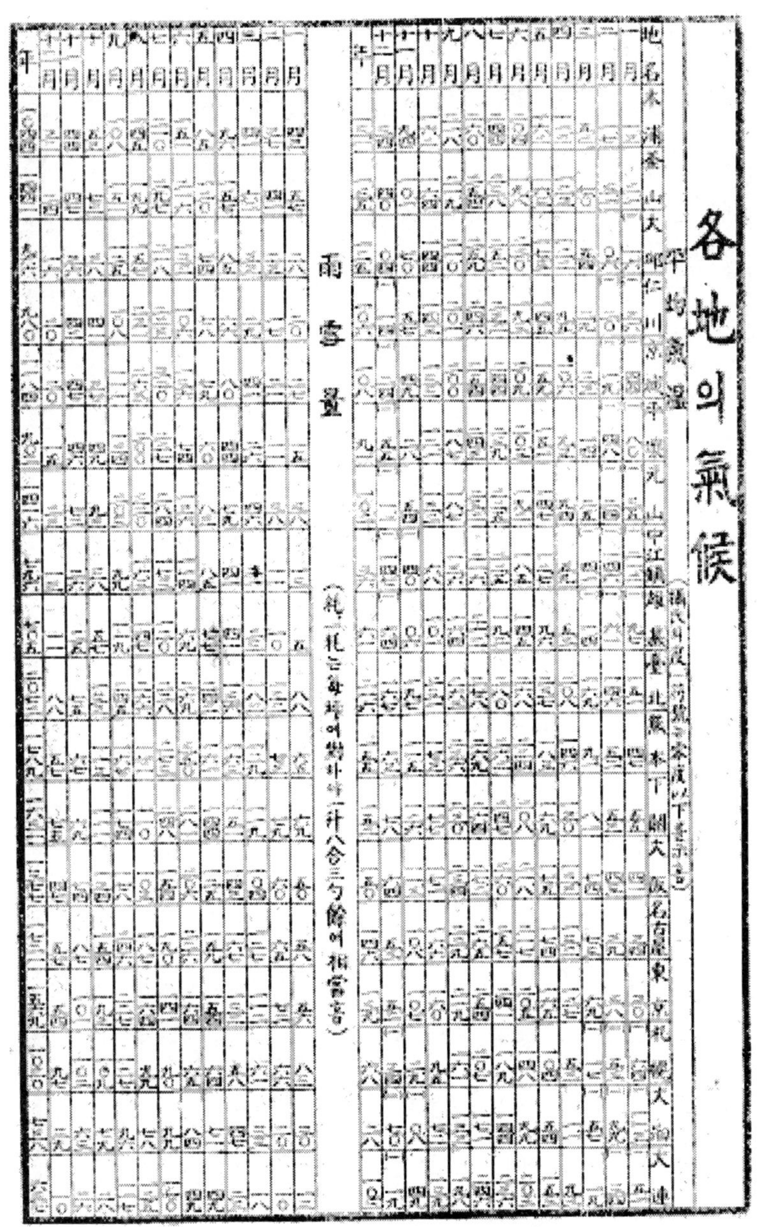

各地의氣候

平均氣溫 (攝氏의度 負號는零度以下를示함)

地名	一月	二月	三月	四月	五月	六月	七月	八月	九月	十月	十一月	十二月	平年
木浦	[illegible]	[illegible]	[illegible]	[illegible]	[illegible]	[illegible]	[illegible]	[illegible]	[illegible]	[illegible]	[illegible]	[illegible]	[illegible]
釜山	[illegible]	[illegible]	[illegible]	[illegible]	[illegible]	[illegible]	[illegible]	[illegible]	[illegible]	[illegible]	[illegible]	[illegible]	[illegible]
大邱	[illegible]	[illegible]	[illegible]	[illegible]	[illegible]	[illegible]	[illegible]	[illegible]	[illegible]	[illegible]	[illegible]	[illegible]	[illegible]
仁川	[illegible]	[illegible]	[illegible]	[illegible]	[illegible]	[illegible]	[illegible]	[illegible]	[illegible]	[illegible]	[illegible]	[illegible]	[illegible]
京城	[illegible]	[illegible]	[illegible]	[illegible]	[illegible]	[illegible]	[illegible]	[illegible]	[illegible]	[illegible]	[illegible]	[illegible]	[illegible]
平壤	[illegible]	[illegible]	[illegible]	[illegible]	[illegible]	[illegible]	[illegible]	[illegible]	[illegible]	[illegible]	[illegible]	[illegible]	[illegible]
元山	[illegible]	[illegible]	[illegible]	[illegible]	[illegible]	[illegible]	[illegible]	[illegible]	[illegible]	[illegible]	[illegible]	[illegible]	[illegible]
中江鎭	[illegible]	[illegible]	[illegible]	[illegible]	[illegible]	[illegible]	[illegible]	[illegible]	[illegible]	[illegible]	[illegible]	[illegible]	[illegible]
城津	[illegible]	[illegible]	[illegible]	[illegible]	[illegible]	[illegible]	[illegible]	[illegible]	[illegible]	[illegible]	[illegible]	[illegible]	[illegible]
臺北	[illegible]	[illegible]	[illegible]	[illegible]	[illegible]	[illegible]	[illegible]	[illegible]	[illegible]	[illegible]	[illegible]	[illegible]	[illegible]
熊本	[illegible]	[illegible]	[illegible]	[illegible]	[illegible]	[illegible]	[illegible]	[illegible]	[illegible]	[illegible]	[illegible]	[illegible]	[illegible]
下關	[illegible]	[illegible]	[illegible]	[illegible]	[illegible]	[illegible]	[illegible]	[illegible]	[illegible]	[illegible]	[illegible]	[illegible]	[illegible]
大阪	[illegible]	[illegible]	[illegible]	[illegible]	[illegible]	[illegible]	[illegible]	[illegible]	[illegible]	[illegible]	[illegible]	[illegible]	[illegible]
名古屋	[illegible]	[illegible]	[illegible]	[illegible]	[illegible]	[illegible]	[illegible]	[illegible]	[illegible]	[illegible]	[illegible]	[illegible]	[illegible]
東京	[illegible]	[illegible]	[illegible]	[illegible]	[illegible]	[illegible]	[illegible]	[illegible]	[illegible]	[illegible]	[illegible]	[illegible]	[illegible]
札幌	[illegible]	[illegible]	[illegible]	[illegible]	[illegible]	[illegible]	[illegible]	[illegible]	[illegible]	[illegible]	[illegible]	[illegible]	[illegible]
大泊	[illegible]	[illegible]	[illegible]	[illegible]	[illegible]	[illegible]	[illegible]	[illegible]	[illegible]	[illegible]	[illegible]	[illegible]	[illegible]
大連	[illegible]	[illegible]	[illegible]	[illegible]	[illegible]	[illegible]	[illegible]	[illegible]	[illegible]	[illegible]	[illegible]	[illegible]	[illegible]

雨雪量 (粍 粍은每坪에對하야一升八合三勺餘에相當함)

地名	一月	二月	三月	四月	五月	六月	七月	八月	九月	十月	十一月	十二月	平年
木浦	[illegible]	[illegible]	[illegible]	[illegible]	[illegible]	[illegible]	[illegible]	[illegible]	[illegible]	[illegible]	[illegible]	[illegible]	[illegible]
釜山	[illegible]	[illegible]	[illegible]	[illegible]	[illegible]	[illegible]	[illegible]	[illegible]	[illegible]	[illegible]	[illegible]	[illegible]	[illegible]
大邱	[illegible]	[illegible]	[illegible]	[illegible]	[illegible]	[illegible]	[illegible]	[illegible]	[illegible]	[illegible]	[illegible]	[illegible]	[illegible]
仁川	[illegible]	[illegible]	[illegible]	[illegible]	[illegible]	[illegible]	[illegible]	[illegible]	[illegible]	[illegible]	[illegible]	[illegible]	[illegible]
京城	[illegible]	[illegible]	[illegible]	[illegible]	[illegible]	[illegible]	[illegible]	[illegible]	[illegible]	[illegible]	[illegible]	[illegible]	[illegible]
平壤	[illegible]	[illegible]	[illegible]	[illegible]	[illegible]	[illegible]	[illegible]	[illegible]	[illegible]	[illegible]	[illegible]	[illegible]	[illegible]
元山	[illegible]	[illegible]	[illegible]	[illegible]	[illegible]	[illegible]	[illegible]	[illegible]	[illegible]	[illegible]	[illegible]	[illegible]	[illegible]
中江鎭	[illegible]	[illegible]	[illegible]	[illegible]	[illegible]	[illegible]	[illegible]	[illegible]	[illegible]	[illegible]	[illegible]	[illegible]	[illegible]
城津	[illegible]	[illegible]	[illegible]	[illegible]	[illegible]	[illegible]	[illegible]	[illegible]	[illegible]	[illegible]	[illegible]	[illegible]	[illegible]
臺北	[illegible]	[illegible]	[illegible]	[illegible]	[illegible]	[illegible]	[illegible]	[illegible]	[illegible]	[illegible]	[illegible]	[illegible]	[illegible]
熊本	[illegible]	[illegible]	[illegible]	[illegible]	[illegible]	[illegible]	[illegible]	[illegible]	[illegible]	[illegible]	[illegible]	[illegible]	[illegible]
下關	[illegible]	[illegible]	[illegible]	[illegible]	[illegible]	[illegible]	[illegible]	[illegible]	[illegible]	[illegible]	[illegible]	[illegible]	[illegible]
大阪	[illegible]	[illegible]	[illegible]	[illegible]	[illegible]	[illegible]	[illegible]	[illegible]	[illegible]	[illegible]	[illegible]	[illegible]	[illegible]
名古屋	[illegible]	[illegible]	[illegible]	[illegible]	[illegible]	[illegible]	[illegible]	[illegible]	[illegible]	[illegible]	[illegible]	[illegible]	[illegible]
東京	[illegible]	[illegible]	[illegible]	[illegible]	[illegible]	[illegible]	[illegible]	[illegible]	[illegible]	[illegible]	[illegible]	[illegible]	[illegible]
札幌	[illegible]	[illegible]	[illegible]	[illegible]	[illegible]	[illegible]	[illegible]	[illegible]	[illegible]	[illegible]	[illegible]	[illegible]	[illegible]
大泊	[illegible]	[illegible]	[illegible]	[illegible]	[illegible]	[illegible]	[illegible]	[illegible]	[illegible]	[illegible]	[illegible]	[illegible]	[illegible]
大連	[illegible]	[illegible]	[illegible]	[illegible]	[illegible]	[illegible]	[illegible]	[illegible]	[illegible]	[illegible]	[illegible]	[illegible]	[illegible]

氣溫의最高最低及雨雪量의最大日量（氣溫中一符號는零度以下를示함）

地名	最高氣溫攝氏度	最低氣溫攝氏度	雨雪量(粍)
木浦	[illegible]	[illegible]	[illegible]
釜山	[illegible]	[illegible]	[illegible]
大邱	[illegible]	[illegible]	[illegible]
仁川	[illegible]	[illegible]	[illegible]
京城	[illegible]	[illegible]	[illegible]
平壤	[illegible]	[illegible]	[illegible]
元山	[illegible]	[illegible]	[illegible]
中江鎭	[illegible]	[illegible]	[illegible]
雄基	[illegible]	[illegible]	[illegible]
臺北	[illegible]	[illegible]	[illegible]
熊本	[illegible]	[illegible]	[illegible]
下關	[illegible]	[illegible]	[illegible]
大阪	[illegible]	[illegible]	[illegible]
名古屋	[illegible]	[illegible]	[illegible]
東京	[illegible]	[illegible]	[illegible]
札幌	[illegible]	[illegible]	[illegible]
大泊	[illegible]	[illegible]	[illegible]
大連	[illegible]	[illegible]	[illegible]

度量衡表

系	度						面積		量			衡		
米突法	[illegible]	[illegible]	[illegible]	[illegible]	[illegible]	[illegible]	土地 [illegible]	[illegible]	[illegible]	[illegible]	[illegible]	[illegible]	[illegible]	[illegible]
尺貫法	[illegible]	[illegible]	[illegible]	[illegible]	[illegible]	[illegible]	[illegible]	[illegible]	[illegible]	[illegible]	[illegible]	[illegible]	[illegible]	[illegible]
[illegible]法	[illegible]	[illegible]	[illegible]	[illegible]	[illegible]	[illegible]	[illegible]	[illegible]	[illegible]	[illegible]	[illegible]	[illegible]	[illegible]	[illegible]

尺	間	町	里	[illegible]	段	升	貫	斤	米突	鯨尺	[illegible]	[illegible]	[illegible]	[illegible]	[illegible]	[illegible]	[illegible]
[illegible]	[illegible]	[illegible]	[illegible]	[illegible]	[illegible]	[illegible]	[illegible]	[illegible]	[illegible]	[illegible]	[illegible]	[illegible]	[illegible]	[illegible]	[illegible]	[illegible]	[illegible]

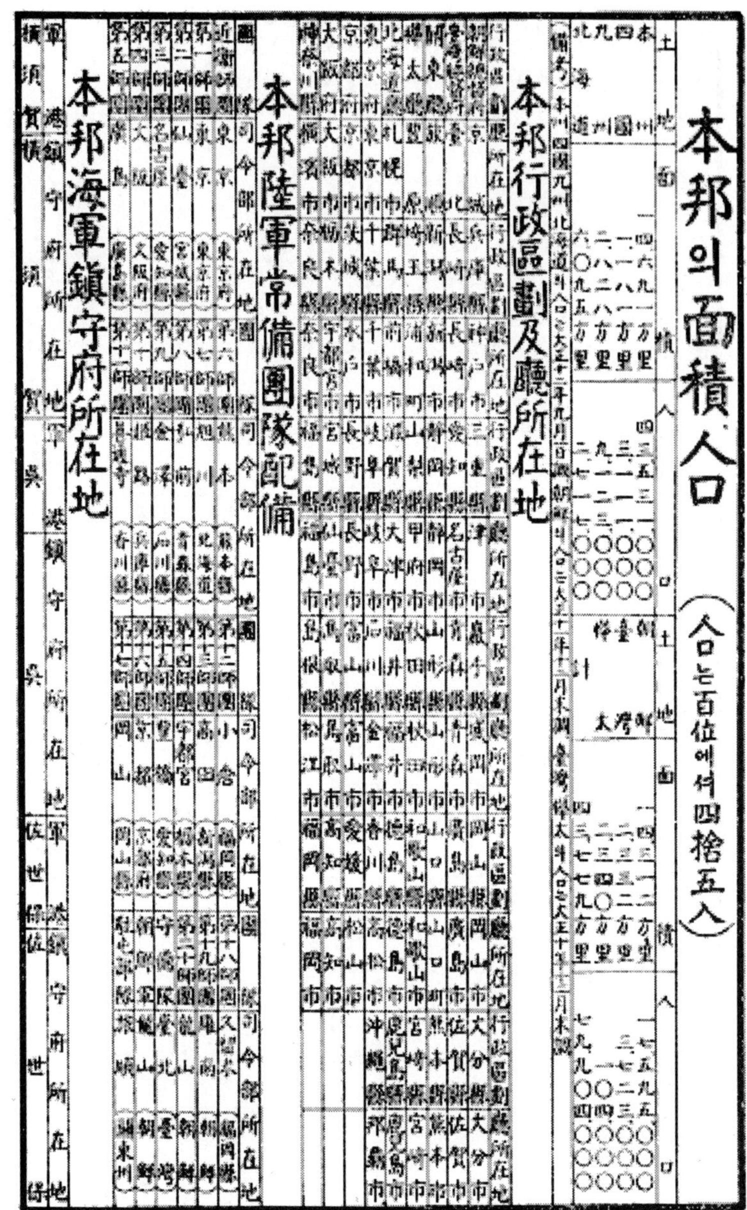

本邦의面積人口

(人口는百位에서四捨五入)

土地	面積	人口
本州	一四六九一方里	四三五三一〇〇〇
四國	一一八一方里	三一一一〇〇〇
九州	二八二八方里	九一二三〇〇〇
北海道	六〇九五方里	二七一七〇〇〇
朝鮮	一四三一二方里	一七五九五〇〇〇
臺灣	二三三二方里	三七二三〇〇〇
樺太	二三四〇方里	一〇四〇〇〇
計	四三七七九方里	七九九〇四〇〇〇

（備考）本州四國九州北海道의人口는大正十二年九月一日調朝鮮의人口는大正十一年十二月末調臺灣樺太의人口는大正十年十二月末調

本邦行政區劃及廳所在地

行政區劃	廳所在地
朝鮮總督府	京城
臺灣總督府	臺北
關東廳	旅順
樺太廳	豐原
北海道廳	札幌
東京府	東京市
京都府	京都市
大阪府	大阪市
神奈川縣	橫濱市
兵庫縣	神戶市
長崎縣	長崎市
新潟縣	新潟市
埼玉縣	浦和町
群馬縣	前橋市
千葉縣	千葉市
茨城縣	水戶市
栃木縣	宇都宮市
奈良縣	奈良市
三重縣	津市
愛知縣	名古屋市
靜岡縣	靜岡市
山梨縣	甲府市
滋賀縣	大津市
岐阜縣	岐阜市
長野縣	長野市
宮城縣	仙臺市
福島縣	福島市
岩手縣	盛岡市
青森縣	青森市
山形縣	山形市
秋田縣	秋田市
福井縣	福井市
石川縣	金澤市
富山縣	富山市
鳥取縣	鳥取市
島根縣	松江市
岡山縣	岡山市
廣島縣	廣島市
山口縣	山口町
和歌山縣	和歌山市
德島縣	德島市
香川縣	高松市
愛媛縣	松山市
高知縣	高知市
福岡縣	福岡市
大分縣	大分市
佐賀縣	佐賀市
熊本縣	熊本市
宮崎縣	宮崎市
鹿兒島縣	鹿兒島市
沖繩縣	那覇市

本邦陸軍常備團隊配備

團隊	司令部所在地	所在地圖
近衛師團	東京	東京府
第一師團	東京	東京府
第二師團	仙臺	宮城縣
第三師團	名古屋	愛知縣
第四師團	大阪	大阪府
第五師團	廣島	廣島縣
第六師團	熊本	熊本縣
第七師團	旭川	北海道
第八師團	弘前	青森縣
第九師團	金澤	石川縣
第十師團	姬路	兵庫縣
第十一師團	善通寺	香川縣
第十二師團	小倉	福岡縣
第十三師團	高田	新潟縣
第十四師團	宇都宮	栃木縣
第十五師團	豐橋	愛知縣
第十六師團	京都	京都府
第十七師團	岡山	岡山縣
第十八師團	久留米	福岡縣
第十九師團	羅南	朝鮮
第二十師團	龍山	朝鮮
守備隊	臺北	臺灣
朝鮮軍	龍山	朝鮮
駐屯軍隊	旅順	關東州

本邦海軍鎭守府所在地

軍港鎭守府所在地	
橫須賀	橫須賀
吳	吳
佐世保	佐世保

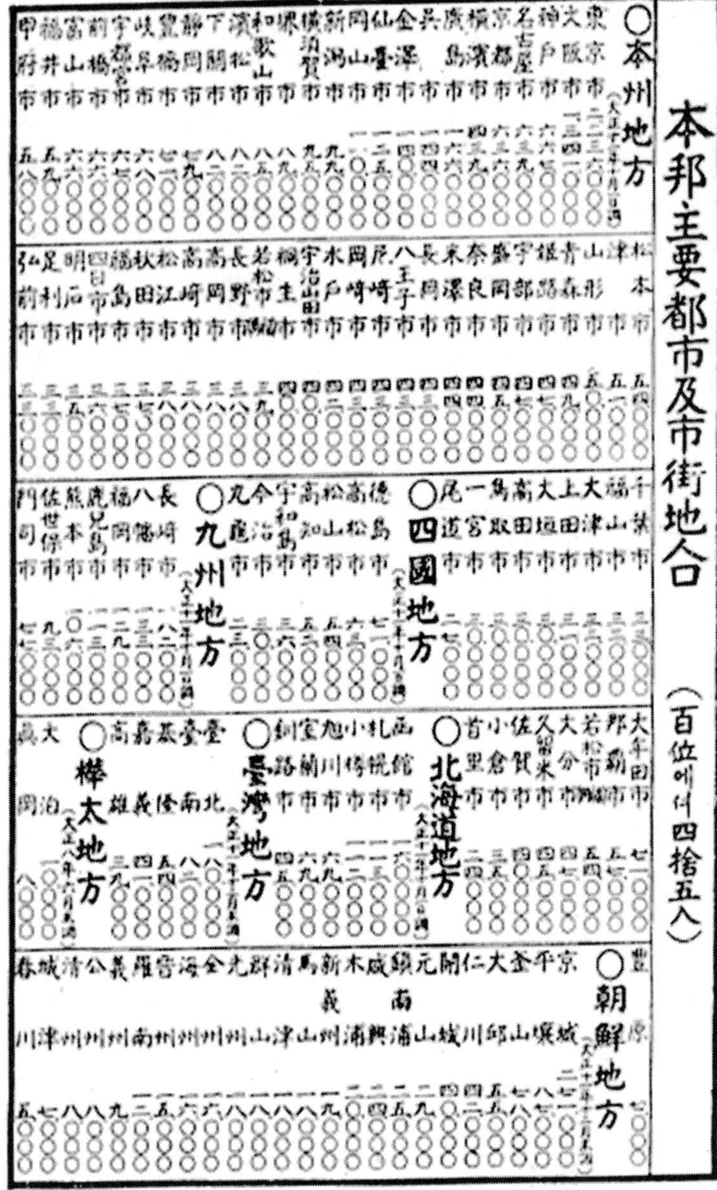

本邦主要都市及市街地合（百位에서 四捨五入）

○本州地方（大正十年十月一日調）

市	人口
東京市	二三三六〇〇〇
大阪市	一三四一〇〇〇
神戸市	六六七〇〇〇
名古屋市	六三九〇〇〇
京都市	六三六〇〇〇
横濱市	四三九〇〇〇
廣島市	一六六〇〇〇
呉市	一四四〇〇〇
金澤市	一四〇〇〇〇
仙臺市	一二五〇〇〇
岡山市	一〇〇〇〇〇
新潟市	九九〇〇〇
横須賀市	九五〇〇〇
堺市	八九〇〇〇
和歌山市	八五〇〇〇
濱松市	八二〇〇〇
下關市	八二〇〇〇
静岡市	七九〇〇〇
豊橋市	七二〇〇〇
岐阜市	六八〇〇〇
宇都宮市	六七〇〇〇
前橋市	六六〇〇〇
富山市	六六〇〇〇
福井市	五九〇〇〇
甲府市	五八〇〇〇
松本市	五四〇〇〇
津市	五一〇〇〇
山形市	五〇〇〇〇
青森市	四九〇〇〇
姫路市	四七〇〇〇
宇部市	四七〇〇〇
盛岡市	四五〇〇〇
奈良市	四四〇〇〇
米澤市	四四〇〇〇
長岡市	四三〇〇〇
八王子市	四三〇〇〇
尼崎市	四三〇〇〇
岡崎市	四三〇〇〇
水戸市	四二〇〇〇
宇治山田市	四〇〇〇〇
桐生市	四〇〇〇〇
若松市	三九〇〇〇
長野市	三八〇〇〇
高岡市	三八〇〇〇
高崎市	三八〇〇〇
松江市	三八〇〇〇
秋田市	三七〇〇〇
福島市	三七〇〇〇
四日市市	三六〇〇〇
明石市	三五〇〇〇
足利市	三三〇〇〇
弘前市	三三〇〇〇
千葉市	三三〇〇〇
福山市	三三〇〇〇
大津市	三二〇〇〇
上田市	三一〇〇〇
大垣市	三〇〇〇〇
高田市	三〇〇〇〇
鳥取市	三〇〇〇〇
一宮市	三〇〇〇〇
尾道市	二七〇〇〇

○四國地方

市	人口
徳島市	七一〇〇〇
高松市	六三〇〇〇
松山市	五四〇〇〇
高知市	五三〇〇〇
宇和島市	三六〇〇〇
今治市	三〇〇〇〇
丸亀市	二三〇〇〇

○九州地方

市	人口
長崎市	一八二〇〇〇
八幡市	一三三〇〇〇
福岡市	一二九〇〇〇
鹿兒島市	一一三〇〇〇
熊本市	一〇六〇〇〇
佐世保市	九三〇〇〇
門司市	七七〇〇〇
大牟田市	七一〇〇〇
那覇市	五七〇〇〇
若松市	五四〇〇〇
大分市	四七〇〇〇
久留米市	四五〇〇〇
佐賀市	四〇〇〇〇
小倉市	三六〇〇〇
首里市	二四〇〇〇

○北海道地方

市	人口
函館市	一六〇〇〇〇
札幌市	一三〇〇〇〇
小樽市	一二〇〇〇〇
旭川市	六九〇〇〇
室蘭市	六九〇〇〇
釧路市	四五〇〇〇

○臺灣地方

市	人口
臺北	一八〇〇〇〇
臺南	八二〇〇〇
基隆	五四〇〇〇
嘉義	四一〇〇〇
高雄	三九〇〇〇

○樺太地方

市	人口
大泊	一〇〇〇〇
眞岡	八〇〇〇
豊原	七〇〇〇

○朝鮮地方

市	人口
京城	二七一〇〇〇
平壌	八七〇〇〇
釜山	七八〇〇〇
大邱	五五〇〇〇
仁川	四二〇〇〇
開城	四〇〇〇〇
元山	二九〇〇〇
鎮南浦	二五〇〇〇
咸興	二四〇〇〇
木浦	二〇〇〇〇
新義州	一九〇〇〇
馬山	一八〇〇〇
清津	一八〇〇〇
群山	一八〇〇〇
光州	一八〇〇〇
全州	一六〇〇〇
海州	一六〇〇〇
晉州	一五〇〇〇
羅南	一二〇〇〇
義州	九〇〇〇
公州	八〇〇〇
清州	八〇〇〇
城津	七〇〇〇
春川	五〇〇〇

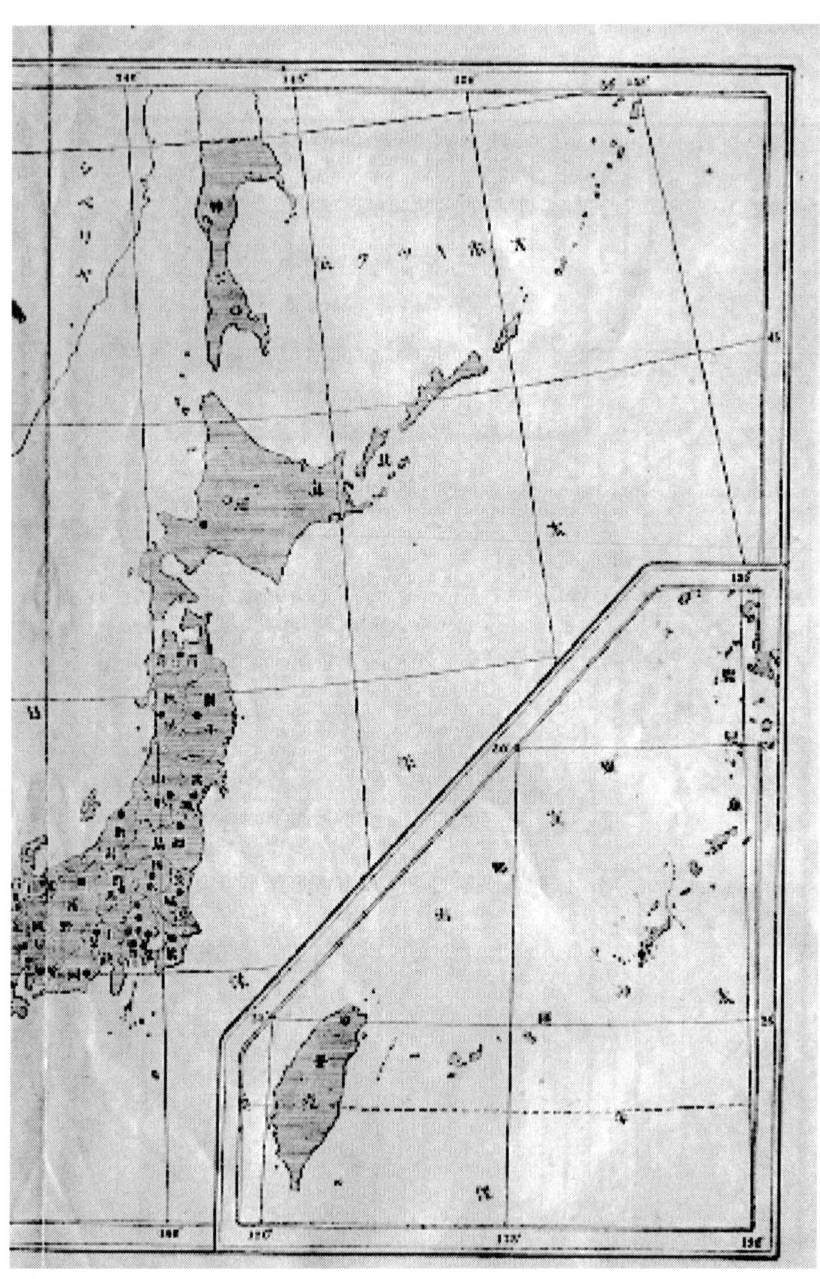

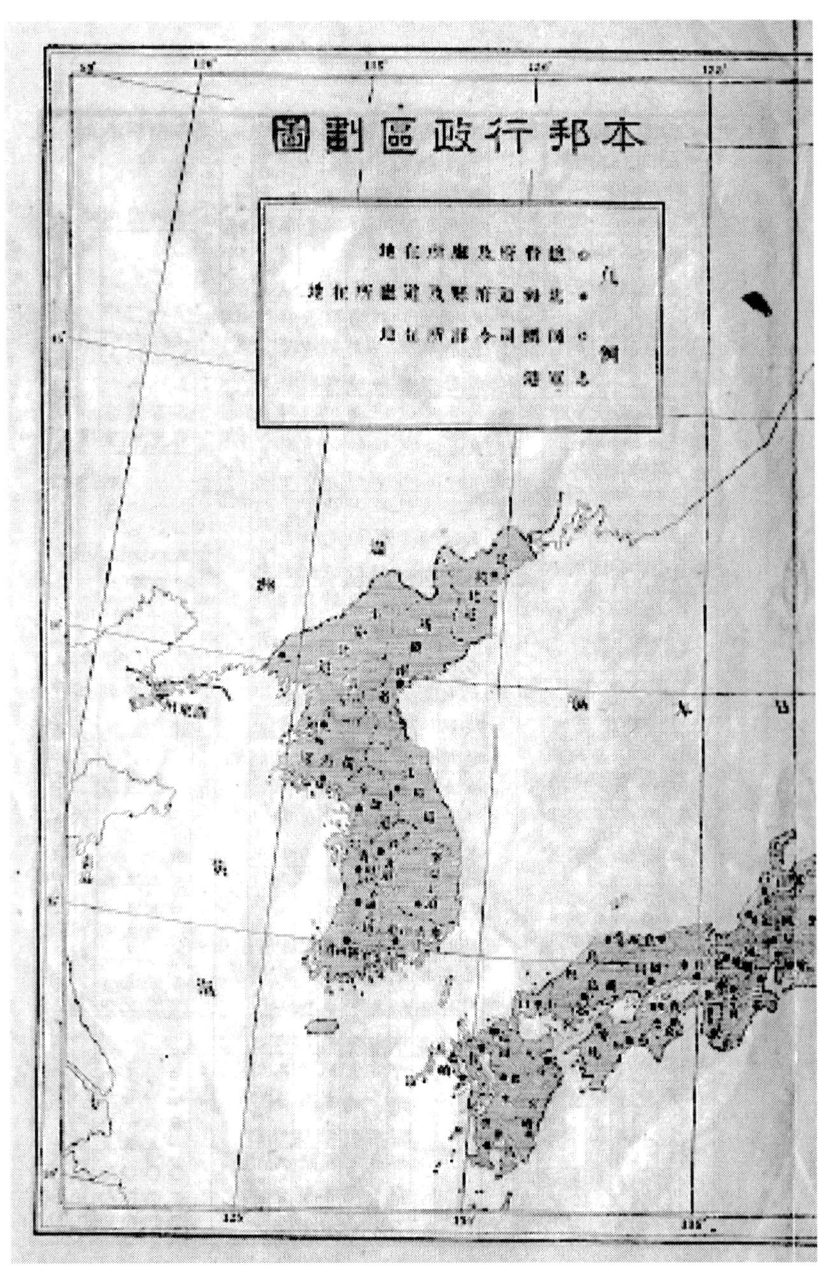
本邦行政區劃圖
凡例
總督府及廳所在地
北海道府縣及道廳所在地
師團司令部所在地

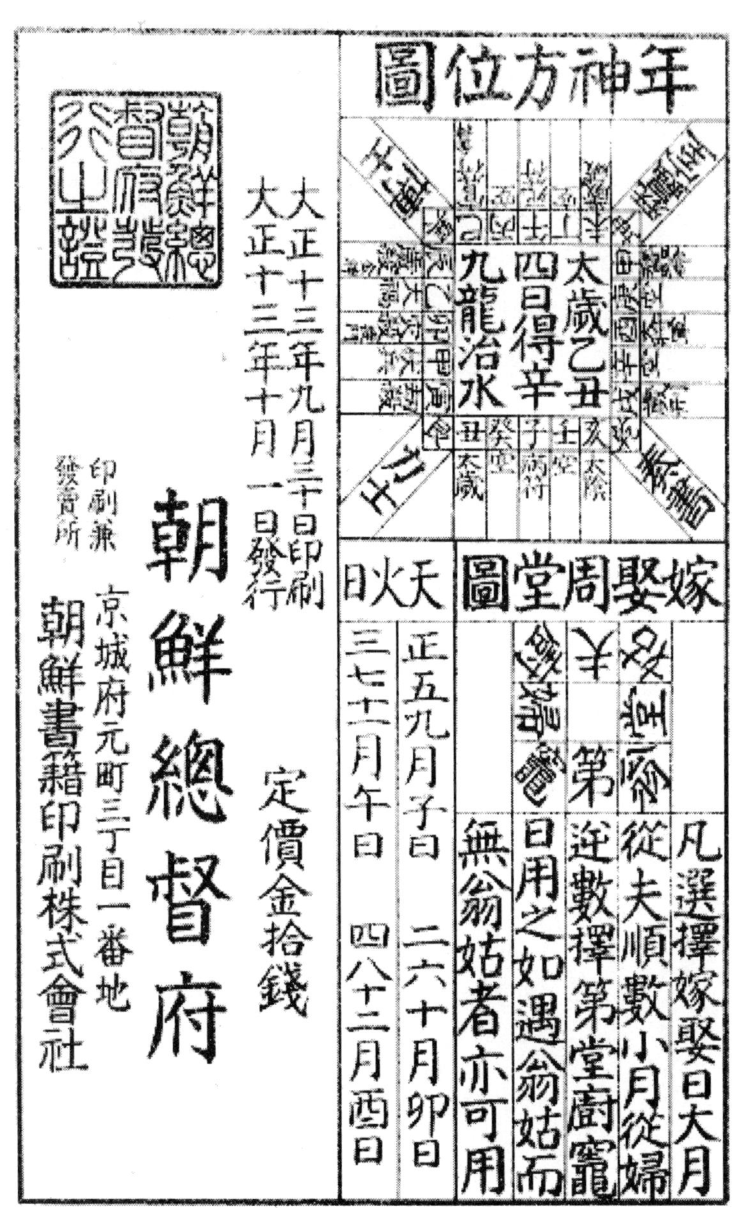

年神方位圖

太歲乙丑
四日得辛
九龍治水

嫁娶周堂圖

凡選擇嫁娶日大月從夫順數小月從婦逆數擇第堂廚竈日用之如遇翁姑而無翁姑者亦可用

天火日

正五九月子日　二六十月卯日

三七十一月午日　四八十二月酉日

大正十三年九月三十日印刷
大正十三年十月一日發行

定價金拾錢

朝鮮總督府

印刷兼發賣所　京城府元町三丁目一番地
朝鮮書籍印刷株式會社

14　大正十五年朝鮮民暦（1926）

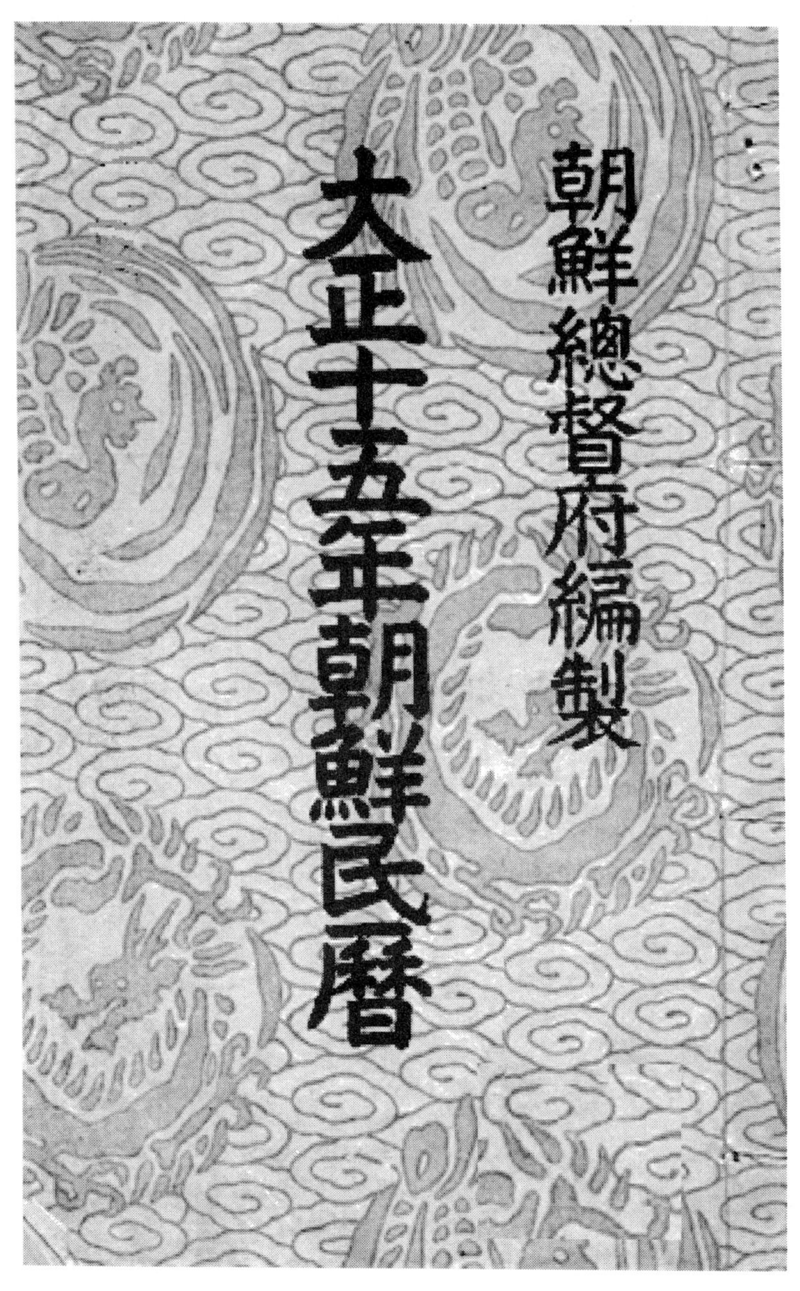

537 **14.** 大正十五年朝鮮民曆(1926)

神武天皇即位紀元二千五百八十六年

大正十五年朝鮮民曆

丙寅年 一千九百二十六年

朝鮮總督府觀測所推算

月表

一月大	二月平	三月大	四月小
五月大	六月小	七月大	八月大
九月小	十月大	十一月小	十二月大

祭日·祝日	月日
四方拜	一月一日
元始祭	一月三日
紀元節	二月十一日
春季皇靈祭	三月二十一日
神武天皇祭	四月三日
明治天皇祭	七月三十日
天長節	八月三十一日
秋季皇靈祭	九月二十四日
神嘗祭	十月十七日
天長節祝日	十月三十一日
新嘗祭	十一月二十三日

說明

本民曆에揭載한時刻은本邦中央標準時를用하고日月出入及日食은朝鮮總督府觀測所에서보이는時刻을揭홈

日食 一月十四日

食分	一分九厘
初虧	午後四時二十五分 下偏左
食甚	午後五時 三分 左偏下
日入	午後五時三十七分
帶食分	一厘 左

日食 七月十日

食分	一分二厘
初虧	午前六時 十分 右偏下
食甚	午前六時四十分 右下之間
復圓	午前七時 十三分 下偏右

日曜表

一月	
二月	
三月	
四月	
五月	
六月	
七月	
八月	
九月	五日 十二日 十九日 二十六日
十月	三日 十日 十七日 二十四日 三十一日
十一月	七日 十四日 二十一日 二十八日
十二月	五日 十二日 十九日 二十六日

大正十五年中陰曆歲次丙寅年月表及節候表

月及月之大小	朔日	節氣		入節 日	入節 干支時刻	入節 陽曆
正月小	癸酉	雨水	正月中	初七日	己卯 酉正三刻五分	二月十九日
二月小	壬寅	春分	二月中	初八日	己酉 酉正初刻一分	三月二十一日
三月大	辛未	穀雨	三月中	初十日	庚辰 卯初二刻六分	四月二十一日
四月小	辛丑	小滿	四月中	十一日	辛亥 卯初一刻零分	五月二十二日
五月大	庚午	夏至	五月中	十三日	壬午 未初一刻零分	六月二十二日
六月小	庚子	大暑	六月中	十五日	甲寅 子正一刻十分	七月二十四日
七月大	己巳	立秋	七月節	初一日	己巳 申正三刻零分	八月八日
八月大	己亥	白露	八月節	初二日	庚子 戌初一刻一分	九月八日
九月小	己巳	寒露	九月節	初三日	辛未 巳正一刻十分	十月九日
十月大	戊戌	立冬	十月節	初四日	辛丑 未初初刻八分	十一月八日
十一月大	戊辰	大雪	十一月節	初四日	辛未 卯初一刻九分	十二月八日
十二月小	戊戌	小寒	十二月節	初三日	庚子 申正三刻零分	一月六日

節氣		入節 日	入節 干支時刻	入節 陽曆
驚蟄	二月節	廿二日	甲申 酉初初刻零分	三月六日
清明	三月節	廿三日	甲子 亥正一刻四分	四月五日
立夏	四月節	廿五日	乙未 申正初刻九分	五月六日
芒種	五月節	廿六日	丙寅 戌正三刻十三分	六月六日
小暑	六月節	廿九日	戊戌 辰初初刻一分	七月八日
處暑	七月中	十七日	乙酉 辰初初刻十四分	八月二十四日
秋分	八月中	十八日	丙辰 寅正一刻十三分	九月二十四日
霜降	九月中	十八日	丙戌 未初一刻四分	十月二十四日
小雪	十月中	十九日	丙辰 巳正一刻十三分	十一月二十三日
冬至	十一月中	十八日	乙酉 子初三刻四分	十二月二十二日
大寒	十二月中	十八日	乙卯 巳正初刻十三分	一月二十一日

一月大三十一日

繩、叺、蠶具、族等의製造種稻의赤米除却、大豆의選粒

日	曜	祭日	記事	月出	陰曆	干支	納音	宿	建除	宜
一日	金	四方拜	乙丑十二月小	午後七時二十五分	十七日	庚寅	木	牛	滿	宜裁衣動土上樑(宜用巳時)開市納財啓攢
二日	土			午後八時二十一分	十八日	辛卯	木	女	平	
三日	日	元始祭		午後九時十六分	十九日	壬辰	水	虛	定	宜冠帶(宜用辰時)(吉向正南)嫁娶移徙裁衣動土上樑(宜用巳時)納財安葬
四日	月			午後十時十二分	二十日	癸巳	水	危	執	
五日	火	新年宴會		午後十一時八分	廿一日	甲午	金	室	破	
六日	水				廿二日	乙未	金	壁	破	小寒十二月節

小寒午前十時五十五分　舊十二月節

日出午前七時四十九分　晝間九時四十二分
日入午後五時三十一分　夜間十四時十九分

日	曜	記事	月出	陰曆	干支	納音	宿	建除	宜
七日	木	◐下弦午後四時二十三分	午前零時五分	廿三日	丙申	火	奎	危	
八日	金		午前一時四分	廿四日	丁酉	火	婁	成	宜嫁娶移徙裁衣動土上樑(宜用午時)開市納財安葬
九日	土		午前二時五分	廿五日	戊戌	木	胃	收	
十日	日		午前三時八分	廿六日	己亥	木	昴	開	
十一日	月		午前四時十五分	廿七日	庚子	土	畢	閉	宜裁衣安葬啓攢
十二日	火		午前五時二十三分	廿八日	辛丑	土	觜	建	宜裁衣上樑(宜用卯時)納財
十三日	水		午前六時三十分	廿九日	壬寅	金	參	除	
十四日	木	●合朔午後二時二十五分日食	十二月大	初一日	癸卯	金	井	滿	

日	曜	弦望	月出入	陰曆	干支	五行	宿	直	宜
十五日	金		月入午後六時四十七分	初二日	甲辰	火	鬼	平	
十六日	土		月入午後八時一分	初三日	乙巳	火	柳	定	宜祭祀祈福[illegible]嫁娶移徙裁衣動土上樑[illegible]納財
十七日	日		月入午後九時十三分	初四日	丙午	水	星	執	
十八日	月	臘	月入午後十時二十三分	初五日	丁未	水	張	破	土王用事
十九日	火		月入午後十一時三十一分	初六日	戊申	土	翼	危	宜開市納財
二十日	水			初七日	己酉	土	軫	成	宜移徙裁衣上樑[illegible]開市納財
二十一日	木	◐上弦午前七時三十六分	月入午前零時三十六分	初八日	庚戌	金	角	收	大寒十二月中

大寒午前四時十三分　舊曆十二月中

日出午前七時四十二分　晝間九時五十九分
日入午後五時四十五分　夜間十四時一分

日	曜	弦望	月出入	陰曆	干支	五行	宿	直	宜
二十二日	金		月入午前一時三十九分	初九日	辛亥	金	亢	開	
二十三日	土		月入午前二時四十一分	初十日	壬子	木	氐	閉	
二十四日	日		月入午前三時四十一分	十一日	癸丑	木	房	建	
二十五日	月		月入午前四時三十八分	十二日	甲寅	水	心	除	
二十六日	火		月入午前五時三十三分	十三日	乙卯	水	尾	滿	宜嫁娶移徙裁衣上樑[illegible]開市納財安葬啓攢
二十七日	水		月入午前六時二十三分	十四日	丙辰	土	箕	平	
二十八日	木		月入午前七時　九分	十五日	丁巳	土	斗	定	
二十九日	金	○望午前八時二十五分	月出午後六時十三分	十六日	戊午	火	牛	執	
三十日	土		月出午後七時　九分	十七日	己未	火	女	破	
三十一日	日		月出午後八時　五分	十八日	庚申	木	虛	危	宜移徙裁衣上樑[illegible]開市納財安葬

二月平二十八日

一月과同함

日	曜	月相	月出入	陰曆	干支	納音	宿	建除	宜
一日	月		月出 午後九時 二分	十九日	辛酉	木	危	成	宜嫁娶移徙裁衣上樑(宜用午時)開市納財安葬
二日	火		月出 午後九時五十八分	二十日	壬戌	水	室	收	
三日	水		月出 午後十時五十五分	廿一日	癸亥	水	壁	開	
四日	木		月出 午後十一時五十四分	廿二日	甲子	金	奎	開	立春正月節
五日	金			廿三日	乙丑	金	婁	閉	
六日	土	◑ 下弦 午前八時二十五分	月出 午前零時五十五分	廿四日	丙寅	火	胃	建	宜裁衣上樑(宜用未時)納財安葬啓欑
七日	日		月出 午前一時五十七分	廿五日	丁卯	火	昴	除	宜移徙動土上樑(宜用午時)安葬啓欑
八日	月		月出 午前三時 二分	廿六日	戊辰	木	畢	滿	宜裁衣
九日	火		月出 午前四時 八分	廿七日	己巳	木	觜	平	
十日	水		月出 午前五時 十三分	廿八日	庚午	土	參	定	宜冠帶(宜用卯時 室內西北)裁衣上樑(宜用卯時)開市納財安葬
十一日	木		月出 午前六時 十三分	廿九日	辛未	土	井	執	宜嫁娶移徙裁衣動土上樑(宜用卯時)安葬
十二日	金		月出 午前七時 八分	三十日	壬申	金	鬼	破	宜破屋
十三日	土	● 合朔 午前二時二十分	丙寅正月小	初一日	癸酉	金	柳	危	
十四日	日		月入 午後八時 零分	初二日	甲戌	火	星	成	

紀元節 (十一日)

立春 午後十時三十九分

舊正月節

日出午前七時三十六分 晝間十時二十四分

日入午後六時 零分 夜間十三時三十六分

日	曜	月相	月出入	陰曆	干支	納音	宿	建除	宜
十五日	月		月入午後九時十三分	初三日	乙亥	火	張	收	
十六日	火		月入午後十時二十分	初四日	丙子	水	翼	開	宜嫁娶移徙裁衣動土上樑(宜用卯時)開市納財
十七日	水		月入午後十一時二十七分	初五日	丁丑	水	軫	閉	
十八日	木			初六日	戊寅	土	角	建	宜裁衣上樑(宜用辰時)納財安葬
十九日	金	◐上弦午後九時三十六分	月入午前零時三十二分	初七日	己卯	土	亢	除	雨水正月中

雨水午後六時三十五分　舊正月中

日出午前七時十分　晝間十時五十六分
日入午後六時十六分　夜間十三時　四分

日	曜	月相	月出入	陰曆	干支	納音	宿	建除	宜
二十日	土		月入午前一時三十三分	初八日	庚辰	金	氐	滿	
二十一日	日		月入午前二時三十三分	初九日	辛巳	金	房	平	
二十二日	月		月入午前三時三十八分	初十日	壬午	木	心	定	宜冠帶(宜用午時坐向正南)嫁娶移徙裁衣動土上樑(宜用午時)開市納財安葬
二十三日	火		月入午前四時四十分	十一日	癸未	木	尾	執	
二十四日	水		月入午前五時　七分	十二日	甲申	水	箕	破	宜破屋
二十五日	木		月入午前五時五十分	十三日	乙酉	水	斗	危	宜安葬
二十六日	金		月入午前六時二十八分	十四日	丙戌	土	牛	成	
二十七日	土		月入午前七時　三分	十五日	丁亥	土	女	收	宜移徙裁衣動土上樑(宜用辰時)開市納財
二十八日	日	○望午前一時五十一分	月出午後六時五十六分	十六日	戊子	火	虛	開	

三月大三十一日

苗板의作製,果樹의剪定,桑園果樹園의病蟲害防除,
麥類의播種,果樹園의施肥,果樹類의接木

日	曜	月相	月出	陰曆	干支	納音	宿	建除	宜
一日	月		月出午後七時五十三分	十七日	己丑	火	危	閉	
二日	火		月出午後八時五十一分	十八日	庚寅	木	室	建	宜裁衣納財
三日	水		月出午後九時四十六分	十九日	辛卯	木	壁	除	宜嫁娶移徙裁衣動土祭祀修造開市破土啓攢
四日	木		月出午後十時四十八分	二十日	壬辰	水	奎	滿	宜嫁娶移徙裁衣動土祭祀修造開市納財安葬
五日	金		月出午後十一時四十九分	廿一日	癸巳	水	婁	平	
六日	土			廿二日	甲午	金	胃	平	驚蟄三月節
七日	日	下弦午後八時五十分	月出午前零時五十三分	廿三日	乙未	金	昴	定	
八日	月		月出午前一時五十五分	廿四日	丙申	火	畢	執	
九日	火		月出午前二時五十六分	廿五日	丁酉	火	觜	破	
十日	水		月出午前三時五十八分	廿六日	戊戌	木	參	危	
十一日	木		月出午前四時五十三分	廿七日	己亥	木	井	成	宜移徙裁衣動土祭祀修造開市納財
十二日	金		月出午前五時四十三分	廿八日	庚子	土	鬼	收	
十三日	土		月出午前六時二十七分	廿九日	辛丑	土	柳	開	
十四日	日	合朔午後零時二十分	二月小	初一日	壬寅	金	星	閉	宜裁衣納財啓攢

驚蟄午後五時零分 舊二月節

日出午前七時 零分 晝間十一時三十分

日入午後六時三十分 夜間十二時三十分

日	曜		月出入	陰曆		
十五日	月		入月後七時五十七分	初二日癸卯	金張建	
十六日	火		入月後九時六分	初三日甲辰	火翼除	宜嫁娶移徙裁衣動土上樑經絡醞釀安葬
十七日	水		入月後十時十四分	初四日乙巳	火軫滿	
十八日	木		入月後十一時十九分	初五日丙午	水角平	
十九日	金			初六日丁未	水亢定	宜冠帶結婚姻會親友裁衣動土上樑經絡醞釀納財
二十日	土	社	入月前零時二十二分	初七日戊申	土氐執	
二十一日	日	◐上弦午後二時十二分	入月前一時二十分	初八日己酉	土房破	春分二月中

春分午後六時二分　舊二月中

日出午前六時三十七分　晝間十二時八分

日入午後六時四十五分　夜間十一時五十二分

日	曜		月出入	陰曆		
二十二日	月		入月前二時十五分	初九日庚戌	金心危	
二十三日	火		入月前三時四分	初十日辛亥	金尾成	宜移徙裁衣動土上樑經絡醞釀開市納財
二十四日	水		入月前三時四十九分	十一日壬子	木箕收	
二十五日	木		入月前四時二十八分	十二日癸丑	木斗開	宜移徙裁衣上樑醞釀
二十六日	金		入月前五時四分	十三日甲寅	水牛閉	宜裁衣納財安葬啓攢
二十七日	土		入月前五時三十六分	十四日乙卯	水女建	
二十八日	日		入月前六時六分	十五日丙辰	土虛除	宜移徙裁衣動土上樑經絡醞釀
二十九日	月	○望午後七時零分	出月後六時四十三分	十六日丁巳	土危滿	宜裁衣上樑經絡醞釀開市納財
三十日	火		出月後七時四十二分	十七日戊午	火室平	
三十一日	水		出月後八時四十三分	十八日己未	火壁定	宜冠帶結婚姻會親友移徙裁衣動土上樑經絡醞釀納財安葬

神武天皇祭

四月小三十日

甘藷의床植, 馬鈴薯及瓜類의播種, 苗木類의植付, 桑園의耕耘
施肥, 蠶의催青, 種籾의精選, 秧板의整地

日	曜	月相	月出入	舊曆	干支	五行	宿	直	備考
一日	木		月出午後九時四十三分	十九日	庚申	木	奎	執	
二日	金		月出午後十時四十六分	二十日	辛酉	木	婁	破	
三日	土		月出午後十一時四十九分	廿一日	壬戌	水	胃	危	
四日	日			廿二日	癸亥	水	昴	成	
五日	月		月出午前零時五十三分	廿三日	甲子	金	畢	成	淸明三月節
六日	火	◐上弦午前五時五十六分	月出午前一時五十二分	廿四日	乙丑	金	觜	收	宜納財
七日	水		月出午前二時四十七分	廿五日	丙寅	火	參	開	宜移徙裁衣動土上樑開市納財
八日	木		月出午前三時三十六分	廿六日	丁卯	火	井	閉	宜裁衣
九日	金		月出午前四時二十一分	廿七日	戊辰	木	鬼	建	
十日	土		月出午前五時零分	廿八日	己巳	木	柳	除	
十一日	日		月出午前五時三十六分	廿九日	庚午	土	星	滿	
十二日	月	●合朔午後九時五十六分	三月大	初一日	辛未	土	張	平	
十三日	火		月入午後七時五十三分	初二日	壬申	金	翼	定	
十四日	水		月入午後八時五十九分	初三日	癸酉	金	軫	執	宜裁衣安葬

淸明午後十時十九分　舊三月節

日出午前六時六分　晝間十二時四十四分
日入午後六時五十分　夜間十一時十六分

日	曜	月相	月出入	舊曆	宜
十五日	木		入月午後十時 五十分	初四日甲戌火角破	宜破屋
十六日	金		入月午後十二時 七分	初五日乙亥火亢危	
十七日	土			初六日丙子水氐成	宜嫁娶裁衣動土豎柱上樑開市納財啓攢
十八日	日		入月午前零時 五分	初七日丁丑水房收	土王用事 宜移徙裁衣上樑開倉納財安葬
十九日	月		入月午前零時五十六分	初八日戊寅土心開	宜嫁娶移徙裁衣上樑開市
二十日	火	◐上弦午前八時十三分	入月午前一時四十五分	初九日己卯土尾閉	
二十一日	水		入月午前二時二十七分	初十日庚辰金箕建	穀雨三月中

穀雨午前五時三十六分　舊三月中

日出午前五時五十五分　晝間十三時二十分

日入午後七時十五分　夜間十時四十分

日	曜	月相	月出入	舊曆	宜
二十二日	木		入月午前三時 四分	十一日辛巳金斗除	
二十三日	金		入月午前三時三十七分	十二日壬午木牛滿	宜嫁娶移徙裁衣上樑開市納財安葬
二十四日	土		入月午前四時 八分	十三日癸未木女平	
二十五日	日		入月午前四時三十六分	十四日甲申水虛定	
二十六日	月		入月午前五時 四分	十五日乙酉水危執	宜移徙裁衣上樑開市納財安葬
二十七日	火		入月午前五時三十三分	十六日丙戌土室破	
二十八日	水	○望午前九時十七分	出月午後七時三十四分	十七日丁亥土壁危	
二十九日	木		出月午後八時三十七分	十八日戊子火奎成	宜嫁娶裁衣上樑開市納財
三十日	金		出月午後九時四十三分	十九日己丑火婁收	

五月大三十一日

水稻、棉、粟、大小豆의播種、春蠶의掃立、麥의黑穗拔除、
甘藷苗의移植、果樹園의除草

日	曜	月相	月出入	陰曆	干支	納音	宿	直	宜
一日	土		月出午後十時四十六分	二十日	庚寅	木	胃	開	宜移徙裁衣上樑[illegible]開市納財
二日	日		月出午後十一時四十八分	廿一日	辛卯	木	昴	閉	
三日	月			廿二日	壬辰	水	畢	建	
四日	火		月出午前零時四十五分	廿三日	癸巳	水	觜	除	
五日	水	下弦午後零時十三分	月出午前一時三十五分	廿四日	甲午	金	參	滿	
六日	木		月出午前二時二十分	廿五日	乙未	金	井	滿	立夏四月節
七日	金		月出午前三時零分	廿六日	丙申	火	鬼	平	宜嫁娶移徙裁衣動土上樑[illegible]開市納財
八日	土		月出午前三時三十六分	廿七日	丁酉	火	柳	定	宜[illegible]嫁娶移徙裁衣動土上樑[illegible]開市納財安葬
九日	日		月出午前四時九分	廿八日	戊戌	木	星	執	宜嫁娶移徙裁衣動土上樑[illegible]
十日	月		月出午前四時四十三分	廿九日	己亥	木	張	破	宜破屋
十一日	火		月出午前五時十五分	三十日	庚子	土	翼	危	
十二日	水	合朔午前七時五十五分	四月小	初一日	辛丑	土	軫	成	宜裁衣動土上樑[illegible]開市納財安葬
十三日	木		月入午後八時五十一分	初二日	壬寅	金	角	收	
十四日	金		月入午後九時五十二分	初三日	癸卯	金	亢	開	

立夏午後四時九分　舊四月節

日出午前五時二十四分　晝間十三時五十三分
日入午後七時十七分　夜間十時　七分

日	曜	月相	月出入	陰曆	干支	納音	宿	建除	宜
十五日	土		月入午後十時四十九分	初四日	甲辰	火	氐	閉	
十六日	日		月入午後十一時三十九分	初五日	乙巳	火	房	建	
十七日	月			初六日	丙午	水	心	除	
十八日	火		月入午前零時三十四分	初七日	丁未	水	尾	滿	
十九日	水		月入午前一時 三分	初八日	戊申	土	箕	平	
二十日	木	◐上弦午前時四十八分	月入午前一時三十八分	初九日	己酉	土	斗	定	宜[illegible]安葬
二十一日	金		月入午前二時 九分	初十日	庚戌	金	牛	執	宜嫁娶移徙裁衣動土[illegible]安葬
二十二日	土		月入午前二時三十八分	十一日	辛亥	金	女	破	小滿四月中 宜破屋

小滿午前五時十五分

舊四月中

日出午前五時二十分 晝間十四時二十一分
日入午後七時四十分 夜間 九時三十九分

日	曜	月相	月出入	陰曆	干支	納音	宿	建除	宜
二十三日	日		月入午前三時 六分	十二日	壬子	木	虛	危	
二十四日	月		月入午前三時三十五分	十三日	癸丑	木	危	成	宜裁衣動土[illegible]開市納財
二十五日	火		月入午前四時 二分	十四日	甲寅	水	室	收	
二十六日	水		月入午前四時三十三分	十五日	乙卯	水	壁	開	宜移徙裁衣動土[illegible]開市納財
二十七日	木	○望午後八時四十九分	月出午後七時二十八分	十六日	丙辰	土	奎	閉	
二十八日	金		月出午後八時三十五分	十七日	丁巳	土	婁	建	宜裁衣
二十九日	土		月出午後九時三十九分	十八日	戊午	火	胃	除	
三十日	日		月出午後十時四十分	十九日	己未	火	昴	滿	
三十一日	月		月出午後十一時三十四分	二十日	庚申	木	畢	平	宜移徙裁衣動土[illegible]開市納財安葬

六月小三十日

移秧, 馬鈴薯의 培土, 桑의 株直, 桑園의 新梢施肥, 果實의 被袋, 繭의 乾燥

日	曜	月相	月出入	陰曆	干支	納音	宿	建除	宜
一日	火			廿一日	辛酉	木	觜	定	宜冠帶嫁娶移徙裁衣動土上樑開市納財安葬
二日	水		月出 午前零時二十一分	廿二日	壬戌	水	參	執	
三日	木	下弦 午後五時九分	月出 午前一時 二分	廿三日	癸亥	水	井	破	
四日	金		月出 午前一時三十九分	廿四日	甲子	金	鬼	危	
五日	土		月出 午前二時 十二分	廿五日	乙丑	金	柳	成	宜動土上樑安葬
六日	日		月出 午前二時四十四分	廿六日	丙寅	火	星	成	芒種五月節 宜嫁娶裁衣上樑納財

芒種午後八時四十二分

舊五月節

日出 午前五時十三分 晝間 十四時三十九分

日入 午後七時五十二分 夜間 九時二十一分

日	曜	月相	月出入	陰曆	干支	納音	宿	建除	宜
七日	月		月出 午前三時 十六分	廿七日	丁卯	火	張	收	
八日	火		月出 午前三時四十九分	廿八日	戊辰	木	翼	開	宜移徙裁衣動土上樑
九日	水		月出 午前四時二十五分	廿九日	己巳	木	軫	閉	
十日	木	合朔 午後七時八分	五月大	初一日	庚午	土	角	建	
十一日	金		月入 午後八時三十八分	初二日	辛未	土	亢	除	宜嫁娶移徙裁衣動土上樑開市納財安葬
十二日	土		月入 午後九時三十一分	初三日	壬申	金	氐	滿	
十三日	日		月入 午後十時 十九分	初四日	癸酉	金	房	平	
十四日	月		月入 午後十一時 零分	初五日	甲戌	火	心	定	

日	曜		月出入	陰曆	干支	納音	宿	建除	宜
十五日	火		月入午後十一時三十七分	初六日	乙亥	火	尾	執	
十六日	水			初七日	丙子	水	箕	破	
十七日	木		月入午前零時 九分	初八日	丁丑	水	斗	危	
十八日	金	◐ 上弦午後八時十四分	月入午前零時三十九分	初九日	戊寅	土	牛	成	宜裁衣動土[illegible]開市納財
十九日	土		月入午前一時 七分	初十日	己卯	土	女	收	
二十日	日		月入午前一時三十四分	十一日	庚辰	金	虛	開	宜移徙裁衣動土[illegible]
二十一日	月		月入午前二時 二分	十二日	辛巳	金	危	閉	
二十二日	火		月入午前二時三十一分	十三日	壬午	木	室	建	夏至五月中

夏至午後一時三十分　舊五月中

日出午前五時十二分　晝間十四時四十五分

日入午後七時五十六分　夜間九時　十五分

日	曜		月出入	陰曆	干支	納音	宿	建除	宜
二十三日	水		月入午前三時 四分	十四日	癸未	木	壁	除	
二十四日	木		月入午前三時四十一分	十五日	甲申	水	奎	滿	宜移徙安葬
二十五日	金		月入午前四時二十六分	十六日	乙酉	水	婁	平	
二十六日	土	○ 望午前六時十三分	月出午後八時二十七分	十七日	丙戌	土	胃	定	宜[illegible]移徙裁衣動土[illegible]納財安葬
二十七日	日		月出午後九時二十五分	十八日	丁亥	土	昴	執	
二十八日	月		月出午後十時十七分	十九日	戊子	火	畢	破	
二十九日	火		月出午後十一時 二分	二十日	己丑	火	觜	危	
三十日	水		月出午後十一時四十分	廿一日	庚寅	木	參	成	宜嫁娶裁衣動土[illegible]開市納財啓攢

七月大三十一日

畓의除草, 蕎麥의播種, 甘藷의反蔓, 夏蠶의掃立, 桑園의除草

日	曜	月相	月出入	陰曆	干支				宜
一日	木			廿二日	辛卯	木	井	收	
二日	金	◑下弦午後十時一分	月出午前零時十五分	廿三日	壬辰	水	鬼	開	
三日	土		月出午前零時四十八分	廿四日	癸巳	水	柳	閉	宜裁衣
四日	日		月出午前一時十九分	廿五日	甲午	金	星	建	
五日	月		月出午前一時五十二分	廿六日	乙未	金	張	除	宜嫁娶納財安葬
六日	火		月出午前二時三十六分	廿七日	丙申	火	翼	滿	宜嫁娶移徙裁衣動土上樑(宜用未時)開市納財安葬
七日	水		月出午前三時三分	廿八日	丁酉	火	軫	平	
八日	木		月出午前三時四十五分	廿九日	戊戌	木	角	平	小暑六月節
九日	金		月出午前四時三十二分	三十日	己亥	木	亢	定	
十日	土	●合朔午前八時六分日食	六月小	初一日	庚子	土	氐	執	
十一日	日		月入午後八時五十六分	初二日	辛丑	土	房	破	
十二日	月		月入午後九時三十六分	初三日	壬寅	金	心	危	宜開市納財啓攢
十三日	火		月入午後十時十分	初四日	癸卯	金	尾	成	宜嫁娶移徙裁衣動土上樑(宜用未時)開市納財啓攢
十四日	水		月入午後十時四十分	初五日	甲辰	火	箕	收	

小暑 午前七時六分 · **舊六月節**

日出午前五時十九分 晝間十四時三十九分

日入午後七時五十八分 夜間九時二十一分

明治天皇祭

日	曜		月出入	舊曆		
十五日	木		月入午後十一時 九分	初六日乙巳火斗開	
十六日	金		月入午後十一時三十六分	初七日丙午水牛閉	
十七日	土			初八日丁未水女建	
十八日	日	◐上弦午前十一時五十五分	月入午前零時 二分	初九日戊申土虛除	
十九日	月		月入午前零時三十二分	初十日己酉土危滿	宜裁衣移徙動土[illegible]
二十日	火	初伏	月入午前一時 一分	十一日庚戌金室平	土王用事
二十一日	水		月入午前一時三十五分	十二日辛亥金壁定	宜冠帶[illegible]移徙裁衣動土上樑[illegible]納財
二十二日	木		月入午前二時十五分	十三日壬子木奎執	
二十三日	金		月入午前三時 三分	十四日癸丑木婁破	
二十四日	土		月入午前三時五十九分	十五日甲寅水胃危	大暑六月中 宜移徙裁衣上樑[illegible]開市納財[illegible]

大暑 午前零時二十五分

舊六月中 日出午前五時三十分 晝間十四時二十分 日入午後七時四十九分 夜間九時四十分

日	曜		月出入	舊曆	
二十五日	日	○望午後二時十三分	月出午後八時 五分	十六日乙卯水昴成	宜[illegible]嫁娶移徙裁衣動土上樑[illegible]開市納財啓攢
二十六日	月		月出午後八時三十五分	十七日丙辰土畢收	宜納財
二十七日	火		月出午後九時三十七分	十八日丁巳土觜開	
二十八日	水		月出午後十時十四分	十九日戊午火參閉	
二十九日	木		月出午後十時四十九分	二十日己未火井建	宜移徙
三十日	金	中伏	月出午後十一時二十一分	廿一日庚申木鬼除	
三十一日	土		月出午後十一時五十四分	廿二日辛酉木柳滿	

八月大三十一日

白菜, 蘿蔔의 播種, 果樹園의 耕耘, 桑天牛卯의 取除, 秋蠶의 掃立

日	曜	月相	月出入	陰曆	宜
一日	日	◐下弦午前四時二十五分		廿三日壬戌水星平	
二日	月		月出午前零時二十七分	廿四日癸亥水張定	
三日	火		月出午前一時四分	廿五日甲子金翼執	宜裁衣上樑經絡醞釀安葬
四日	水		月出午前一時四十四分	廿六日乙丑金軫破	
五日	木		月出午前二時二十八分	廿七日丙寅火角危	宜開市納財啓攢
六日	金		月出午前三時十七分	廿八日丁卯火亢成	宜嫁娶移徙裁衣上樑經絡醞釀開市納財啓攢
七日	土		月出午前四時九分	廿九日戊辰木氐收	
八日	日	●合朔午後十時四十六分	七月大	初一日己巳木房收	立秋七月節

立秋午後四時四十五分 舊七月節

日出午前五時四十二分 晝間十三時五十四分

日入午後七時三十六分 夜間十時六分

日	曜	月相	月出入	陰曆	宜
九日	月	末伏	月入午後八時十二分	初二日庚午土心開	
十日	火		月入午後八時四十三分	初三日辛未土尾閉	
十一日	水		月入午後九時十一分	初四日壬申金箕建	宜嫁娶移徙裁衣上樑經絡醞釀納財安葬
十二日	木		月入午後九時三十八分	初五日癸酉金斗除	
十三日	金		月入午後十時五分	初六日甲戌火牛滿	宜裁衣
十四日	土		月入午後十時三十三分	初七日乙亥火女平	

大長節

日	曜	月相	月出入	舊曆	日辰	納音	宿	建除	宜
十五日	日		月入午後十一時 一分	初八日	丙子	水	虛	定	宜冠帶[illegible]嫁娶移徙動土[illegible]啓攢
十六日	月		月入午後十一時三十三分	初九日	丁丑	水	危	執	宜裁衣動土[illegible]納財安葬
十七日	火	◑ 上弦午前一時三十九分		初十日	戊寅	土	室	破	
十八日	水		月入午前零時 八分	十一日	己卯	土	壁	危	
十九日	木		月入午前零時五十二分	十二日	庚辰	金	奎	成	
二十日	金		月入午前一時四十二分	十三日	辛巳	金	婁	收	
二十一日	土		月入午前二時四十三分	十四日	壬午	木	胃	開	
二十二日	日		月入午前三時四十九分	十五日	癸未	木	昴	閉	
二十三日	月	○ 望午後九時三十分	月出午後七時三十七分	十六日	甲申	水	畢	建	宜祭祀裁衣納財
二十四日	火		月出午後八時 八分	十七日	乙酉	水	觜	除	處暑七月中 宜安葬
二十五日	水		月出午後八時四十五分	十八日	丙戌	土	參	滿	宜裁衣
二十六日	木		月出午後九時 十九分	十九日	丁亥	土	井	平	
二十七日	金		月出午後九時五十六分	二十日	戊子	火	鬼	定	宜冠帶[illegible]嫁娶移徙裁衣動土[illegible]開市納財安葬
二十八日	土		月出午後十時三十七分	廿一日	己丑	火	柳	執	
二十九日	日		月出午後十一時 三分	廿二日	庚寅	木	星	破	
三十日	月	◐ 下弦午後一時四十分	月出午後十一時四十五分	廿三日	辛卯	木	張	危	
三十一日	火			廿四日	壬辰	水	翼	成	宜裁衣動土[illegible]開市納財安葬

處暑午前七時十四分 舊七月中

日出午前五時五十六分 晝間十三時二十分

日入午後七時 十六分 夜間十時四十分

九月小三十日

螟蟲被害稻의 拔除燒却과 小麥의 播種

日	曜	月出入	陰曆	干支	納音	宿	建除	宜忌
一日	水	月出 午前 零時二十六分	廿五日	癸巳	水	軫	收	宜移徙裁衣動土栽種開市納財
二日	木	月出 午前 一時 十三分	廿六日	甲午	金	角	開	
三日	金	月出 午前 二時 五分	廿七日	乙未	金	亢	閉	
四日	土	月出 午前 二時五十九分	廿八日	丙申	火	氐	建	宜裁衣納財
五日	日	月出 午前 三時五十五分	廿九日	丁酉	火	房	除	宜裁衣動土栽種破土安葬
六日	月	月出 午前 四時五十三分	三十日	戊戌	木	心	滿	
七日	火	● 合朔 午後二時四十五分　八月大	初一日	己亥	木	尾	平	
八日	水	月入 午後 七時四十二分	初二日	庚子	土	箕	平	白露八月節
九日	木	月入 午後 八時 九分	初三日	辛丑	土	斗	定	宜裁衣納財
十日	金	月入 午後 八時三十五分	初四日	壬寅	金	牛	執	
十一日	土	月入 午後 九時 三分	初五日	癸卯	金	女	破	
十二日	日	月入 午後 九時三十三分	初六日	甲辰	火	虛	危	
十三日	月	月入 午後 十時 七分	初七日	乙巳	火	危	成	
十四日	火	月入 午後 十時四十六分	初八日	丙午	水	室	收	

白露 午後七時十六分

舊八月節

日出午前六時 八分　晝間十二時四十六分

日入午後六時五十四分　夜間十一時十四分

秋季皇靈祭

日	曜	月相	月出入	舊曆	干支	納音	宿	建除	宜
十五日	水	◑上弦午後一時二十七分	月入午後十二時三十一分	初九日	丁未	水	壁	閉	宜移徙裁衣上樑(巳時宜用)
十六日	木			初十日	戊申	土	奎	閉	宜裁衣納財安葬
十七日	金		月入午前零時二十六分	十一日	己酉	土	婁	建	
十八日	土		月入午前一時二十八分	十二日	庚戌	金	胃	除	宜嫁娶移徙裁衣動土上樑(巳時宜用)納財安葬
十九日	日		月入午前二時三十七分	十三日	辛亥	金	昴	滿	宜移徙裁衣
二十日	月		月入午前三時五十一分	十四日	壬子	木	畢	平	
二十一日	火		月入午前五時四分	十五日	癸丑	木	觜	定	宜移徙裁衣動土上樑(巳時宜用)納財
二十二日	水	○望午前五時十九分	月出午後七時十三分	十六日	甲寅	水	參	執	
二十三日	木		月出午後七時四十七分	十七日	乙卯	水	井	破	
二十四日	金		月出午後八時三十三分	十八日	丙辰	土	鬼	危	秋分八月中

秋分 午前四時二十七分　**舊八月中**

日出午前六時十二分　晝間十二時　分
日入午後六時二十九分　夜間十一時五十二分

日	曜	月相	月出入	舊曆	干支	納音	宿	建除	宜
二十五日	土		月出午後八時五十八分	十九日	丁巳	土	柳	成	宜動土上樑(辰時宜用)
二十六日	日	社	月出午後九時三十八分	二十日	戊午	火	星	收	
二十七日	月		月出午後十時三十一分	廿一日	己未	火	張	開	宜移徙裁衣上樑(卯時宜用)
二十八日	火		月出午後十一時八分	廿二日	庚申	木	翼	閉	宜裁衣納財安葬
二十九日	水	◐下弦午前四時四十六分	月出午後十一時五十九分	廿三日	辛酉	木	軫	建	
三十日	木			廿四日	壬戌	水	角	除	宜移徙裁衣動土上樑(巳時宜用)

十月大三十一日

大麥의播種、桑園의害蟲驅除、果實의貯藏、種稻의選穗

日	月相	月出入	干支	宜
一日金		月出午前零時五十三分	廿五日癸亥水亢滿	
二日土		月出午前一時四十九分	廿六日甲子金氐平	
三日日		月出午前二時四十五分	廿七日乙丑金房定	宜祭祀移徙裁衣動土上樑開市納財安葬
四日月		月出午前三時四十三分	廿八日丙寅火心執	
五日火		月出午前四時三十八分	廿九日丁卯火尾破	
六日水		月出午前五時三十五分	三十日戊辰木箕危	
七日木	● 合朔午前七時十三分	九月小	初一日己巳木斗成	宜移徙裁衣動土上樑開市納財
八日金		月入午後六時六分	初二日庚午土牛收	
九日土		月入午後七時二十五分	初三日辛未土女收	寒露九月節
	寒露午前十時二十五分		舊九月節	日出午前六時二十三分 日入午後六時 分 晝間十一時三十三分 夜間十二時二十七分
十日日		月入午後八時八分	初四日壬申金虛開	
十一日月		月入午後八時四十五分	初五日癸酉金危閉	
十二日火		月入午後九時二十八分	初六日甲戌火室建	
十三日水		月入午後十時十六分	初七日乙亥火壁除	
十四日木	◐ 上弦午後十一時二十分	月入午後十一時十五分	初八日丙子水奎滿	宜祭祀裁衣動土上樑開市納財安葬破土啓攢

양력	요일	월상	월출입	음력·일진·납음·28수·12직	비고
十五日	金			初九日 丁丑 水 婁 平	
十六日	土		月入午前零時二十分	初十日 戊寅 土 胃 定	
十七日	日		月入午前一時二十八分	十一日 己卯 土 昴 執	宜嫁娶安葬
十八日	月		月入午前二時四十一分	十二日 庚辰 金 畢 破	宜破屋
十九日	火		月入午前三時五十三分	十三日 辛巳 金 觜 危	宜嫁娶移徙裁衣動土修[illegible]
二十日	水		月入午前五時六分	十四日 壬午 木 參 成	
二十一日	木	○ 望午後三時十五分	月出午後六時五分	十五日 癸未 木 井 收	土王用事
二十二日	金		月出午後六時五十二分	十六日 甲申 水 鬼 開	宜移徙上[illegible]
二十三日	土		月出午後七時二十九分	十七日 乙酉 水 柳 閉	
二十四日	日		月出午後八時十一分	十八日 丙戌 土 星 建	霜降九月中宜嫁娶移徙裁衣[illegible]納財安葬
二十五日	月		月出午後八時五十八分	十九日 丁亥 土 張 除	
二十六日	火		月出午後九時四十九分	二十日 戊子 火 翼 滿	
二十七日	水		月出午後十時四十三分	廿一日 己丑 火 軫 平	
二十八日	木	◐ 下弦午後七時五十二分	月出午後十一時三十九分	廿二日 庚寅 木 角 定	
二十九日	金			廿三日 辛卯 木 亢 執	
三十日	土		月出午前零時三十八分	廿四日 壬辰 水 氐 破	
三十一日	日		月出午前一時三十七分	廿五日 癸巳 水 房 危	宜移徙裁衣上樑[illegible]納財

神嘗祭 (十七日)

天長節祝日 (三十一日)

霜降 午後一時十九分 舊九月中

日出午前六時四十九分 晝間十時五十七分

日入午後五時四十六分 夜間十三時三分

十一月小三十日

田畓의 秋耕, 果樹園의 落葉燒却, 蠶種의 洗滌

日	曜	月相	月出入	陰曆
一日	月		月出前二時三十分	廿六日甲午金心成 宜[illegible]
二日	火		月出前三時三十六分	廿七日乙未金尾收
三日	水		月出前四時三十五分	廿八日丙申火箕開 宜[illegible]
四日	木		月出前五時二十分	廿九日丁酉火斗閉
五日	金	● 合朔午後十一時十三分	十月大	初一日戊戌木牛建
六日	土		月入後六時 九分	初二日己亥木女除
七日	日		月入後六時四十五分	初三日庚子土虛滿
八日	月		月入後七時三十六分	初四日辛丑土危滿 立冬十月節
九日	火		月入後八時 [illegible]分	初五日壬寅金室平
十日	水		月入後九時 九分	初六日癸卯金壁定 宜[illegible]
十一日	木		月入後十時 十一分	初七日甲辰火奎執 宜[illegible]
十二日	金		月入後十一時 十六分	初八日乙巳火婁破 宜破屋
十三日	土	◐ 上弦午前八時三分		初九日丙午水胃危
十四日	日		月入前零時二十七分	初十日丁未水昴成 宜[illegible]

立冬 午後一時八分

舊十月節

日出午前七時 四分 晝間十時二十[illegible]分

日入午後五時二十分 夜間十三時[illegible]分

新嘗祭

十五日	月		月入 前一時三十七分	十一日	戊申	土	畢	收	
十六日	火		月入 前二時四十七分	十二日	己酉	土	觜	開	宜嫁娶移徙裁衣動土上樑開市納財
十七日	水		月入 前三時五十七分	十三日	庚戌	金	參	閉	
十八日	木		月入 前五時 七分	十四日	辛亥	金	井	建	
十九日	金		月入 前六時十八分	十五日	壬子	木	鬼	除	
二十日	土	○望午前一時三十二分	月出 後六時 一分	十六日	癸丑	木	柳	滿	
二十一日	日		月出 後六時四十六分	十七日	甲寅	水	星	平	宜移徙裁衣動土上樑開市納財安葬啓攢
二十二日	月		月出 後七時三十六分	十八日	乙卯	水	張	定	宜祭祀[illegible]嫁娶移徙裁衣動土上樑[illegible]安葬啓攢
二十三日	火		月出 後八時二十九分	十九日	丙辰	土	翼	執	小雪十月中

小雪午前十時二十八分 **舊十月中**
日出前七時二十分 晝間九時五十九分
日入後五時十九分 夜間十四時 一分

二十四日	水		月出 後九時二十六分	二十日	丁巳	土	軫	破	
二十五日	木		月出 後十時二十四分	廿一日	戊午	火	角	危	
二十六日	金		月出 後十一時二十三分	廿二日	己未	火	亢	成	宜裁衣動土上樑開市納財安葬
二十七日	土	◐下弦午後四時十五分		廿三日	庚申	木	氐	收	
二十八日	日		月出 前零時十九分	廿四日	辛酉	木	房	開	
二十九日	月		月出 前一時十六分	廿五日	壬戌	水	心	閉	
三十日	火		月出 前二時十二分	廿六日	癸亥	水	尾	建	

十二月大三十一日

收穫物의整理、農蠶具의修理整頓

日	曜	月相	月出入	舊曆·干支·納音·宿·建除	宜
一日	水		月出前三時九分	十七日甲子金翼除	宜嫁娶移徙裁衣動土上樑開市納財安葬
二日	木		月出前四時七分	十八日乙丑金斗滿	
三日	金		月出前五時六分	十九日丙寅火牛平	宜嫁娶移徙裁衣動土上樑開市納財安葬修倉
四日	土		月出前六時八分	二十日丁卯火女定	
五日	日	●合朔午後三時十一分	十一月大	初一日戊辰木虛執	
六日	月		月入後六時八分	初二日己巳木危破	宜破屋
七日	火		月入後七時二分	初三日庚午土室危	宜嫁娶移徙裁衣動土上樑開市安葬
八日	水		月入後八時三分	初四日辛未土壁危	大雪十一月節

大雪午前五時三十九分 舊十一月節 日出前七時三十五分 晝間九時四十一分 日入午後五時十六分 夜間十四時十九分

日	曜	月相	月出入	舊曆·干支·納音·宿·建除	宜
九日	木		月入後九時九分	初五日壬申金參成	
十日	金		月入後十時十六分	初六日癸酉金井收	
十一日	土		月入後十一時二十六分	初七日甲戌火鬼開	宜裁衣動土上樑開市
十二日	日	◐上弦午後三時四十七分		初八日乙亥火柳閉	
十三日	月		月入前零時三十七分	初九日丙子水星建	
十四日	火		月入前一時四十五分	初十日丁丑水張除	宜嫁娶移徙裁衣動土上樑開市納財安葬

日	曜	月相	月出入	陰曆·干支·納音·宿·直	宜
十五日	水		月入午前二時五十三分	十一日戊寅土參滿	宜裁衣動土[illegible]開市納財
十六日	木		月入午前四時一分	十二日己卯土井平	
十七日	金		月入午前五時十分	十三日庚辰金鬼定	
十八日	土		月入午前六時十七分	十四日辛巳金柳執	
十九日	日	○望午後三時九分	月出午後五時二十四分	十五日壬午木星破	
二十日	月		月出午後六時十六分	十六日癸未木張危	
二十一日	火		月出午後七時十三分	十七日甲申水翼成	
二十二日	水		月出午後八時十分	十八日乙酉水軫收	冬至十一月中

冬至 午後十一時三十四分

舊十一月中

日出午前七時四十三分　晝間九時三十五分

日入午後五時十八分　夜間十四時二十五分

日	曜	月相	月出入	陰曆·干支·納音·宿·直	宜
二十三日	木		月出午後九時九分	十九日丙戌土角開	宜裁衣動土[illegible]
二十四日	金		月出午後十時七分	二十日丁亥土亢閉	
二十五日	土		月出午後十一時四分	二十一日戊子火氐建	
二十六日	日			二十二日己丑火房除	
二十七日	月	◐下弦午後一時五十九分	月出午前零時一分	二十三日庚寅木心滿	
二十八日	火		月出午前零時五十七分	二十四日辛卯木尾平	
二十九日	水		月出午前一時五十三分	二十五日壬辰水箕定	宜冠帶[illegible]移徙裁衣動土[illegible]納財安葬
三十日	木		月出午前二時五十一分	二十六日癸巳水斗執	
三十一日	金		月出午前三時五十二分	二十七日甲午金牛破	

年歲對照

文政十年	丁亥	一百歲
文政十一年	戊子	九十九歲
文政十二年	己丑	九十八歲
天保元年	庚寅	九十七歲
天保二年	辛卯	九十六歲
天保三年	壬辰	九十五歲
天保四年	癸巳	九十四歲
天保五年	甲午	九十三歲
天保六年	乙未	九十二歲
天保七年	丙申	九十一歲
天保八年	丁酉	九十歲
天保九年	戊戌	八十九歲
天保十年	己亥	八十八歲
天保十一年	庚子	八十七歲
天保十二年	辛丑	八十六歲
天保十三年	壬寅	八十五歲
天保十四年	癸卯	八十四歲
弘化元年	甲辰	八十三歲
弘化二年	乙巳	八十二歲
弘化三年	丙午	八十一歲
弘化四年	丁未	八十歲
嘉永元年	戊申	七十九歲
嘉永二年	己酉	七十八歲
嘉永三年	庚戌	七十七歲
嘉永四年	辛亥	七十六歲
嘉永五年	壬子	七十五歲
嘉永六年	癸丑	七十四歲
安政元年	甲寅	七十三歲
安政二年	乙卯	七十二歲
安政三年	丙辰	七十一歲
安政四年	丁巳	七十歲
安政五年	戊午	六十九歲
安政六年	己未	六十八歲
萬延元年	庚申	六十七歲
文久元年	辛酉	六十六歲
文久二年	壬戌	六十五歲
文久三年	癸亥	六十四歲
元治元年	甲子	六十三歲
慶應元年	乙丑	六十二歲
慶應二年	丙寅	六十一歲
慶應三年	丁卯	六十歲
明治元年	戊辰	五十九歲
明治二年	己巳	五十八歲
明治三年	庚午	五十七歲
明治四年	辛未	五十六歲
明治五年	壬申	五十五歲
明治六年	癸酉	五十四歲
明治七年	甲戌	五十三歲
明治八年	乙亥	五十二歲
明治九年	丙子	五十一歲
明治十年	丁丑	五十歲
明治十一年	戊寅	四十九歲
明治十二年	己卯	四十八歲
明治十三年	庚辰	四十七歲
明治十四年	辛巳	四十六歲
明治十五年	壬午	四十五歲
明治十六年	癸未	四十四歲
明治十七年	甲申	四十三歲
明治十八年	乙酉	四十二歲
明治十九年	丙戌	四十一歲
明治二十年	丁亥	四十歲
明治二十一年	戊子	三十九歲
明治二十二年	己丑	三十八歲
明治二十三年	庚寅	三十七歲
明治二十四年	辛卯	三十六歲
明治二十五年	壬辰	三十五歲
明治二十六年	癸巳	三十四歲
明治二十七年	甲午	三十三歲
明治二十八年	乙未	三十二歲
明治二十九年	丙申	三十一歲
明治三十年	丁酉	三十歲
明治三十一年	戊戌	二十九歲
明治三十二年	己亥	二十八歲
明治三十三年	庚子	二十七歲
明治三十四年	辛丑	二十六歲
明治三十五年	壬寅	二十五歲
明治三十六年	癸卯	二十四歲
明治三十七年	甲辰	二十三歲
明治三十八年	乙巳	二十二歲
明治三十九年	丙午	二十一歲
明治四十年	丁未	二十歲
明治四十一年	戊申	十九歲
明治四十二年	己酉	十八歲
明治四十三年	庚戌	十七歲
明治四十四年	辛亥	十六歲
明治四十五年 大正元年	壬子	十五歲
大正二年	癸丑	十四歲
大正三年	甲寅	十三歲
大正四年	乙卯	十二歲
大正五年	丙辰	十一歲
大正六年	丁巳	十歲
大正七年	戊午	九歲
大正八年	己未	八歲
大正九年	庚申	七歲
大正十年	辛酉	六歲
大正十一年	壬戌	五歲
大正十二年	癸亥	四歲
大正十三年	甲子	三歲
大正十四年	乙丑	二歲
大正十五年	丙寅	一歲

各地의氣候

平均氣溫

(攝氏의度一符號는零度以下를示홈)

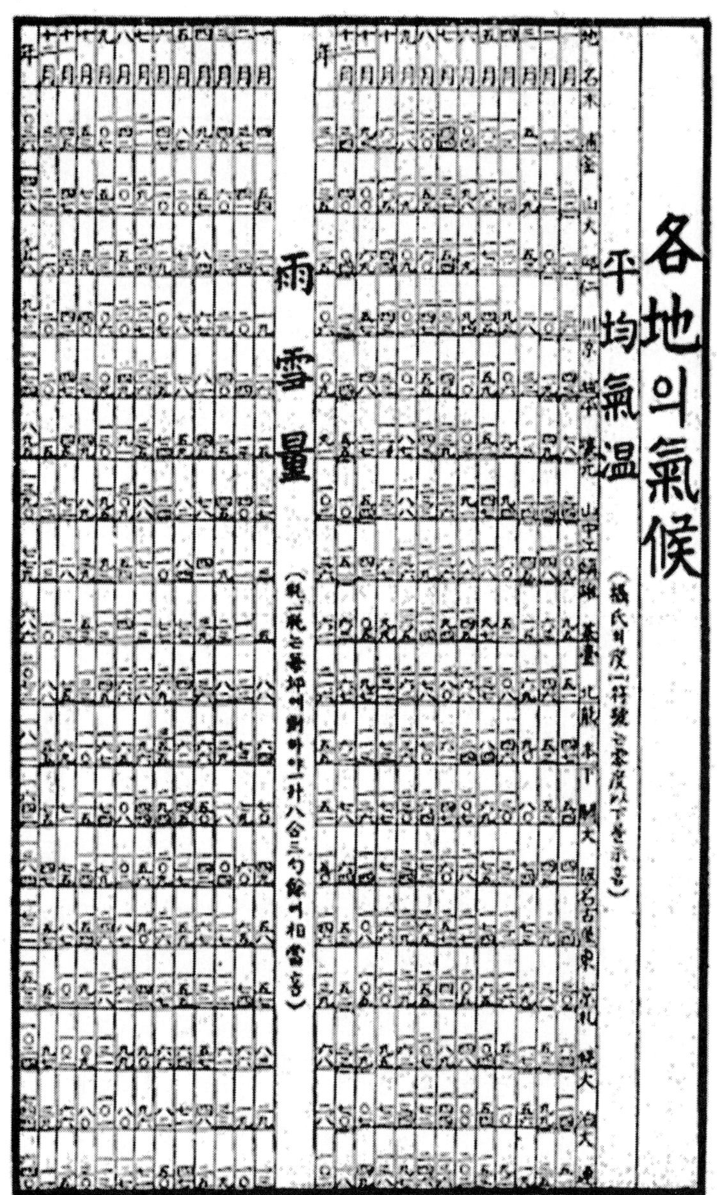

雨雪量

(旣一糎은每坪에對하야一升八合三勺餘에相當홈)

氣溫의最高最低及雨雪量의最大日量

(氣溫中(一)符號는零度以下를示홈)

地名	最高氣溫(攝氏度)	年	最低氣溫(攝氏度)	年	雨雪量(粍)	年
木浦	[illegible]	大正十三年	[illegible]	大正四年	[illegible]	大正六年
釜山	[illegible]	大正九年	[illegible]	大正四年	[illegible]	大正元年
大邱	[illegible]	大正四年	[illegible]	大正十二年	[illegible]	大正四年
仁川	[illegible]	大正十三年	[illegible]	大正四年	[illegible]	大正十一年
京城	[illegible]	大正八年	[illegible]	大正九年	[illegible]	大正九年
平壤	[illegible]	大正八年	[illegible]	大正六年	[illegible]	大正九年
元山	[illegible]	明治三十九年	[illegible]	大正四年	[illegible]	明治三十八年
中江鎭	[illegible]	大正十三年	[illegible]	大正十一年	[illegible]	大正十二年
雄基	[illegible]	大正八年	[illegible]	大正四年	[illegible]	大正四年
臺北	[illegible]	大正四年	[illegible]	明治三十四年	[illegible]	明治四十四年
熊本	[illegible]	明治二十六年	[illegible]	明治三十七年	[illegible]	大正十二年
下關	[illegible]	明治二十七年	[illegible]	明治卅八年	[illegible]	明治三十七年
大阪	[illegible]	明治四十二年	[illegible]	明治三十四年	[illegible]	明治二十九年
名古屋	[illegible]	明治四十二年	[illegible]	明治三十八年	[illegible]	明治二十九年
東京	[illegible]	明治十九年	[illegible]	大正七年	[illegible]	大正九年
札幌	[illegible]	明治二十七年	[illegible]	大正十一年	[illegible]	明治三十七年
大泊	[illegible]	大正九年	[illegible]	明治四十三年	[illegible]	大正四年
大連	[illegible]	大正八年	[illegible]	大正十一年	[illegible]	大正九年

度量衡表

系	度							面積			量			衡				
米突法	[illegible]	[illegible]	[illegible]	[illegible]	[illegible]	[illegible]	[illegible]	土地 [illegible]	[illegible]	[illegible]	[illegible]	[illegible]	[illegible]	[illegible]	[illegible]	[illegible]	[illegible]	[illegible]
尺貫法	[illegible]	[illegible]	[illegible]	[illegible]	[illegible]	[illegible]	[illegible]	[illegible]	[illegible]	[illegible]	[illegible]	[illegible]	[illegible]	[illegible]	[illegible]	[illegible]	[illegible]	[illegible]
[illegible]法	[illegible]	[illegible]	[illegible]	[illegible]	[illegible]	[illegible]	[illegible]			[illegible]		[illegible]	[illegible]	[illegible]	[illegible]	[illegible]	[illegible]	[illegible]

尺	間	町	里	[illegible]	段	升	貫	斤	米突	鯨尺	[illegible]	[illegible]	[illegible]	[illegible]	[illegible]	[illegible]	[illegible]
[illegible]	[illegible]	[illegible]	[illegible]	[illegible]	[illegible]	[illegible]	[illegible]	[illegible]	[illegible]	[illegible]	[illegible]	[illegible]	[illegible]	[illegible]	[illegible]	[illegible]	[illegible]

本邦의面積、人口 (人口는百位에서四捨五入)

土地	面積	人口
本州	一四六九一方里	四三九四七〇〇〇
四國	一一八一方里	三一一八〇〇〇
九州	二八二八方里	九二四二〇〇〇
北海道	六〇九五方里	二八三一〇〇〇
朝鮮	一四三一二方里	一七八五〇〇〇〇
臺灣	二三三二方里	三八七五〇〇〇
樺太	二三四〇方里	一〇四〇〇〇
計	四三七七九方里	八〇九六七〇〇〇

備考 [illegible]

本邦行政區劃及廳所在地

行政區劃	廳所在地
朝鮮總督府	京城
臺灣總督府	臺北
關東廳	旅順
樺太廳	豐原
北海道廳	札幌
東京府	東京市
京都府	京都市
大阪府	大阪市
神奈川縣	橫濱市
兵庫縣	神戶市
長崎縣	長崎市
新潟縣	新潟市
埼玉縣	浦和町
群馬縣	前橋市
千葉縣	千葉市
茨城縣	水戶市
栃木縣	宇都宮市
奈良縣	奈良市
三重縣	津市
愛知縣	名古屋市
靜岡縣	靜岡市
山梨縣	甲府市
滋賀縣	大津市
岐阜縣	岐阜市
長野縣	長野市
宮城縣	仙臺市
福島縣	福島市
岩手縣	盛岡市
青森縣	青森市
山形縣	山形市
秋田縣	秋田市
福井縣	福井市
石川縣	金澤市
富山縣	富山市
鳥取縣	鳥取市
島根縣	松江市
岡山縣	岡山市
廣島縣	廣島市
山口縣	山口町
和歌山縣	和歌山市
德島縣	德島市
香川縣	高松市
愛媛縣	松山市
高知縣	高知市
福岡縣	福岡市
大分縣	大分市
佐賀縣	佐賀市
熊本縣	熊本市
宮崎縣	宮崎市
鹿兒島縣	鹿兒島市
沖繩縣	那覇市

本邦陸軍常備團隊配備

團隊	司令部所在地
近衛師團	東京（東京府）
第一師團	東京（東京府）
第二師團	仙臺（宮城縣）
第三師團	名古屋（愛知縣）
第四師團	大阪（大阪府）
第五師團	廣島（廣島縣）
第六師團	熊本（熊本縣）
第七師團	旭川（北海道）
第八師團	弘前（青森縣）
第九師團	金澤（石川縣）
第十師團	姬路（兵庫縣）
第十一師團	善通寺（香川縣）
第十二師團	久留米（福岡縣）
第十四師團	宇都宮（栃木縣）
第十六師團	京都（京都府）
第十九師團	羅南（朝鮮）
第二十師團	龍山（朝鮮）

本邦海軍鎭守府所在地

軍港	鎭守府所在地
橫須賀	橫須賀
吳	吳
佐世保	佐世保

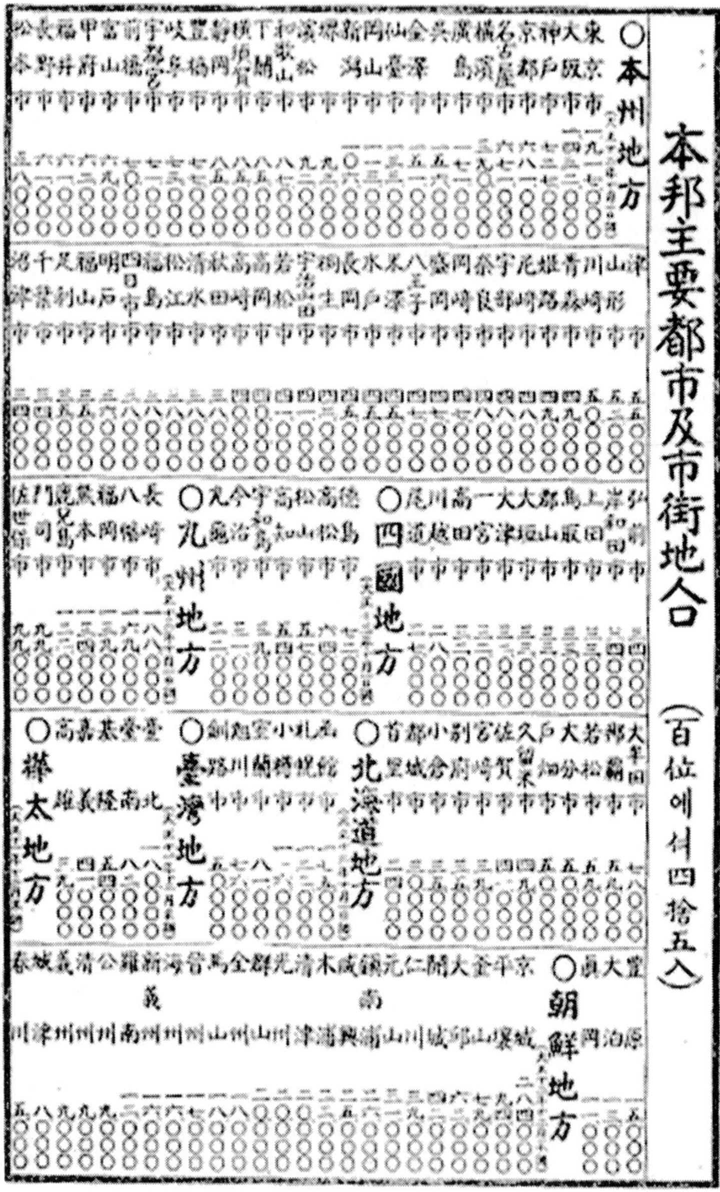

本邦主要都市及市街地合（百位에서四捨五入）

○本州地方

都市	人口
東京市	一九一七〇〇〇
大阪市	一四三二〇〇〇
神戸市	七二七〇〇〇
京都市	六八一〇〇〇
名古屋市	六七二〇〇〇
横濱市	三九〇〇〇〇
廣島市	一七一〇〇〇
呉市	一五六〇〇〇
金澤市	一五一〇〇〇
仙臺市	一三三〇〇〇
岡山市	一一三〇〇〇
新潟市	一〇六〇〇〇
堺市	九三〇〇〇
濱松市	九二〇〇〇
和歌山市	八七〇〇〇
下關市	八五〇〇〇
横須賀市	八五〇〇〇
静岡市	八五〇〇〇
豊橋市	七七〇〇〇
岐阜市	七三〇〇〇
宇都宮市	七一〇〇〇
前橋市	七〇〇〇〇
富山市	六九〇〇〇
甲府市	六三〇〇〇
福井市	六一〇〇〇
長野市	六一〇〇〇
松本市	三八〇〇〇
津市	五五〇〇〇
山形市	五二〇〇〇
川崎市	五〇〇〇〇
青森市	四九〇〇〇
姫路市	四九〇〇〇
尼崎市	四八〇〇〇
宇部市	四八〇〇〇
奈良市	四八〇〇〇
岡崎市	四七〇〇〇
盛岡市	四七〇〇〇
八王子市	四七〇〇〇
米澤市	四五〇〇〇
水戸市	四五〇〇〇
長岡市	四五〇〇〇
桐生市	四三〇〇〇
宇治山田市	四一〇〇〇
若松市	四一〇〇〇
高岡市	四〇〇〇〇
高崎市	四〇〇〇〇
秋田市	三八〇〇〇
清水市	三八〇〇〇
松江市	三八〇〇〇
福島市	三八〇〇〇
四日市市	三八〇〇〇
明石市	三六〇〇〇
福山市	三五〇〇〇
足利市	三五〇〇〇
千葉市	三四〇〇〇
沼津市	三四〇〇〇
弘前市	三四〇〇〇
岸和田市	三四〇〇〇
上田市	三三〇〇〇
鳥取市	三二〇〇〇
郡山市	三二〇〇〇
大垣市	三二〇〇〇
大津市	三二〇〇〇
一宮市	三一〇〇〇
高田市	三一〇〇〇
川越市	二八〇〇〇
尾道市	二七〇〇〇

○四國地方

都市	人口
德島市	七三〇〇〇
高松市	六四〇〇〇
松山市	五七〇〇〇
高知市	五四〇〇〇
宇和島市	三九〇〇〇
今治市	三一〇〇〇
丸龜市	二二〇〇〇

○九州地方

都市	人口
長崎市	一八八〇〇〇
八幡市	一六九〇〇〇
福岡市	一五九〇〇〇
熊本市	一三四〇〇〇
鹿兒島市	一二二〇〇〇
門司市	九九〇〇〇
佐世保市	九九〇〇〇
大牟田市	七八〇〇〇
那覇市	五九〇〇〇
若松市	五九〇〇〇
大分市	五〇〇〇〇
戸畑市	五〇〇〇〇
久留米市	四九〇〇〇
佐賀市	四一〇〇〇
宮崎市	三九〇〇〇
別府市	三五〇〇〇
小倉市	三五〇〇〇
都城市	三〇〇〇〇
首里市	二四〇〇〇

○北海道地方

都市	人口
函館市	一七五〇〇〇
札幌市	一二二〇〇〇
小樽市	一一六〇〇〇
旭川市	八一〇〇〇
室蘭市	七六〇〇〇
釧路市	五〇〇〇〇

○臺灣地方

都市	人口
臺北	一八〇〇〇〇
臺南	八二〇〇〇
基隆	五四〇〇〇
嘉義	四一〇〇〇
高雄	三九〇〇〇

○樺太地方

都市	人口
豊原	一五〇〇〇
大泊	一三〇〇〇
眞岡	一一〇〇〇

○朝鮮地方

都市	人口
京城	二八四〇〇〇
平壤	九四〇〇〇
釜山	七九〇〇〇
大邱	六三〇〇〇
開城	四二〇〇〇
仁川	三九〇〇〇
元山	三一〇〇〇
鎭南浦	二六〇〇〇
咸興	二五〇〇〇
木浦	二二〇〇〇
清津	二〇〇〇〇
光州	二〇〇〇〇
群山	二〇〇〇〇
全州	一八〇〇〇
馬山	一八〇〇〇
晉州	一七〇〇〇
海州	一六〇〇〇
新義州	一六〇〇〇
羅南	一二〇〇〇
公州	九〇〇〇
清州	九〇〇〇
義州	九〇〇〇
城津	八〇〇〇
春川	五〇〇〇

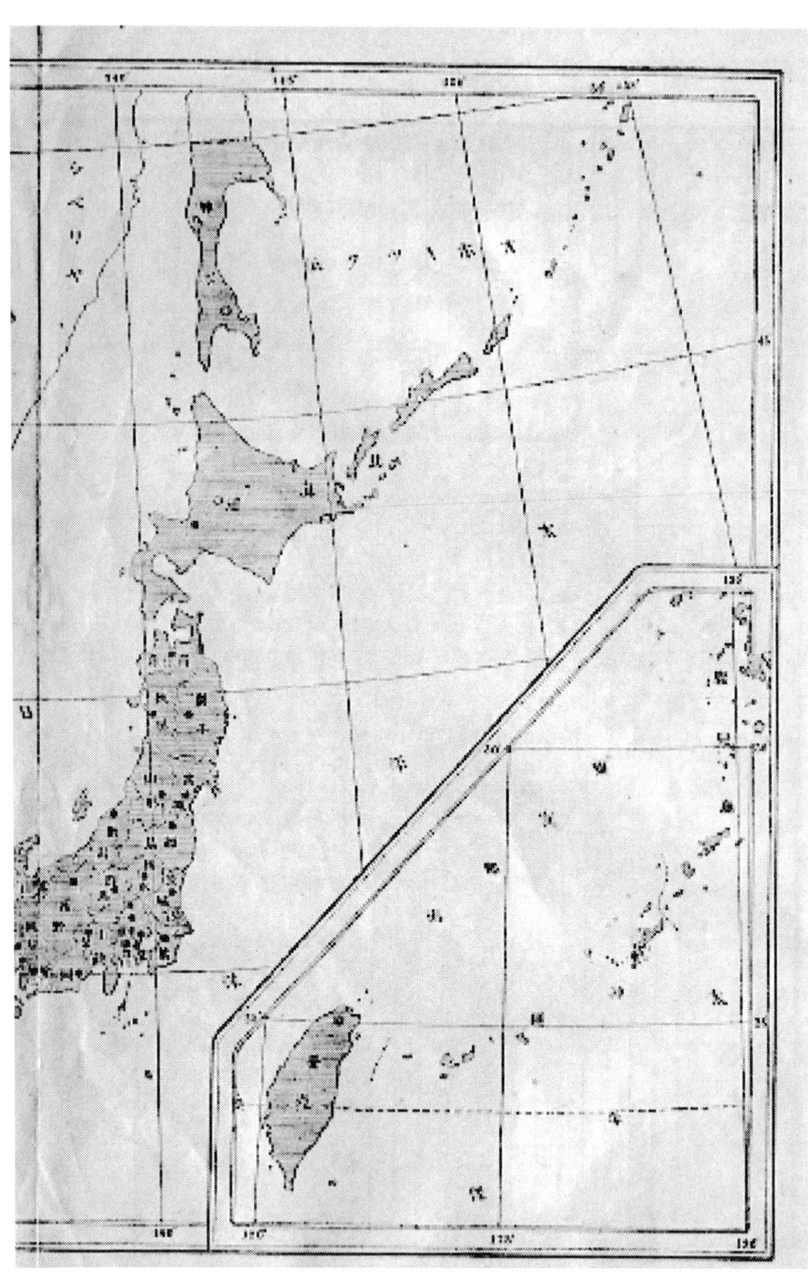

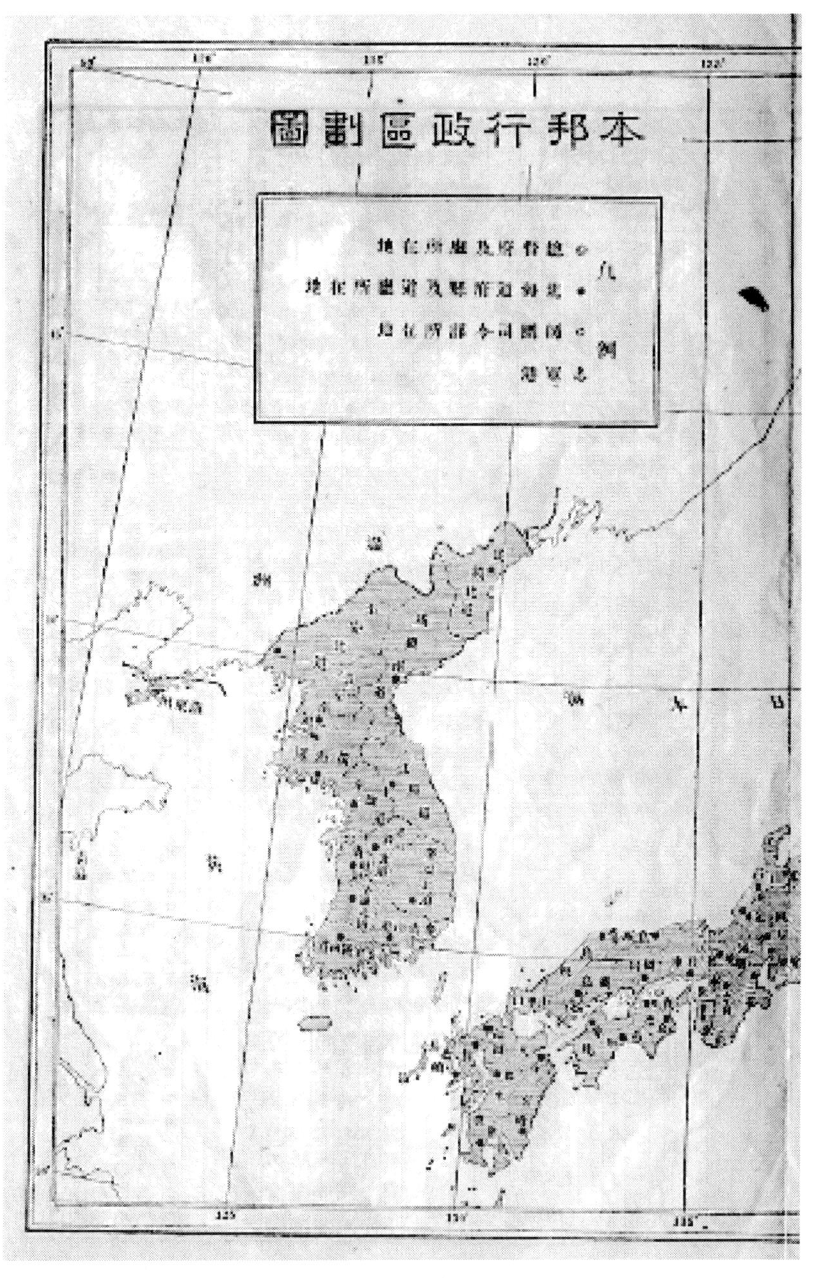
本邦行政區劃圖
凡例
總督府及廳所在地
師團司令部所在地
要塞地

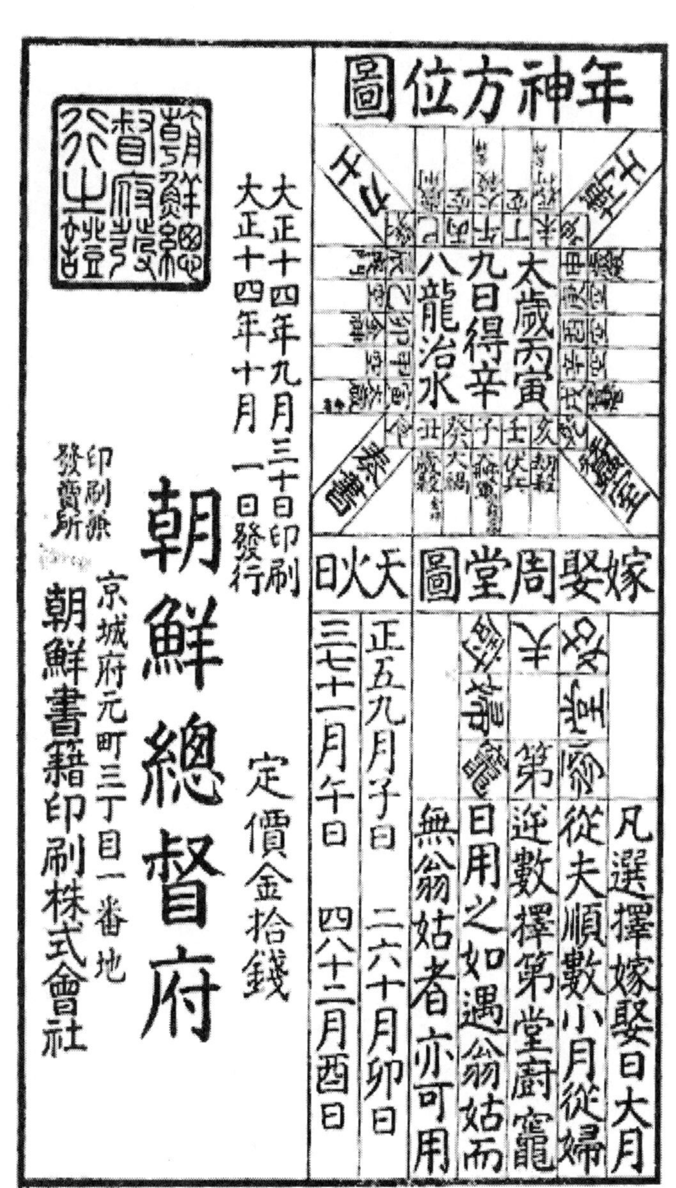
年神方位圖

太歲丙寅
九日得辛
八龍治水

嫁娶周堂圖

凡選擇嫁娶日大月從夫順數小月從婦逆數擇第堂廚竈第日用之如遇翁姑而無翁姑者亦可用

天火日

正五九月子日 二六十月卯日
三七十一月午日 四八十二月酉日

朝鮮總督府發行之證

大正十四年九月三十日印刷
大正十四年十月一日發行

定價金拾錢

朝鮮總督府

印刷所
發賣所 京城府元町三丁目一番地
朝鮮書籍印刷株式會社

15　大正十六年朝鮮民暦（1927）

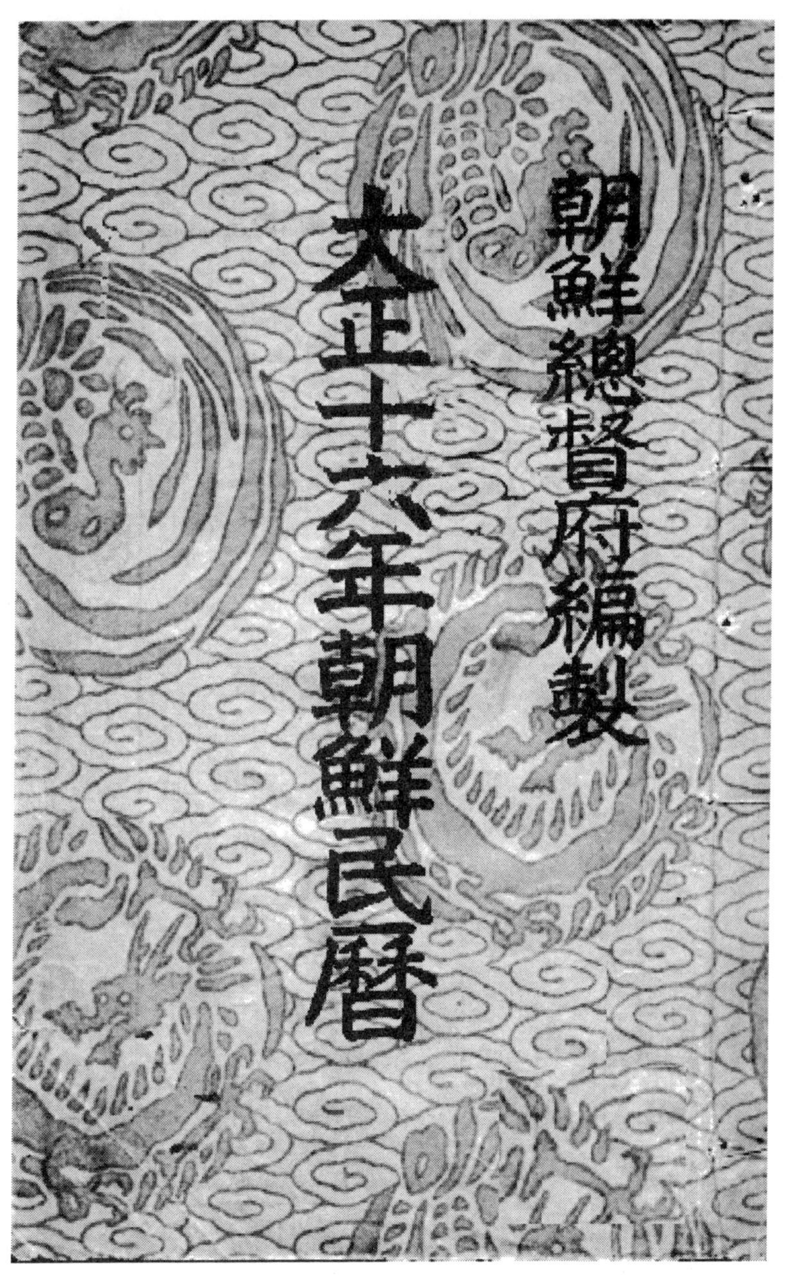

 15. 大正十六年朝鮮民曆(1927)

神武天皇即位紀元二千五百八十七年

大正十六年朝鮮民曆

丁卯平年 三百六十五日

朝鮮總督府觀測所編纂

月表

一月大	二月平	三月大	四月小
五月大	六月小	七月大	八月大
九月小	十月大	十一月小	十二月大

四方拜	一月一日
元始祭	一月三日
紀元節	二月十一日
春季皇靈祭	三月二十一日
神武天皇祭	四月三日
明治天皇祭	七月三十日
天長節	八月三十一日
秋季皇靈祭	九月二十四日
神嘗祭	十月十七日
天長節祝日	十月三十一日
新嘗祭	十一月二十三日

說明

本民曆에揭載한時刻은本邦中央標準時를用하고日月出入及日月食은京城에서보이는時刻을揭함

日食 六月二十九日

食分	一分九厘	
初虧	午後四時七分	右
食甚	午後四時五十分	右上間
復圓	午後五時三十六分	上偏右

月食 十二月九日

食分	皆既	
初虧	午前零時五十六分	左上間
食既	午前一時五十四分	下
食甚	午前二時三十五分	
生光	午前三時十五分	左偏上
復圓	午前四時十八分	右下間

日曜表

一月	二月	三月	四月	五月	六月	七月	八月	九月	十月	十一月	十二月
								四日 十一日 十八日 二十五日	二日 九日 十六日 二十三日 三十日	六日 十三日 二十日 二十七日	四日 十一日 十八日 二十五日

大正十六年中陰曆歲次丁卯年月表及節候表

月及月之大小	正月大	二月小	三月小	四月大	五月小	六月大	七月小	八月大	九月大	十月小	十一月大	十二月大
朔日	丁卯	丁酉	丙寅	乙未	乙丑	甲午	甲子	癸巳	癸亥	癸巳	壬戌	壬辰
節氣	立春	驚蟄	清明	立夏	芒種	小暑	立秋	白露	寒露	立冬	大雪	小寒
	正月節	二月節	三月節	四月節	五月節	六月節	七月節	八月節	九月節	十月節	十一月節	十二月節
入節 日	初四日	初三日	初五日	初六日	初八日	初十日	十一日	十四日	十四日	十四日	十五日	十四日
日辰	庚午	己亥	庚午	庚子	壬申	癸卯	甲戌	丙午	丙子	丙午	丙子	乙巳
時刻	寅正二刻一分	亥正三刻六分	寅正初刻六分	亥初三刻八分	丑正一刻十分	午正三刻五分	亥正二刻二分	丑初初刻六分	申正一刻一分	酉正三刻十二分	午初一刻十二分	亥正二刻二分
陽曆	二月五日	三月六日	四月六日	五月六日	六月七日	七月八日	八月八日	九月九日	十月九日	十一月八日	十二月八日	一月六日
節氣	雨水	春分	穀雨	小滿	夏至	大暑	處暑	秋分	霜降	小雪	冬至	大寒
	正月中	二月中	三月中	四月中	五月中	六月中	七月中	八月中	九月中	十月中	十一月中	十二月中
入節 日	十九日	十八日	二十日	廿二日	廿三日	廿六日	廿七日	廿九日	廿九日	廿九日	三十日	廿九日
日辰	乙酉	甲寅	乙酉	丙辰	丁亥	己未	庚寅	辛酉	辛卯	辛酉	辛卯	庚申
時刻	子正二刻五分	子初三刻十四分	午初三刻二分	午初初刻八分	戌初一刻八分	卯正一刻二分	未初初刻八分	巳正一刻三分	戌初初刻七分	申正初刻十四分	卯初一刻四分	申初三刻十二分
陽曆	二月二十日	三月二十一日	四月二十一日	五月二十二日	六月二十二日	七月二十四日	八月二十四日	九月二十四日	十月二十四日	十一月二十三日	十二月二十三日	一月二十一日

一月大三十一日

繩、叺、蠶具、莚等의製造、種稻의赤米除却、大豆의選粒

丙寅十二月大

日	曜	祝祭日	弦望	月出入	陰曆	記事
一日	土	四方拜		月出午前四時五十三分	廿八日乙未金女危	
二日	日			月出午前五時五十七分	廿九日丙申火虛成	
三日	月	元始祭		月出午前七時二分	三十日丁酉火危收	
四日	火		●合朔午前五時二十八分	十二月小	初一日戊戌木室開	
五日	水	新年宴會		月入午後六時五十四分	初二日己亥木壁閉	宜裁衣
六日	木			月入午後八時四分	初三日庚子土奎閉	小寒十二月節

小寒午後四時四十五分 舊十二月節

日出午前七時四十八分 晝間九時四十分
日入午後五時二十八分 夜間十四時二十分

日	曜	弦望	月出入	陰曆	記事
七日	金		月入午後九時十六分	初四日辛丑土婁建	宜裁衣上樑經絡納財
八日	土		月入午後十時二十七分	初五日壬寅金胃除	
九日	日		月入午後十一時二十七分	初六日癸卯金昴滿	
十日	月	◐上弦午後十一時四十三分		初七日甲辰火畢平	
十一日	火		月入午前零時四十五分	初八日乙巳火觜定	
十二日	水		月入午前一時五十二分	初九日丙午水參執	
十三日	木		月入午前二時五十八分	初十日丁未水井破	
十四日	金		月入午前四時五分	十一日戊申土鬼危	宜開市納財

日	曜	月相	月出入	舊曆		
十五日	土		月入午前五時十分	十二日己酉土柳成	宜嫁娶移徙裁衣動土上樑[illegible]開市納財	
十六日	日		月入午前六時十三分	十三日庚戌金星收		
十七日	月		月入午前七時八分	十四日辛亥金張開		
十八日	火	○望午前七時二十七分	月出午後五時五十六分	十五日壬子木翼閉	土王用事	
十九日	水		月出午後六時五十五分	十六日癸丑木軫建		
二十日	木		月出午後七時五十四分	十七日甲寅水角除		
二十一日	金		月出午後八時五十二分	十八日乙卯水亢滿	大寒十二月中 宜嫁娶移徙裁衣[illegible]	

大寒午前十時十二分　舊十二月中

日出午前七時四十四分　晝間九時五十九分
日入午後五時四十三分　夜間十四時一分

日	曜	月相	月出入	舊曆	
二十二日	土		月出午後九時四十六分	十九日丙辰土氐平	
二十三日	日		月出午後十時四十四分	二十日丁巳土房定	
二十四日	月		月出午後十一時四十分	廿一日戊午火心執	
二十五日	火	臘		廿二日己未火尾破	
二十六日	水	◑下弦午前十一時五分	月出午前零時三十八分	廿三日庚申木箕危	
二十七日	木		月出午前一時三十五分	廿四日辛酉木斗成	宜嫁娶移徙裁衣上樑[illegible]開市納財安葬
二十八日	金		月出午前二時三十六分	廿五日壬戌水牛收	
二十九日	土		月出午前三時三十八分	廿六日癸亥水女開	
三十日	日		月出午前四時四十二分	廿七日甲子金虛閉	宜裁衣安葬
三十一日	月		月出午前五時四十四分	廿八日乙丑金危建	宜裁衣上樑[illegible]納財安葬

二月平二十八日

一月과同함

紀元節

日	曜	朔弦	月出入	陰曆	干支	納音	宿	直	宜
一日	火		月出午前六時四十三分	廿九日	丙寅	火	室	除	
二日	水	● 合朔午後五時五十四分	丁卯晝火	初一日	丁卯	火	壁	滿	
三日	木		月入午後六時五十六分	初二日	戊辰	木	奎	平	
四日	金		月入午後八時 分	初三日	己巳	木	婁	定	
五日	土		月入午後九時十二分	初四日	庚午	土	胃	定	立春正月節 [illegible]
六日	日		月入午後十時二十四分	初五日	辛未	土	昴	執	
七日	月		月入午後十一時四十三分	初六日	壬申	金	畢	破	宜破屋
八日	火			初七日	癸酉	金	觜	危	宜安葬
九日	水	◐ 上弦午前八時五十四分	月入午前零時五十一分	初八日	甲戌	火	參	成	
十日	木		月入午前一時五十六分	初九日	乙亥	火	井	收	宜移徙裁衣動土上樑開市納財
十一日	金		月入午前三時 三分	初十日	丙子	水	鬼	開	宜裁衣動土上樑開市納財
十二日	土		月入午前四時 六分	十一日	丁丑	水	柳	閉	
十三日	日		月入午前五時 三分	十二日	戊寅	土	星	建	宜裁衣上樑入宅結婚納財安葬
十四日	月		月入午前五時五十三分	十三日	己卯	土	張	除	宜裁衣

立春 午前四時三十分

舊正月節

日出午前七時二十四分 晝間十時二十五分

日入午後五時五十分 夜間十三時三十五分

十五日 火 月入前六時三十八分 十四日 庚辰 金 室 滿

十六日 水 月入前七時 十七分 十五日 辛巳 金 壁 平

十七日 木 ○望午前一時十分 月出後六時四十六分 十六日 壬午 木 奎 定 宜[illegible]

十八日 金 月出後七時四十分 十七日 癸未 木 婁 執

十九日 土 月出後八時三十五分 十八日 甲申 水 胃 破 宜破屋

二十日 日 月出後九時三十一分 十九日 乙酉 水 昴 危 雨水正月中 宜安葬

雨水午前零時三十五分 舊正月中

日出午前七時十五分 晝間十[illegible]時[illegible]分
日入午後六時[illegible]分 夜間十[illegible]時 [illegible]分

二十一日 月 月出後十時二十八分 二十日 丙戌 土 心 成 宜裁衣動土[illegible]

二十二日 火 月出後十一時二十五分 廿一日 丁亥 土 尾 收 宜移徙[illegible]

二十三日 水 廿二日 戊子 火 箕 開

二十四日 木 月出前零時二十四分 廿三日 己丑 火 斗 閉

二十五日 金 ◐下弦午前五時四十二分 月出前一時二十分 廿四日 庚寅 木 牛 建 宜[illegible]

二十六日 土 月出前二時十五分 廿五日 辛卯 木 女 除 宜[illegible]

二十七日 日 月出前三時十一分 廿六日 壬辰 水 虛 滿 宜[illegible]

二十八日 月 月出前四時六分 廿七日 癸巳 水 危 平

三月大三十一日

苗板의 作製, 果樹의 剪定, 桑園果樹園의 病蟲害防除, 麥類의 播種, 果樹園의 施肥, 果樹類의 接木

日	曜	朔望	月出入	陰曆	宜
一日	火		月出午前五時二十三分	廿八日甲午金室定	宜冠帶結婚姻嫁娶出行移徙裁衣動土上樑開市納財
二日	水		月出午前六時十三分	廿九日乙未金壁執	
三日	木		月出午前六時五十六分	三十日丙申火奎破	宜破屋
四日	金	合朔午前四時二十五分	二月小	初一日丁酉火婁危	宜移徙裁衣動土上樑修倉庫納財安葬
五日	土		月入午後八時十三分	初二日戊戌木胃成	
六日	日		月入午後九時二十六分	初三日己亥木昴成	驚蟄二月節　宜開市納財

驚蟄午後十時五十二分　舊二月節

日出午前六時五十九分　晝間十一時三十一分
日入午後六時三十分　夜間十二時二十九分

日	曜	朔望	月出入	陰曆	宜
七日	月		月入午後十時三十七分	初四日庚子土畢收	
八日	火		月入午後十一時四十七分	初五日辛丑土觜開	
九日	水			初六日壬寅金參閉	宜裁衣納財[illegible]
十日	木	上弦午後八時三分	月入午前零時五十五分	初七日癸卯金井建	
十一日	金		月入午前二時零分	初八日甲辰火鬼除	宜嫁娶移徙裁衣動土上樑修倉安葬
十二日	土		月入午前二時五十九分	初九日乙巳火柳滿	宜裁衣開市納財
十三日	日		月入午前三時五十三分	初十日丙午水星平	
十四日	月		月入午前四時三十八分	十一日丁未水張定	宜冠帶結婚姻出行移徙裁衣動土上樑開市納財

春季皇靈祭

日	曜	記事	月出入	陰曆	干支	納音	宿	建除	宜
十五日	火		月入午前五時十八分	十二日	戊申	土	翼	執	
十六日	水		月入午前五時五十二分	十三日	己酉	土	軫	破	
十七日	木		月入午前六時二十三分	十四日	庚戌	金	角	危	
十八日	金	○望午後七時二十四分	月出午後六時三十分	十五日	辛亥	金	亢	成	宜移徙裁衣動土豎柱上樑開市納財
十九日	土		月出午後七時二十六分	十六日	壬子	木	氐	收	
二十日	日		月出午後八時二十三分	十七日	癸丑	木	房	開	
二十一日	月		月出午後九時十九分	十八日	甲寅	水	心	閉	春分二月中 宜納財安葬啓攢裁衣

春分午後十一時五十九分 舊二月中

日出午前六時三十六分 晝間十二時八分

日入午後六時四十四分 夜間十一時五十二分

日	曜	記事	月出入	陰曆	干支	納音	宿	建除	宜
二十二日	火		月出午後十時七分	十九日	乙卯	水	尾	建	
二十三日	水		月出午後十一時十六分	二十日	丙辰	土	箕	除	宜移徙裁衣動土上樑豎柱
二十四日	木			廿一日	丁巳	土	斗	滿	宜裁衣上樑豎柱開市納財
二十五日	金	社日	月出午前零時十七分	廿二日	戊午	火	牛	平	
二十六日	土	◐下弦午後八時三十五分	月出午前一時十七分	廿三日	己未	火	女	定	
二十七日	日		月出午前二時十五分	廿四日	庚申	木	虛	執	
二十八日	月		月出午前三時十一分	廿五日	辛酉	木	危	破	
二十九日	火		月出午前四時一分	廿六日	壬戌	水	室	危	
三十日	水		月出午前四時四十六分	廿七日	癸亥	水	壁	成	
三十一日	木		月出午前五時二十六分	廿八日	甲子	金	奎	收	

四月小 三十日

甘藷의床植、馬鈴薯及瓜類의播種、苗木類의植付、桑園의新耘施肥、蠶의催青、種稻의精選、秧板의整地

日	曜	記事	月出入	舊曆	干支	納音	宿	建除	宜
一日	金		月出午前六時二[?]分	廿九日	乙丑	金	婁	開	
二日	土	● 合朔午後一時二十四分	三月小	初一日	丙寅	火	胃	閉	宜啓攢
三日	日	神武天皇祭	月入午後八時十[?]分	初二日	丁卯	火	昴	建	宜嫁娶移徙裁衣上樑修造納財啓攢
四日	月		月入午後九時二十七分	初三日	戊辰	木	畢	除	
五日	火		月入午後十時三十六分	初四日	己巳	木	觜	滿	宜裁衣上樑修造開市納財
六日	水	寒食	月入午後十一時四十六分	初五日	庚午	土	參	滿	清明三月節
清明 午前四時六分		舊三月節	日出午前六時十二分 日入午後六時五十八分	晝間十二時四十六分 夜間十一時十四分					
七日	木			初六日	辛未	土	井	平	
八日	金		月入午前零時五十一分	初七日	壬申	金	鬼	定	
九日	土	◐ 上弦午前九時二十一分	月入午前一時四十八分	初八日	癸酉	金	柳	執	宜嫁娶安葬
十日	日		月入午前二時三十七分	初九日	甲戌	火	星	破	宜破屋
十一日	月		月入午前三時十九分	初十日	乙亥	火	張	危	
十二日	火		月入午前三時五十五分	十一日	丙子	水	翼	成	宜嫁娶裁衣動土上樑修造開市納財啓攢
十三日	水		月入午前四時二十六分	十二日	丁丑	水	軫	收	宜嫁娶移徙裁衣動土上樑修造開市納財安葬
十四日	木		月入午前四時五十五分	十三日	戊寅	土	角	開	宜嫁娶移徙裁衣動土上樑修造開市

日	曜	月相	月出入	陰暦	干支	納音	宿	建除	宜忌
十五日	金		月入午前五時二十三分	十四日	己卯	土	亢	閉	
十六日	土		月入午前五時四十七分	十五日	庚辰	金	氐	建	
十七日	日	○望午後零時三十五分	月出午後七時十四分	十六日	辛巳	金	房	除	
十八日	月		月出午後八時十三分	十七日	壬午	木	心	滿	土王用事宜移徙裁衣上樑宜補垣開市納財安葬
十九日	火		月出午後九時十一分	十八日	癸未	木	尾	平	
二十日	水		月出午後十時十一分	十九日	甲申	水	箕	定	
二十一日	木		月出午後十一時十二分	二十日	乙酉	水	斗	執	穀雨三月中宜[illegible]移徙裁衣上樑宜補垣開市納財安葬
穀雨午前十一時三十二分 舊三月中			日出午前五時五十二分 晝間十三時二十一分 日入午後七時十三分 夜間十時三十九分						
二十二日	金			二十一日	丙戌	土	牛	破	
二十三日	土		月出午前零時十分	二十二日	丁亥	土	女	危	宜移徙裁衣上樑宜補垣納財
二十四日	日		月出午前一時六分	二十三日	戊子	火	虛	成	
二十五日	月	◐下弦午前七時二十一分	月出午前一時五十六分	二十四日	己丑	火	危	收	
二十六日	火		月出午前二時四十一分	二十五日	庚寅	木	室	開	宜裁衣上樑宜補垣開市納財
二十七日	水		月出午前三時二十一分	二十六日	辛卯	木	壁	閉	
二十八日	木		月出午前三時五十八分	二十七日	壬辰	水	奎	建	
二十九日	金		月出午前四時三十三分	二十八日	癸巳	水	婁	除	
三十日	土		月出午前五時五分	二十九日	甲午	金	胃	滿	

五月大 三十一日

水稻、棉、粟、大小豆의 播種、春蠶의 掃立、蔘의 果穗 拔除、甘藷苗의 移植、果樹園의 除草

一日 日 ● 合朔午後九時四十分　四月大 初一日乙未金昴平

二日 月　月入午後八時十四分　初二日丙申火畢定

三日 火　月入午後九時二十六分　初三日丁酉火觜執 宜嫁娶移徙裁衣上樑竪柱開市納財安葬

四日 水　月入午後十時三十五分　初四日戊戌木參破

五日 木　月入午後十一時三十七分　初五日己亥木井危

六日 金　初六日庚子土鬼危 立夏四月節 宜嫁娶裁衣上樑竪柱開市啓攢

立夏 午後九時五十三分　舊四月節

日出午前五時二十三分　晝間十三時五十分
日入午後七時二十五分　夜間十時　分

七日 土　月入午前零時三十二分　初七日辛丑土柳成 宜裁衣竪柱上樑開市納財安葬

八日 日　月入午前一時十七分　初八日壬寅金星收

九日 月 ◐ 上弦午前零時二十七分　月入午前一時五十六分　初九日癸卯金張開

十日 火　月入午前二時三十分　初十日甲辰火翼閉

十一日 水　月入午前三時零分　十一日乙巳火軫建 宜嫁娶移徙裁衣上樑竪柱

十二日 木　月入午前三時二十六分　十二日丙午水角除

十三日 金　月入午前三時五十分　十三日丁未水亢滿

十四日 土　月入午前四時十五分　十四日戊申土氐平

十五日 日 月入午前四時四十二分 十五日己酉土房定 宜[illegible]移徙裁衣[illegible]開市納財安葬

十六日 月 月入午前五時 八分 十六日庚戌金心執 宜嫁娶移徙裁衣動土[illegible]安葬

十七日 火 ○望午前四時三分 月出午後八時 四分 十七日辛亥金尾破 宜破屋

十八日 水 月出午後九時 五分 十八日壬子木箕危

十九日 木 月出午後十時 五分 十九日癸丑木斗成 宜裁衣動土[illegible]開市納財

二十日 金 月出午後十一時 二分 二十日甲寅水牛收

二十一日 土 月出午後十一時五十五分 廿一日乙卯水女開 宜嫁娶移徙裁衣動土[illegible]開市納財

二十二日 日 廿二日丙辰土虛閉 小滿四月中

小滿午前十一時八分 舊四月中

日出午前五時十八分 晝間十四時二十一分
日入午後七時三十九分 夜間九時三十九分

二十三日 月 月出午前零時四十二分 廿三日丁巳土危建

二十四日 火 ◐下弦午後二時二十四分 月出午前一時二十二分 廿四日戊午火室除

二十五日 水 月出午前一時五十九分 廿五日己未火壁滿

二十六日 木 月出午前二時三十三分 廿六日庚申木奎平 宜移徙裁衣動土[illegible]開市納財安葬

二十七日 金 月出午前三時 三分 廿七日辛酉木婁定 宜冠帶[illegible]嫁娶移徙裁衣動土[illegible]開市納財安葬

二十八日 土 月出午前三時三十二分 廿八日壬戌水胃執

二十九日 日 月出午前四時 九分 廿九日癸亥水昴破

三十日 月 月出午前四時四十二分 三十日甲子金畢危

三十一日 火 ●合朔午前六時六分 五月小 初一日乙丑金觜成 宜裁衣動土[illegible]開市納財安葬

六月小 三十日

移秧、馬鈴薯의 堀上、桑의 株直、桑園의 耕耘施肥、果實의 被袋、繭의 乾燥

日	曜	月相	月入	陰曆·干支	宜
一日	水		月入午後九時十九分	初二日丙寅火參收	宜嫁娶移徙裁衣 [illegible] 納財
二日	木		月入午後十時十九分	初三日丁卯火井開	
三日	金		月入午後十一時十分	初四日戊辰木鬼閉	
四日	土		月入午後十一時五十七分	初五日己巳木柳建	
五日	日			初六日庚午土星除	宜嫁娶移徙裁衣動土 [illegible] 安葬
六日	月		月入午前零時二十九分	初七日辛未土張滿	
七日	火	◐上弦午後四時四十九分	月入午前一時零分	初八日壬申金翼滿	芒種五月節

芒種午前二時二十五分 舊五月節

日出午前五時十一分 晝間十四時四十分

日入午後七時五十一分 夜間九時二十分

日	曜	月相	月入	陰曆·干支	宜
八日	水		月入午前一時二十八分	初九日癸酉金軫平	
九日	木		月入午前一時五十四分	初十日甲戌火角定	宜 [illegible] 嫁娶裁衣動土 [illegible] 納財
十日	金		月入午前二時十九分	十一日乙亥火亢執	
十一日	土		月入午前二時四十四分	十二日丙子水氐破	
十二日	日		月入午前三時十一分	十三日丁丑水房危	
十三日	月		月入午前三時四十一分	十四日戊寅土心成	
十四日	火		月入午前四時十三分	十五日己卯土尾收	

日	曜	月相	月出	陰曆	干支	納音	宿	建除	宜
十五日	水	○望午後五時十九分	月出午後七時五十七分	十六日	庚辰	金	箕	開	宜移徙裁衣動土樑[illegible]
十六日	木		月出午後八時五十六分	十七日	辛巳	金	斗	閉	
十七日	金		月出午後九時五十一分	十八日	壬午	木	牛	建	
十八日	土		月出午後十時四十一分	十九日	癸未	木	女	除	宜嫁娶納財安葬
十九日	日		月出午後十一時二十三分	二十日	甲申	水	虛	滿	宜嫁娶移徙裁衣開市納財安葬
二十日	月			廿一日	乙酉	水	危	平	
二十一日	火		月出午前零時一分	廿二日	丙戌	土	室	定	
二十二日	水	◐下弦午後七時二十九分	月出午前零時三十四分	廿三日	丁亥	土	壁	執	夏至五月中
夏至午後七時二十三分 舊五月中		日出午前五時十一分 晝間十四時四十六分	日入午後七時五十七分 夜間九時十四分						
二十三日	木		月出午前一時六分	廿四日	戊子	火	奎	破	
二十四日	金		月出午前一時三十七分	廿五日	己丑	火	婁	危	
二十五日	土		月出午前二時九分	廿六日	庚寅	木	胃	成	宜嫁娶裁衣動土樑[illegible]開市納財啓攢
二十六日	日		月出午前二時四十三分	廿七日	辛卯	木	昴	收	
二十七日	月		月出午前三時二十一分	廿八日	壬辰	水	畢	開	宜移徙裁衣動土樑[illegible]
二十八日	火		月出午前四時四分	廿九日	癸巳	水	觜	閉	
二十九日	水	●合朔午後三時三十一分日食	六月大	初一日	甲午	金	參	建	
三十日	木		月出午後九時零分	初二日	乙未	金	井	除	宜嫁娶納財安葬

七月大三十一日

畓의除草、蕎麥의播種、甘藷의返蔓、夏蠶의掃立、桑園의除草

日	曜	月相	月入	陰曆	干支	納音	宿	建除	宜
一日	金		月入午後九時四十七分	初三日	丙申	火	鬼	滿	宜嫁娶移徙裁衣動土上樑[illegible]開市納財安葬
二日	土		月入午後十時三十六分	初四日	丁酉	火	柳	平	
三日	日		月入午後十一時零分	初五日	戊戌	木	星	定	
四日	月		月入午後十一時三十分	初六日	己亥	木	張	執	
五日	火		月入午後十一時五十六分	初七日	庚子	土	翼	破	
六日	水			初八日	辛丑	土	軫	危	
七日	木	◐上弦午前九時五十六分	月入午前零時二十一分	初九日	壬寅	金	角	成	宜裁衣動土上樑[illegible]開市納財啓攢
八日	金		月入午前零時四十六分	初十日	癸卯	金	亢	成	小暑六月節

小暑午後零時五十分　舊六月節

日出午前五時十七分　晝間十四時三十九分
日入午後七時五十六分　夜間九時二十一分

日	曜	月相	月入	陰曆	干支	納音	宿	建除	宜
九日	土		月入午前一時十六分	十一日	甲辰	火	氐	收	宜嫁娶移徙裁衣動土上樑[illegible]開市納財安葬
十日	日		月入午前一時三十九分	十二日	乙巳	火	房	開	
十一日	月		月入午前二時十分	十三日	丙午	水	心	閉	
十二日	火		月入午前二時四十七分	十四日	丁未	水	尾	建	
十三日	水		月入午前三時三十分	十五日	戊申	土	箕	除	
十四日	木		月入午前四時二十一分	十六日	己酉	土	斗	滿	宜嫁娶移徙裁衣動土上樑[illegible]開市納財

日	曜	月象・節候	月出入	陰曆	干支	納音	宿	建除	宜
十五日	金	○望午前四時二十二分 初伏	月出午後八時二十四分	十七日	庚戌	金	牛	平	
十六日	土		月出午後九時二十二分	十八日	辛亥	金	女	定	宜冠帶 移徙裁衣動土 納財
十七日	日		月出午後十時一分	十九日	壬子	木	虛	執	
十八日	月		月出午後十時三十七分	二十日	癸丑	木	危	破	
十九日	火		月出午後十一時十分	廿一日	甲寅	水	室	危	宜移徙裁衣動土 開市納財安葬啓攢
二十日	水		月出午後十一時四十分	廿二日	乙卯	水	壁	成	宜嫁娶移徙裁衣動土 開市納財啓攢
二十一日	木	◐下弦午後十二時四十三分		廿三日	丙辰	土	奎	收	土王用事
二十二日	金		月出午前零時十一分	廿四日	丁巳	土	婁	開	
二十三日	土		月出午前零時四十四分	廿五日	戊午	火	胃	閉	
二十四日	日		月出午前一時二十一分	廿六日	己未	火	昴	建	大暑六月中 宜移徙裁衣納財

大暑午前六時十七分　舊六月中

日出午前五時三十二分　晝間十四時十四分
日入午後七時四十六分　夜間九時四十六分

日	曜	月象・節候	月出入	陰曆	干支	納音	宿	建除	宜
二十五日	月	中伏	月出午前二時零分	廿七日	庚申	木	畢	除	
二十六日	火		月出午前二時四十六分	廿八日	辛酉	木	觜	滿	
二十七日	水		月出午前三時三十九分	廿九日	壬戌	水	參	平	
二十八日	木		月出午前四時三十七分	三十日	癸亥	水	井	定	
二十九日	金	●合朔午前三時二十六分	七月小	初一日	甲子	金	鬼	執	宜裁衣上樑 安葬
三十日	土		月入午後八時五十六分	初二日	乙丑	金	柳	破	
三十一日	日		月入午後九時二十分	初三日	丙寅	火	星	危	宜開市納財啓攢

八月大三十一日

白菜·蘿蔔의播種, 果樹園의耕耘, 桑天牛卯의取除, 秋蠶의掃立

日	曜	月相	月出入	陰曆	干支	納音	宿	建除	宜
一日	月		月入午後九時五十六分	初四日	丁卯	火	張	成	宜栽埈移徙裁衣上樑午時開市納財啓攢
二日	火		月入午後十時二十五分	初五日	戊辰	木	翼	收	
三日	水		月入午後十時四十八分	初六日	己巳	木	軫	開	
四日	木		月入午後十一時十三分	初七日	庚午	土	角	閉	宜安葬
五日	金		月入午後十一時四十一分	初八日	辛未	土	亢	建	宜移徙上樑納畜
六日	土	◑上弦午前三時五分		初九日	壬申	金	氐	除	
七日	日		月入午前零時九分	初十日	癸酉	金	房	滿	
八日	月		月入午前零時四十二分	十一日	甲戌	火	心	滿	立秋七月節
九日	火		月入午前一時二十二分	十二日	乙亥	火	尾	平	
十日	水		月入午前二時八分	十三日	丙子	水	箕	定	宜冠帶[illegible]移徙裁衣[illegible]
十一日	木		月入午前三時三十分	十四日	丁丑	水	斗	執	
十二日	金		月入午前四時七分	十五日	戊寅	土	牛	破	
十三日	土	○望午後時二十六分	月出午後七時五十七分	十六日	己卯	土	女	危	
十四日	日	末伏	月出午後八時二十四分	十七日	庚辰	金	虛	成	

立秋 午後十時三十二分 **舊七月節**

日出午前五時四十分 晝間十三時五十五分
日入午後七時三十五分 夜間十時五分

日	曜	月相	月出入	陰曆				宜
十五日	月		月出午後九時九分	十八日辛巳	金	危	收	
十六日	火		月出午後九時四十三分	十九日壬午	木	室	開	宜裁衣動土上樑(宜用巳時)開市納財
十七日	水		月出午後十時十三分	二十日癸未	木	壁	閉	
十八日	木		月出午後十時四十六分	廿一日甲申	水	奎	建	宜嫁娶裁衣納財
十九日	金		月出午後十一時二十分	廿二日乙酉	水	婁	除	宜安葬
二十日	土	下弦午前四時五十四分	月出午後十一時五十九分	廿三日丙戌	土	胃	滿	
二十一日	日			廿四日丁亥	土	昴	平	宜移徙裁衣上樑(宜用辰時)
二十二日	月		月出午前零時四十三分	廿五日戊子	火	畢	定	宜冠帶(宜用卯時)嫁娶(宜用未時)移徙裁衣動土上樑(宜用卯時)開市納財安葬
二十三日	火		月出午前一時三十三分	廿六日己丑	火	觜	執	
二十四日	水		月出午前二時二十九分	廿七日庚寅	木	參	破	處暑七月中

處暑午後一時六分　舊七月中

日出午前五時五十四分　晝間十三時二十一分
日入午後七時十五分　夜間十時三十九分

日	曜	月相	月出入	陰曆				宜
二十五日	木		月出午前三時二十九分	廿八日辛卯	木	井	危	宜啓攢
二十六日	金		月出午前四時二十九分	廿九日壬辰	水	鬼	成	
二十七日	土	合朔午後三時四十五分	八月大	初一日癸巳	水	柳	收	宜移徙裁衣動土上樑(宜用巳時)開市納財
二十八日	日		月入午後七時三十九分	初二日甲午	金	星	開	
二十九日	月		月入午後八時二十五分	初三日乙未	金	張	閉	
三十日	火		月入午後八時五十分	初四日丙申	火	翼	建	宜裁衣納財
三十一日	水		月入午後九時十五分	初五日丁酉	火	軫	除	

九月小三十日

螟蟲被害稻의拔除燒却、小麥의播種

日	曜	月相	月出入	陰曆·干支·納音·宿·直	宜
一日	木		月入後九時四十分	初六日戊戌木角滿	宜祭祀嫁娶移徙裁衣動土[illegible]開市納財安葬
二日	金		月入後十時八分	初七日己亥木亢平	
三日	土		月入後十時三十九分	初八日庚子土氐定	宜冠帶[illegible]移徙裁衣動土上樑[illegible]開市納財
四日	日	◐上弦午後七時四十四分	月入後十一時十五分	初九日辛丑土房執	
五日	月		月入後十一時五十八分	初十日壬寅金心破	
六日	火			十一日癸卯金尾危	宜嫁娶移徙裁衣上樑[illegible]納財安葬啓攢
七日	水		月入前零時四十八分	十二日甲辰火箕成	
八日	木		月入前一時四十五分	十三日乙巳火斗收	宜嫁娶開市納財
九日	金		月入前二時五十一分	十四日丙午水牛收	白露八月節

白露 午前一時六分 **舊八月節** 日出午前六時　分 晝刻十二時四十四分 日入午後六時五十二分 夜刻十一時十六分

日	曜	月相	月出入	陰曆·干支·納音·宿·直	宜
十日	土		月入前四時三分	十五日丁未水女開	宜移徙裁衣上樑[illegible]
十一日	日	○望午後九時五十四分	月出後七時五分	十六日戊申土虛閉	宜裁衣納財安葬
十二日	月		月出後七時三十六分	十七日己酉土危建	
十三日	火		月出後八時十一分	十八日庚戌金室除	宜嫁娶移徙動土上樑[illegible]安葬
十四日	水		月出後八時四十四分	十九日辛亥金壁滿	宜移徙

秋季皇靈祭

日	曜	記事	月出入	陰曆	干支	納音	宿	建除	宜
十五日	木		月出午後九時十八分	二十日	壬子	木	室	平	
十六日	金		月出午後九時五十五分	廿一日	癸丑	木	婁	定	宜移徙裁衣動土上樑(宜用巳時)納財
十七日	土		月出午後十時四十一分	廿二日	甲寅	水	胃	執	
十八日	日	下弦午後零時三十分	月出午後十一時三十分	廿三日	乙卯	水	昴	破	
十九日	月			廿四日	丙辰	土	畢	危	
二十日	火		月出午前零時二十四分	廿五日	丁巳	土	觜	成	宜移徙裁衣動土上樑(宜用巳時)開市納財
二十一日	水	社日	月出午前一時二十三分	廿六日	戊午	火	參	收	
二十二日	木		月出午前二時二十五分	廿七日	己未	火	井	開	宜移徙裁衣上樑(宜用卯時)
二十三日	金		月出午前三時二十四分	廿八日	庚申	木	鬼	閉	
二十四日	土	秋分八月中	月出午前四時二十四分	廿九日	辛酉	木	柳	建	
二十五日	日		月出午前五時二十二分	三十日	壬戌	水	星	除	
二十六日	月	合朔午前七時十二分		九月大 初一日	癸亥	水	張	滿	
二十七日	火		月入午後七時十六分	初二日	甲子	金	翼	平	
二十八日	水		月入午後七時四十五分	初三日	乙丑	金	軫	定	宜嫁娶移徙動土上樑(宜用卯時)安葬
二十九日	木		月入午後八時十分	初四日	丙寅	火	角	執	
三十日	金		月入午後八時三十九分	初五日	丁卯	火	亢	破	

秋分午前十時十六分　舊八月中

日出午前六時二十分　晝間十二時八分
日入午後六時二十八分　夜間十一時五十二分

十月大 三十一日

大麥의播種, 桑園의害蟲驅除, 果實의貯藏, 種稻의選穗

日	曜	月象	月出入	陰曆	宜
一日	土		月入午後九時十三分	初四日戊辰木氐危	
二日	日		月入午後九時五十三分	初五日己巳木房成	宜移徙裁衣動土上樑開市納財
三日	月		月入午後十時三十六分	初六日庚午土心收	
四日	火	◐上弦午前十一時二分	月入午後十一時三十一分	初七日辛未土尾開	宜移徙裁衣上樑
五日	水			初八日壬申金箕閉	
六日	木		月入午前零時三十三分	初九日癸酉金斗建	
七日	金		月入午前一時四十一分	初十日甲戌火牛除	
八日	土		月入午前二時五十分	十一日乙亥火女滿	宜移徙裁衣動土上樑開市納財
九日	日		月入午前四時 三分	十二日丙子水虛滿	寒露九月節

寒露 午後四時十六分 **舊九月節**

日出午前六時三十五分 晝間十一時三十五分
日入午後六時 分 夜間十二時二十五分

日	曜	月象	月出入	陰曆	宜
十日	月		月入午前五時十六分	十三日丁丑水危平	
十一日	火	○望午前六時十五分	月出午後六時三十六分	十四日戊寅土室定	
十二日	水		月出午後七時十三分	十五日己卯土壁執	宜安葬
十三日	木		月出午後七時五十分	十六日庚辰金奎破	宜破屋
十四日	金		月出午後八時三十四分	十七日辛巳金婁危	

神嘗祭

日	曜	朔弦	月出入	陰曆	干支	納音	宿	建除	宜
十五日	土		月出午後九時三十三分	二十日	壬午	木	胃	成	宜嫁娶移徙裁衣動土上樑(宜用[illegible]時)開市納財安葬
十六日	日		月出午後十時十六分	廿一日	癸未	木	昴	收	
十七日	月	◑下弦午後十二時三十二分	月出午後十一時十四分	廿二日	甲申	水	畢	開	宜移徙裁衣動土上樑(宜用[illegible]時)開市
十八日	火			廿三日	乙酉	水	觜	閉	
十九日	水		月出午前零時十六分	廿四日	丙戌	土	參	建	宜嫁娶移徙裁衣上樑(宜用[illegible]時)納財安葬
二十日	木		月出午前一時十七分	廿五日	丁亥	土	井	除	
二十一日	金		月出午前二時十六分	廿六日	戊子	火	鬼	滿	土王用事
二十二日	土		月出午前三時十七分	廿七日	己丑	火	柳	平	
二十三日	日		月出午前四時十四分	廿八日	庚寅	木	星	定	
二十四日	月		月出午前五時十一分	廿九日	辛卯	木	張	執	霜降九月中宜嫁娶移徙裁衣上樑(宜用[illegible]時)開市納財[illegible]

霜降午後七時七分　舊九月中

日出午前六時四十六分　晝間十時五十七分

日入午後五時四十三分　夜間十三時三分

日	曜	朔弦	月出入	陰曆	干支	納音	宿	建除	宜
二十五日	火		月出午前六時七分	三十日	壬辰	水	翼	破	
二十六日	水	●合朔午前零時三十五分	十月小	初一日	癸巳	水	軫	危	宜移徙上樑(宜用[illegible]時)
二十七日	木		月入午後六時四十二分	初二日	甲午	金	角	成	宜嫁娶移徙裁衣上樑(宜用[illegible]時)開市納財安葬
二十八日	金		月入午後七時十三分	初三日	乙未	金	亢	收	
二十九日	土		月入午後七時五十分	初四日	丙申	火	氐	開	宜嫁娶移徙裁衣上樑(宜用[illegible]時)開市
三十日	日		月入午後八時三十四分	初五日	丁酉	火	房	閉	
三十一日	月		月入午後九時二十四分	初六日	戊戌	木	心	建	

十一月小 三十日

田畓의 秋耕, 果樹園의 落葉燒却, 蠶種의 洗滌

日	曜	月相	月出入	曆注	宜
一日	火		月入午後十時二十二分	初一日己亥木尾除	
二日	水		月入午後十一時二十四分	初二日庚子土箕滿	
三日 (明治節)	木	◐上弦午前零時十六分		初三日辛丑土斗平	
四日	金		月入午前零時三十分	初四日壬寅金牛定	
五日	土		月入午前一時二十九分	初五日癸卯金女執	宜嫁娶移徙裁衣上樑安碓磑安葬啓攢
六日	日		月入午前二時二十五分	初六日甲辰火虛破	
七日	月		月入午前四時四分	初七日乙巳火危危	
八日	火		月入午前五時十九分	初八日丙午水室危	立冬十月節
九日	水	○望午後三時三十六分	月出午後五時四十一分	初九日丁未水壁成	宜裁衣動土上樑安碓磑開市納財
十日	木		月出午後六時二十三分	初十日戊申土奎收	
十一日	金		月出午後七時九分	十一日己酉土婁開	宜移徙裁衣動土上樑安碓磑開市納財
十二日	土		月出午後八時二分	十二日庚戌金胃閉	
十三日	日		月出午後九時一分	十三日辛亥金昴建	
十四日	月		月出午後十時四分	十四日壬子木畢除	

立冬午後六時五十七分 舊十月節

日出午前七時三分 晝間十時二十六分

日入午後五時二十九分 夜間十三時三十四分

新嘗祭

日	曜	月相	月出入	陰曆	干支	納音	宿	建除	宜
十五日	火		月出午後十一時 六分	廿一日	癸丑	木	觜	滿	
十六日	水	◐下弦午後二時二十八分		廿二日	甲寅	水	參	平	宜移徙裁衣動土上樑(宜用辰時)開市納財安葬破土啓攢
十七日	木		月出午前零時 八分	廿三日	乙卯	水	井	定	
十八日	金		月出午前一時 九分	廿四日	丙辰	土	鬼	執	
十九日	土		月出午前二時 七分	廿五日	丁巳	土	柳	破	
二十日	日		月出午前三時 四分	廿六日	戊午	火	星	危	
二十一日	月		月出午前四時 零分	廿七日	己未	火	張	成	宜裁衣動土上樑(宜用卯時)開市納財安葬
二十二日	火		月出午前四時五十七分	廿八日	庚申	木	翼	收	宜移徙裁衣動土上樑(宜用辰時)納財安葬
二十三日	水		月出午前五時五十五分	廿九日	辛酉	木	軫	開	小雪十月中

小雪午後四時十四分 舊十月中

日出午前七時十九分 晝間九時五十九分
日入午後五時十分 夜間十四時一分

日	曜	月相	月出入	陰曆	干支	納音	宿	建除	宜
二十四日	木	●合朔午後七時九分	十一月大	初一日	壬戌	水	角	閉	
二十五日	金		月入午後五時四十九分	初二日	癸亥	水	亢	建	
二十六日	土		月入午後六時三十三分	初三日	甲子	金	氐	除	宜嫁娶移徙裁衣動土上樑(宜用卯時)納財安葬
二十七日	日		月入午後七時二十一分	初四日	乙丑	金	房	滿	
二十八日	月		月入午後八時 十五分	初五日	丙寅	火	心	平	
二十九日	火		月入午後九時 十六分	初六日	丁卯	火	尾	定	宜冠帶(宜用午時)嫁娶(宜用巳時)移徙裁衣動土上樑(宜用巳時)開市納財破土啓攢
三十日	水		月入午後十時二十一分	初七日	戊辰	木	箕	執	

十二月大三十一日

收穫物의整理、農機具의修理整頓

一日	木		月入後十一時二十八分	初八日	己巳	木	斗	破 宜破屋
二日	金	◐上弦午前十一時十五分		初九日	庚午	土	牛	危 宜移徙裁衣動土上樑宜用巳時安葬
三日	土		月入前零時三十五分	初十日	辛未	土	女	成 宜裁衣動土上樑宜用巳時開市納財
四日	日		月入前一時四十五分	十一日	壬申	金	虛	收
五日	月		月入前二時五十五分	十二日	癸酉	金	危	開
六日	火		月入前四時七分	十三日	甲戌	火	室	閉
七日	水		月入前五時二十三分	十四日	乙亥	火	壁	建
八日	木		月入前六時三十七分	十五日	丙子	水	奎	建 大雪十一月節

大雪午前十一時二十七分 舊十一月節 日出午前七時二十七分 晝間九時四十六分 日入午後五時十四分 夜間十四時十四分

九日	金	○望午前十一時二十六分月食	月出後五時四十四分	十六日	丁丑	水	婁	除 宜嫁娶移徙裁衣動土上樑宜用巳時納財安葬
十日	土		月出後六時四十一分	十七日	戊寅	土	胃	滿 宜裁衣動土上樑宜用巳時開市納財
十一日	日		月出後七時四十四分	十八日	己卯	土	昴	平
十二日	月		月出後八時四十九分	十九日	庚辰	金	畢	定
十三日	火		月出後九時五十四分	二十日	辛巳	金	觜	執
十四日	水		月出後十時五十七分	廿一日	壬午	木	參	破

大正天皇祭

日	曜	月相	月出入	陰曆	干支	納音	宿	建除	宜忌
十五日	木		月出午後十一時五十七分	廿二日	癸未	木	井	危	
十六日	金	◑下弦午前九時四分		廿三日	甲申	水	鬼	成	
十七日	土		月出午前零時五十五分	廿四日	乙酉	水	柳	收	
十八日	日		月出午前一時五十三分	廿五日	丙戌	土	星	開	宜裁衣動土上樑(宜用[illegible]時)
十九日	月		月出午前二時四十六分	廿六日	丁亥	土	張	閉	宜裁衣
二十日	火		月出午前三時四十五分	廿七日	戊子	火	翼	建	
二十一日	水		月出午前四時四十四分	廿八日	己丑	火	軫	除	
二十二日	木		月出午前五時四十四分	廿九日	庚寅	木	角	滿	
二十三日	金		月出午前六時四十四分	三十日	辛卯	木	亢	平	冬至十一月中
二十四日	土	●合朔午後一時十三分	十二月大	初一日	壬辰	水	氐	定	宜冠帶([illegible])移徙裁衣動土上樑([illegible])納財安葬
二十五日	日		月入午後六時九分	初二日	癸巳	水	房	執	
二十六日	月		月入午後七時九分	初三日	甲午	金	心	破	
二十七日	火		月入午後八時十三分	初四日	乙未	金	尾	危	
二十八日	水		月入午後九時二十分	初五日	丙申	火	箕	成	
二十九日	木		月入午後十時二十六分	初六日	丁酉	火	斗	收	
三十日	金		月入午後十一時三十五分	初七日	戊戌	木	牛	開	
三十一日	土	◐上弦午後八時十二分		初八日	己亥	木	女	閉	宜裁衣

冬至 午前五時十九分　舊十一月中

日出午前七時四十四分　晝間九時三十四分

日入午後五時十八分　夜間十四時二十六分

年歳對照

文政十一年	戊子	一百歳
文政十二年	己丑	九十九歳
天保元年	庚寅	九十八歳
天保二年	辛卯	九十七歳
天保三年	壬辰	九十六歳
天保四年	癸巳	九十五歳
天保五年	甲午	九十四歳
天保六年	乙未	九十三歳
天保七年	丙申	九十二歳
天保八年	丁酉	九十一歳
天保九年	戊戌	九十歳
天保十年	己亥	八十九歳
天保十一年	庚子	八十八歳
天保十二年	辛丑	八十七歳
天保十三年	壬寅	八十六歳
天保十四年	癸卯	八十五歳
弘化元年	甲辰	八十四歳
弘化二年	乙巳	八十三歳
弘化三年	丙午	八十二歳
弘化四年	丁未	八十一歳
嘉永元年	戊申	八十歳
嘉永二年	己酉	七十九歳
嘉永三年	庚戌	七十八歳
嘉永四年	辛亥	七十七歳
嘉永五年	壬子	七十六歳
嘉永六年	癸丑	七十五歳
安政元年	甲寅	七十四歳
安政二年	乙卯	七十三歳
安政三年	丙辰	七十二歳
安政四年	丁巳	七十一歳
安政五年	戊午	七十歳
安政六年	己未	六十九歳
萬延元年	庚申	六十八歳
文久元年	辛酉	六十七歳
文久二年	壬戌	六十六歳
文久三年	癸亥	六十五歳
元治元年	甲子	六十四歳
慶應元年	乙丑	六十三歳
慶應二年	丙寅	六十二歳
慶應三年	丁卯	六十一歳
明治元年	戊辰	六十歳
明治二年	己巳	五十九歳
明治三年	庚午	五十八歳
明治四年	辛未	五十七歳
明治五年	壬申	五十六歳
明治六年	癸酉	五十五歳
明治七年	甲戌	五十四歳
明治八年	乙亥	五十三歳
明治九年	丙子	五十二歳
明治十年	丁丑	五十一歳
明治十一年	戊寅	五十歳
明治十二年	己卯	四十九歳
明治十三年	庚辰	四十八歳
明治十四年	辛巳	四十七歳
明治十五年	壬午	四十六歳
明治十六年	癸未	四十五歳
明治十七年	甲申	四十四歳
明治十八年	乙酉	四十三歳
明治十九年	丙戌	四十二歳
明治二十年	丁亥	四十一歳
明治二十一年	戊子	四十歳
明治二十二年	己丑	三十九歳
明治二十三年	庚寅	三十八歳
明治二十四年	辛卯	三十七歳
明治二十五年	壬辰	三十六歳
明治二十六年	癸巳	三十五歳
明治二十七年	甲午	三十四歳
明治二十八年	乙未	三十三歳
明治二十九年	丙申	三十二歳
明治三十年	丁酉	三十一歳
明治三十一年	戊戌	三十歳
明治三十二年	己亥	二十九歳
明治三十三年	庚子	二十八歳
明治三十四年	辛丑	二十七歳
明治三十五年	壬寅	二十六歳
明治三十六年	癸卯	二十五歳
明治三十七年	甲辰	二十四歳
明治三十八年	乙巳	二十三歳
明治三十九年	丙午	二十二歳
明治四十年	丁未	二十一歳
明治四十一年	戊申	二十歳
明治四十二年	己酉	十九歳
明治四十三年	庚戌	十八歳
明治四十四年	辛亥	十七歳
大正元年 明治四十五年	壬子	十六歳
大正二年	癸丑	十五歳
大正三年	甲寅	十四歳
大正四年	乙卯	十三歳
大正五年	丙辰	十二歳
大正六年	丁巳	十一歳
大正七年	戊午	十歳
大正八年	己未	九歳
大正九年	庚申	八歳
大正十年	辛酉	七歳
大正十一年	壬戌	六歳
大正十二年	癸亥	五歳
大正十三年	甲子	四歳
大正十四年	乙丑	三歳
大正十五年	丙寅	二歳
大正十六年	丁卯	一歳

各地의氣候

平均氣溫

(攝氏의度 (一)符號는零度以下를示홈)

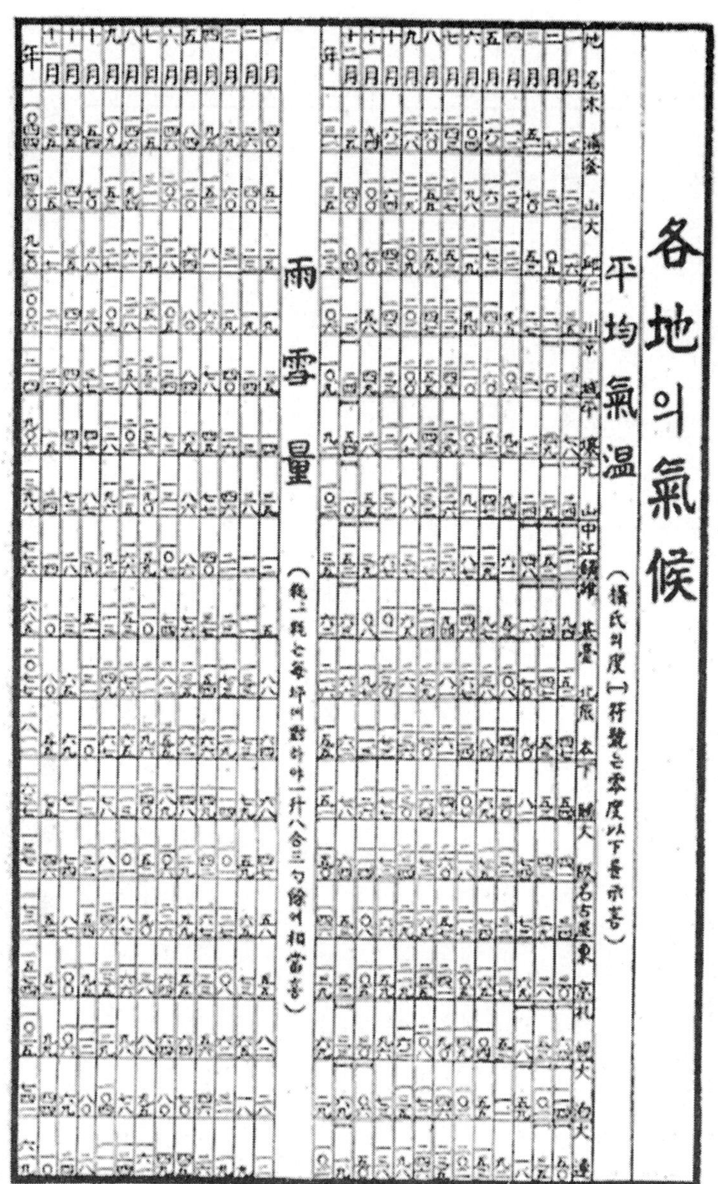

雨雪量

(粍二粍은每坪에對하야一升八合三勺餘에相當홈)

氣溫의最高最低及雨雪量의最大日量 (氣溫中(一)符號는零度以下를示홈)

地名	最高氣溫	年	最低氣溫	年	雨雪量	年
木浦	[illegible]	大正十三年	[illegible]	大正四年	[illegible]	大正六年
釜山	[illegible]	大正九年	[illegible]	大正四年	[illegible]	大正元年
大邱	[illegible]	大正四年	[illegible]	大正十二年	[illegible]	大正四年
仁川	[illegible]	大正十三年	[illegible]	大正四年	[illegible]	大正十一年
京城	[illegible]	大正八年	[illegible]	大正九年	[illegible]	大正九年
平壤	[illegible]	大正八年	[illegible]	大正六年	[illegible]	大正九年
元山	[illegible]	明治三十九年	[illegible]	大正四年	[illegible]	明治三十八年
中江鎭	三八.○	大正十三年	[illegible]	大正十二年	[illegible]	大正十二年
雄基	[illegible]	大正八年	[illegible]	大正四年	[illegible]	大正四年
臺北	三八.六	大正十年	[illegible]	明治三十四年	[illegible]	明治四十四年
熊本	[illegible]	明治二十六年	[illegible]	明治三十七年	[illegible]	大正十二年
下關	[illegible]	明治二十七年	[illegible]	[illegible]	[illegible]	明治三十七年
大阪	[illegible]	明治四十二年	[illegible]	明治三十四年	[illegible]	明治二十九年
名古屋	[illegible]	明治四十二年	[illegible]	明治二十八年	[illegible]	明治二十九年
東京	[illegible]	明治十九年	[illegible]	大正七年	[illegible]	大正九年
札幌	[illegible]	大正十三年	[illegible]	大正十一年	[illegible]	明治三十七年
大泊	[illegible]	大正十三年	[illegible]	明治四十二年	[illegible]	大正四年
大連	[illegible]	大正八年	[illegible]	大正十一年	[illegible]	大正九年

度量衡表

系	度							面積				量				衡				
米突法	[illegible]	[illegible]	[illegible]	[illegible]	[illegible]	[illegible]	[illegible]	[illegible]	土地		[illegible]	[illegible]	[illegible]	[illegible]	[illegible]	[illegible]	[illegible]	[illegible]	[illegible]	[illegible]
尺貫法	[illegible]	[illegible]	[illegible]	[illegible]	[illegible]	[illegible]	[illegible]	[illegible]	[illegible]	[illegible]	[illegible]	[illegible]	[illegible]	[illegible]	[illegible]	[illegible]	[illegible]	[illegible]	[illegible]	[illegible]
[illegible]法	[illegible]	[illegible]	[illegible]	[illegible]	[illegible]	[illegible]	[illegible]	[illegible]				[illegible]	[illegible]	[illegible]	[illegible]	[illegible]	[illegible]	[illegible]	[illegible]	[illegible]

尺	間	町	里	步	段	升	貫	斤	米突	鯨尺	[illegible]	[illegible]	[illegible]	[illegible]	[illegible]	[illegible]	[illegible]
[illegible]	[illegible]	[illegible]	[illegible]	[illegible]	[illegible]	[illegible]	[illegible]	[illegible]	[illegible]	[illegible]	[illegible]	[illegible]	[illegible]	[illegible]	[illegible]	[illegible]	[illegible]

本邦의面積、人口 (人口는百位에서四捨五入)

土地	面積	人口
本州	一四六九一方里	四四九八二〇〇〇
四國	一一八一方里	三一七四〇〇〇
九州	二八二八方里	九〇八三〇〇〇
北海道	六〇九五方里	二四九九〇〇〇

(備考) 本州四國九州北海道의面積은大正十四年十月一日國勢調査의人口는大正十三年十二月末調

土地	面積	人口
朝鮮	一四三一二方里	一八〇六八〇〇〇
臺灣	二三五二方里	三九九五〇〇〇
樺太	二三四〇方里	一五三〇〇〇
計	四三七七九方里	八一九五四〇〇〇

本邦行政區劃及廳所在地

行政區劃	廳所在地	行政區劃	廳所在地	行政區劃	廳所在地	行政區劃	廳所在地	行政區劃	廳所在地	行政區劃	廳所在地
朝鮮總督府	京城	兵庫縣	神戶市	三重縣	津市	岩手縣	盛岡市	岡山縣	岡山市	大分縣	大分市
臺灣總督府	臺北	長崎縣	長崎市	愛知縣	名古屋市	青森縣	青森市	廣島縣	廣島市	佐賀縣	佐賀市
關東廳	旅順	新潟縣	新潟市	靜岡縣	靜岡市	山形縣	山形市	山口縣	山口町	熊本縣	熊本市
樺太廳	豊原	埼玉縣	浦和町	山梨縣	甲府市	秋田縣	秋田市	和歌山縣	和歌山市	宮崎縣	宮崎市
北海道廳	札幌市	群馬縣	前橋市	滋賀縣	大津市	福井縣	福井市	德島縣	德島市	鹿兒島縣	鹿兒島市
東京府	東京市	千葉縣	千葉市	岐阜縣	岐阜市	石川縣	金澤市	香川縣	高松市	沖繩縣	那覇市
京都府	京都市	茨城縣	水戶市	長野縣	長野市	富山縣	富山市	愛媛縣	松山市		
大阪府	大阪市	栃木縣	宇都宮市	宮城縣	仙臺市	鳥取縣	鳥取市	高知縣	高知市		
神奈川縣	橫濱市	奈良縣	奈良市	福島縣	福島市	島根縣	松江市	福岡縣	福岡市		

本邦陸軍常備團隊配備

團隊	司令部所在地	團隊	司令部所在地	團隊	司令部所在地	團隊	司令部所在地
近衛師團	東京(東京府)	第五師團	廣島(廣島縣)	第十師團	姬路(兵庫縣)	第十九師團	羅南(朝鮮)
第一師團	東京(東京府)	第六師團	熊本(熊本縣)	第十一師團	善通寺(香川縣)	第二十師團	龍山(朝鮮)
第二師團	仙臺(宮城縣)	第七師團	旭川(北海道)	第十二師團	久留米(福岡縣)		
第三師團	名古屋(愛知縣)	第八師團	弘前(青森縣)	第十四師團	宇都宮(栃木縣)		
第四師團	大阪(大阪府)	第九師團	金澤(石川縣)	第十六師團	京都(京都府)		

本邦海軍鎭守府所在地

軍港	鎭守府所在地
橫須賀	橫須賀
吳	吳
佐世保	佐世保

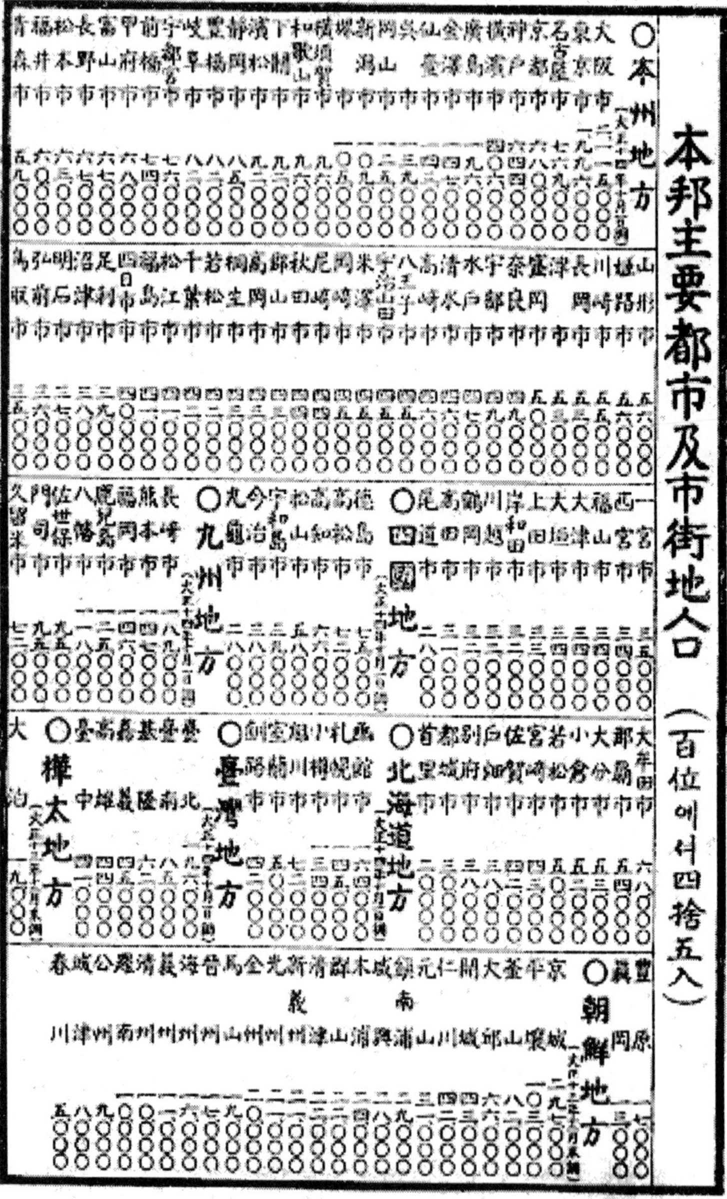

本邦主要都市及市街地人口（百位에서四捨五入）

本州地方（大正十四年十月一日調）

都市	人口
大阪市	二一一五〇〇〇
東京市	一九九六〇〇〇
名古屋市	七六九〇〇〇
京都市	六八〇〇〇〇
神戸市	六四四〇〇〇
横濱市	四〇六〇〇〇
廣島市	一九六〇〇〇
金澤市	一四七〇〇〇
仙臺市	一四三〇〇〇
呉市	一三九〇〇〇
岡山市	一二五〇〇〇
新潟市	一〇九〇〇〇
堺市	一〇五〇〇〇
横須賀市	九六〇〇〇
和歌山市	九六〇〇〇
下關市	九三〇〇〇
濱松市	九二〇〇〇
静岡市	八五〇〇〇
豊橋市	八三〇〇〇
岐阜市	八二〇〇〇
宇都宮市	七六〇〇〇
前橋市	七四〇〇〇
甲府市	六八〇〇〇
富山市	六七〇〇〇
長野市	六七〇〇〇
松本市	六三〇〇〇
福井市	六〇〇〇〇
青森市	五九〇〇〇
山形市	五六〇〇〇
姫路市	五六〇〇〇
川崎市	五五〇〇〇
長岡市	五三〇〇〇
津市	五三〇〇〇
盛岡市	五〇〇〇〇
奈良市	四九〇〇〇
宇部市	四九〇〇〇
水戸市	四七〇〇〇
清水市	四六〇〇〇
高崎市	四六〇〇〇
八王子市	四五〇〇〇
宇治山田市	四五〇〇〇
米澤市	四五〇〇〇
岡崎市	四五〇〇〇
尼崎市	四四〇〇〇
秋田市	四四〇〇〇
郡山市	四三〇〇〇
高岡市	四三〇〇〇
桐生市	四三〇〇〇
若松市	四二〇〇〇
千葉市	四二〇〇〇
松江市	四一〇〇〇
福島市	四一〇〇〇
四日市市	四〇〇〇〇
足利市	三九〇〇〇
沼津市	三八〇〇〇
明石市	三七〇〇〇
弘前市	三六〇〇〇
鳥取市	三五〇〇〇
一宮市	三五〇〇〇
西宮市	三四〇〇〇
福山市	三四〇〇〇
大津市	三四〇〇〇
大垣市	三四〇〇〇
上田市	三三〇〇〇
岸和田市	三二〇〇〇
川越市	三二〇〇〇
鶴岡市	三二〇〇〇
高田市	三一〇〇〇
尾道市	二八〇〇〇

四國地方（大正十四年十月一日調）

都市	人口
德島市	七五〇〇〇
高松市	七三〇〇〇
高知市	六六〇〇〇
松山市	五八〇〇〇
宇和島市	三九〇〇〇
今治市	三八〇〇〇
丸龜市	二八〇〇〇

九州地方（大正十四年十月一日調）

都市	人口
長崎市	一八九〇〇〇
熊本市	一四七〇〇〇
福岡市	一四六〇〇〇
鹿兒島市	一二五〇〇〇
八幡市	一一八〇〇〇
佐世保市	九五〇〇〇
門司市	九五〇〇〇
久留米市	七二〇〇〇
大牟田市	六八〇〇〇
那覇市	五四〇〇〇
大分市	五三〇〇〇
小倉市	五二〇〇〇
若松市	五〇〇〇〇
宮崎市	四三〇〇〇
佐賀市	四二〇〇〇
戸畑市	三八〇〇〇
別府市	三八〇〇〇
都城市	三〇〇〇〇
首里市	二〇〇〇〇

北海道地方（大正十四年十月一日調）

都市	人口
函館市	一六四〇〇〇
札幌市	一四五〇〇〇
小樽市	一三四〇〇〇
旭川市	七二〇〇〇
室蘭市	五〇〇〇〇
釧路市	四二〇〇〇

臺灣地方（大正十四年十月一日調）

都市	人口
臺北	一九六〇〇〇
臺南	八五〇〇〇
基隆	六二〇〇〇
嘉義	四五〇〇〇
高雄	四四〇〇〇
臺中	四一〇〇〇

樺太地方（大正十三年十二月末調）

都市	人口
大泊	一九〇〇〇
豊原	一七〇〇〇
眞岡	一三〇〇〇

朝鮮地方（大正十三年十二月末調）

都市	人口
京城	二九七〇〇〇
平壤	一〇三〇〇〇
釜山	八二〇〇〇
大邱	六六〇〇〇
開城	四三〇〇〇
仁川	四二〇〇〇
元山	三一〇〇〇
鎭南浦	二九〇〇〇
咸興	二八〇〇〇
木浦	二四〇〇〇
群山	二三〇〇〇
清津	二二〇〇〇
新義州	二一〇〇〇
光州	二一〇〇〇
全州	二〇〇〇〇
馬山	一九〇〇〇
晉州	一七〇〇〇
海州	一六〇〇〇
義州	一一〇〇〇
清州	一〇〇〇〇
羅南	一〇〇〇〇
公州	九〇〇〇
城津	八〇〇〇
春川	五〇〇〇

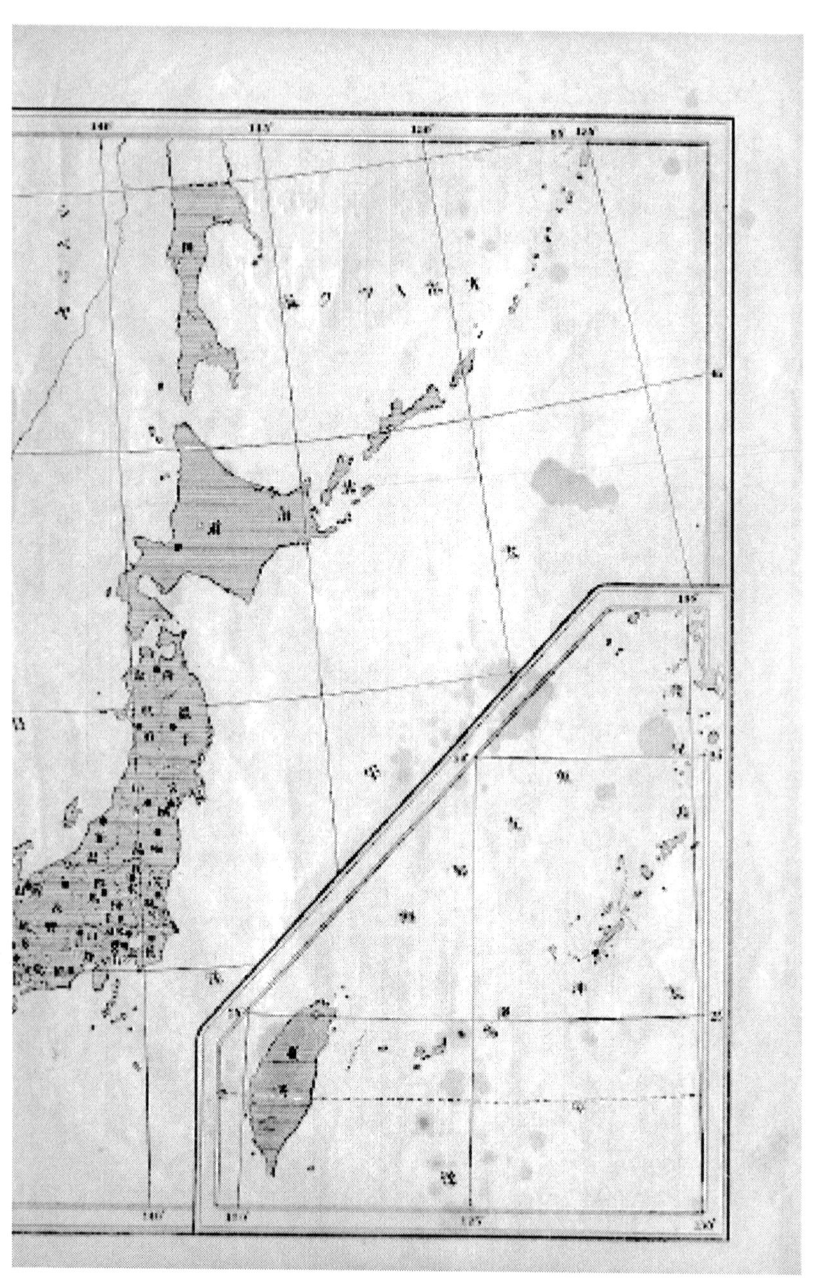

本邦行政區劃圖
凡例

年神方位圖

太歲丁卯
五日得辛
二龍治水

嫁娶周堂圖

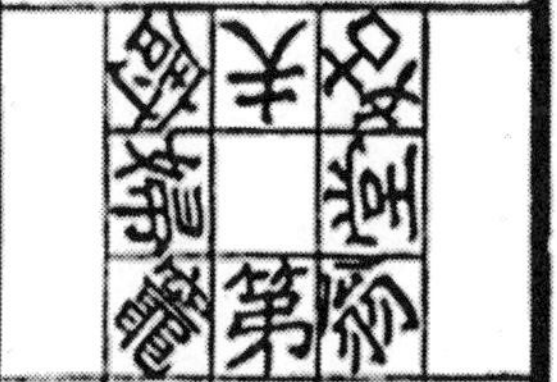

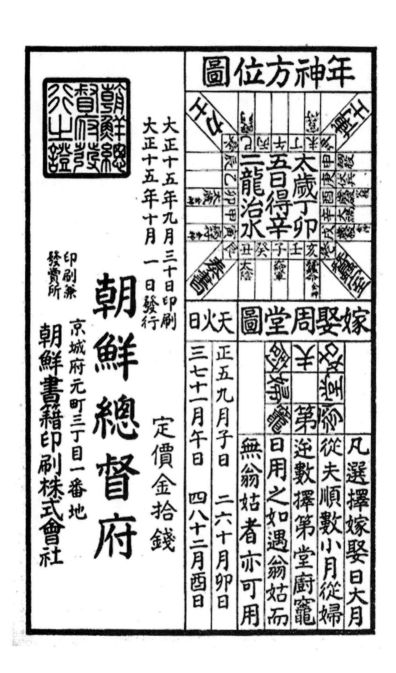

凡選擇嫁娶日大月從夫順數小月從婦逆數擇第堂廚竈日用之如遇翁姑而無翁姑者亦可用

天火日

正五九月子日 二六十月卯日
三七十一月午日 四八十二月酉日

定價金拾錢

大正十五年九月三十日印刷
大正十五年十月一日發行

朝鮮總督府

印刷兼發賣所 京城府元町三丁目一番地
朝鮮書籍印刷株式會社

엮은이 박경수朴京洙

전남대학교 일본문화연구센터 학술연구교수로 재직 중이다。

전남대학교에서 일본근현대문학 및 한일비교문학 연구로 석박사 학위를 취득하였고、현재 전남대학교에서 일본문학 강의를 겸하고 있다。

그간의 연구물로는、저서 및 역서로 『정인택、그 생존의 방정식』、『한국인을 위한 일본문학개설』(공저)、『제국의 전시가요 연구』(공저)、『제국의 식민지 역사 지리 연구』(공저)『한국인 일본어 문학사전』(공저) 등과、『정인택의 일본어소설 번역』(공역)、『조선총독부 편찬 초등학교 〈歷史〉교과서 번역 (上)(下)』(공역)、『조선총독부 편찬 초등학교 〈地理〉교과서 번역 (上)(下)』(공역) 외 다수가 있으며、논문으로는「엔카와 大正 데모크라시의 영향관계 고찰—添田啞蟬坊의 엔카를 중심으로—」、「幕末「對外觀」의 교육적 의미—내셔널리즘 발흥을 중심으로—」、「일제의 식민지 지배전략과 神社—특히 지리학적 관점에서—」、「제국의 역사교육과 운문의 상관성—역사서사에서 和歌의 역할 고찰—」、「大和田建樹의 『地理教育世界唱歌』를 통해 본 제국주의 패러다임」외 다수가 있다。

이 책은 2020년 대한민국 교육부와 한국연구재단의 지원을 받아 수행된 연구임
(NRF-2020S1A5B5A16082138)

日帝强占期 曆書 [卷一]

초판인쇄 2021년 12월 23일
초판발행 2021년 12월 30일

편　　제 조선총독부
엮 은 이 박경수
발 행 인 윤석현
발 행 처 제이앤씨
책임편집 최인노
등록번호 제7-220호

우편주소 서울시 도봉구 우이천로 353 성주빌딩
대표전화 02) 992 / 3253
전　　송 02) 991 / 1285
홈페이지 http://jncbms.co.kr
전자우편 jncbook@hanmail.net

ISBN 979-11-5917-189-5 94910　　정가 62,000원
979-11-5917-188-8 (Set)